T0355430

SCRIPTORVM CLASSICORVM

BIBLIOTHECA OXONIENSIS

OXONII

E TYPOGRAPHEO CLARENDONIANO

M. TVLLI CICERONIS

DE RE PVBLICA

DE LEGIBVS

CATO MAIOR DE SENECTVTE

LAELIVS DE AMICITIA

RECOGNOVIT
BREVIQVE ADNOTATIONE CRITICA
INSTRVXIT

J. G. F. POWELL

LITTERARVM LATINARVM
IN VNIVERSITATE LONDINIENSI PROFESSOR PVBLICVS

OXONII
E TYPOGRAPHEO CLARENDONIANO

OXFORD
UNIVERSITY PRESS

Great Clarendon Street, Oxford OX2 6DP

Oxford University Press is a department of the University of Oxford.
It furthers the University's objective of excellence in research, scholarship,
and education by publishing worldwide in

Oxford New York

Auckland Cape Town Dar es Salaam Hong Kong Karachi
Kuala Lumpur Madrid Melbourne Mexico City Nairobi
New Delhi Shanghai Taipei Toronto

With offices in

Argentina Austria Brazil Chile Czech Republic France Greece
Guatemala Hungary Italy Japan Poland Portugal Singapore
South Korea Switzerland Thailand Turkey Ukraine Vietnam

Oxford is a registered trade mark of Oxford University Press
in the UK and in certain other countries

Published in the United States
by Oxford University Press Inc., New York

© Oxford University Press 2006

The moral rights of the author have been asserted
Database right Oxford University Press (maker)

First published 2006

All rights reserved. No part of this publication may be reproduced,
stored in a retrieval system, or transmitted, in any form or by any means,
without the prior permission in writing of Oxford University Press,
or as expressly permitted by law, or under terms agreed with the appropriate
reprographics rights organization. Enquiries concerning reproduction
outside the scope of the above should be sent to the Rights Department,
Oxford University Press, at the address above

You must not circulate this book in any other binding or cover
and you must impose the same condition on any acquirer

British Library Cataloguing in Publication Data

Data available

Library of Congress Cataloging in Publication Data

Data available

Typeset by SPI Publisher Services, Pondicherry, India
Printed in Great Britain
on acid-free paper by
CPI Group (UK) Ltd, Croydon, CRO 4YY

ISBN 978-0-19-814669-8

The manufacturer's authorised representative in the EU for product safety is
Oxford University Press España S.A. of El Parque Empresarial San Fernando de Henares, Avenida de
Castilla, 2 – 28830 Madrid (www.oup.es/en or product.safety@oup.com).
OUP España S.A. also acts as importer into Spain of products made by the manufacturer.

PRAEFATIO

Inter opera philosophica Ciceronis tres *De Officiis* **1.**
libri, deinde quinque *De Finibus* Bibliothecae huic
Oxoniensi nuper adsciti, iam his paucis annis com-
paruerunt.[1] Hoc volumine continentur politici dialogi, qui inscribuntur *De Re Publica* et *De Legibus*,
quatenus saltem supersunt; accedunt etiam duo illa
opuscula, *Cato Maior* et *Laelius*, quorum in altero
senectus, in altero *amicitia* tractatur. Ego vero morem
priorum voluminum sic sum servare conatus, ut et
perspicuitatem ubique et in praefando atque adno-
tando brevitatem quam maxime adsequerer. Sed
quamquam hac praefatione nihil aliud agere licet,
nisi ut solito more exponam qualem rationem in
recensendis his libris secutus sim, quibusve codicum
subsidiis editio nostra nitatur, tamen vereor ne long-
iore disputatione ad has ipsas res explicandas opus
sit; nam hos libros ab auctoris tempore usque ad
nostrum varia admodum fortuna comitata est.

De Re Publica

De palimpsesto Vaticano (Vat. lat. 5757 = V)[2] pri- **2.1.**
mum omnium pauca dicenda sunt, cuius tamen

---

[1] *De Officiis*, ed. M. Winterbottom (Oxonii, 1994); *De Finibus
Bonorum et Malorum*, ed. L. D. Reynolds (Oxonii, 1998).
[2] Vide in primis Mercati, vol. i; consulatur etiam W. [Gulielmus] N.
Du Rieu, *Schedae Vaticanae, in quibus retractantur Palimpsestus Tullia-
nus De Re Publica . . .* (Lugduni Batavorum, 1860), Francken, Van
Buren, et praefatio Ziegleri (pp. v–ix).

celeberrimi codicis fata non est quod multis verbis hoc loco persequar; ab aliis enim saepe memoratum est, quo pacto textus librorum Ciceronis de re publica, qui sub recentiore scriptura commentarii eius, quem conscripsit S. Augustinus in Psalmos, iamdudum latebat, a viro eminentissimo Angelo Mai,[3] praefecto bibliothecae Vaticanae, mense ut videtur Decembri anno 1819 e tenebris erutus sit.[4] Codex ipse quinto saeculo (vel fortasse quarto exeunte) exaratus esse videtur a duobus vicissim librariis, quorum alter (qui 'A' vocari solet) libros I et II et primum folium quod e libro III superest (id est 26 quaterniones) exscripsit, alter (qui vocatur 'B') cetera quae ex libro III supersunt. Sunt etiam alia duo paria foliorum a librario 'A' scripta, alterum libro IV, alterum libro V titulo in superiore margine posito attributum; et unum folium singulare a librario 'B' scriptum, de quo paulo infra (praef. 2.3) disputabimus.

2.2. Ordo paginarum in palimpsesto, ut est inventus, vel maxime conturbatus erat: sed et rectus ordo restitui et magnitudo lacunarum percipi potuit partim ex contextu, partim ex titulis librorum singulorum qui in aliquot paginarum margine superiore adhuc exstant, partim ex numeris quaternionum in inferiore octavi cuiusque folii margine inscriptis. Nunc autem dissutus est codex a bibliothecariis Vaticanis, et separatim par foliorum unumquodque servatur. Sunt in quoque quaternione scilicet quattuor paria foliorum, id est octo folia, vel sedecim paginae.[5] Quaternionis

---

[3] Quem in reliqua disputatione Latino nomine 'Maium' vocare liceat, ut eius nomen declinare possimus.

[4] Vide Maii praefationem, sect. viii–xiv.

[5] Paginae eis numeris designantur quos tum cum codex repertus est habebant, eodemque ordine in editione Mercatii exhibentur (qui

cuiusque exterius par foliorum agnosci potest ex eo
quod numerum quaternionis habet in fine, medium
autem ex eo quod textum praebet continuum. Secundum par foliorum a tertio dinosci potest, ut demonstravit Mercati,[6] ex colore paginarum: secundum a
pagina fusciore incipit, tertium a clariore (colores
tamen in imagine photographica vix discernuntur).
His igitur subsidiis effectum est ut in duobus primis
saltem libris vix ullus locus appareat ubi de recto
ordine dubitare possimus.

Sed tamen in ordinandis reliquiis libri tertii, ubi pau- **2.3.**
cae admodum sunt paginae quarum contextus inter se
quadret, ipse Maius interdum se coniectura usum
esse confessus est,[7] neque illius coniectura eo firmior
est quod eam omnes fere reliqui editores secuti sunt.
Mihi vero totam hanc rem denuo recensenti tandem
visum est tribus locis a solito ordine foliorum decedere: quam rem nunc breviter persequendam puto.

Primum igitur folium illud singulare cuius modo
(praef. 2.1) mentionem feci (fol. 199–200) cur ad
librum quintum referatur, nullam omnino repperi
causam. Titulum libri certe non habet; vix autem
attinet mentionem ibi fieri de 'rectore rerum publicarum', qui vir iam secundo libro, sect. 51 inductus

ordo ab ordine textus scilicet longe discrepat). Ex hoc etiam efficitur
ut folium quodque, quippe cum duas paginas contineat, sic designari
debeat: e.g. 'fol. 21–2'. In nostro paginarum conspectu sic quodque
folium numero suo notamus, atque item numero quaternionis et folii,
velut e.g. 'q. 28. 1'. Octavum cuiusque quaternionis folium, si
numerum quaternionis in inferiore margine scriptum habet, asterisco
denotamus, sic: 'q. 28. 8*'. Par foliorum autem sic potest denotari: e.g.
'foll. 207–8 + 201–2'; cum unum par altero continetur, sic: 'foll. 205–6
+ (17–18 + 27–8) + 203–4'.

[6] Mercati, 186 sqq.
[7] Vide eius adnotationem ad lib. II [xl] 67.

est. Adducor magis, non solum propter scripturam librarii 'B' (quae nusquam alibi, quod sciamus, nisi in libro tertio apparet; nam in quarto libro librarius A rursus succedit) sed etiam re ibi tractata (quae est scilicet origo humanae societatis) et genere dicendi (quod est magis prooemio quam dialogo aptum) ut credam prooemii libri tertii partem eo folio contineri. Hoc igitur folium in libro tertio reposuimus.

Deinde illud par foliorum 207–8 et 201–2, quod medium fuisse quaternionis 27 coniecit Maius,[8] nullam video causam cur non vigesimi octavi potius quaternionis medium fuisse credamus, et contextus quidem mihi suadet ut id post fol. 23–4 (= q. 28. 1) et prope finem prooemii collocem: nam duo genera sapientiae prius separaverat Tullius, unum philosophorum, alterum civilium rerum peritorum (sive, ut eius verbo utamur, rectorum rei publicae[9]), eaque genera hoc loco rursus coniungit atque una esse posse in eodem homine persuadet; et tum mentione clarorum virorum, suorum civium, ac praecipue P. Scipionis, C. Laeli, L. Furi Phili, videtur ad initium dialogi, in quo inter se collocuturi sunt illi ipsi viri, devenire. Itaque reliquiae huius prooemii in nostra editione sic collocantur: primum fol. 3–4 (id quod cum ultima pagina libri secundi par facit), deinde fol. 199–200 quod prius libro quinto attributum erat, postea fol. 23–4 quod est primum quaternionis 28, postremo foll. 207–8 et 201–2 quae nunc esse media eiusdem quaternionis videntur.

---

[8] Ibidem.

[9] De hac iunctura verborum vide, quaeso, quae nos disseruimus in *Scriptis Classicis Israelicis*, 13 (1994), 19–29. Ut orator vocatur qui dicendi peritus est, dux qui rei militaris, sic quisquis rei publicae regendae artem aut novit aut exercet, rector rei publicae a Tullio vocatur; Anglice 'statesman'.

Denique considerandum erat quo ordine eas reli- 2.4.
quias, quae ad orationem Phili in libro tertio pertinerent, exhiberi deceret. Quae folia usque ad finem
quaternionis noni et vigesimi habemus, ea quidem in
ordine poni facile possunt: primum fol. 21–2 = q.
28. 8; deinde foll. 205–6 + (17–18 + 27–8) + 203–4;
denique fol. 13–14 = q. 29. 8. In hac parte orationis et
Maium et omnes ceteros editores libentissime
sequor. Sed postea haud plura quam duo paria
foliorum supersunt (foll. 1–2 + 11–12, et 57–8 + 47–
8), quorum neutrum aut medium aut extimum quaternionis fuisse apparet; itaque quoniam nullo modo
inter se quadrant, ex eodem quaternione esse vix
possunt. At vero nobis magnum adiumentum
attulit—immo maius quam plerique adhuc suspicati
sunt—Lactantius, qui summarium argumentorum
Carneadeorum, sicut in Phili oratione exponebantur,
Institutionum Divinarum lib. quinto, cap. 16 praebet.[10] Primum omnium quaerendum est, num in eis
argumentis persequendis eundem ordinem, quo est
usus in oratione sua Philus, servarit Lactantius.
Multi de hac re dubitaverunt, immo vero pro re iam
pridem iudicata habuerunt non eundem ordinem ab
eo servari.[11] At ego non video quare ab eo rerum
ordine, quem in suo Cicerone invenisset, discessurus
fuerit, praesertim cum usus sit huiusmodi verbis,
'tum . . . veniebat' (*Inst.* 5. 16. 5), 'transcendebat'
(5. 16. 9), et ceteris. Profecto difficile est cernere
quomodo is ordo rerum, qui iam diu ferebatur in
editionibus, cum Lactantii dispositione quadrare
posset. Quod si licebit nobis ordinem foliorum in

---

[10] Hic locus in nostra editione invenitur ad lib. III sect. 8 sqq. in
apparatu; de ratione quam in hac parte apparatus secutus sum vide
infra, praef. 3.2.
[11] Vide e.g. J.-L. Ferrary, *REL* 55 (1977), 128–56.

palimpsesto vel leviter immutare (quod quidem, nisi egregie fallor, certe licet), quamvis hoc mirum primo aspectu fortasse videatur, difficultas iam omnis ista tolletur; quam rem nunc breviter explicabimus.

Secundum Lactantium videtur oratio Phili in has partes divisa esse:

(1) 'iura sibi homines pro utilitate sanxisse' e.q.s.

Quem ad locum perspicue pertinet magna pars textus in codice servati.

(2) 'et inferebat haec argumenta: omnibus populis ... si iusti velint esse, hoc est si aliena restituant, ad casas esse redeundum et in egestate ac miseriis iacendum'.

Ad hanc partem orationis videtur pertinere locus ille de Arcadibus et Atheniensibus, qui cum soli e Graecis αὐτόχθονας se esse dicerent, effugere se posse sperarent si quando 'hoc interdictum iustitiae' exsisteret, scilicet ut sua cuique pars terrarum restitueretur. Quod si folium quo continetur hic locus, id est fol. 1–2, hic posuerimus, fatendum est fol. 11–12 proximo loco ponendum, quia cum eo par foliorum facit.

(3) 'Tum omissis communibus ad propria veniebat. Bonus vir, inquit ...'

(4) 'Transcendebat ergo ad maiora ... dicebat enim: Nempe iustitia est ...'

(5) 'Ita ergo iustitiam cum in duas partes divisisset ... utramque subvertit, quod illa civilis sapientia sit quidem, sed iustitia non sit, naturalis autem illa iustitia sit quidem, sed non sit sapientia.'

Nunc autem iustitiae sapientiam opponi eo loco quod exstat in fol. 47–8, luce clarius apparet. Illud autem folium cum fol. 57–8 coniungitur. E quibus quod

prius, quod posterius fuerit, dubitatur; Maius quidem primum fol. 47–8 praeposuit, deinde editione
altera fol. 57–8; cuius δευτέρας φροντίδας aliqua cum
haesitatione secutus sum. Hoc par foliorum nimirum
ante foll. 1–2 + 11–12 posuerat Maius, quem ceteri
secuti sunt; ego vero haec folia perorationi Phili
libentius attribuerim, quia in fol. 57–8 de civili quae
dicitur sapientia loqui atque hoc modo ad argumen-
tum totius operis aliquando reverti videtur.

Quo accuratius hanc editionem conficerem, ipse pri-　2.5.
mum anno 1988 Romam me contuli et ad bibliothe-
cam Vaticanam per viginti dierum spatium ventitavi,
ubi concessum mihi est ut totum codicem ipse inspicerem denuoque conferrem, quo facto dubitationes
aliquot de lectione tollere potui; deinde etiam, ne
quid eo tempore oculos meos effugisse videretur,
licuit mihi anno 2000 aliquot paginas iterum inspicere.[12] Cum tamen suspicarer fore ut lector aliqui
ceteris curiosior, lectionibus meis fortasse diffisus,
aut ipsum palimpsestum aut imaginem eius photographicam ab Ioh. Mercati vulgatam (quae quidem
aditu facilior est, lectu tamen saepe multo difficilior)
aliquo tempore inspicere vellet, quo facilius paginam
quam quaereret inveniret, *paginarum conspectum*
infra textum, supra testimonia et apparatum criticum
inserui; ergo eiusmodi lectoris, ut spero, commoditati ita consului, ut margines non nimis multis
numerorum signis oppleverim, textum ipsum line-
olis istis, quibus a prioribus editoribus paginarum
fines denotabantur, purgaverim. Lacunae etiam in
hac parte adnotationis indicantur, ex qua quanta
quaeque sit plane perspici poterit.

---

[12] Hae paginae fuerunt: 59–60, 93–4 + 107–8, 137–8, 223–4, 265–6,
295–6.

2.6. Cum autem librarii qui codicem hunc exaraverunt pulcherrimo quidem scripturae genere usi, menda tamen permulta in scribendo reliquissent, statim ut videtur data est opera ut totus codex corrigeretur ex alio codice eoque satis fido, ut praecipue apparet ex multis locis ubi restituuntur verba aliquot quae exciderant (quos locos in apparatu notavi). Utrum autem correctoris exemplar idem fuerit (ut Zieglero aliisque videbatur) ex quo descriptus ipse codex erat an aliud quoddam, qui possit iudicari non video. Illud tamen mihi facile persuasi, et sic sibi nimirum persuadebit quicumque vel paucas lectiones aut in ipso palimpsesto aut in eius imagine photographica, aut in qualibet editionum priorum perscrutatus erit, correctorem plurimis in locis veram lectionem praestitisse, rarissime perperam se interposuisse (sive suo Marte sive errorem aliquem exemplaris sui secutus id fecerit: e.g. 1. 17 *Scipioni quorum* V^2, 2. 18 *non terrore* V^2, 2. 51 *peripatetico* V^2).[13] Qua de causa, cum (quod saepissime fit) manus primae manifestus error a correctore deprenditur et simul vera atque indubitata lectio manu secunda inseritur, tum mihi silentium observandum putavi, ne extra modum cresceret adnotatio critica, neve lectori res maioris momenti (ut spero) indaganti aciem oculorum magna silva minutiarum praestringeret. Nam codicis totius cum omnibus suis erroribus veluti imaginem in speculo exhibere, quamvis quidam e prioribus et

---

[13] In eandem sententiam dixerunt Lily Ross Taylor, *AJP* 82 (1961), 337–45; 84 (1963), 66–7; P. Krarup, *Classica et Mediaevalia*, 24 (1963), 76–9; C. M. Francken, *Mnemosyne*, 12 (1884), 284–6; confer etiam A. Strelitz, *De antiquo Ciceronis de re publica librorum emendatore* (Vratislaviae, 1874); C. Pfaff, *De diversis manibus quibus Ciceronis de re publica libri in codice Vaticano correcti sunt* (Heidelbergae, 1885); uno quidem alterove in loco cernuntur recentioris correctoris vestigia; vide ad 1. 58.

praecipue Ziegler id facere conati sint, re multum diuque considerata tandem non sum arbitratus esse nostri offici, praesertim cum, ut ante dixi, si quis codicis ipsius imaginem inspicere voluerit, facillime id, si Mercatii volumen adierit, consequi possit.

Sed ubicumque de lectione codicis aliquo tempore **2.7.** dubitatum est aut inter editores non constat, aut ubi lectionem prioris manus putavi correctoris lectioni anteponendam, ibi quae viderim et protuli et diserte adnotavi. Et hic quidem incurri interdum in angustias; nam complures erant loci, ubi priores correctionem se aliquam 'dispexisse' (ut eorum verbo potissimum utar) autumarent, mihi autem nulla visa esset in codice esse correctio. Quid igitur facerem? Crederemne viros doctissimos scilicet et probissimos aut in legendo egregie erravisse, aut sibi persuasisse visum a se non id quod reapse vidissent sed quod videre voluissent? Anne putandum erat, correctiones aliquot ex eis quas vidisset Ziegler, quae usque a quinto saeculo ad vigesimum per omnes temporum vicissitudines permansissent, eas his paucis decenniis, dum codex saepius quidem manibus tractaretur, at tamen multo maiore cura conservaretur, quasi subito evanuisse? Nam quod eaedem correctiones in imagine photographica Mercatii non apparent, id puto nullius esse momenti, cum multae quoque aliae sint correcturae quas ego in ipso codice clarissime viderim, in imagine photographica dispicere vix potuerim. Tandem dubitationi modum imponendum ratus, constitui praebere tibi, lector, et id quod ipse aut vidi aut non vidi, et id quod priores vidisse se crediderunt; itaque complures adnotationes invenies huius modi, e.g.: 'primis *Mai* * V^2 *(ap. Ziegler)*: primus *V*'.

Hoc adicere debeo, me lucis illius subpurpureae ope plura legere conatum, sed nihil omnino profecisse. Scio inventas esse nuper codicum excutiendorum novas rationes, et prasertim eas quae subsidio 'imaginum digitalium' plura fortasse demonstrare possint quam antea oculis apparuerint. His rationibus alii fortasse tempore venturo utentur, haudquaquam repugnantibus nobis, ut nostras lectiones aut confirment aut refellant.

2.8. In emendando autem ratio ea quam sequi constituimus, nunc breviter attingenda est. Quamquam enim codex hic pretiosissimus sane est et saeculis compluribus antiquior eis quibus in reliquis operibus Ciceronis niti solemus, tamen meminisse debemus eum a Ciceronis ipsius temporibus plus minus quingentos annos abesse: itaque non est quod putemus aut exemplar e quo codex noster descriptus est, aut correctorem codicis (etsi sine dubio maximum numerum errorum recte deprehenderit) omni errore carere potuisse. Atque etiam tum cum est duplex traditio, id est cum verba aliquot et in codice nostro inveniuntur et a grammatico aliquo citantur, haud omnino incredibile est si idem ambobus locis error exstiterit: nam grammatici quoque codicibus suae aetatis, non Ciceronis ipsius usi sunt.[14]

---

[14] Itaque in libri primi sect. 67, ubi et codex noster et Nonius habent *ferunt laudibus*, non dubitavit Ziegler illud 'ferunt' (quod sane insolitum est) in 'efferunt' corrigere, nosque illum secuti sumus. Eiusdem libri sect. 29 item et Nonius et codex habent *non ex agri consitura quam cernebat*. Sed constat fere nullam agri consituram in eo litore deserto atque arenoso cerni potuisse. Itaque probabile videtur falsam esse lectionem quamvis duplici testimonio traditam, ut iam recte vidit Francken, qui *quam non cernebat* coniecit; eandem ob rationem Castiglioni *quam nullam cernebat* scripsit, Watt autem *quam nusquam cernebat* proposuit. Ego vero correctionem aliquanto faciliorem, ut spero, proposui, videlicet ut pro *quam* scribatur

Traditionem interpolatam in nostro codice praeberi credo duobus locis libri secundi, scilicet sect. 36 et 58, ubi vide adnotationem criticam. Sed dubitandum est utrum ea verba, quae interpolata esse duco, mera sint additamenta, an potius Tulliana quidem sed male locata. Haec utique verba delere omnino non sum ausus, sed uncis duplicibus [[ ]] inclusa servavi.[15]

Rursus lacunam subesse paene pro certo habeo lib. 2 sect. 39, ubi ab uno ad alterum folium transeundo quaedam verba omissa esse iam censuit Skutsch,[16] ego vero suspicor spatium vacuum circiter quattuor litterarum, quod apparet in palimpsesto (quamvis ab aliis editoribus non notatum), locum lacunae indicare. Conferatur etiam 1. 43, ubi supplementum quod proposuit Castiglioni probo. Diutius autem latuit alia lacuna lib. 2 sect. 60, cui loco ita mederi conatus est Maius ut *legem* pro *rem* scriberetur; sed coniectura eius ad sensum explendum certe vix valet. Primum enim seditio Sp. Cassii, et lex a Sp. Tarpeio et A. Aternio coss. triginta fere annis postea lata, quanam ratione coniungi inter se possint, non video;[17] deinde 'gratamque etiam illam legem' non posset dici nisi gratae alicuius legis antecedentis mentio facta esset.

Scribendi consuetudo multis in locis palimpsesti aberrare videtur ab ea quam nunc optimam ducimus.[18]   **2.9.**

---

quapiam; possis etiam *cerneret*. Denique in 1. 70 et codex et Nonius habent *nostrae rei publicae* quod vix recte se habet, sed ibi minimam adhibere correctionem licet (*nostra re publica*, ut monuit Niebuhr).

[15] Cf. Winterbottom, ed. *Off.* (cit. n. 1), praef. p. xii ubi de locis quibusdam librorum *De Officiis* quaestio similis oritur.

[16] *Philol.* 103 (1959), 141 sqq.

[17] Hanc sententiam confirmavit per litteras T. Cornell, cui gratias ago.

[18] De orthographia palimpsesti accuratius disputaverunt Francken (1884) et Castiglioni in praefatione suae editionis.

Corrector quidem has scripturas, in quibus librarii suas aures et suorum temporum consuetudinem potius quam normam aliquam grammaticam secuti erant, saepe in melius mutavit, saepe etiam intactas reliquit. Itaque e.g. 1. 1 *quaeratur* pro *queratur*, 1. 2 *lauoribus* pro *laboribus*, 1. 17 *sumtis* pro *sumptis* corrigere, ut videtur, neglexit, atque item multa alia eiusdem modi. Saepius scribit librarius *Africanae* pro *Africane*; nomina quae in *-ius*, *-ium* desinunt ablativo plurali saepe per *-is* potius quam *-iis* efficit, e.g. 2. 6 *indicis* pro *indiciis*. Has minutias, quae ad textum constituendum nihil sane pertinent, ego tacite plerumque correxi. Item non sum veritus *eis* pro *his* scribere, cum ratio postulabat, *atque* pro *adque*, et similia, etiamsi in codice correcta non sunt. Cur enim editor maioribus et multo difficilioribus rebus occupatus talia aucupari debeat? Atque etiam in vocabulis talibus qualia sunt *iuravissem, nominaverunt, probavisset*, cum in ipso codice plenior scriptura invenitur, brevior tamen clausularum rationem melius servat (cuius quidem rei apparet librarios omnino ignaros fuisse), interdum *iurassem, nominarunt, probasset* et similia scripsi, sicut iam 2. 46 *multasset* pro *multavisset* eadem de causa scripserat Ziegler.

3.1. Proximo loco de fragmentis et testimoniis librorum de re publica disputandum est. Qua in parte laboris mei libentissimo animo confiteor atque gratissimo, plurimum me debere viro doctissimo Eberhardo Heck, qui operam dedit ut omnia fragmenta et testimonia, quae alicuius momenti esse possent ad textum restituendum, denuo colligeret et recenseret.[19] Quod

---

[19] E. Heck, *Die Bezeugung von Ciceros Schrift De re publica* (Spudasmata, iv; Hildesheim, 1966).

autem ad auctores attinet a quibus fragmenta vel
testimonia citantur, et illius subsidiis et editionum
scilicet quas optimas nunc habemus plerumque nisus
sum (quae in nostro *indice editorum et philologorum*, si
quid ex eis deprompsimus, commemorantur); codices ipsos adire vel Lactantii vel Augustini vel aliorum
plerumque haud necessarium duxi; in Nonio tamen
Marcello profuit mihi imagines photographicae codicum potiorum, quae in universitate Genuae servantur, inspicere et cum editione Lindsaei conferre. Sigla
codicum retinui quae cuique editori placuerunt. Raro
quidem accidit ut audacia quadam impulsus fragmenti alicuius textum emendare conarer, cum priores
id facere saepe frustra temptavissent. De numera-
tione fragmentorum vide infra, praef. sect. 5.2.

3.2. Testimonia omnia et fontes fragmentorum in *secunda
parte apparatus* exhibui, id est, infra elenchum
foliorum codicis, supra apparatum criticum; nam
multo magis me lectoris commoditati, cum id
facerem, inserviturum esse arbitratus sum, quam si,
ut fecit Maius ceterique qui eum imitati sunt, testimonia lacunis palimpsesti velut inspergerem. Ergo
textus ipsius loco nulla verba invenies nisi Tulliana,
cum in codice servata, tum ut fragmenta aut a
Tullio ipso aut ab aliis citata scriptoribus: in apparatu omnium citationum fontes notavimus. Itaque,
ut spero, textus horum librorum non velut thesaurus
aliquis olim obrutus, nuper effossus et multis adhuc
sordibus opertus, sed plane purgatus apparebit,
atque interdum testimonia quoque clarius exhiberi
poterunt quam antea exhibita sunt. Nonnulla tamen
eorum quae a prioribus testimonii loco sunt citata,
cum meo quidem iudicio nihil ad constituendum
textum conferre viderentur, aut plane eieci (et hic

quidem plerumque Heckium ut ducem secutus sum,
qui multa ut omittenda vel eicienda optimo iure
adnotavit) aut nomine et numero tantum citavi.

3.3. Sed haudquaquam facile erat constituere, eis locis
ubi codex defecerat, quo ordine fragmenta et testimonia optime exhiberentur; quid consili tandem
ceperim, breviter exponam. Uno alterove in loco mir-
abili fortuna accidit ut fragmentum aliquod ita cum
palimpsesto congrueret ut ei quasi adglutinari posset,
ut 2. 19 et 2. 69 (qui loci ex Augustino supplentur), et
nostrum 3. 13, Ziegleri 3. 27 (ex Lactantio). Id posse
fieri etiam in fol. 21 palimpsesti (nostrum 3. 6, Ziegleri 3. 8) acute perspexit Plasberg,[20] ut litterae quae
in initio folii leguntur -*cati* quadrarent cum fine
fragmenti quod servatur apud Senecam *Ep.* 108. 32
'quoniam sumus ab ipsa calce eius interpellatione
revocati'. Si quis autem dubitaverit num deceat mentionem 'ipsius calcis' in principio libri tertii fieri,
hoc modo respondeam: ex Augustini summario (civ.
2. 21) videtur Scipio 'aliquanto latius et uberius' disser-
uisse 'quantum prodesset iustitia civitati, quantumque obesset si afuisset', et tum suscepisse Philum et
poposcisse 'ut haec ipsa quaestio diligentius tractaretur'. Sane potuit fieri, ut Scipio et ceteri se calcem
disputationis iam attingere putarent, sicut apud Platonem Socrates initio secundi libri *Politeias* disputationem iam terminatam esse cum credat, confitetur se
esse deceptum. Itaque hoc quoque fragmentum, ut
iam fecit Castiglioni, libenter cum textu palimpsesti
eo loco coniunxi.

3.4. Complura fragmenta ad prooemium libri I rettuler-
unt priores, partim temere, ut equidem credo, sed

---

[20] *RhM* 53 (1898), 66.

duo saltem ex eis fragmentis illo loco censeo posse
retineri; cetera ad fragmentorum incertorum aut
etiam dubiorum syllogen relegavi. Libro I sect. 57
fragmentum illud a Pöschl allatum[21] ex Nonio
(*quare . . . citeriora*) servari posse credo, cum in Laeli
personam atque in istam partem dialogi sane facillime cadat. Restant duo fragmenta e libro I quae
certo collocari meo quidem iudicio non possunt; ea
in fine libri posui.

In libro secundo, praeter ea quorum modo feci men- **3.5.**
tionem, idem consili secutus sum, nam fragmenta
quae ex eo libro feruntur non video ita collocari
posse ut de eorum ordine nulla dubitatio maneat,
ego autem id agendum censui in re tam dubia, nihil
ut temere viderer affirmare. Sed quae de dispositione
horum fragmentorum ratione possunt disputari, ea
breviter in apparatu exposita, lector, invenies. Fragmenta tria de iustitia (nostra frr. 8–10 lib. 2) quae
secundo libro attribuit Nonius, ad tertium autem
transtulit Maius, secundo restituimus, quae collocanda esse videntur in ultima parte libri ubi iam ad
disputationem de iustitia, ut ex Augustini summario
plane apparet, pervenitur.[22]

Initio quidem libri tertii non tam difficile nobis **3.6.**
negotium parari videtur. Primum omnium testimonium illud Sti. Augustini de 'noverca natura' solito
loco in principio libri retinendum esse censui (nam
quo alio pertinere posset non videbam). Et hic quidem exceptionem feci, cum plerumque velut legem
mihi observandam putarem, ut nulla nisi germana ac

[21] V. Pöschl, *Römischer Staat und griechisches Staatsdenken bei Cicero* (Berolini, 1936), 28.
[22] Vide P. Krarup, *Classica et Mediaevalia*, 21 (1960), 20–8.

probata Ciceronis verba in textum reciperem, cetera omnia in testimoniis ponerem; nam hoc quidem loco, quamquam veri simile est Augustinum haud longe a Tullio suo aberrare, tamen dubitandum est an ipsius verba accurate servaverit; qua de causa italica quae dicitur scriptura usus sum. Quam rationem etiam in aliis fragmentis nonnullis secutus sum.

3.7. In Phili orationis partibus disponendis, sicuti iam exposui, secutus sum Lactantii testimonium, cum aliud non habeamus. Ergo duo illi loci qui ab eo citantur, quique cum nulla parte congruunt palimp-sesti (sc. 'Bonus vir...' et 'Nempe iustitia...'), eodem ordine a me exhibentur quo apud Lactantium apparent. Deinde duo fragmenta habemus quae post finem orationis Phili collocanda esse perspicuum est, primum illud de Carneade 'sed iuventuti nostrae minime audiendus...', quod Nonius decerpsit aut ex illa dialogi parte quae inter Phili et Laeli orationes interveniebat, aut ex principio orationis Laeli; tum illud 'non gravarer, Laeli...', ab A. Gellio com-memoratum, quo loco, ut paene certum videtur, Sci-pio loquitur invitatque Laelium ut patrocinium iustitiae suscipiat.

3.8. Sed ad Laeli orationem cum venimus, sane multi-plicantur angustiae. Primum non semper facile est iudicare, quae fragmenta omnino huc pertineant; deinde ordinare ea sine magna dubitatione non pos-sumus. Itaque tandem pingui, ut aiunt, Minerva agere constitui. Quae fragmenta ad Laeli orationem probabiliter mihi referri videbantur, ea servavi, et quamvis ordo locorum qui a Laelio tractati sunt valde incertus esse videatur, tamen fieri non poterat quin aliqui ordo constituendus esset; ergo haec frag-menta quam maxime poteram secundum materiae

genus disponere conatus sum, ea disputatione adiu-
tus quam de his rebus conscripsit J.-L. Ferrary.[23] Ea
igitur fragmenta sub his fere capitibus exhibui: (*a*) de
iure imperandi et serviendi, (*b*) de iure belli, (*c*) de
lege naturae, (*d*) de virtutis praemiis et poenis improbitatis, quae tum singulis hominibus, tum civitatibus
reservata esse dicuntur. Haec ultimo loco tractata esse
sane veri simile est. Restant a libro tertio octo fere
fragmenta quae, ut mihi quidem videtur, certo loco
assignari non possunt: ea in huius libri fine collegi.

E quarto libro[24] habemus in codice unum par **3.9.**
foliorum, in quo agitur de discriptione populi, deinde
de disciplina puerili, comparatione facta Graecorum
Romanorumque morum. Ex hac eadem parte libri, ut
videtur, aliquot a Nonio fragmenta servata sunt, qui
ut solet verborum significationes aucupatur, contextum quidem minime clarum facit; sed ea sicut in Laeli
oratione secundum materiae genus sub capitibus dis-
posui. Primo loco ea posui in quibus mores Romanorum laudari videntur: haec sunt (*a*) de disciplina
puerili, muliebri, civili, (*b*) de minuendis sumptibus
et largitionibus, (*c*) de suffragiis, (*d*) de sepultura
mortuorum. Tum duo fragmenta de Platone, in quibus illa Platonica communitas bonorum reicitur,
Plato autem ipse ex urbe redimitus coronis expellitur.
His subiunxi ea quae de poetis paulo ampliora ex hoc
libro Augustinus excerpsit.

Postremo apparet ex Ciceronis ipsius dialogo *De
Legibus* (1. 27) et ex Lactantio (*Opif. Dei* 1. 11–14) in

[23] *Mémoires des Écoles françaises d'Athènes et de Rome*, 86 (1974),
745–71.
[24] De dispositione fragmentorum libri quarti vide etiam quae disputavit J. E. G. Zetzel, 'Citizen and Commonwealth in *De Re Publica*', apud J. North et J. Powell (edd.), *Cicero's Republic* (*BICS*
Supplementum 76; Londinii, 2001), 83–98.

quarto libro latiore quadam ratione de natura hominis et de animo et corpore disputatum esse; quo
pertinere videtur unum fragmentum de mente
humana, duo de temporis discriptione, a Nonio servata. Haec fragmenta plerumque in initio libri
posuerunt editores, tamquam in prooemio quodam;
sed in quarto libro (sicut in secundo et sexto) scimus
nullum fuisse prooemium, et Scipionem quidem in
ipso dialogo disputavisse de his rebus testimonio
ipsius Tulli credamus necesse est. Mihi non minus
veri simile videtur hanc de natura hominis disputationem fuisse quasi perorationis loco, et hic quodam
modo revertisse Ciceronem (compositione, ut aiunt
nostrorum temporum critici, anulari) ad ea quae in
prooemio libri tertii adumbravisset. Sed nolim cre-
das, lector, cum haec fragmenta meo arbitratu in fine
libri posuerim, me eam sententiam pro certo affirmare voluisse. Pauca denique restant ex libro quarto,
quibus locus non poterat definitus attribui.

3.10. In quinto libro tractando haud meliore condicione
sumus quam in quarto. Ex prooemio unum solum
excerptum Augustino debemus. Tum de rectore sive
moderatore rei publicae disputatum esse scimus, et
ad initium eius disputationis pertinere illud fragmentum a Cicerone ipso commemoratum 'Ut enim
gubernatori . . .' iure possumus suspicari. Eodem
pertinet illud par foliorum palimpsesti a librario A
scriptum, quod solum, ut opinor, ex hoc libro con-
servatur, translato iam ad librum tertium illo folio
199–200 cuius supra feci mentionem. Reliqua sunt
paucissima: unum fragmentum de arte rhetorica
(nam cetera quae hoc loco poni solebant, inter incerta
potius ponenda sunt), et sex fere alia quae veluti in
classibus disponere vix operae pretium esse duxi.

Sexti denique libri praeter Somnii narrationem mis-
errimae quaedam reliquiae restant, in quibus tamen
perspicere possumus de prudentia rectoris rei publicae, de seditione cohibenda, et de caritate rectoris
apud populum disputatum esse. Haec, ut mos est,
priore loco posui, ut sit Somnium quod dicitur Scipionis totius operis extremum.[25]

Ad Somnium igitur venio;[26] quod excerptum e sexto **4.1.**
libro codicibus plus centum servatur ante annum
1200 exaratis,[27] recentiorum autem codicum tanta
multitudine ut nemo adhuc omnes recensere aut
potuerit aut voluerit. Narrationem somnii velut a
patrocinio maioris operis manu missam esse iam
quarto saeculo constat: nam illis temporibus conscripsit Macrobius suum in Somnium Scipionis
'commentum', ut in codicibus eius operis vocatur,
eiusdem etiam aetatis Favonius Eulogius non tam
de Somnio Scipionis disputationem, ut ipse declaravit, sed de numeris et sphaerarum concentibus perscripsit, longe ab ipso Somnio delapsus.[28] Favonius

---

[25] Cf. *Lael.* 14 'extremum fere de immortalitate animorum'.

[26] Quae hoc capite scripseram iam paene absoluta erant, cum venit
in manus meas liber sane doctissimus Robertae Caldini Montanari,
Tradizione medievale ed edizione critica del Somnium Scipionis (Florentiae, 2002), quae sibi proposuit totam fere traditionem excutere, et
quidem quod voluit optime effecit. Quod autem ad codices anti-
quiores et ad ipsum textum attinet, non multum video discrepare
illius rationem a mea, itaque nihil obstat quin credamus utramque
ad veritatem proxime accedere. Plura de hac re in *CR* 55 (2005), 108–
11; interea quae scripseram non putavi esse mutanda.

[27] Vide B. C. Barker-Benfield apud L. D. Reynolds (ed.), *Texts
and Transmission* (Oxonii, 1983); Birger Munk Olsen, *Studia P.
Krarup* (1976), 146–53; Ziegler, *Hermes*, 66 (1931), 268; L. Castiglioni,
Rend. Ist. Lomb. 2 ser. 68 (1935), 301–20, 331–51.

[28] Macrobius *In Somn. Scip.* ed. J. Willis (Lipsiae, 1970), et nuper
M. Armisen-Marchetti (Parisiis), vol. i (2001); ii (2003); Favonius
Eulogius, ed. R. E. van Weddingen (Coll. Latomus 27, 1957).

ad textum Somnii constituendum paene nihil adfert; at Macrobius verbis Tullianis per suum commentarium sparsis circa tertiam partem textus, quem in codicibus Somnii invenimus, adservavit, atque etiam pauca ad initium Somnii adiunxit. In codicibus ipsis saepe ita commentario Macrobii adiectus est Somnii textus, ut duplicem traditionem in eisdem codicibus habeamus; in compluribus autem codicibus solum sine Macrobio servatur Somnium, in paucis etiam Macrobius sine Somnio, et in aliquibus Macrobii commentario iamdudum exarato Somnium multis annis postea adiunctum est.

4.2. Sed omnia exemplaria ipsius Somnii ex uno archetypo certe fluxerunt, quod praecipue demonstrat (tacente Macrobio de hoc loco) illud commune vitium sect. 4 (12 Z.) *parum rebus* (quod in *parumper* feliciter correxit Bouhier): ex tanta codicum copia nullus omnino adhuc repertus est qui meliorem lectionem hoc loco praebeat, etsi nonnulli (quorum primus est D^2) apertissimam coniecturam *pax sit rebus* substituunt. Hunc archetypum igitur ut quam accuratissime restituamus, in primis elaborandum est; deinde, in eis locis ubi textus a Macrobio quoque servatur, erit archetypus cum Macrobio comparandus.

4.3. Inter codices Somnii familias distinguere aut stemma conficere vix quisquam adhuc se potuisse declaravit;[29] ergo poterit fortasse haec traditio inter eas quae 'apertae' dicuntur iure numerari. Sed tamen retinere me non possum quin admirer, complures editores in codicibus Somnii exquirendis operam consumpsisse,[30] neminem tamen curavisse ut antiquissimos ex eis

---

[29] Vide tamen supra, n. 26.
[30] Vide praecipue Castiglioni, *Rend. Ist. Lomb.* 68 (1935), 331–51.

invenirent, a ceterisque seiungerent. Nam in huiusmodi traditione vix ullo alio modo propius ad archetypum poterimus accedere; potest quidem fieri ut ne
illic quidem puram traditionem inventuri simus, alibi
vero paene certo scimus fore ut talem traditionem
frustra quaeramus. Equidem mihi persuasisse videor,
totum archetypum ex quinque codicibus omnium
antiquissimis, **ABrQPhD**, posse restitui; non quo
affirmare velim omnes ceteros ex illis esse descriptos,
sed quia nullam veram atque indubitatam lectionem
esse confido in ceteris, quos quidem viderim aut
quorum lectiones ex aliorum laboribus cognoverim,
quae non sit in quinque illis antiquis, quamque non
aut ex Macrobii codicibus aut ex alio quodam
testimonio importatam esse aut coniecturae plane
deberi pateat. Cumque credere vix possim traditionis
alterius vestigia in codicibus recentioribus inveniri,
sequitur ut ceteri codices nisi ut fontes coniecturarum
plane sint neglegendi, atque ut eorum lectiones in
apparatu exhiberi plerumque non sit necesse.

Ac ne quis eorum qui doctrinam illam de recentior- 4.4.
ibus non deterioribus adamaverunt in animo habeat
nostram rationem hoc loco vituperare, admonendus
es, candide lector, tribus tantum locis ad recentiores
codices decurrendum fuisse.

Primus horum est sect. 1 Somnii (= lib. 6. 9 Ziegler) ubi interpungunt aliqui recentiores post *conve-*
nirem, ut debuerunt, ac non post *regem* ut codices
antiqui. Sed cum de interpunctione agitur, quis
umquam credidit aliquid auctoritati codicum recentiorum esse tribuendum? Rationem quidem, cum
interpungebant, aut suam aut nullam secuti sunt;
quod si uno alterove loco recte aut casu aliquo aut
acumine ingenii freti interpunxerunt, laudandi

quidem certe, sed profecto traditionis alterius quasi nuntii non sunt habendi.

Deinde in sect. 2 Somnii (10 Z.) ubi codices plerique habent *me et de via et qui ad multam noctem vigilassem*, vide Ziegleri apparatum: '*de via fessum* Dresdensis 151, Arnstadiensis: *fessum de via* **G**: *defessum via* **ic**: *de via* cet. codd'. Dresdensis et Arnstadiensis sunt plane recentes, '**i**' et '**c**' sunt editiones saeculi sexti decimi. Illud autem **G** sive 'exc. S. Gall.', ut ego credo, merum phantasma est. Nihil est enim aliud quam collatio facta a viro docto aliquo (cuius nomen nescimus) cum editione Gryphiana (1550) ex codice quodam Sangallensi, quam collationem adhibuit Ianus in editione sua; ipsum autem illum codicem, ex quo collatio facta sit, nullum alium fuisse quam eum Sangallensem 65 quem nos novimus veri simile est;[31] nam pleraeque lectiones quae '**G**' attribuuntur cum hoc codice tam arte consentiunt, ut vix credere possis de duobus ac non de uno codice rem agi;[32] alium quidem Sangallensem qui Somnium contineat nullum novimus; quae autem in '**G**' paucis in locis a nostro Sangallensi discrepant, sunt re vera lectiones editionis ipsius Gryphianae ut apparet ex Iani apparatu; inter quas haec quoque lectio '*fessum de via*' reperietur. Igitur hanc lectionem, quamvis bonam, traditioni attribuere vix possis: est certe coniectura alicuius viri

[31] Hoc vidit B. C. Barker-Benfield, et totam rem in dissertatione sua Oxoniensi exposuit; quae in lucem numquam prodiit, sed in bibliotheca Bodleiana praesto est, ubi ego eam inspicere potui. Sangallensis 65 commemoratus est ab A. G. Gernhard, *Opuscula* (Lipsiae 1836), 391–410; ego huius codicis imaginem photographicam apud I.R.H.T. inspexi.

[32] Notandus est praesertim error ille singularis *eligere* pro *contueri* sect. 17 (25) ubi Sangallensis 65 et **G** Iani consentiunt.

docti, saeculo sexto decimo tandem prolata (nisi forte in codicibus nondum inspectis latet).

Tertio loco in sect. 6 (14 Z.) Somnii correctio *aspicis* pro *aspicias* in margine codicis Riccardiani 582 invenitur, sed eam Marsilii Ficini coniecturae deberi Castiglioni in editione sua affirmavit.

Commemorandum est etiam fortasse 19 (27) *qua a primo*, sed hoc loco recta lectio servatur in codicibus Macrobii et inde ad recentiores Somnii sine dubio emanavit.

Paucis aliis in locis unus vel alter codex praeter quin- **4.5.** que nostros lectionem praebet haud sane meliorem quam ea quae in antiquissima traditione reperitur, sed tamen quae aliquo modo possit probari. At vix equidem vereor ne quis ibi vestigia traditionis alterius latere credat. Nam si ita res se haberet, certe speraremus istos codices aliquam et in erroribus et in bonis lectionibus exhibituros esse constantiam; sed hae lectiones ita sunt per varios codices dispersae ut aut ex coniectura temeraria aut etiam ex mero errore ortae esse videantur. Tamen ne quid a nobis praetermissum sit, cum hos codices atque eorum lectiones ex apparatu critico eiecerim, ecce hic adsunt:[33]

2 (10) *trade memoriae*: *memoriae trade* **R**.

3 (11) *adhuc a nobis hereditarium*: *a nobis adhuc hereditarium* **F**: *adhuc hereditarium a nobis* **W**.

4 (12) *leniter arridens* Monacensis 6369^2 ut ipse vidi, edd. fere omnes; sed nihil obstat quin *leviter* in textum recipiamus.

---

[33] In lectionibus his recensendis editionem Ziegleri plerumque secutus sum et sigla eius retinui, quae sunt sequentia: **R**: Monacensis lat. 14436, **F**: Monacensis lat. 6362, **W**: Vratislavensis Rehdigeranus 69, **V**: Vaticanus lat. 3227, **L**: Laurentianus 51, 14, **P**: Parisinus 6371, **B**: Bambergensis M. IV. 15.

7 (15) *retinendus animus est*: *retinendus est animus*
   RFV.

8 (16) *iam ipsa terra*: *iam vero ipsa terra* **FL**[1].

9 (17) *in* ante *infimoque* om. **P** cum aliquot codd.
   Macrobii.

12 (20) *vobis*: *nobis* **V** cum recc. aliquot Macrobii.

13 (21) *vobis*: *nobis* **RP** cum aliquot codd. Macrobii.
   vestrum: *nostrum* **R** cum aliquot codd. Macrobii.
   quem (Oceanum): *quod* **L**[2]**VW** cum aliquot codd.
   Macrobii.

14 (22) *de nobis*: *de vobis* **R**[2]**F**[2]

15 (23) *tempore certo*: *certo tempore* **RB** cum aliquot
   codd. Macrobii.

21 (29) *optimis in rebus*: *in optimis rebus* recc. aliquot.

4.6. Discrepat autem compluribus locis textus qui in
codicibus Somnii servatur ab eo quem apud Macrobium legimus, multumque ac diu certatum est inter
viros doctos utrum alteri praeferri oporteret.[34]
Quam quaestionem plane vanam esse iudico: nam
res non aliter se habet ac si duas codicum manu
scriptorum familias haberemus. Ut enim alibi in
traditione duplici non semper una familia melior,
altera deterior haberi potest, atque etiam si est una
plane deterior, tamen et illa interdum praebere veritatem potest, sic in Somnio recensendo non semper
auctoritati eorum codicum parendum est qui totum
Somnium continent, neque Macrobium ut ducem
omnibus locis oportet sequi (nam vel ille ipse, vel
scriptor exemplaris quod secutus est, vel ei qui
opera eius exscribebant, errare potuerunt), sed

---

[34] Melius quam ceteri de hac re disputavit G. B. Alberti, *SIFC* 33
(1961), 163–84; vide etiam M. Sicherl, *RhM* 102 (1959), 266–86, 346–64;
K. Ziegler, *Hermes*, 66 (1931), 268–301, ad pp. 270–5.

potius omnia ratione sunt ponderanda. Cavendum est etiam ne decipiamur lectionibus eis quae in codices Somnii ex traditione Macrobii iam a principio medii aevi irrepserint (de quibus vide infra), neve putemus eas maiorem habere auctoritatem quod in utraque traditione inveniantur.

Ad codices ergo ipsos veniam quos ipse adhibui et satis, ut spero, accurate contuli: **4.7.**

A Parisinus, n.a. lat. 454 s. IX, codex omnium vetustissimus.[35]

Br Bruxellensis 10146, s. IX–X.

Q Vaticanus Palatinus lat. 1341, s. X med.[36]

Ph Berolinensis, Phillipps 1787, s. X ex.[37]

D Oxoniensis, Bodl. Auct. T. 2. 27, s. X ex. vel XI in.[38]

Nullus est horum quinque codicum in quem lectiones aliquot Macrobianae non irrepserint, plerumque a correctoribus insertae. Corrector codicis **A** (**A²**) vocabulum *humanum* (7) delevit, fortasse recte is quidem, sed paene certe ex Macrobio; et in loco de sphaerarum concentu (10) lectionem Macrobianam (quam falsam esse equidem arbitror) *disiunctus* pro *coniunctus* inseruit. Plures lectiones e Macrobio ad ceteros pervenerunt, et praecipue ad **Ph²**, ut ex apparatu perspici poterit; et prima manus codicis **D** iam colore quodam Macrobiano tincta est. Sequitur profecto, ut locos a Macrobio citatos paulisper

---

[35] Hoc codice primus usus est Castiglioni in editione sua.

[36] Contulit C. E. Finch, *TAPA* 97 (1966), 181–92.

[37] Commemoravit Barker-Benfield in dissertatione Oxoniensi et in *Texts and Transmission* (vide supra, nn. 27 et 31), editor quidem nullus ante me adhibuit.

[38] Adhibuit Willis ad editionem Macrobii et ad textum Somnii quem ei editioni subiunxit.

PRAEFATIO

amovere debeamus, si veram indolem coniunctionemque horum inter se codicum perspicere velimus.

Ex locis igitur qui in Macrobio non inveniuntur,
apparet archetypum bis descriptum esse: primum
ex eo fluxit **A**, qui solus ex omnibus veram (ut
demonstravit Montanari Caldini[39] utque equidem
mihi persuasi) lectionem sect. 1 *hoc Manilio consule*
servat et suos errores praebet in 8 *is* om., 9 *cuius
subiecti*, deinde, ut probabiliter videri potest, alter
codex nunc deperditus, ceterorum exemplar, qui in
locis a Macrobio non citatis errores hos continebat:
1 *A. Manlio* **BrQPh** (*A. Mallio* **D**), *reliquis*
BrQ¹PhD, *ipse* **Br¹QPhD**, 16 *huius* **BrQPhD**.

4.8. In Macrobii autem lectionibus editionem recentem
M. Armisen-Marchetti sequi constitui.[40] De codicibus potissimis, quos illa adhibuit, brevissime dicendum est; nempe hi sunt, noni saeculi omnes:

S Parisinus lat. 6370
E Parisinus lat. 16677
A Parisinus n.a. lat. 454
V Voss. Lat. F. 12β + F. 122 +
    Londiniensis, Bibl. Brit., Royal 15. B. 2
K Coloniensis 186
H Londiniensis, Bibl. Brit., Harleianus 2772 +
    Monacensis 23486
X Bruxellensis 10146.

Omnes praeter **X** quomodo sint inter se coniuncti,
exhibet Fig. 1.

Codex **X** autem in libro I cum **S** arte coniunctus est,
in libro II cum **H**. Consensum horum codicum siglo
μ denotavi, consensus codicum Somnii ω vocatur.

---

[39] R. Montanari Caldini, *Prometheus*, 10 (1984), 224–40.
[40] Vide supra, n. 28.

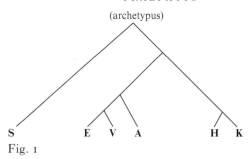

(archetypus)

S   E   V   A   H   K

Fig. 1

4.9. Textum autem Somnii ex eo quem prius vulga-veram[41] septem fere locis in melius (ut spero) leviter mutavi: 6. 16 (12 Z.) *leviter* non *leniter*; 6. 19 (15 Z.) *cum* post *nisi enim* et *humanum* post *munus* reposui; 6. 20 (16 Z.) *<a>* a Gronovio sine sufficienti causa additum eieci; 6. 21 (17 Z.) *de septem* pro *subter*; 6. 28 (24 Z.) *reapse autem, cum* restitui pro *cum autem*; 6. 30 (26 Z.) *ille* ante *mundum* reposui; 6. 32 (28 Z.) *sese* pro *se ipsa*.

5.1. Restabat ut fragmenta vel testimonia quae incertae sedis sunt, aut libris de re publica dubie attributa, colligeremus. In quibus tractandis eam mihi regulam observandam putavi, ut quodcumque fragmentum libris de re publica generatim ab eo qui servat attri-buitur, neque indicatur e sex libris ad quotum perti-neat, id inter fragmenta incertae sedis numerandum ducerem, nisi bona causa exstitisse videretur cur id certo alicui libro attribuerem. Quodcumque autem Ciceroni attribuitur sine mentione librorum de re publica, id inter dubia fragmenta ponendum esse videbatur (nisi alio testimonio atque eo quidem certo dubitatio tolleretur), etiamsi a superioribus in certi alicuius libri fragmentis positum esset. Nam hic ut alibi rationem maxime Tullianam adsequi

---

[41] *Cicero: On Friendship and The Dream of Scipio* (Warminster, 1990).

conamur, nihil ut temere affirmemus, neve incerta pro certis proferamus. Adiecimus etiam hoc loco syllogen testimoniorum quae ad sex libros de re publica generatim pertinent.

5.2. Ex eis quae dixi apparebit me compluribus locis a libro tertio usque ad sextum atque etiam in fragmentis incertis vel dubiis a solito ordine fragmentorum ac testimoniorum discessisse, atque id quidem, ut spero, bonis de causis; itaque paene necesse fuit mihi novam numerationem fragmentorum introducere. Qua in re certe haud sum oblitus verborum Ziegleri, qui cum ordinem fragmentorum vel levissime immutaret, haec tamen dicit: 'nolui enim bilem movere lectoris, qui cum locum quendam a nescioquo viro docto ad editionem vetustiorem laudatum in editione mea frustra quaesierit, valde perturbatus novatori temerario iure maledicat'. Quamobrem Ziegleri numerationem, quam ut normam omnes fere nunc sequuntur, in margine semper addidi, *concordantiam*que post hanc praefationem posui, qua si utetur lector, locum quem quaeret facillime invenire poterit.

De Legibus

6.1. 'Libros de legibus', inquit Petrus Victorius in adnotationibus suis, 'dici non potest quam laceros et corruptos habeamus.' Quamquam enim incidit suspicio quaedam, hos libros ne ab ipso quidem Cicerone perfectos esse,[42] tamen certe plura reliquit quam

---

[42] Vide in primis de tribunatu disputationem in *Leg.* 3. 17 et 3. 19, ubi eundem locum bis adgressum esse videri potest Tullius; considera etiam 1. 33 ubi adnotatio 'de amicitia locus' aut omissa aliqua aut ab ipso Tullio inchoatum et relictum locum esse fortasse demonstrat.

nunc habemus, nam Macrobius fragmentum quoddam e libro quinto protulit. Satis quidem constat
omnes codices quos nunc habemus ab uno exemplari
descendere eoque compluribus in locis aut corrupto
aut mutilo.[43]

His multiplicibus corruptelis et lacunis mederi
conati sunt viri docti, ut par est, multa per saecula:
hoc primo ex correcturis liquet, quae sunt codicibus
vetustissimis multifariam adiectae, deinde ex mani-
festis coniecturis atque interpolationibus quibus sca-
tent recentiores, postremo ex longa serie editorum
atque aliorum hominum doctorum, quorum coniecturae in textu aut in apparatu nostro reperientur.
Qua in turba facile paterer nomen meum omnino
latere et tamquam obrui, nisi perspexissem, cum ego
hos libros tractare inciperem, satis multos locos
restare in quibus labor medendi et coniectandi,
quamvis assidue a prioribus exercitatus, tamen
adhuc vix ullum bonum fructum tulisset: sive quod
codicum ipsorum lectio aut non satis explorata aut
iniuste suspecta esset, sive quia ipse sensus, quem ex
contextu desideraremus, parum clare videretur ab
illis esse perspectus. Quorum locorum si ego uni
alterive visus ero aliquid auxili ferre potuisse,[44] lae-
tabor certe, ita tamen ut nolim lectorem existimare
me in temeritatem coniectandi esse delapsum, et

Sed tamen contra disputat C. W. Keyes, *AJP* 58 (1937), 403–17, qui
perfectum quidem dialogum a Cicerone putat, sed postea multa
damna subisse. Nunc vide A. Dyck, *A Commentary on Cicero
De Legibus* (Ann Arbor, 2004), p. 11.

[43] Lacunas perspicuas iam agnoverunt editores his locis: 1. 33, 1.
39–40; 1. 57; 2. 53; 3. 17.

[44] Vide e.g. 1. 16, 24, 34, 37, 49, 54; 2. 22, 37, 41, 43, 63, 64; 3. 4, 11, 45,
49. Omitto locos ubi coniecturam alienam levi mutatione facta in
textum recepi. Rationem coniecturarum nostrarum persaepe explicat
A. Dyck in commentario suo.

probabilia (aut etiam interdum minus probabilia) pro certis affirmare voluisse. Nam hoc intellegi debet, non omnem lectionem, quam in textu editor proferat, omnino certam haberi posse, sed potius optimam ex eis quae praesto sint iudicari; quae vero lacunarum explendarum causa addita sunt, ea pro certis haberi paene numquam oportet, sed tantum exempli gratia inserta esse credendum est. Sed inter officia editoris hoc paene primum esse duxi, ut et testimonia codicum manu scriptorum et virorum doctorum coniecturae ita plane exhiberentur, ut quovis in loco ubi dubitatio aliqua subsisteret, suum ipse iudicium lector posset adhibere; qua de causa apparatum fortasse pleniorem protuli, quam ex consuetudine huius Bibliothecae exspectaveris, at certe, ut spero, non pleniorem quam desideraveris.

6.2. De corruptelis huius textus nuper generatim disseruerunt primum M. Zelzer,[45] quae hunc textum exemplari cursivis litteris scripto traditum esse putat, et R. Boehm[46] qui compendiis vel abbreviaturis multis, quales in scriptis iuridicalibus inveniri soleant, hunc textum olim exscriptum esse demonstrare conatur. Sed vereor ne neque hic neque illa laboranti editori magnum auxilium attulerit; nam meo quidem iudicio neque novas corruptelas probabiliter divinare neque eis, quae iam bene notae sunt, remedia probabilia proferre potuerunt. Etenim vix adduci possum ut credam in hoc textu emendando ullam quasi clavem inveniri posse, quae semel prolata omnibus nos angustiis liberet. Eadem editori, quibus alibi, arma sumenda sunt: codices qui sunt

---

[45] *WS* 15 (1981), 227.
[46] *Sodalitas, Scritti in onore di Antonio Guarino* (Neapoli, 1984), ii. 895–937.

maximi momenti accurate perlegat, contextum sensumque in loco quoque perspiciat atque animo quantum potest comprehendat, denique suo, quodcumque est, utatur iudicio atque ingenio.

Atque etiam eis breviter respondendum est, qui, propterea quod ipse Tullius huic operi summam manum fortasse non imposuerit, inconcinnitates in textu non solum exspectandas[47] sed etiam ferendas esse censent. Haec si contra nimiam licentiam emendandi, qua usi sunt plerique editores et praecipue Ziegler, opponuntur, non repugno. Sed tamen multae harum lectionum, quas Tullianae incuriae (tali vero, qualem nullo fere in opere praeter hoc monstravit) attribuere quidam volunt, cum propius inspexeris, satis levi immutatione facta concinnari possunt.

Quibus dictis ad codices ipsos veniam. Qua in re **6.3.** haud sane quis facile dixerit, quantum Petro Lebrecht Schmidt debeamus, qui, ut in suo libro[48] praedicat, sex et nonaginta huius operis codices, quorum plerique recentioris aetatis sunt, diligenter excussit. Quae ille de codicibus ipsis et de eorum fatis tam plene perscripsit, ea suadeo legat si quis volet has res accuratius perscrutari: equidem ea tantum ex eius libro tamquam e fonte copiosissimo delibavi, quae ad nostrum propositum sufficerent. A quo si uno aliove in loco forte dissentiam, cum codicum quasi cognationes enodare aut quanti sit quisque momenti ponderare conabor, id facio semper memor, quantum ad hanc rem cognoscendam ille

[47] 'Unebenheiten sind also geradezu zu erwarten', W. Görler in ed. Ziegler–Görler, p. 17.
[48] *Die Überlieferung von Ciceros Schrift 'De Legibus' in Mittelalter und Renaissance* (Monaci, 1974).

contulerit, semperque gratus, quod ille praecedens viam hanc munivit et multo faciliorem nobis, quam aliter fuisset, effecit.

Tres libri *De Legibus* partem faciunt Corporis quod dicitur Leidensis, quod corpus tribus praecipuis codicibus in Bibliotheca Academiae Lugduno-Batavae asservatur. Quorum duo Vossiani, Lat. fol. 84 (**A**) et Lat. fol. 86 (**B**) ambo in Gallia septentrionali saeculo nono sunt exarati.[49] Ex eodem archetypo[50] fluxit tertius codex Leidensis, B.P.L. 118 sive Heinsianus (**H**), saeculo undecimo in monasterio Casinensi litteris Beneventanis exscriptus. Sed inter archetypum et Heinsianum unum saltem exemplar (quod siglo **w** Schmidt designavit) intervenit, ex quo etiam alter codex Casini est multo post tempore (nimirum saeculo tertio decimo) descriptus, nunc Londiniensis Burneianus 148 (**L**). Nam **HL** permultis in locis tam arte consentiunt ut eos paene gemellos iure existimaveris, neque tamen **L** ex **H** descriptus esse videtur, praesertim quia **H** lib. 3 sect. 12 deficit, **L** ad finem libri pergit.

Tum considerandi sunt tres codices multo recentiores, sed (ut Schmidt plane demonstravit) non deteriores. Hi sunt **ESR**, omnes saeculi quinti decimi. Hos tres ex uno exemplari fluxisse planissime apparet; quod exemplar siglo **v** a Schmidt, a me in

---

[49] Vossiani A imago photographica invenitur apud S. de Vries, *Codices Graeci et Latini photographice depicti*, vol. xix (Lugduni Batavorum, 1915); praefationem adiecit O. Plasberg. Heinsianus apud eundem vol. xvii (1912) inspici potest. De aetate et origine codicum A et B vide B. Bischoff, *Mittelalterliche Studien*, i (Stutgardiae, 1966), 52–4.

[50] Vide infra, 6.4. Archetypum ipsum non Carolino aevo sed multo ante exscriptum esse non sine probabilitate contenderunt M. Zelzer et K. Zelzer, 'Zur Frage der Überlieferung des Leidener Corpus philosophischer Schriften des Cicero', *WS* 114 (2001), 183–214.

apparatu siglo ε indicatur (**S** autem et **R** vinculo aliquanto artiore inter se coniunguntur; eorum exemplar littera **t** insignivit Schmidt). Hic codex deperditus ε, ex quo fluxerunt **ESR**, eis quos supra commemoravimus (**BAHL**) certe auctoritate, fortasse etiam vetustate, paene nihil cedebat; est autem quod putemus eum non alium fuisse quam codicem Vindobonensem 189 (eum qui in ceteris partibus Corporis Leidensis adhibetur et vocatur **V**), qui olim sine dubio libros *De Legibus* continebat; sed hi libri ex illo codice iamdudum perierunt. Eam rem in medio relinquimus, quia hoc tempore nec confirmari nec refelli potest, etsi mihi quidem probabile videtur.[51]

Hos ergo codices, **BAHLESR**, primarios iudicavit Schmidt. Habemus quoque alium codicem non recentissimae aetatis, sed saeculo duodecimo Parisiis exscriptum, nunc Berolinensem Phillippsianum 1794, iamdudum ab editoribus commemoratum, qui siglo **P** denotatur; de quo paulo infra disputabimus.

Nunc autem dicendum est breviter qua ratione sint **6.4.** codices potiores inter se coniuncti; et in ea quaestione tractanda initium sane faciendum est, ut fecit Schmidt, ab eo quod de toto Corpore Leidensi sciri potest. Non est enim veri simile, hos codices alia penitus ratione in libris *De Legibus* esse coniunctos quam in cetero Corpore, ubi hoc fere stemma valere constat (Fig. 2):[52]

---

[51] Olim in hac sententia fuisse videtur Schmidt ('Die handschriftliche Überlieferung von "De Legibus": Resultate und Perspektiven', *Ciceroniana*, NS 1 (1973), 83–9, ad p. 84) sed in libro suo de ea re nihil amplius memoravit.

[52] Cf. e.g. editio A. S. Pease librorum *De Natura Deorum*, p. 85. Hic tamen codicem **L** (quem **G** vocat) vult esse ex **H** descriptus, non, ut videtur, recte.

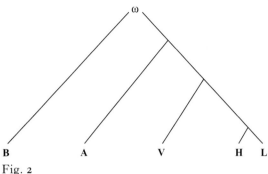

Fig. 2

A reliquis separatur **B** quia initium libri I *De Natura Deorum* solus servat; hoc sine dubio in hyparchetypo codicum **AVHL** perierat. Rursus **B** fons
ceterorum esse non potest, quia deficit textus eius *De
Legibus* lib. 3 sect. 48, ceteri autem paulo plura servant.
Neque solum perdita erant quaedam ex fine exemplaris e quo **B** descriptus est, sed etiam ordo paginarum
turbatus erat; ex qua re paene oculis perspicere
possumus illud exemplar fuisse mutilum quoddam
et vetustum. Licet vero conicere hoc fuisse archetypum ipsum, ex quo, antequam mutilus factus esset,
exemplar ceterorum codicum iam descriptus esset.

Nunc autem si codicem **A** hac ab disputatione
paulisper removerimus, et investigaverimus quomodo lectiones inter ceteros distributae sint, apparebit stemma in his quoque *De Legibus* libris non
solum simplex, sed etiam quod maxime quadret
cum eo quod in reliquis Corporis Leidensis partibus
habemus (Fig. 3).

6.5. Sed iam properandum est ut quaeramus quid de **A**
iudicare debeamus. In cetero quidem Corpore Leidensi, ut diximus, constat codicem **A** ex eodem
hyparchetypo atque **VHL** fluxisse. Et arbitratur qui-

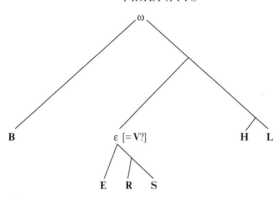

Fig. 3

dem Schmidt, hoc etiam in libris *De Legibus* valere;
nam (pp. 76–7) aliquot errores codicis **A** notavit,
quibus cum **ESRHL** consentit contra **B**. Sunt etiam
permulti alii loci ubi **A** et **B** communem errorem
exhibeant, ceteris vera praebentibus. Hoc quoque
perspexit Schmidt; sed vult hos omnes archetypi
esse errores, in codicibus **ESRHL** coniectura correc-
tos. De hac re dubito.[53] Admiror errores eos tam
luculente in exemplaribus codicum **ESRHL** correc-
tos esse, si modo coniectura correcti sunt: praecipue
notandum est 1. 26 ubi **ESRHL** bonam lectionem
habent *formavit oris.* In **B** stat *formaultioris* (ex *for-
mauIt oris* corruptum); **A** habet *formatioris* (itaque in
eius exemplari fuisse *formaultioris* suspicamur) et
corrector **A^b** in *forma altiori* mutavit. Demonstrant
lectiones codicis **A** quid potuerint viri docti medii
aevi in tali corruptione: longe a vero aberraverunt.
Non video id *formaultioris,* si iam in archetypo ste-
tisset, facile potuisse in rectam lectionem restitui.
Cur non potius credamus bonam lectionem in

---

[53] Vide Zelzer et Zelzer (supra, n. 50), quibus tamen non in omnibus rebus assentior; vide etiam infra, 6.8.

ESRHL recta via ab archetypo descendisse, et errorem quem in **B** videamus aliquo modo in **A** quoque irrepsisse? Idem de aliis locis dici potest, ubi **ESRHL** veritatem praebent, **BA** in errore consentiunt.[54]

Quod si hoc modo contaminatus (ut dicitur) codex **A** esse visus erit, cavendum sane est ne hic codex nos nimium diu pro suo pondere moretur. Etenim sola propemodum vetustate valuit apud editores; paene nullus est in libris *De Legibus* locus, quod quidem ego perspicere possim, ubi vera lectio in **A** solo inveniatur.[55] Ne in fine quidem libri tertii, ubi et **B** et **H** iam defecerunt, tanta est huic codici auctoritas tribuenda quam pridem tribui solebat, cum quidem **LESR** etiam adhibere possimus. Eoque minus nobis auxilii ab hoc codice petendum est, quod permultis in locis lectio primae manus a correctore (quod mox apparebit) ita bene ac naviter erasa est ut omnino legi non possit. Tamen hunc codicem sane veterem nobilemque omnino eicere non sum ausus, quia nonnumquam in comparationem cum ceteris adductus poterit adiuvare ad archetypi lectionem recuperandam; neque omnino velim impedire lectorem quominus de auctoritate huius codicis iudicare ipse possit.

Quod si, ut diximus, contaminationi adscribi possunt nonnulli ex eis erroribus, quos **A** cum **B** communes habet, nihil iam impediet, quin bonas

---

[54] Hos locos collegit Schmidt (vide supra, n. 48), p. 86. Observandum est etiam, ut docuit Schmidt, pp. 86–7, paene nusquam in **HLERS** communem errorem inveniri qui non sit etiam in **A**; itaque hi quinque codices sine **A** unam familiam non faciunt. Cur igitur coniecturas communes exhiberent? Putat Schmidt eas aut ab **HL** aut ab **ERS** profectas ad alteram vicissim stirpem pervenisse. Sed fortasse facilius est credere **HL** cum **ERS** idcirco inter se consentire in veris lectionibus, non in erroribus, quia veritatem traditam servent.

[55] Uno loco 2. 50 rectam lectionem *sacra* solus habet **A**[1].

interdum lectiones codicum **ESRHL** traditioni potius quam coniecturae adscribendas putemus. Nam si **A** contaminatus non esset (nisi ea quae dixit Schmidt de stemmate totius Corporis Leidensis omnino falsa sunt) sane necesse esset credere omnem lectionem, in qua consentiret **A** cum **B**, ex archetypi fluxisse, deberemusque lectiones varias (quamvis bonas) quae in **ESRHL** inveniuntur soli coniecturae attribuere; quod si fatemur quosdam errores ex **B** per contaminationem ad **A** pervenire potuisse, non est quod negemus hyparchetypi aut etiam archetypi lectionem in **ESRHL** potuisse servari.

Nunc de codice **P** dicendum est; qui ab editoribus **6.6.** quibusdam adhibitus (est autem 'Parisinus' apud Davisium), mox quasi damnatus est et in deteriorum numero plerumque habitus. Duo sunt etiam codices recentioris aevi, unus Guelferbytanus, alter Matritensis, quos cum **P** in eadem familia inclusit Schmidt;[56] ego vero non video cur hi non potius a **P** derivati esse ducantur; utique paene nihil conferunt quod non a **P** ipso depromi possit. Quae sit indoles huius codicis, ex erroribus qui ex antiquiore traditione manaverunt aliquatenus perspici potest. Primum, ut vidit Schmidt ex quibusdam erroribus communibus,[57] coniunctionem habet cum familia **ERS**; sed **P** non omnium errorum eius familiae particeps est, et interdum praebet errores cum **B** (et **A** ante correctionem) communes, cum verior lectio in ceteris invenitur; vide praesertim 1. 31 ubi pro *nat-*

---

[56] Codices sunt Matritensis Bibl. Nac. 7813 (V. 227) saec. xiv–xv, et Guelferbytanus Aug. 22. 6. 4° (3260), s. xv; vide Schmidt (supra, n. 48), pp. 201–5.

[57] Op. cit. n. 35, pp. 207 ff.

urali bono (**ERSHL**) invenimus in **B**[I] *natura.libronae*
et in **P** *nature a libro ne.* (**A**[I] erasum est et *naturalis*
boni a correctore substitutum.) Tales errores fortasse
ex **B** ipso, probabilius ex eo fonte iam contaminato ex
quo **A** quoque haurire potuit, pervenerunt. Praeterea
plenus est **P** suorum errorum, suarum coniecturarum. Sed tamen hunc codicem neglegere omnino
non debemus; nam complures bonas lectiones[58]
solus ex antiquioribus praebet, quarum quidem multae iamdudum in textum receptae sunt ab editoribus
qui ignorabant unde venissent (nam hae lectiones in
recentiorem traditionem latius emanaverunt). Hoc
vidit Schmidt, sed eas coniecturis ingeniosorum
hominum attribuendas esse putat: ita firmiter credit
nullam traditionem servatam esse praeter eam quam
in duobus vetustissimis Leidensibus habeamus. Sed
nonne fieri poterat ut is qui errores illos qui sunt cum
BA communes in **P** introduxisset, veras quoque lectiones ex aliquo iam nobis ignoto fonte transferret?
Nonne potuit aut archetypus ipse varias lectiones
quae iam alibi evanuerunt continere, aut alius codex
iam deperditus praeter archetypum nostrum aliquando ad correctionem adhiberi?[59] De his rebus
nihil pro certo adfirmare possumus, sed cavendum
est rursus ne haec aut talia fieri potuisse temere
negemus. At vero etiam si rectam rationem perspexit
Schmidt et omnes bonae lectiones codicis **P** coniecturae sunt attribuendae, tamen non est is quidem
codex neglegendus, quippe qui eas lectiones primus

---

[58] e.g. 1. 40 *facinerosaque vita*, 1. 47 *enumeravi*, 2. 6 *attigi cum*, 2. 41
sunt plenae tragoediae, 3. 44 *consilii quam.*

[59] Hanc mihi rationem proposuit M. Winterbottom per litteras, et
iam inclinabam ut ita crederem. Varias lectiones exstare potuisse in
archetypo admonent etiam Zelzer et Zelzer (vide supra, n. 50).

omnium praebeat, sed ut fons earum ipsarum coniecturarum adhibendus est.

In codice **A** (ut eo revertar) duorum correctorum **6.7.**
vestigia cernuntur.[60] Horum unum, quem vocamus
Aᵃ, Corbiensem fuisse ex scriptura conici potest,
ipsum Hadoardum fuisse a veritatis similitudine
non abhorret.[61] Is atramento nigriore plerumque
usus, id quod corrigere vult saepissime eradit, ita ut
aut omnino nequeamus aut saltem difficile nobis sit
perspicere quae fuerit lectio antiquior. Hae correcturae plerumque ex coniectura factae sunt, interdum
ex **B** pendere videntur. Alterius autem correctoris,
quem vocamus **A**ᵇ, pallidius atramentum,[62] genus
scripturae proxime ad manum primam accedit,
atque haud sciam an idem hic fuerit atque ille qui
primo codicem exaraverit. Utcumque se illa res
habet, hi duo correctores isdem fere temporibus
suum munus confecisse ita videntur ut difficile sit
diiudicare quis prior fuerit (nam numquam fere,
quod sciam, alter alterum corrigit), et in correctionibus minoribus etiam difficile sit unum ab altero
omnino dinoscere, atque eo magis scilicet in rasuris;
quibus in locis correctionem, quam neutri horum
potuimus certo attribuere, siglo **A**ˣ notavimus.

Iam de progenie codicis **A** breviter dicendum est. Ex **6.8.**
A post correctionem descriptus est in monasterio
Corbiensi saeculo nono codex **F** (Laur. San Marco
257–II, 77ʳ–90ᵛ).[63] Hadoardi excerpta in Vat. Reg.

---

[60] Vide O. Plasbergii praefationem ad de Vries (supra, n. 49), pp. xi
sqq.

[61] Vide Schmidt (supra, n. 48), pp. 134 sqq.

[62] Admonendus est autem lector, hos colores in imagine photographica quam edidit de Vries (vide supra, n. 49) vix apparere.

[63] Hoc constat fere et ex eis quae de ea re scripsit Schmidt pp. 123–4
clare apparet. **F** re vera compositus est ex duobus codicibus: quorum

Lat. 1762 exhibentur a Schmidt, 140–1; atque ea ex **F** derivata esse iam demonstraverat Beeson.[64] Novas aliquot lectiones (interdum tamen cum **P** communes) adfert corrector satis vetustus **F²**; quas etiam coniecturae deberi putes licet, atque ita putavit Schmidt, sed fieri potest ut (sicut iam vidimus in bonis lectionibus codicis **P**, quae sunt partim cum **F²** communes) ex fonte quodam deperdito depromptae sint, et utique nonnumquam bonae sunt atque idcirco commemorandae. Aliae in hoc codice correcturae Nicolao de Niccolis, ut in codice **H**, debentur. Codex **M** (Monacensis Univ. 4° 528), saeculi tertii decimi, ex **F + F²** descriptus est.

6.9. Codicem **B** quoque duo correctores attigerunt. Vetustiorem, quem vocamus **Bᵃ**, eundem fuisse atque **Aᵃ** (qui fuit fortasse, ut dixi, Hadoardus Corbiensis) cum veri simile sit, tamen ita probari ut ea res extra dubitationem ponatur vix potest;[65] tamen certe lectionibus suis saepe cum **Aᵃ** concinit. Alter,

unus continet libros *De Natura Deorum* et *De Divinatione* et tam arte consentit cum **B** ut ab eo descriptus esse plane appareat, alter reliquum Corpus Leidense habet et pari modo consentit cum **A** post correctionem. In libris *De Legibus* quaedam e lectionibus quas cum **A** et correctionibus eius communes habet, exhibitae sunt a Schmidt loc. cit. Nuper de hac re disputaverunt G. Pascucci, 'La tradizione medievale del *De legibus* e la posizione del codice S. Marco 257 ai fini della *recensio*', *Ciceroniana*, NS I (1973), 33–46, et M. et K. Zelzer (supra, n. 50). Pascucci quidem conatus est probare **F** esse pari iure cum **B** et **A** et eundem fontem correctionum **B²A²** fuisse; sed nullam probabilem rationem, quam quidem ego perspicere possim, aut ex textus indole aut ex quavis alia re adduxit. Zelzer et Zelzer, pp. 211–13 communem opinionem de **F** et de Hadoardi excerptis evertere pingui conantur Minerva, sed lectionum ipsarum testimonium vix attingunt. Credendum est in hac re potissimum ei viro docto qui codicum indolem et naviter et acute investigaverit, nisi multo validiora testimonia adlata erunt.

[64] *CPh.* 40 (1945), 206.   [65] Vide Schmidt, pp. 118–19.

qui vixit fortasse saeculo duodecimo, etiam suum nomen, quod erat Tegano, litteris maiusculis ipse declaravit in notula ad fol. 147$^\mathrm{v}$: hunc vocamus $\mathbf{B^T}$. Quorum uter correctionem fecerit quibusdam in locis potest diiudicari, saepius autem non liquet, ut hic quoque siglum huiusmodi $\mathbf{B^x}$ sit adhibendum.

Omnino omnes hi correctores et in $\mathbf{A}$ et in $\mathbf{B}$ interdum sine dubio recte coniciunt, saepius autem lectiones primo aspectu probabiles, propius inspicienti falsas praebent; traditionis autem quae non ab eodem sit fonte derivata atque codices ipsi, nulla apud hos vestigia apparent. Ergo quamquam lectiones horum correctorum late emanaverunt in traditionem posteriorum, atque ob eam causam eas satis diligenter in adnotatione critica expressimus, cavendum est ne eas maioris momenti esse quam reapse sunt existimes, nam de archetypi lectione nihil fere nos docent.

Atque ut ad codicem $\mathbf{H}$ veniam, cavendum est etiam 6.10. magis; nam hic codex saepius correctus est atque id quidem variis temporibus. Corrector primus haud multo postquam codex ipse est exaratus, litteris usus Beneventanis pauca correxit. Hic fortasse eodem exemplari quo ipse qui codicem exscripsit usus est; et haud sciam an is operis sui ipse corrector fuerit. Eum vocamus $\mathbf{H^a}$. Deinde alius corrector, fortasse circa annum 1200, litteris minusculis usus paucas etiam correctiones per hos libros aspersit; qui $\mathbf{H^b}$ vocatur. Sed compluribus in locis tam levis est correctio ut inter duos correctores dinosci non potest: tum correctionem siglo $\mathbf{H^x}$ notamus.

Sed saeculo quinto decimo codex noster $\mathbf{H}$ Florentiam pervenit, ubi eum et Poggius et Nicolaus de Niccolis inspexerunt. Poggii correctiones ($\mathbf{H^P}$) apparent in margine foliorum 99v et 100 (2. 59–66).

Ceterae correctiones quinti decimi saeculi sunt Nicolai de Niccolis (**H**^{N}). Hae inveniuntur in foliis 79^r–82^r (1. 1–24), 99r (2. 58 ubi *poplicolae* mutatur in *publicole*), 101^r–102^v (lib. 3 usque ad 3. 12 ubi deficit hic codex).[66] Neque iam latet unde Nicolaus lectiones suas in libro primo saltem deprompserit: nempe (ut Schmidt demonstravit) ex codice qui nunc est Vaticanus lat. 3245, a Poggio ex **F** iam correcto descriptus, collatione etiam facta, ut videtur, cum **P**. Hae correctiones ergo nihil fere adferunt, nam plerumque aut ex **F** aut ex **F**^{2} aut ex **P** derivantur; priores autem editores plus momenti illis tribuebant, quia fortasse quid iam novi esset ab **F**^{2} aut a **P** allatum ignorabant.

6.11. Ergo, ut in hac parte disputationis summam faciamus, monendus est lector, hos octo codices a nobis ad textum constituendum assidue esse adhibitos: **BAPESRHL**, neque de **F**^{2} silebimus, si quando nobis aliquid fructus attulisse videbitur. Cumque **ESR** saepissime inter se congruant, eorum consensus siglo ϵ denotatur.

Ceteri codices omnes quasi vulgatae familiae adscribi possunt, errorum coniecturarum interpolationum pleni; sed tamen hic illic unus vel alter eorum bonam aut saltem speciosam lectionem praebet; quas lectiones plerumque ex editionibus prioribus depromptas sub solito siglo ς adferemus. Nam earum omnium originem indagare ne Schmidt quidem potuit, neque nos possimus nisi multo plus temporis in codicibus recentioribus excutiendis terere velimus; quod genus laboris aliis fortasse placet, nobis non ita, quippe cum ad ipsum textum constituendum paene nihil adferre videatur.

---

[66] Vide etiam A. C. de la Mare, *The Handwriting of Italian Humanists*, I.1 (Oxonii 1973), 47 n. 4.

Omnino haec traditio eiusmodi est ut de ponderanda singulorum codicum auctoritate vix attineat
disputare. Certe, ut supra exposuimus, codex B videtur ad archetypum proxime accedere solusque suam
quasi stirpem traditionis ostendere, sed et ipse suos
errores aliquot in locis praebet (quos repetere in
adnotatione critica plerumque non necesse habui),
et archetypus ille tam multis locis iam corruptus
erat ut eius auctoritati coniecturae posteriorum
saepe sint anteponendae. Hoc tamen meminisse
debemus, ut in ceteris, sic in his libris emendandis,
initium ab archetypi lectione semper sumendum
esse; quae lectio apparere potest (si rectam rationem
secutus sum) aut in omnibus codicibus, aut in **B** solo,
aut in **AESRHL**, aut in **ESRHL**, aut in **B** cum uno
pluribusve ex **A** vel **ESR** vel **HL**; neque oblivisci
debemus vestigia traditionis etiam fortasse apparere
in **F²** vel in **P**.

Stemma igitur plenius hic subiungimus (Fig. 4).

In rebus orthographicis quamquam eam mihi legem   **7.1.**
plerumque servandam esse duxi, quam in praefatione editionis meae *Catonis Maioris* Cantabrigiensi
protulerim, scilicet ne, nisi validissimis de causis, a
norma scribendi discederem quae a doctissimis nostrorum temporum in lingua Latina iamdudum proposita est, tamen in ipsis legibus, quas Cicero se
legum voce expositurum esse dixit, id est paulo
antiquioribus verbis (2. 18),[67] exsistit quaestio subdifficilis quatenus vocabulis antiquioribus orthographia quoque debeat accommodari. Sunt enim in
codicibus antiquae scripturae certa vestigia, saepe

---

[67] De hac re fusius disputavi in T. Reinhardt et C. Rauer (edd.),
*Aspects of the Language of Latin Prose in Honour of Michael Winterbot-
tom* (Proceedings of the British Academy, 129; Oxonii, 2005), 117–50.

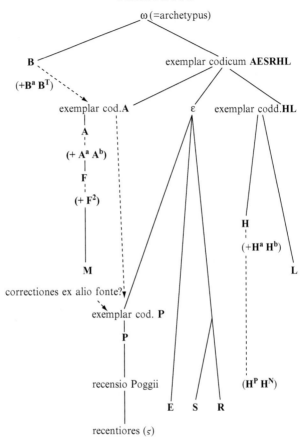

Fig. 4

corrupta sed interdum, quod mirabile est dictu, etiam integra, ita tamen ut non eisdem formis eadem verba semper appareant, velut e.g. 3. 10 *coerari*, *coeret*, *coerandi*, sed 3. 7 *curatores*; 2. 22 *loedis* ut videtur, sed 3. 7 *ludorum*. Hanc inconstantiam (cuius causa utrum librariis an potius ipsi

Tullio sit attribuenda, valde dubito), interdum
aequo animo pati possumus, sed alias nescio an
ferri non possit: 3. 6 in lege de minoribus magistratibus, cum iubentur plures in plura (sc. officia)
fieri, codices omnes habent *plures*, sed apparet ex
lectionibus codicum proximo loco *in ploera* scriptum esse. Hic restitui *ploeres in ploera sunto*, ut iam
fecit Vahlen. Simili modo lib. 3 sect. 7 codices
praebent *censoris populi aevitates suboles familias
pecuniasque censento*, sed mox *exin pecunias aevitatis
ordinis {partiunto}*. Quid est quod credamus Tullium hic *aevitatis*, illic *aevitates* scripsisse, cum
haud plus quam tres versus interfuerint? *Aevitatis*
recipi sane potest, et ita ambobus locis edidi. Rursus tamen *ordinis*, quod praebent codices, falsum
est: in hoc genere nominum casus accusativus plur-
alis semper in *-es* (< *-ens* < *-ņs*) desinebat, numquam in *-is*. Sed nominativo plurali sane licebat
Tullio sic scribere, *minoris, consulis, censoris*, ut
antiquitatem oratio saperet: illud *-is* et nonnumquam in inscriptionibus invenitur, et a vetere desi-
nentia Indogermanica *-ĕs (cf. Graece -ες) recta via
descendere potest. Omnino memoria tenendum est,
quo genere traditionis in hoc textu edendo nitamur:
etenim mirum est si ulla usquam Tullianae orthographiae genuina vestigia superesse videantur. Itaque periculum illud sine magno timore subeundum
est, ne Tullio ipsi plus constantiae in scribendo
attribueris quam re vera exercuit. Scripturas igitur
antiquas quae in codicibus apparent servavi, curam-
que praecipuam adhibui ut omnes varias lectiones,
quae ad scripturam legum ipsarum pertinerent, in
adnotatione critica notarentur. Praeterea si quam
scripturam servavi quae obscurior legenti possit
videri, velut *censoris* nominativo plurali, aut *populos*

nominativo singulari, eam quoque rem diserte notavi.

Extra quidem ipsas leges aliquot etiam vestigia priscae orthographiae servantur: nam satis frequenter inveniuntur e.g. *quoius quoi quom* vel integra vel corrupta; sed ibi scripturis magis usitatis uti malui.

7.2. Denique de siglis personarum aliquid dicendum est; quae a codicibus antiquioribus omnino absunt, in recentioribus (initio facto a **P**) persaepe falso reposita sunt. Cumque ex ipso contextu accuratius consideranti plerumque appareat quis loquatur, certe liceret editori ea omnino omittere, addito solum paragrapho (—) quo permutatio loquentium demonstraretur. Sed persuasum est mihi fore multos lectores qui talem rationem secuto subirascerentur, si solito adiumento textus careret; itaque notas personarum [M], [Q], [A] in margine addidi. Paucissimis in locis cum dubitari potest cui sit versiculus aliquis attribuendus, rem diserte notavi (e.g. *Leg.* 1. 57; 2. 24).

In ipsis legibus non solum paragraphos, ut ante, sed etiam singulos versiculos suis numeris signari commodum visum est; tum in eis quae sequuntur, quidquid commentationis ad legem quamque propositum est, id eodem numero denotavi, quo facilius lector sententias sequi posset.

Cato Maior de senectute

8.1. Dialogus qui inscribitur *Cato Maior de senectute*, quod ad textum ipsum pertinet (etsi species quidem typographica ad huius editionis morem accommodata est) idem hic praebetur atque in editione mea

Cantabrigiensi, nisi quod paucissima menda, quae me tum eluserant, tacite correxi; gratiasque ago Syndicis Preli Cantabrigiensis qui mihi benevole permiserunt ut hoc eodem textu denuo uterer. Adnotationem criticam compluribus in locis amputavi, in nonnullis quo magis perspicua fieret refeci, reiectis plerumque lectionibus codicum recentiorum quae nihil ad textum constituendum adferunt. Paucas lectiones ex codicibus Leidensibus, in quibus antea haeseram, cum essem in bibliotheca Lugduno-Batava operamque praecipue libris *De Legibus* darem, confirmare potui. In citationibus Nonianis codices citavi secundum optimam commentationem quam scripsit Salvatore S. Ingallina (*Studi Noniani*, 2 (1972), 67–103).

De codicibus *Catonis* in editione Cantabrigiensi satis **8.2.** plene disserui, itaque hic disputatione longa minime opus est. Quibus autem editio illa praesto non est, hi breviter de codicum ratione sunt admonendi: sunt octo potiores, **PHMVBLAD**, quorum stemma confici facile potest quique in duas familias describuntur, α (**PHMV**) et β (**BLAD**). Correcturae in **P** e familia β derivantur, in **VLAD** ex fonte cum **P** cognato. **PVBLAD** sunt saeculo nono in Francia exaratae, **MH** vero e Germania originem ducunt et paulo posteriores aetate sunt, sed eorum textus proxime ad **P** accedit. Familiae α etiam adiciendi sunt e magno numero codicum saeculi duodecimi tres illi **RSZ** qui velut duces vulgatae familiae numerandi sunt. Commemorandus est etiam codex **O**, ipse ab **A** correcto descriptus, sed qui correctiones utiles O^2 continet. Accedunt etiam in ultima parte textus Egertonianus ille **G** et Harleianus **Hb**, qui ambo bonas aliquot lectiones praebent. Alios citare (aut nominatim aut

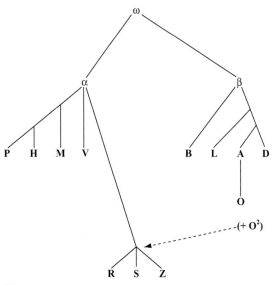

Fig. 5

sub siglo ς)[68] non nisi rarissime necesse habui. Stemma hic subiungitur (Fig. 5).

Laelius de amicitia

9. Claudit huius agmen voluminis dialogus qui inscribitur *Laelius de amicitia*. Textum *Laelii* iam abhinc annis quindecim vulgaveram in editione quam excusserunt Aris & Phillips, sed iam antea volumen hoc, quod legitis, Prelo Oxoniensi promiseram; itaque tum venia horum sum usus ut textum hunc, qui nunc paucissimis locis correctis aut mutatis editur,

[68] Monendus est si quis editione maiore mea usus erit, hoc siglo hic et illic non idem significari: hic, ut spero, melius et planius res significatur.

illis praeberem. Sed iam in praefatione illius editionis lectores monueram, ut si apparatum criticum vellent inspicere, editionem hanc Oxoniensem patienter opperirentur. De codicibus autem brevissime iam in editione priore disputavi, nuper autem multo plenius;[69] itaque stemma (Fig. 6) hoc loco sane adiciendum est, disputatione quidem ampliore non est opus.[70]

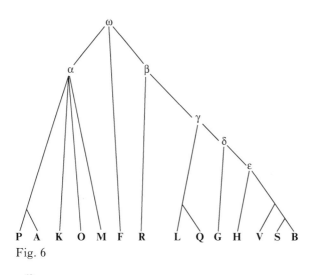

Fig. 6

[69] *CQ* 48 (1998), 506–18.
[70] Fragmenta quae in codice **Z** (Graz, Bibl. univ. 1703/92) inveniuntur omisi, quia nihil adferunt quod non sit in **GVHSB**. Hic etiam adicio conspectum excerptorum Hadoardi (**K**) ne apparatus criticus huiusmodi rebus compleatur: 20 [Nihil igitur amicitia a nobis aliud esse dicitur] nisi omnium–pacto potest. | 86 de amicitia omnes ad unum – 87 solitudo. | 22 [Igitur inter viros bonos] amicitia tantas opportunitates habet – 24 re probant. | 26 Saepissime igitur – 28 quodam modo diligamus. | 29 Quod si tanta vis – 30 maxime excellit. | 31 Ut enim benefici – 32 sempiternae sunt. | 83 Virtutum amicitia adiutrix – 86 tanta incuria. | 37 Nulla est igitur excusatio – 38 proxime accedunt. | 40 Haec igitur lex – rei publicae. | 41 Serpit – labitur. | 44 Haec igitur prima lex – pareatur. | 45 partim fugiendas esse – pro

Gratiarum Actiones

10. Restat ut gratias agam omnibus eis, qui me in con-
ficienda hac editione, quaecumque est, aut consilio
aut auxilio aut opibus adiuverunt. Primum mentio
facienda est Academiae Britannicae, cuius opibus
atque opera negotiis praeceptoriis per totum annum
1996–7 sum liberatus. Non enim huius modi opus
suscipi potest nisi, ut ait noster, praeparato otio, his
paucis annis praesertim, cum saepissime accideret ut
nos qui academicos labores exercebamus persaepe
molestis occupationibus et interdum absurdissimis
distineremur. Sed tamen has curas et molestias facile
compenso, cum recordor amicissima illa et vivacis-
sima ingenia, inter quae semper ut viverem ac labor-
arem benignior fortuna decrevit, ac praecipue
collegas atque amicos Novocastrenses, quorum
laboribus per sedecim annos, grande mortalis aevi
spatium, primum praelector, deinde professor interfui. Inter quos praecipue gratias ago doctissimo
antecessori meo, David West, qui inter multa alia

pluribus. | 47 O praeclaram sapientiam – 51 cum studio est profectum.
| Non igitur utilitatem – 53 inopes amicorum. | 54 multorum opes
praepotentium – 59 cogitationemque meliorem. | Quonam enim modo
– 60 odisse possemus. | 61 His igitur finibus – communitas. | virtus –
repudianda est. | 62 Sunt igitur firmi – 63 cognoscuntur in magna. | 64
verae amicitiae – 65 esse violatum. | 67 Exsistit – anteponere solemus. |
non enim debent – suavissima. | 68 Novitates autem – 69 esse inferiori.
70 [Namque agendum est omnibus & praeclaros viros imitandum] ut
si quam praestantiam – dignitati. | fructus enim ingeni – 73 adiuves,
sustinere. | 74 Omnino amicitiae – 75 utilitates amicorum. | Et saepe
incidunt – 76 impetrari. | 77 Sin autem – vixeris. | 78 Cavendum vero –
83 in amicitia licentiam. | 83 (*expuncta*) Virtutum amicitia adiutrix – 86
uno ore consentiunt. | 88 Est enim varius – 92 valere non potest. | 97
Quod si in scaena – 98 milites gloriosi. | 99 Quamobrem – est excors. |
100 quamobrem ad illa – quae tamen ipsa efflorescit. | 102 sed quoniam
res humanae – sublata iucunditas. ||

beneficia etiam hanc praefationem perlegit et perpolivit.

Bibliothecariis omnibus qui codices aut ipsos aut lucis ope depictos praesto fecerunt, gratiae sunt agendae, et praecipue Vaticanis, qui mihi permiserunt ut codicem rescriptum librorum *De Re Publica* inspicerem, et Lugduno-Batavis, qui duorum Vossianorum et Heinsiani videndi copiam fecerunt; praeterea custodibus Instituti illius praeclari Parisiensis, quod vocatur I.R.H.T. (Institut de Recherche et d'Histoire des Textes), apud quos codices aliquos photographice depictos inspexi, et collegis Genuatibus (duce Prof. F. Bertini) qui opum suarum Nonianarum participem me fecerunt. Commemorentur etiam Prof. C. Auvray-Assayas, Dr A. Bendlin, Prof. M. Crawford, Prof. W. Stroh, Dr J. Watson qui me codicibus eruendis et excutiendis adiuverunt; et Dr E. M. Atkins cuius consilio de fragmentis aliquot Augustinianis usus sum.

Proximo loco nominandus est gratissimo animo Professor N. Rudd, qui cum in animo haberet libros *De Re Publica* et *De Legibus* in Anglicum sermonem vertere, me adiit rogavitque ut sibi textu meo uti liceret; at eo tempore longe aberat quin textus noster perficeretur, itaque ambo simul in illius opere perpoliendo laboravimus, id quod mihi quoque ad textum conficiendum opis plurimum contulit. Versio eius, cui praefationem atque adnotationes in libros *De Re Publica* tantum contribui, in lucem prodiit anno 1998 in serie 'Oxford World's Classics'. Quae versio non textui nostro innititur—nondum enim exstiterat—sed tamen haud multis in locis ab eo discrepat.

Dum illud opus conficimus, adversaria sua partim inedita in libros *De Re Publica* et *De Legibus*

benignissime misit Professor Emeritus W. S. Watt,
qui nuper decessit, eaque nobis magno adiumento
fuerunt; itemque Professor E. Heck, cuius libri de
fragmentis et testimoniis librorum *De Re Publica*
mentionem supra feci, notis suis ineditis in libros
De Legibus aequa benignitate concessit ut uterer. In
libris *De Legibus* plurimum omnium me adiuvit Professor A. Dyck, qui, cum labor noster ad finem tandem vergeret, commentarium suum in libros *De
Legibus* nondum perfectum benevolentissime praesto
fecit, libros commentariosque aliorum quos habebat
commodavit; cumque eo de emendandis plurimis
locis alias coram (quoniam eo tempore in Britannia
commorabatur), alias per litteras, si ita licet dicere,
electronicas fructuosissime disputavi: cuius commentarius nuper in lucem prodiit (*A Commentary
on Cicero, De Legibus*, Ann Arbor 2004).[71] Magnam
etiam habeo gratiam Professori G. Striker, quae mihi
benevole permisit ut conventui philosophorum Can-
tabrigiensium mense Maio anni 1999 interessem,
cum librum I et pars libri II *De Legibus* tractarent;
qua ex disputatione multa didici.

Gratias ago etiam ceteris qui opera philosophica
Ciceronis in Bibliotheca Oxoniensi aut iam ediderunt
aut edituri sunt, quod dubitanti mihi saepenumero
quomodo textus optime exhiberetur aut res ortho-
graphica tractaretur, opem tulerunt, ac praecipue
Prof. L. D. Reynolds, quem nuper nobis ademptum
lugemus, et Prof. M. Winterbottom qui magnam
partem operis iam prope confecti perlegit. Quod si

---

[71] Uno loco ab eo textu, quem summo consensu constituimus,
nunc mihi visum est decedere: *Leg.* 2. 20, ubi ignotam nobis illo
tempore sed sine dubio optimam emendationem, quam olim protulit
H. Jordan, *ad certam rationem*, nunc recepi.

quem quamve in gratiis agendis praeterii, ignoscat, precor. Postremo editoribus (praesertim subeditrici oculatissimae, Heather Watson) et typographis Preli Oxoniensis merito gratiae sunt agendae, sine quorum opera ac patientia libellum quem nunc manu tractas, lector, non haberes; et matri, uxori, filiolo, qui tam benigno animo philologum Ciceronianum in sua familia esse patiuntur.

J.G.F.P.

Dabam Londinii
mense Sextili a.s. MMIV

INDEX EDITORVM ET
PHILOLOGORVM
QVI INFRA LAVDANTVR

Editores qui opera omnia vel complura Ciceronis recensuerunt

Alexander Minutianus, Mediolani 1498
Iodocus Badius Ascensius, Parisiis 1511; 1521; ed. secunda (Asc.[2]), 1528
Aldus Manutius, ex recensione F. Asulani, Venetiis 1523
Andreas Cratander, Basileae 1528
Petrus Victorius, Venetiis 1536
Robertus Stephanus,[1] Parisiis 1538; 1543
J. Hervagius, cum notis J. Camerarii, Basileae 1540
Paulus Manutius, Venetiis 1541; 1552 (cum scholiis); etc.
Carolus Stephanus, Parisiis 1554–5
D. Lambinus, Parisiis 1565, etc.[2]
F. Ursinus, Genavae 1581–8[3]
Aldus Manutius Pauli filius (Aldus nepos), Venetiis 1583
J. Gruterus, cum notis Gulielmii, Hamburgi 1618–19
Jacobus Gronovius, Lugduni Batavorum 1692
I. Verburgius, Amstelodami 1724
J. Olivetus, Parisiis 1740–2
J. A. Ernesti, Halis 1756–7
G. Garatoni, Neapoli 1777–88

---

[1] Roberti Stephani editio, cum adnotationes Petri Victorii contineat, saepe cum Victoriana confusa est; itaque e.g. Davisius saepe Victorium nominat, Stephanum significat, et ego ipse, cum editionem priorem Catonis Maioris pararem, hac re deceptus sum.

[2] Coniecturae quae in posterioribus editionibus Lambinianis reperiuntur, neque esse ipsius Lambini videntur, solito iam more ('Lamb.') signantur.

[3] Hanc editionem non vidi, sed adnotationes ex ea depromptas apud Verburgium legi.

R. G. Rath, Halis 1804–9
J. A. Goerenz, Lipsiae 1809–13 (cf. ed. De Legibus, 1796)
C. G. Schütz,[4] Lipsiae 1814–23
A. G. Gernhard, Lipsiae 1819, etc.
J. C. Orelli, Turici 1826–38
J. C. Orelli – J. G. Baiter – C. F. Halm, Turici 1845–62
R. Klotz, Lipsiae 1851–76
J. G. Baiter – C. L. Kayser, Lipsiae 1860–9
C. F. W. Müller, Lipsiae 1878–98

De Re Publica

Editores

A. Mai (editio princeps) Romae, 1822; 1828; 1846
F. Steinacker, Lipsiae 1823
C. F. Heinrich, Bonnae 1823; 1828
G. H. Moser – F. Creuzer, Francoforti 1826
C. Zell, Stutgardiae 1827
F. Osann, Gottingae 1847
K. Ziegler, Lipsiae et Stutgardiae 1915; 1929; 1955; 1958;
    1960; 1964; 1969
C. Pascal, Augustae Taurinorum 1916
U. Pedroli, Florentiae 1922
L. Castiglioni, Augustae Taurinorum 1935; 1947; 1960
L. Ferrero, Florentiae 1950; 1953
P. Krarup, Mediolani 1967
K. Büchner, Turici 1952; 1960; Heidelbergii 1973
E. Bréguet, Parisiis 1980

Auctores apud quos citantur fragmenta

Anon., *Menae Patricii et Thomae Referendarii Dialogus de
scientia politica*, ed. C. M. Mazzucchi (Mediolani, 1982).

---

[4] Qui, primus eorum qui hic laudantur, anno 1823 libros De Re
Publica recenter inventos cum ceteris inclusit.

Anon., *Paradoxa Koronne* (ap. Bielowski).

Ambrosius, *De excessu Satyri*, ed. O. Faller (CSEL 73).

—— *De officiis ministrorum*, ed. M. Testard (Parisiis, 1992).

Ammianus Marcellinus, ed. C. U. Clark (Berolini, 1910–15).

Aristides Quintilianus, ed. R. P. Winnington-Ingram (Lipsiae, 1963).

Arusianus Messius, ed. E. V. Marmorale (Neapoli, 1939).[5]

Augustinus, *Contra Iulianum* (PL 44).

—— *De civitate Dei* (CCSL 47–48).

—— *Epistulae* (CSEL 34).

Boethius, *Inst. mus.*, ed. G. Friedlein (Lipsiae, 1867).

Charisius, ed. K. Barwick (Lipsiae, 1964).[5]

Cicero, *Epistulae*, ed. D. R. Shackleton Bailey (Cantabrigiae, 1965, etc.).[6]

—— *Tusculanae Disputationes*, ed. M. Giusta (Augustae Taurinorum, 1984).

Diomedes, v. Grammatici Latini.

Donatus, *De comoedia*, ed. P. Wessner (Lipsiae, 1902).

Favonius Eulogius, *Disputatio in Somnium Scipionis*, ed. R. E. van Weddingen (Bruxellis, 1957).

Aulus Gellius, ed. P. K. Marshall (Oxonii, 1968).

Grammatici Latini, ed. H. Keil (Lipsiae, 1857, etc.).

Grillius, *In Ciceronis Rhetorica*, ed. R. Jakobi (Monaci et Lipsiae, 2002).

Hieronymus, *Epistulae* (CSEL 54–56).

Historia Augusta, ed. E. Hohl (Lipsiae, 1955).

Ianuarius Nepotianus, epitome Valeri Maximi: Valerius Maximus ed. J. Briscoe (Lipsiae, 1998), vol. ii.

Isidorus, *Differentiae* (PL 83).

—— *Etymologiae*, ed. W. M. Lindsay (Oxonii, 1911).

Iuvenalis: scholia in Iuvenalem, ed. P. Wessner (Lipsiae, 1931).

---

[5] Citantur numeri paginarum editionis Keilianae.

[6] Praeter epistulas et Tusculanas, citantur opera Ciceronis ex editione Oxoniensi.

Lactantius, *Institutiones divinae* et *Epitome*, ed. S. Brandt (CSEL 19).
Macrobius, *Commentarius in Somnium Scipionis*, ed. M. Armisen-Marchetti (Parisiis, lib. i, 2001; lib. ii, 2003).
—— *Saturnalia*, ed. J. Willis (Lipsiae, 1970).
Marius Victorinus *in Cic. Rhet.*, ed. C. Halm, *Rhetores Latini Minores* (Lipsiae, 1863).
Nonius Marcellus, ed. W. M. Lindsay (Lipsiae, 1903).[7]
Petrus Pictaviensis (abbas Cluniacensis) (PL 189, 58).
Petrus Venerabilis (PL 189, 1009).
Plinius (maior), *Naturalis Historia*, ed. J. Beaujeu – A. Ernout (Parisiis, 1950).
Priscianus, ed. M. Hertz (GL II–III; Lipsiae, 1855).
Rufinus, ed. C. Halm, *Rhetores Latini Minores* (Lipsiae, 1863) = GL 6. 574 Keil.
Seneca, *Epistulae*, ed. L. D. Reynolds (Oxonii, 1965).
Servius et Appendix Serviana, ed. G. Thilo – H. Hagen (1881).
Suda, ed. A. Adler (Lipsiae, 1931).

Philologi[8]

J. Bake, ap. Osann.
C. A. Behr, *AJP* 95 (1974), 141–9.
M. Bērziņš, diss. Freiburg 1951, ap. Heck.
A. Bielowski, *Pompei Trogi Fragmenta* (Leopoli (Lvov), 1853).
M. Boas, *RhM* 83 (1934), 184–6; *Phil. Woch.* 40 (1920), 931–5.
J. C. G. Boot, *De Locis nonnullis operis Tulliani de re publica* (Verslagen en mededeelingen der Koninklijke Akademie van Wetenschappen, Afdeeling Letterkunde, ser. iii, pars 10; Amstelodami, 1894), 40–3.

[7] Citantur paginae editionis Mercerianae.
[8] Consule etiam commentarium utilissimum Petri L. Schmidt: 'Cicero "De Re Publica": die Forschung der letzten fünf Dezennien', *ANRW* 1.4 (1973), 262–333, praesertim pp. 279–84.

J. Bouhier, *Remarques sur Cicéron* (Parisiis, 1746; nov. ed., 1766).

F. Buecheler, *RhM* 13 (1858), 573–604.

G. Burckhardt, 'Beiträge aus der Thesaurus-Arbeit: "equidem"', *Philol.* 90 = NS 44 (1936), 498–500.

M. Crawford, per litteras ad editorem.

D. Detlefsen, citatur in editione Halmii.

P. P. Dobree, *Adversaria* (Cantabrigiae, 1833), denuo ed. W. Wagner (Berolini, 1873–4).

H. C. A. Eichstädt, ap. Osann.

J.-L. Ferrary, *MEFRA* 86 (1974), 745–71.

A. Fotiou, *C & M* 33 (1981–2), 125–33.

C. M. Francken, *Mnem.* NS 12 (1884), 57–78; 283–91; 393–404; 13 (1885), 43–54; 288–310.

M. Haupt, *Opuscula* (Lipsiae, 1875), i. 192 sqq.

E. Heck, *Die Bezeugung von Ciceros Schrift De re publica* (Hennepoli (Hildesheim), 1966).

R. Heinze, *Hermes*, 59 (1924), 77.

H. Hommel, *Gymnasium*, 62 (1955), 353–9.

H. Junius, ed. Nonii (Antuerpiae, 1565); *Animadversorum libri sex* (Basileae, 1556).

N. B. Krarup, *Observationes criticae in libros Ciceronis de re publica* (Hauniae, 1827).

P. Krarup, *C & M* 21 (1960), 20–8.

W. Kroll, citatur in editione Ziegleri.

F. Leo, *Ausgewählte Kleine Schriften* (Romae, 1960), i. 323.

G. Leopardi, 'Notae in Ciceronis De Re Publica quae supersunt', in G. Pacella et S. Timpanaro (edd.), *Scritti filologici* (Florentiae, 1969).

J. N. Madvig, citatur in editione Halmii.

J. Mähly, *Zeitschrift für das Gymnasialwesen*, NS 1 (1867), 806–16.

R. Meister, *WS* 58 (1940), 108.

Ioh. Mercati, *M. Tulli Ciceronis De Re Publica libri e codice rescripto Vat. Lat. 5757 phototypice expressi* (Codices e Vaticanis selecti quam simillime expressi, xxiii), i–ii (e civ.Vaticana, 1934).

J. Mercier, ed. Nonii (Parisiis, 1614).

T. Mommsen, *RhM* 15 (1860), 165–7.

R. Montanari Caldini, *Prometheus*, 10 (1984), 224–40.

L. Müller, ed. Nonii (Lipsiae, 1888).

K. F. von Nägelsbach – I. Müller, *Lateinische Stilistik*, ed. 9 (Norimbergae, 1905).

C. Nicolet, *L'Ordre équestre à l'époque républicaine* (Parisiis, 1966).

B. G. Niebuhr, ap. Mai.

E. Pasoli, *RFIC* 91 (1963), 46–51.

A. Patricius, editio fragmentorum Ciceronis (Venetiis, 1565).

O. Plasberg, *RhM* 53 (1898), 66–8.

M. Pohlenz, 'Cicero de re publica als Kunstwerk', in *Festschrift R. Reitzenstein* (Lipsiae et Berolini, 1931).

V. Pöschl, *Römischer Staat und griechisches Staatsdenken bei Cicero* (Berolini, 1936).

L. Quicherat, ed. Nonii (Parisiis, 1872).

R. Rau, ap. E. Heck (in censura editionis P. Krarup), *Gymnasium*, 75 (1968), 556–8.

K. C. Reisig, citatur in editione Halmii.

W. Schmid, *Philol.* 97 (1948), 383–5.

C. Sigonius, editio fragmentorum Ciceronis (Venetiis, 1559).

O. Skutsch, *CQ* 42 (1948), 94 = *Studia Enniana*, 30; *Philol.* 103 (1959), 141 sqq.; *Gymn.* 76 (1969), 357; *The Annals of Quintus Ennius* (Oxonii, 1985).

G. V. Sumner, *AJP* 81 (1960), 142–4.

L. R. Taylor, *AJP* 82 (1961), 337–45, ad pp. 344–5.

O. Tescari, *RFIC* 15 (1937), 319.

M. Testard, *St. Augustin et Cicéron*, i–ii (Parisiis, 1958).

A. Turnebus, *Adversaria* (Parisiis, 1580), xxix. 20.

L. Urlichs, *Eos. Süddeutsche Zeitschrift für Philologie und Gymnasialwesen*, 1 (1864), 64.

J. Vahlen, *Hermes*, 15 (1880), 285–71; 43 (1908), 519–21.

A. W. Van Buren, *The Palimpsest of Cicero's De Re Publica, a transcription, with introduction* (Supplementary papers of the American School of Classical Studies in Rome, Novi Eboraci, 1908).

L. Vaucher, *In M. Tulli Ciceronis libros philosophicos curae criticae* (Lausanne, 1864).

C. Wachsmuth, *Leipziger Studien zur klass. Philol.* 11 (1889), 197–206.

F. Walter, *Phil. Woch.*, 49 (1929), 955–6.

W. S. Watt, *Hermes*, 125 (1997), 242–3, et per litteras ad editorem.

J. Weissenborn, recensio ed. Osann, *N. Jb. Kl. Phil.* 52 (1848), 149–74.

M. Winterbottom, per litteras ad editorem.

F. C. Wolff,[9] *Observationes criticae in Ciceronis orationes pro Scauro et pro Tullio et librorum de Republica fragmenta* (Flensburg, 1824).

K. S. Zachariae,[9] *Staatswissenschaftliche Betrachtungen über Ciceros wiedergefundenes Werk vom Staate* (Heidelberg, 1823).

K. Ziegler, *Hermes*, 66 (1931), 268–301, ad p. 283; 85 (1957), 495–501; *Latomus*, 26 (1967), 448–9.

C. Zumpt, *Abhandlungen der Berliner Akademie* (1839), 76.

De Legibus

Editores (v. etiam supra, Opera omnia)

A. Turnebus, Parisiis 1538; 1552; 1557

J. Davies, Cantabrigiae 1727; 1745

J. F. Wagner, Hanoveriae 1795; Gottingae 1804

J. A. Goerenz (ed. maior), Lipsiae 1796

G. H. Moser—F. Creuzer, Francoforti 1824

J. Bake, Lugduni Batavorum 1842

C. F. Feldhügel, Cizae (Zeitz) 1852–3

J. Vahlen, Berolini 1871; 1883

---

[9] Commentationes quas conscripserunt Wolff et Zachariae ipse non vidi, sed citavi ex ed. Ziegleri.

P. E. Huschke, Lipsiae 1873; 1878; 1885[10]
A. Du Mesnil, Lipsiae 1879
T. Schiche, Vindobonae et Lipsiae 1913
K. Ziegler, Heidelbergii 1950
G. De Plinval, Parisiis 1959
K. Büchner, Mediolani 1973
K. Ziegler—W. Görler, Heidelbergii 1979

Philologi

Auratus (Jean Dorat), ap. Lambinum.
C. Beier, ed. Cic. *De Officiis* (Lipsiae, 1820, 1821), ad 3. 76.
A. Bendlin, per litteras ad editorem.
R. G. Boehm, *Scritti in onore di Autonio Guarino* (Neapoli, 1984), ii. 895–937.
F. Buecheler, *RhM* 13 (1858), 573–604.
G. Canterus, *Novae lectiones* (Basileae, 1564), i. 4.
W. Christ, citatur in editione Halmii.
P. Ciacconus, ap. Ursinum.
P. Cohee, 'Is an augur a sacerdos? (Cic. leg. 2.20–1)', *Philol.* 145 (2001), 79–99.
R. Coleman, 'Conditional clauses in the Twelve Tables', in H. Rosén (ed.), *Aspects of Latin: Papers from the Seventh International Colloquium on Latin Linguistics, Jerusalem, April 1993* (Aenipontii, 1996), 403–22.
E. Courtney, *Archaic Latin Prose* (Atlantae, 1999), et per litteras ad editorem.
J. Cuiacius, *Observationum et Emendationum libri* (Coloniae Agrippinensis, 1598), v. 21.
A. Dyck, per litteras ad editorem; *A Commentary on Cicero De Legibus* (Ann Arbor, 2004).
A. Eussner, *N. Jb. Kl. Phil.* 115 (1877), 622.
Hieronymus Ferrarius, ap. Paulum Manutium.
W. Görler, in editione Ziegler–Görler.

---

[10] Libros de legibus primum in tertia editione *Iurisprudentiae Anteiustinianae* (Lipsiae, 1873) inclusit Huschke, et mox in quarto (1878) et quinto (1885).

H. Grotius, *Februa in Satyricon Martiani Capellae* (Lugduni Batavorum, 1599), 16.

F. Hand, *Tursellinus seu de particulis Latinis commentarii* (Lipsiae, 1829–45), s.v. *ita*.

M. Haupt, *Opuscula* (Lipsiae, 1875), 2. 360; 3. 531.

G. Hermann, *Opuscula* (Lipsiae, 1827–77), 1. 300.

E. Heydenreich, *RhM* 31 (1876), 639.

O. Hirschfeld, *Die Kaiserlichen Verwaltungsbeamten bis auf Diocletian* (Berolini, 1876; ed. 2, 1905).

E. Hoffmann, *N. Jb. Kl. Phil.* 117 (1878), 714; 153 (1896), 423.

A. E. Housman, *Classical Papers* (Cantabrigiae, 1972), 873–4.

H. C. F. Hülsemann, versio Germanica librorum *De legibus* (Lipsiae, 1802).

H. Jordan, *Kritische Beiträge zur Geschichte der lateinischen Sprache* (Berolini, 1879).

J. Klein, *RhM* 24 (1869), 496.

D. Knoepfler, 'Un législateur thébain chez Cicéron', in M. Piérart–O. Curty (edd.), *Historia Testis. Mélanges d'épigraphie, d'histoire ancienne et de philologie offerts à Tadeusz Zawadski* (Friburgi Helvetiorum, 1989), 37–60.

H. A. Koch, censura ed. Vahleni, *Philologischer Anzeiger*, 5 (1873), 104–7.

W. Kraus, *WS* 69 (1956), 304–9.

A. Krause, *N. Jb. Kl. Phil.* Suppl. (*Jahns Archiv*), 14 (1848), 165–75; 462–72; 15 (1849), 76–80.

F. Leo, ap. F. Boesch, *De XII Tabularum Lege a Graecis petita*, diss. Gottingae 1893.

J. Lipsius, *Antiq. lect.* ii. 2.

E. Löfstedt, *Syntactica*, ed. 2 (Lundii, 1956), ii. 251–2.

E. Lübbert, '*Comment. Pontific.* p. 73', citatur in editione Halmii.

J. N. Madvig, *Emendationes in Ciceronis libros philosophicos* (Hauniae, 1826).

—— 'De emendandis Ciceronis libris de legibus disputatio' (Hauniae, 1836) = *Opuscula Academica* (Hauniae, 1842), 130–66.

J. N. Madvig, *Adversaria Critica* (Hauniae, 1873), ii. 252.

J. Mercier (Mercerus), ed. Nonii (Parisiis, 1614), s.v. *prae-cidaneum* (163. 17).

J. Meursius, *Atticarum lectionum libri VI* (Lugduni Bata-vorum, 1617), iii. no. 23, pp. 150–1.

T. Mommsen, ap. Ziegler, *Herm.* 81 (1953), 310.

M. Nizolius, *Thesaurus Ciceronianus*, ed. 2 (Basileae, 1559).

F. Odinus, in commentario editioni Oliveti adiecto.

E. Orth, *Phil. Woch.* 42 (1922), 287–8.

J. Passerat, *Coniecturarum liber* (Parisiis, 1612), ap. Gru-terum.

Z. Pearce, citatur in editione Oliveti.

R. Philippson, *Phil. Woch.* 42 (1922), 287–8.

Poggius (Poggio Bracciolini): v. Schmidt, 284.

Claudius Puteanus, ap. Gruterum.

J. Raevardus, *Ad leges duodecim tabularum liber singularis* (Brugis Flandrorum, 1563), 41–7.

Aemarus Ranconnetus (Aimat de Ranconnet), ap. Turn-ebum.

J. S. Reid, notulae manu scriptae in exemplaribus duarum editionum Vahleni, quae servantur in Bibl. Universitatis Cantabrigiensis.

A. Reifferscheid, *RhM* 17 (1862), 269–96.

R. Reitzenstein, *Drei Vermutungen zur Geschichte der römischen Literatur*, I: *Die Abfassungszeit des ersten Buches Ciceros de legibus*, in *Festschrift T. Mommsen* (Marpurgi, 1893).

C. Salmasius, 'ad Plaut. *Epid.* 3.4.33' ap. Davisium.

J. Scheffer, *Lectionum Academicarum liber, quo continentur animadversiones in Cic. de legibus* ... (Hamburgi, 1675).

P. L. Schmidt, *Die Überlieferung von Ciceros Schrift 'De Legibus', in Mittelalter und Renaissance* (Monaci, 1974).

G. F. Schoemann, *Opuscula Academica* (Berolini, 1858), iii. 384–90.

C. Sigonius, editio fragmentorum Ciceronis (Venetiis, 1559).

Jacobus Taurellius, ap. Victorium.

J. Tunstall, *Epistula ad . . . Conyers Middleton* (Cantabrigiae, 1741), p. 177 nota 'g'.

A. Turnebus, commentarius, 1538; *Adversaria* (Parisiis, 1580), iv. 24; viii. 3; xi. 16.

L. Urlichs, *RhM* 33 (1878), 154.

H. Usener, *Kleine Schriften*, I (Lipsiae et Berolini, 1912), 353–4.

J. Vahlen, *Gesammelte Philologische Schriften* (Lipsiae et Berolini, 1911), i. 530–66.

L. K. Valckenaer, ap. Bake.

W. S. Watt, 'Notes on Cicero, *De Legibus*', in C. Deroux (ed.), *Studies in Latin Literature and Roman History*, iv (Coll. Latomus 196; Bruxellis, 1986), 265–8; *Hermes*, 125 (1997), 241–2.

A. S. Wesenberg, *Emendationes alterae, sive annotationes criticae ad Ciceronis Epistolarum editionem* (Lipsiae 1873), 22.

G. Wissowa, ap. Ziegler, *Hermes*, 32 (1897), 311–12.

D. Wyttenbach, ap. Moser–Creuzer.

M. Zelzer, *WS* 15 (1981), 211–31.

K. Ziegler, *Hermes*, 81 (1953), 303–17.

A. W. Zumpt, in R. Klotz (ed.), *Ciceros philosophische Schriften in deutschen Übertragungen* (Lipsiae, 1841), ii.

Cato Maior[11]

Editores (v. etiam supra, Opera omnia)

C. Sweynheym—A. Pannartz, opera philosophica, Romae 1469

A. Moretus, Venetiis, *c.*1480

J. De Breda, Daventriae (Deventer), *c.*1490

D. Erasmus (cum libris De off. et Lael.), Basileae 1524

---

[11] Plura si quis voluerit, editionem meam Cantabrigiensem (1988) consulito.

C. Langius (cum libris De off., Lael., etc.), Antuerpiae 1568

F. W. Otto, Lipsiae 1830

J. N. Madvig (cum Laelio), Hauniae 1835 (cuius editionis praefatio = *Opuscula Academica*, Hauniae 1842, ii. 264–96)

K. Meissner, Lipsiae 1870, denuo edidit G. Landgraf, 1907

T. Schiche, Lipsiae 1884

K. Simbeck, Lipsiae 1912; 1917

Philologi

C. O. Brink, per litteras ad editorem.

A. Fleckeisen, *N. Jb. Kl. Phil.* 87 (1863), 192; 95 (1867), 643–4.

J. Forchhammer, ap. Madvig, *Adversaria Critica* (Hauniae, 1873), ii. 244.

C. Lachmann, *T. Lucretii Cari De Rerum Natura libri sex*, ed. 4 (Berolini, 1871), 150 (ad Lucr. 3. 198).

K. Meissner, *N. Jb. Kl. Phil.* 103 (1871), 57; 131 (1885), 209.

T. Mommsen, 'Über eine Leydener Handschrift von Ciceros Cato maior', *Monatsberichte der Kön. Preuss. Akad. der Wissenschaften zu Berlin* (1863), 10–21.

C. W. Nauck, *N. Jb. Kl. Phil.* Suppl. 8 (1942), 552; Suppl. 12 (1846), 558.

T. Opitz, *N. Jb. Kl. Phil.* 107 (1873), 609.

S. V. Pighius, *Annales magistratuum et provinciarum S.P.Q.R. ab urbe condita* (Antuerpiae, 1599).

O. Ribbeck, *Scaenicae Romanorum poesis fragmenta*, ed. 3 (Lipsiae, 1887–8).

Jos. Scaliger, 'De versibus Ennii et aliorum a Gaza conversis in libro Ciceronis de Senectute', in *Opuscula diversa Graeca et latina . . .* (Parisiis, 1515), 84–92.

M. Seyffert, *Zeitschrift für das Gymnasialwesen*, 15 (1861), 67–9; 699.

A. Turnebus, *Adversaria* (Parisiis, 1580), xiii. 6.

A. S. Wesenberg, *Observationes criticae in M. T. Ciceronis pro P. Sestio orationem* (Viburgi, 1837), ad sect. 9.

Laelius[12]

Editores (v. etiam supra, Opera omnia)

D. Erasmus: v. supra (Cato Maior)
C. Langius: v. supra (Cato Maior)
C. Beier, Lipsiae 1828
J. N. Madvig: v. supra (Cato Maior)
G. Lahmeyer, Lipsiae 1862
M. Seyffert – C. F. W. Müller, Lipsiae 1876
J. S. Reid, Cantabrigiae 1879; 1883
K. Simbeck (cum Catone Maiore), Lipsiae 1917
L. Laurand, Parisiis 1928
P. Fedeli, Florentiae 1971
R. Combès, Parisiis 1971

Philologi

G. Canterus, *Novae lectiones,* ed. 2 (Basileae, 1566), vii. 15.
P. Fedeli, *RhM* 115 (1972), 156.
R. Freundlich, 'Aliquid causae est . . . ', in S. Perlman et B. Shimron (edd.), *ΔΩΡΟΝ: sive Commentationes . . . Benzioni Katz . . . dedicatae* (Tel-Aviv, 1967), 7–20.[13]
O. F. Kleine, *Adnotationes in Ciceronis Catonem Maiorem et Laelium* (Progr. Wetzlar, 1854).
K. Meissner, *N. Jb. Kl. Phil.* 135–6 (1887), 545–57.
T. Mommsen, 'De Laelii Ciceroniani codice Didotiano narratio', *RhM* 18 (1863), 594–7.
A. Turnebus, *Adversaria* (Parisiis, 1580), xiii. 7.
W. S. Watt, per litteras ad editorem.

---

[12] Plures editiones commemorantur apud K. A. Neuhausen, *M. Tullius Cicero: Laelius. Einleitung und Kommentar,* i (Heidelbergii, 1981), 4–5.
[13] Hunc commentarium Hebraice scriptum in meum usum Anglice verterunt socer generque, J. Glucker et I. Ludlam, quibus maximas gratias ago.

CONCORDANTIA LOCORVM
IN LIBRIS DE RE PVBLICA

3. 6 p. 84. 11–15	fr. incert. 1
3. 7	3. 4
3. 8	3. 7
3. 9 p. 85. 18–21	2 fr. 10
3. 9 pp. 85. 22–86. 17	test. ad 3. 7 fin.
3. 10–11 pp. 86. 18–87. 6	test. ad 2. fr. 8 et 3. 7 fin.
3. 11 p. 87. 7–9	2 fr. 8
3. 11 p. 87. 10–12	2 fr. 9
3. 12–17	3. 8–10
3. 18–19	3. 11
3. 20 (22 Mai) p. 90. 6–16	cit. in test. ad 3. 12
3. 20 (22 Mai) p. 90. 17–26	cit. in test. ad 3. 12
3. 21 (24 Mai)	test. ad 3. 8–9
3. 22 (24 Mai)	cit. in test. ad 3. 12
3. 23	3. 17
3. 24 (20 Mai) p. 92. 19–23	3 fr. 1
3. 24–[25] (21 Mai)	3. 18
3. 25–6	3. 12
3. 27–8	3. 13–14
3. 29–30	3. 15–16
3. 31	test. ad 3. 18
3. 32 p. 96. 14–21	3. 20
3. 32 p. 96. 22–5	3. 19
3. 33	3. 27
3. 33 p. 97. 9–13	test. ad 3. 27
3. 34	3. 24 et 33
3. 35 pp. 97. 29–98. 4	3. 25 cum test.
3. 35 p. 98. 5–7	3. 26
3. 36	3. 21 cum test.
3. 37 pp. 98. 29–99. 9	3. 22
3. 37 p. 99. 10–12	3. 23
3. 38 p. 99. 13–22	test. ad 3. 16
3. 38 p. 99. 23–5	test. gen. 11
3. 39 p. 99. 26–100. 5	test. gen. 9
3. 39 p. 100. 6–7	fr. incert. 7
3. 40 p. 100. 8–29	3. 28, 29, 31
3. 40 pp. 100. 30–101. 4	3. 32
3. 40 p. 101. 5–6	3 fr. 3

3. 40 p. 101. 7–8	3. 30a
3. 40 p. 101. 9–13	3. 30b
3. 41–2	3. 34
3. 42 p. 102. 1–2	3 fr. 2
3. 42 p. 101. 3–5	test. ad 3. 35 init.
3. 43–5	3. 35
3. 46–8	3. 36
3 fr. 1	fr. incert. 8
3 fr. 2	3 fr. 4
3 fr. 3	3 fr. 5
3 fr. 4	3 fr. 6
3. fr. 5	3 fr. 7
3 fr. 6	cf. test. ad 3. 35
4. 1 p. 107. 1–13	test. ad 4. 25
4. 1 p. 107. 14–15	4. 26
4. 1 p. 107. 16–20	fr. dub. 4
4. 1 p. 107. 21–5	fr. dub. 5
4. 1 p. 108. 1–3	4. 24
4. 1 p. 108. 4–7	4. 25
4. 1 p. 108. 8	4. 27
4. 2–3	4. 1
4. 3 p. 108. 23–5	fr. dub. 6
4. 3 p. 108. 26–7	4. 3
4. 3 pp. 108. 28–109. 5	4. 2b
4. 4	4. 2a
4. 5 pp. 109. 20–110. 7	cit. in test. ad 4. 18
4. 5 p. 110. 8–11	4. 18
4. 5 p. 110. 12–14	4. 19
4. 6 p. 110. 15–18	4. 9
4. 6 p. 110. 19–20	4. 7
4. 6 p. 110. 21–3	4. 6
4. 6 p. 110. 24–5	4. 4
4. 6 p. 110. 26–7	4. 5
4. 6 p. 110. 28–9	4. 8
4. 7 pp. 110. 30–111. 2	4. 12
4. 7 p. 111. 3–10	test. gen 16
4. 7 p. 111. 11–13	4. 10

4. 7 p. 111. 14–16	4. 13
4. 7 p. 111. 17–22	fr. dub. 11
4. 7 p. 111. 23–9	fr. inc. 14
4. 8 pp. 111. 30–112. 3	4. 11
4. 8 p. 112. 3–8	omissum
4. 8 p. 112. 9–10	4. 16
4. 8 p. 112. 11–13	4. 17
4. 8 p. 112. 14–15	4. 15
4. 8 p. 112. 16–18	4. 14
4. 8 p. 112. 19–20	4. 28
4. 9 p. 112. 21–7	4. 23
4. 9 p. 112. 28–9	omissum
4. 10	4. 22
4. 11–12	4. 20a, 20b, 20c
4. 13 p. 114. 5–7	fr. dub. 7
4. 13 p. 114. 8–16	4. 21
4. 14 pp. 114. 17–115. 14	test. ad 4. 23
4. 14 p. 115. 15–18	4. 29
5. 1–2	5. 1
5. 2 p. 117. 10–18	test. ad 5. 3
5. 3	5. 3
5. 4 p. 118. 3–4	5. 5
5. 5	5. 4
5. 6–7	3.3
5. 8 p. 119. 10–20	5. 2
5. 8 p. 119. 21–2	test. ad 5. 2
5. 9 p. 119. 23–9	fr. inc. 14
5. 9 p. 119. 30–4	test. ad fr. inc. 14
5. 9 p. 120. 1–3	5. 9
5. 9 p. 120. 4–6	5. 7
5. 10 p. 120. 7–8	5. 8
5. 10 p. 120. 9–12	5. 11
5. 10 p. 120. 13–14	5. 10
5. 11 p. 120. 15–23	fr. inc. 10a, 10b
5. 11 pp. 120. 24–121. 3	fr. dub. 8
5. 11 p. 121. 4–6	5. 6
5. 11 p. 121. 7–10	5. 12

M. TVLLI CICERONIS
DE RE PVBLICA

Quae Supersunt
E SEX LIBRIS

SIGLA

In libris De Re Publica I–V

V	Vaticanus latinus 5757 (palimpsestus), s. IV vel V
V¹	eius prima manus
V²	eiusdem corrector (paene eiusdem aetatis)

*V, *V¹, *V² (cum nomine viri docti): lectio aut V aut V¹ aut V² a prioribus attributa, quam ipse cernere non potui

Codices Somnii Scipionis

A	Parisinus n.a. lat. 454, s. IX
Br	Bruxellensis 10146, s. IX–X
Q	Vaticanus Palatinus lat. 1341, s. X
Ph	Berolinesis Phillipps 1787, s. X
D	Oxoniensis Bodl. Auct. T. 2. 27, s. X–XI
ω	consensus codicum ABrQPhD
ς	cod. Somnii unus vel plures praeter eos qui supra commemorantur

Codices Commentarii in Somnium Scipionis Macrobiani (omnes saec. IX)

S	Parisinus lat. 6370
E	Parisinus lat. 16677
A	Parisinus n.a. lat. 454
V	Voss. Lat. F. 12β + F122+ Londiniensis, Bibl. Brit., Royal 15. B. 2
K	Coloniensis 186
H	Londiniensis, Bibl. Brit., Harleianus 2772 + Monacensis 23486
X	Bruxellensis 10146
μ	consensus codicum Macrobianorum
[ ]	supplementa lacunarum palimpsesti
< >	addenda vel inserenda
{ }	delenda
[[ ]]	verba interpolata aut male locata (v. praef. p. xv)

2

DE RE PVBLICA
LIBER PRIMVS

Fragmenta prooemii

1. Sic quoniam plura beneficia continet patria, et est antiquior parens quam is qui creavit, maior ei profecto quam parenti debetur gratia.
2. a qua isti avocant

5 [I] [* * * nec...im]petu liberavissent, nec Gaius 1 Duilius Aulus Atilius Lucius Metellus terrore Carthaginis; non duo Scipiones oriens incendium belli Punici secundi sanguine suo restinxissent, nec id excitatum maioribus copiis aut Quintus Maximus enervavisset,
10 aut Marcus Marcellus contudisset, aut a portis huius urbis avulsum Publius Africanus compulisset intra hostium moenia. Marco vero Catoni, homini ignoto et novo (quo omnes qui eisdem rebus studemus quasi

---

1 *Perierunt quaterniones duo primi et q. 3.1.*   5 63–4 = q. 3.2 -petu

---

1 prooem. 1. *Non.426.8* antiquior...de rep. lib. I 'sic...gratia'. *Hoc fragmentum ad prooemium rettulit Mai*   4 prooem. 2. *Arus. Mess.457.14* avocant ab illa re: Cicero de republica I 'a qua isti avocant'. *Ad prooemium rettulit Büchner*   5 *Ad prooemium haec etiam a prioribus referuntur: Non.526.8 [= nostrum fr. 1 ad finem libri]; Plin. NH praef. 7 [= fr. dub. 1] et 22 [= test. gen. 17], Lact. Inst. 3.16.5 [= fr. dub. 2], Aug. epist. 91.3 [= fr. dub. 11]   Ad sententiam explendam cf. Cic. Parad. 1.12, Tusc. 1.39, Cato Maior 75*

DE RE PVBLICA *sic scribendum docuit Mai ex cod.* 1 *Prooem. fr. 1* patria...gratia habent GH^2E^2: *om. LH^1E^1 Nonii (deest in P)*   2 is qui *cod. Junii*: si qui *rell.*   5 [nec...im-] *suppl. Mai* 10 M[arcus] *add. V^2*   11 avulsum: avorsum *Dobree*

3

exemplari ad industriam virtutemque ducimur), certe
licuit Tusculi se in otio delectare, salubri et propinquo
loco; sed homo demens, ut isti putant, cum cogeret
eum necessitas nulla, in his undis et tempestatibus ad
summam senectutem maluit iactari, quam in illa tran- 5
quillitate atque otio iucundissime vivere. Omitto innumerabiles viros, quorum singuli saluti huic civitati
fuerunt; et qui sunt <haud> procul ab aetatis huius
memoria, commemorare eos desino, ne quis se aut
suorum aliquem praetermissum queratur. Unum hoc 10
definio: tantam esse necessitatem virtutis generi hominum a natura tantamque amorem ad communem salutem defendendam datum, ut ea vis omnia blandimenta
voluptatis otique vicerit.

2   [II] Nec vero habere virtutem satis est, quasi artem 15
aliquam, nisi utare. Etsi ars quidem, cum ea non
utare, scientia tamen ipsa teneri potest, virtus in
usu sui tota posita est. Usus autem eius est maximus
civitatis gubernatio, et earum ipsarum rerum quas
isti in angulis personant reapse, non oratione, perfec- 20
tio. Nihil enim dicitur a philosophis, quod quidem
recte honesteque dicatur, quod <non> ab eis partum
confirmatumque sit, a quibus civitatibus iura
descripta sunt. Unde enim pietas, aut a quibus reli-

7–8 civitati / 77–8 = q. 3.3 fuerunt   24 unde / 123–6 = q. 3.4–5
enim

---

20 in angulis *cf. Lact. Inst. 3.16.3*   reapse *cf. Sen. Ep. 108.32;
Arus. Mess. 506.22* 'reapse non ratione praeceptio' (*sic*)

---

2 licuit Tusculi *Mai*, *V² (ap. Ziegler)*: licuitusculi *V*: *correctio sub
textu Augustini latet*   8 <haud> procul *Mai*: procul *V, def. Heinrich et N. Krarup; cf. Leg. 2.56 et Corn. Nep. vit. Pausaniae 5.5* 16 utare.
Etsi *interpunxit Mai*   18 sui *delere voluit Wachsmuth*   19–
20 quas isti in *V² ut vid.*: quasiistin *V*   22 quod <non> *Mai*:
quin *N. Krarup, fort. recte*   23 civitatibus: civitatium *Dobree*

gio? unde ius aut gentium aut hoc ipsum civile quod
dicitur? unde iustitia fides aequitas? unde pudor,
continentia, fuga turpitudinis, appetentia laudis et
honestatis? unde in laboribus et periculis fortitudo?
5 Nempe ab eis qui haec disciplinis informata alia
moribus confirmarunt, sanxerunt autem alia legibus.
Quin etiam Xenocratem ferunt, nobilem in primis 3
philosophum, cum quaereretur ex eo quid adsequer-
entur eius discipuli, respondisse, 'ut id sua sponte
10 facerent, quod cogerentur facere legibus': ergo ille
civis, qui id cogit omnes imperio legumque poena
quod vix paucis persuadere oratione philosophi
possunt, etiam eis qui illa disputant ipsis est praeferendus doctoribus. Quae est enim istorum oratio tam
15 exquisita, quae sit anteponenda bene constitutae civitati publico iure et moribus? Equidem quemadmodum 'urbes magnas atque imperiosas', ut appellat
Ennius, viculis et castellis praeferendas puto, sic eos
qui his urbibus consilio atque auctoritate praesunt,
20 eis qui omnis negoti publici expertes sint longe
duco sapientia ipsa esse anteponendos; et quoniam
maxime rapimur ad opes augendas generis humani,
studemusque nostris consiliis et laboribus tutiorem
et opulentiorem vitam hominum reddere, et ad hanc
25 voluntatem ipsius naturae stimulis incitamur, teneamus eum cursum qui semper fuit optimi cuiusque,
neque ea signa audiamus quae receptui canunt, ut eos
etiam revocent qui iam processerint.

9–10 sua...coguntur *Lact. Inst. 6.9.6 'ut ait philosophus'*   13–
14 praeferendus doctoribus *cf. Lact. Inst. 3.16.2*   18 *Enn. ann.* 579
V^2 = 590 Sk.   20 negoti publici expers *Arus. Mess. 470.13*

---

3 turpitudinis *Heinrich*: turpidinis *V, def. N. Krarup collato Lucr.*
3.1007 et 6.24   14 oratio *V, corr. m. 1 ex* ratio   16 iure V^1:
iuri V^2 (civitatis...iuri *Wachsmuth*)   25 voluntatem *Moser*:
uoluptatem *V*

4   [III] His rationibus tam certis tamque illustribus
opponuntur ab eis qui contra disputant, primum
labores qui sint re publica defendenda sustinendi—
leve sane impedimentum vigilanti et industrio, neque
id solum in tantis rebus sed etiam in mediocribus vel 5
studiis vel officiis vel vero etiam negotiis contemnendum; adiunguntur pericula vitae, turpisque ab his for-
mido mortis fortibus viris opponitur: quibus magis id
miserum videri solet, natura se consumi et senectute,
quam sibi dari tempus ut possint eam vitam quae 10
tamen esset reddenda naturae, pro patria potissimum
reddere. Illo vero se loco copiosos et disertos putant,
cum calamitates clarissimorum virorum iniuriasque
5 eis ab ingratis impositas civibus colligunt. Hinc enim
illa et apud Graecos exempla, Miltiadem, victorem 15
domitoremque Persarum, nondum sanatis vulneribus
eis quae corpore adverso in clarissima victoria accepisset, vitam ex hostium telis servatam in civium vinclis
profudisse, et Themistoclem, patria quam liberavisset
pulsum atque proterritum, non in Graeciae portus 20
per se servatos, sed in barbariae sinus confugisse
quam afflixerat; nec vero levitatis Atheniensium cru-
delitatisque in amplissimos cives exempla deficiunt,
quae nata et frequentata apud illos, etiam in gravissi-
6 mam civitatem nostram dicunt redundasse. Nam vel 25
exilium Camilli, vel offensio commemoratur Ahalae,
vel invidia Nasicae, vel expulsio Laenatis, vel Opimi

---

5 solum / 91–2 = q. 3.6 in tantis   20 proterri- / 73–4 = q. 3.7
-tum

---

4 neque id solum: nequetaisolum V^1, t *exp.* V^2 *et add.* -d *sup. lin.,
ut vid.;* tai *ex* tantum *ortum putavit Haupt*   15 et: *an
etiam?*   23 cives (-is): cuius V^1, -u- *primum exp.* V^2 *sed nihil
add., ut vid.*

damnatio, vel fuga Metelli, vel acerbissima Gai Mari
clades, principum caedes, aliorum multorum pestes,
quae paulo post secutae sunt. Nec vero iam meo
nomine abstinent; et, credo, quia nostro consilio ac
5 periculo sese in illa vita atque otio conservatos putant,
gravius etiam de nobis queruntur et amantius; sed
haud facile dixerim cur, cum ipsi discendi aut visendi
causa maria tramittant [* * *]

[IV] [* * * cum . . . rem publicam . . .] salvam esse 7
10 consulatu abiens in contione populo Romano idem
iurante iurassem, facile iniuriarum omnium compen-
sarem curam et molestiam; quamquam nostri casus
plus honoris habuerunt quam laboris, neque tantum
molestiae quantum gloriae, maioremque laetitiam ex
15 desiderio bonorum percepimus, quam ex laetitia
improborum dolorem. Sed si aliter, ut dixi, accidis-
set, qui possem queri, cum mihi nihil improviso, nec
gravius quam exspectavissem, pro tantis meis factis
evenisset? Is enim fueram qui, cum mihi liceret aut
20 maiores ex otio fructus capere quam ceteris, propter
variam suavitatem studiorum in quibus a pueritia

---

8 maria tramittant / *Periit q. 3.8.*   9 259–60 = q. 4.1 salvam
esse

---

1 *Cf. Cic. De Or. 3.2.8* non vidit acerbissimam C. Mari fugam, non
illam post reditum eius caedem omnium crudelissimam   3 nec
vero . . . abstinet *Arus. Mess. 457.4*   8 *Ad sententiam explendam
cf. Cic. Tusc. 5.107, Parad. 2.19; 4.30*   9 *Cf. Cic. Pis. 3.6, Fam.
5.2.7, De Or. 3.14, Plut. Cic. 23.2.3, et hic paulo infra,* 'ut dixi'

---

2 <vel post reditum eius crudelissima> principum caedes *Ziegler,
cf. test.*   aliorum *Urlichs*: uel eorum *V*: vel aliorum *Ziegler*
3 meo *Arus. Mess.*: om. *V*   9 [cum . . . rem publicam] *inter
multa alia addidit Pohlenz*   11 iurassem: -vi- *add. V² clausularum rationis ignarus*   15 laetitia: saevitia *Wachsmuth*
19 qui cum mihi liceret *scripsi* (qui *iam Wolff*): cui cum liceret *V²*:
luliceret *V¹*: lu *ex* -hi *ortum?*

vixeram, aut si quid accideret acerbius universis, non
praecipuam sed parem cum ceteris fortunae
condicionem subire, non dubitaverim me gravissimis
tempestatibus ac paene fulminibus ipsis obvium ferre,
conservandorum civium gratia, meisque propriis peri- 5
8 culis parere commune reliquis otium. Neque enim hac
nos patria lege genuit aut educavit, ut nulla quasi
alimenta exspectaret a nobis, ac tantummodo nostris
ipsa commodis serviens tutum perfugium otio nostro
suppeditaret et tranquillum ad quietem locum; sed ut 10
plurimas et maximas nostri animi ingeni consili partes
ipsa sibi ad utilitatem suam pigneraretur, tantumque
nobis in nostrum privatum usum, quantum ipsi
superesse posset, remitteret.
9   [V] Iam illa perfugia, quae sumunt sibi ad excusa- 15
tionem quo facilius otio perfruantur, certe minime
sunt audienda, cum ita dicunt, accedere ad rem publicam plerumque homines nulla re bona dignos, cum
quibus comparari sordidum, confligere autem, multitudine praesertim incitata, miserum et periculosum 20
sit. Quam ob rem neque sapientis esse accipere habenas, cum insanos atque indomitos impetus vulgi
cohibere non possit, neque liberi cum impuris atque
immanibus adversariis decertantem vel contume-
liarum verbera subire vel exspectare sapienti non 25

---

4 tempestatibus / 49–50 = q. 4.2 ac paen(a)e   19 confligere /
89–90 = q. 4.3 autem

10–12 sed ut plurimas . . . pigneraretur *Non. 477.32*

---

4 fulminibus *ex* fluminibus *correctam adfirmavit Mai, quam correc-*
tionem nemo postea vidit   11 consili *codd. Nonii:* consilio V^1: -o
del. V^2, *addidisse vid.* -i *vel* -q. *(cf. 6.12* animi ingeni consilique*)*   25 ex(s)pectare: exceptare *Halm, haud scio an recte*

ferendas iniurias, <cum ipsi auxilium ferre si
cupiant, non queant>; proinde quasi bonis et fortibus et magno animo praeditis ulla sit ad rem publicam adeundi causa iustior, quam ne pareant
5 improbis, neve ab eis dilacerari rem publicam patiantur. {cum ipsi auxilium ferre si cupiant, non queant}

[VI] Illa autem exceptio cui probari tandem potest, **10**
quod negant sapientem suscepturum ullam rei publicae partem, extra quam si eum tempus et necessitas
10 coegerit? Quasi vero maior cuiquam necessitas accidere possit quam accidit nobis; in qua quid facere
potuissem, nisi tum consul fuissem? Consul autem
esse qui potui, nisi eum vitae cursum tenuissem a
pueritia, per quem equestri loco natus pervenirem
15 ad honorem amplissimum? Non igitur potestas est
ex tempore aut cum velis opitulandi rei publicae,
quamvis ea prematur periculis, nisi eo loco sis ut
tibi id facere liceat. Maximeque hoc in hominum **11**
doctorum oratione mihi mirum videri solet, quod
20 qui tranquillo mari gubernare se negent posse, quod
nec didicerint nec umquam scire curaverint, idem ad
gubernacula se accessuros profiteantur excitatis maximis fluctibus. Isti enim palam dicere atque in eo
multum etiam gloriari solent, se de rationibus rerum
25 publicarum aut constituendarum aut tuendarum
nihil nec didicisse umquam nec docere, earumque
rerum scientiam non doctis hominibus ac sapientibus, sed in illo genere exercitatis concedendam
putant. Quare qui convenit polliceri operam suam
30 rei publicae tum denique si necessitate cogantur,

---

12 potuissem / 83–6 = q. 4.4–5 nisi

1–2 <cum ... non queant> *huc transposui: post* patiantur *V:* cui *pro*
cum *Francken*   5 ab eis dilacerari *scripsi:* ab eisdem lacelari *V*
(lacerari *iam Mai*)

cum (quod est multo proclivius) nulla necessitate
premente rem publicam regere nesciant? Equidem
ut verum esset sua voluntate sapientem descendere
ad rationes civitatis non solere, sin autem temporibus
cogeretur, tum id munus denique non recusare, 5
tamen arbitrarer hanc rerum civilium minime negle-
gendam scientiam sapienti, propterea quod omnia
essent ei praeparanda, quibus nesciret an aliquando
uti necesse esset.

12 [VII] Haec pluribus a me verbis dicta sunt, ob eam 10
causam quod his libris erat instituta et suscepta mihi
de re publica disputatio; quae ne frustra haberetur,
dubitationem ad rem publicam adeundi in primis
debui tollere. Ac tamen si qui sunt qui philosophorum auctoritate moveantur, dent operam parum- 15
per atque audiant eos quorum summa est auctoritas
apud doctissimos homines et gloria; quos ego existimo, etiam si qui ipsi rem publicam non gesserint,
tamen, quoniam de re publica multa quaesierint et
scripserint, functos esse aliquo rei publicae munere; 20
eos vero septem, quos Graeci sapientes nominaverunt, omnes paene video in media re publica esse
versatos. Neque enim est ulla res in qua propius ad
deorum numen virtus accedat humana, quam civitates aut condere novas aut conservare iam conditas. 25

13 [VIII] Quibus de rebus, quoniam nobis contigit ut
idem et in gerenda re publica aliquid essemus memoria dignum consecuti, et in explicandis rationibus
rerum civilium quandam facultatem, <evenit ut>

---

13 adeun- / 79–80 = q. 4.6 -di

---

10 pluribus *coni. Moser*: plurimis *V*   29 <evenit ut> *suppl.
exempli gratia Ziegler*: esse potuimus *pro* essemus (p.11, 2) *Hommel*:
essemus <adepti, aliis et recte scribendi et bene agendi esse
poteramus> *Francken*

non modo usu sed etiam studio discendi et docendi
essemus auctores, cum superiores alii fuissent in dis-
putationibus perpoliti, quorum res gestae nullae
invenirentur, alii in gerendo probabiles, in disser-
5 endo rudes. Nec vero nostra quaedam est instituenda
nova et a nobis inventa ratio, sed unius aetatis clarissimorum ac sapientissimorum nostrae civitatis virorum disputatio repetenda memoria est, quae mihi
tibique quondam adulescentulo est a Publio Rutilio
10 Rufo, Smyrnae cum simul essemus complures dies,
exposita; in qua nihil fere, quod magnopere ad rationes
civilium rerum pertineret, praetermissum puto.

[IX] Nam cum P. Africanus, hic Pauli filius, feriis 14
Latinis Tuditano consule et Aquilio, constituisset in
15 hortis esse, familiarissimique eius ad eum frequenter
per eos dies ventitaturos se esse dixissent, Latinis
ipsis mane ad eum primus sororis filius venit Quintus
Tubero; quem cum comiter Scipio appellavisset
libenterque vidisset, 'Quid tu' inquit 'tam mane,
20 Tubero? Dabant enim hae feriae tibi opportunam
sane facultatem ad explicandas tuas litteras.'
    Tum ille: 'Mihi vero omne tempus est ad meos
libros vacuum; numquam enim sunt illi occupati.
Te autem permagnum est nancisci otiosum, hoc
25 praesertim motu rei publicae.'

1 non mo- / 55–6 = q. 4.7 -do usu   16 dixissent / 273–4 = q.
4.8* Latinis

9 tibique *Quintum fratrem appellari contendit Wachsmuth*

1 discendi *Mai*: discedendi *V*: disserendi *N. Krarup*   12 civilium *Boot*: omnium *V*: \<harum\> omnium *Ziegler*   13 hic:
Luci *Wachsmuth*   14 consule *potius quam* consulibus *scribendum*:
cons. *V*   17 Q(uintus) *add. V²*

Tum Scipio: 'Atqui nactus es; sed mehercule otio-
siorem opera quam animo.'

Et ille: 'At vero animum quoque relaxes oportet.
Sumus enim multi, ut constituimus, parati—si tuo
commodo fieri potest—abuti tecum hoc otio.'   5

'Libente me vero, ut aliquid aliquando de doctrinae studiis admoneamur.'

15 [X] Tum ille: 'Visne igitur—quoniam et me quodammodo invitas et tui spem das—hoc primum,
Africane, videamus, antequam veniunt alii: quidnam   10
sit de isto altero sole quod nuntiatum est in senatu?
Neque enim pauci neque leves sunt, qui se duo soles
vidisse dicant, ut non tam fides non habenda, quam
ratio quaerenda sit.'

Hic Scipio: 'Quam vellem Panaetium nostrum   15
nobiscum haberemus, qui cum cetera, tum haec caelestia vel studiosissime solet quaerere! Sed ego,
Tubero—nam tecum aperte quod sentio loquar—
non nimis assentior in omni isto genere nostro illi
familiari; qui, quae vix coniectura qualia sint possu-   20
mus suspicari, sic affirmat ut oculis ea cernere
videatur, aut tractare plane manu. Quo etiam sapien-
tiorem Socratem soleo iudicare, qui omnem eiusmodi curam deposuerit, eaque quae de natura
quaererentur aut maiora quam hominum ratio   25
consequi possit, aut nihil omnino ad vitam hominum
attinere dixerit.'

---

10 African{a}e / 97–8 = q. 5.1 uideamus   26 nihil om- / 33–4 =
q. 5.2 -nino

---

3 at vero V^2: atutuero V^1 *ex quo* at tu uero *Mai*   6 libente
Mai: libenter V 12 duo V, *non* duos   14 ratio quaerenda
sit. Hic *vix nunc legi possunt*   20–21 possumus suspicari *Mai*,
V^2 ap. Ziegler: posumususpicari V 22 videatur: videantur V
'sed n *videtur deleta' Mai, mihi non videbatur*

Dein Tubero: 'Nescio, Africane, cur ita memoriae **16**
proditum sit, Socratem omnem istam disputationem
reiecisse, et tantum de vita et de moribus solitum esse
quaerere. Quem enim auctorem de illo locupletiorem
5 Platone laudare possumus? Cuius in libris multis locis
ita loquitur Socrates ut etiam cum de moribus, de
virtutibus, denique de re publica disputet, numeros
tamen et geometriam et harmoniam studeat Pythagorae more coniungere.'
10   Tum Scipio: 'Sunt ista ut dicis; sed audisse te
credo, Tubero, Platonem Socrate mortuo primum
in Aegyptum discendi, post in Italiam et in Siciliam
contendisse ut Pythagorae inventa perdisceret,
eumque et cum Archyta Tarentino et cum Timaeo
15 Locro multum fuisse, et Philolai commentarios esse
nactum; cumque eo tempore in his locis Pythagorae
nomen vigeret, illum se et hominibus Pythagoreis et
studiis illis dedisse. Itaque, cum Socratem unice
dilexisset, eique omnia tribuere voluisset, leporem
20 Socraticum subtilitatemque sermonis cum obscuri-
tate Pythagorae et cum illa plurimarum artium gravitate contexuit.'
    [XI] Haec Scipio cum dixisset, Lucium Furium **17**
repente venientem aspexit, eumque ut salutavit, ami-
25 cissime apprehendit et in lecto suo collocavit; et cum
simul Publius Rutilius venisset, qui est nobis huius

---

16 tempo- / 263–4 = q. 5.3 -re in his locis

10–13 sed audisse te (audisset *codd. Non.*) ... primum in Aegyptum
discendi causa, post in Italiam contendisse *Non. 260.13 omissis verbis* et
in Siciliam

---

7 disputet: -ent *V*, -n- *fort. deletum*   12 discendi *V, def. Weissenborn et Pasoli*: discendi causa *codd. Nonii*   15 Philolai *V²ap.
Mai*: philoteo *V¹*: -o- *expunxit et* a *super* -e- *add. V²*

sermonis auctor, eum quoque ut salutavit propter
Tuberonem iussit assidere.

Tum Furius: 'Quid vos agitis? Num sermonem
vestrum aliquem diremit noster interventus?'

'Minime vero,' Africanus; 'soles enim tu haec stu- 5
diose investigare, quae sunt in hoc genere de quo insti-
tuerat paulo ante Tubero quaerere. Rutilius quidem
noster etiam sub ipsis Numantiae moenibus solebat
mecum interdum eiusmodi aliquid conquirere.'

'Quae res tandem inciderat?' inquit Philus. 10

Tum ille: 'De solibus istis duobus; de quo studeo,
Phile, ex te audire quid sentias.'

18 [XII] Dixerat hoc ille, cum puer nuntiavit venire
ad eum Laelium domoque iam exisse. Tum Scipio
calceis et vestimentis sumptis e cubiculo est egressus, 15
et cum paululum inambulavisset in porticu, Laelium
advenientem salutavit et eos qui una venerant, Spurium Mummium, quem in primis diligebat, et Gaium
Fannium et Quintum Scaevolam, generos Laeli, doctos adulescentes, iam aetate quaestorios. Quos cum 20
omnes salutavisset, convertit se in porticu et coniecit
in medium Laelium; fuit enim hoc in amicitia quasi
quoddam ius inter illos, ut militiae, propter eximiam
belli gloriam, Africanum ut deum coleret Laelius;
domi vicissim Laelium, quod aetate antecedebat, 25
observaret in parentis loco Scipio. Dein cum essent
perpauca inter se uno aut altero spatio collocuti,
Scipionique eorum adventus periucundus et pergra-

---

7 que- / 209–10 = q. 5.4 -rere   24 gloriam / 197–8 = q. 5.5
Africanum

1–2 eum quoque (quodque *codd. Non.*)...adsidere *Non.*
367.30   13–14 nuntiatum est...iam exisse *Arus. Mess. 469.31*

---

27 aut *Moser*: an *V*: atque *Osann*   28 Scipionique eorum
V¹, quod in Scipioni quorum *perperam mutavit V²*

tus fuisset, placitum est ut in aprico maxime pratuli
loco, quod erat hibernum tempus anni, considerent;
quod cum facere vellent, intervenit vir prudens
omnibusque illis et iucundus et carus, Manius
5 Manilius, qui a Scipione ceterisque amicissime con-
salutatus assedit proximus Laelio.

[XIII] Tum Philus: 'Non mihi videtur, inquit, **19**
quod hi venerunt, alius nobis sermo esse quaerendus,
sed agendum accuratius, et dicendum dignum ali-
10 quid horum auribus.'

Hic Laelius: 'Quid tandem agebatis, aut cui sermoni nos intervenimus?'

'Quaesierat ex me Scipio quidnam sentirem de
hoc, quod duo soles visos esse constaret.'

15 'Ain vero, Phile? Iam explorata nobis sunt ea quae
ad domos nostras quaeque ad rem publicam pertinent,
siquidem quid agatur in caelo quaerimus?'

Et ille: 'An tu ad domos nostras non censes pertinere, scire quid agatur et quid fiat domi—quae non
20 ea est quam parietes nostri cingunt, sed mundus hic
totus, quod domicilium quamque patriam di nobis
communem secum dederunt—cum praesertim, si
haec ignoremus, multa nobis et magna ignoranda
sint? Ac me quidem, ut hercule etiam te ipsum,
25 Laeli, omnesque avidos sapientiae, cognitio ipsa
rerum consideratioque delectat.'

Tum Laelius: 'Non impedio, praesertim quoniam **20**
feriati sumus. Sed possumus audire aliquid, an serius
venimus?'

---

13 ex me Scipio ~~ex me~~ / 269–70 = q. 5.6 quidnam

25–6 *Huc respicit Arus. Mess. 466.26*

---

4 Manius *Ziegler*: M. *V*   14 duo *V, non* duos   16 pertinent *V*¹: -eant *V*²

'Nihil est adhuc disputatum, et quoniam est integrum, libenter tibi, Laeli, ut de eo disseras equidem
concessero.'

'Immo vero te audiamus; nisi forte Manilius interdictum aliquod inter duos soles putat esse compo- 5
nendum, ut ita caelum possideant ut uterque
possederit.'

Tum Manilius: 'Pergisne eam, Laeli, artem illu-
dere, in qua primum excellis ipse, deinde sine qua
scire nemo potest quid sit suum, quid alienum? Sed 10
ista mox; nunc audiamus Philum, quem video maioribus iam de rebus quam me aut quam Publium
Mucium consuli.'

21 [XIV] Tum Philus: 'Nihil novi vobis adferam,
neque quod a me sit cogitatum aut inventum. Nam 15
memoria teneo, Gaium Sulpicium Galum, doctissimum ut scitis hominem, cum idem hoc visum diceretur et esset casu apud Marcum Marcellum qui cum
eo consul fuerat, sphaeram quam Marci Marcelli
avus captis Syracusis ex urbe locupletissima atque 20
ornatissima sustulisset, cum aliud nihil ex tanta
praeda domum suam deportavisset, iussisse proferri;
cuius ego sphaerae cum persaepe propter Archimedi
gloriam nomen audissem, speciem ipsam non sum

---

1 disputatum et / 43–4 = q. 5.7 quoniam   20 captis / 103–4 = q.
5.8* Syracusis

---

2 libenter tibi Laeli uti eum desideras (*sic*) equidem concessero
Macr. De Diff. 5.620.9 et 644.11 'indicativa pro coniunctivis'
(!)   21–22 cum aliud nihil . . . deportavisset *Arus. Mess. 467.19*

---

5 duos *V*: duo *Moser (cf. 15 et 19)*   9 excellis *sic est in V,
non* excello *ut Maius aliique legerunt opisthographiae vestigiis
decepti*   16 Galum *sic scribendum*: Gallum *V et sic fere semper*   19–20 M. Marcelli avus *V²*: M. Marcellus *V¹*

tantopere admiratus; erat enim illa venustior et
nobilior in vulgus, quam ab eodem Archimede factam posuerat in templo Virtutis Marcellus idem; sed **22**
postea quam coepit rationem huius operis scientis-
5 sime Galus exponere, plus in illo Siculo ingeni quam
videretur natura humana ferre potuisse, iudicavi
fuisse. Dicebat enim Galus, sphaerae illius alterius
solidae atque plenae vetus esse inventum, et eam a
Thalete Milesio primum esse tornatam; post autem
10 ab Eudoxo Cnidio, discipulo ut ferebat Platonis, eandem illam astris eis quae caelo inhaererent esse
descriptam; cuius omnem ornatum et descriptionem,
sumptam ab Eudoxo, multis annis post non astrolo-
giae scientia sed poetica quadam facultate versibus
15 Aratum extulisse; hoc autem sphaerae genus, in quo
solis et lunae motus inessent, et earum quinque stellarum quae errantes et quasi vagae nominarentur, in
illa sphaera solida non potuisse finiri; atque in eo
admirandum esse inventum Archimedi, quod exco-
20 gitasset quemadmodum in dissimillimis motibus
inaequabiles et varios cursus servaret una conversio.
Hanc sphaeram Galus cum moveret, fiebat ut soli
luna totidem conversionibus in aere illo, quot diebus
in ipso caelo succederet, ex quo et in caelo <et in>
25 sphaera solis fieret eadem illa defectio; et incideret

---

11 inhererent es- / 65–6 = q. 6.1 -se descriptam

4–5 coepit . . . scientissime *vix nunc legi possunt*   6 iudicavi *N.*
Krarup: iudicam V^1: -abat V^2: -abam *Mai*   10 ferebat: ferebant
Francken   11 astris V^2: astellisi V^1 eis *scripsi:* is *V* (*non delevit* V^2)
inhaererent V^1: -re- *expunctum affirmat Ziegler*   15 sphaerae
del. Francken   23 quot *Mai:* quod *V*   24 <et in> *add.*
Dobree et Steinacker

luna tum in eam metam quae esset umbra terrae, cum
sol e regione [* * *]

23 [XV] [* * *] fuit, quod et ipse hominem diligebam,
et in primis patri meo Paulo probatum et carum
fuisse cognoveram. Memini me admodum adules- 5
centulo, cum pater in Macedonia consul esset et
essemus in castris, perturbari exercitum nostrum
religione et metu, quod serena nocte subito candens
et plena luna defecisset. Tum ille, cum legatus noster
esset anno fere ante quam consul est declaratus, haud 10
dubitavit postridie palam in castris docere nullum
esse prodigium, idque et tum factum esse et certis
temporibus esse semper futurum, cum sol ita locatus
fuisset ut lunam suo lumine non posset attingere.'

'Ain tandem?' inquit Tubero, 'docere hoc poterat 15
ille homines paene agrestes et apud imperitos aude-
bat haec dicere?'

24 'Ille vero, et magna quidem cum [* * *]

(SCIPIO) [* * * neque . . . in] solens ostentatio
neque oratio abhorrens a persona hominis gravissimi; 20
rem enim magnam \<erat\> adsecutus, quod hominibus perturbatis inanem religionem timoremque deie-
25 cerat. [XVI] Atque eiusmodi quiddam etiam bello illo

1–2 cum sol e regione /*Periit q. 6.2 cum compare suo 6.7. Folium quod
succedit (59–60* fuit . . . magna quidem cum*) aut q. 6.3 aut q. 6.5 fuisse
ex colore paginae iudicavit Mercati, p. 187, quod si recte iudicavit,
perierunt q. 6.4 et 6.6*   19 71–2 = q. 6.8* -solens

---

2 *Ad sententiam explendam cf. Cic. Div. 2.17*

---

3 et (ipse) *Mai*: ed *add. V²*, *om. V¹*   6 esset *Mai*: ess— *V*
(*perforata membrana*)   13 esse semper **V² ap. Ziegler*: essemper
V¹: semper *Mai et V² ut mihi videbatur*   18 ille vero *V²*: illa uero
V¹   19 [neque in-] *suppl. Mai*   21 \<erat\> *add. Heinrich*

maximo, quod Athenienses et Lacedaemonii summa
inter se contentione gesserunt, Pericles ille, et auctor-
itateeteloquentiaetconsilioprincepscivitatissuae,cum
obscurato sole tenebrae factae essent repente,
5 Atheniensiumque animos summus timor occupavis-
set, docuisse cives suos dicitur; id quod ipse ab Ana-
xagora, cuius auditor fuerat, acceperat: certo illud
tempore fieri et necessario, cum tota se luna sub
orbem solis subiecisset; itaque etsi non omni inter-
10 menstruo, tamen id fieri non posse nisi intermenstruo
tempore. Quod cum disputando rationibusque docuisset, populum liberavit metu; erat enim tum haec
nova et ignota ratio, solem lunae oppositu solere deficere, quod Thaletem Milesium primum vidisse
15 dicunt. Id autem postea ne nostrum quidem Ennium
fugit: qui ut scribit, anno quinquagesimo et trecentesimo fere post Romam conditam "Nonis Iunis soli
luna obstitit et nox". Atque hac in re tanta inest ratio
atque sollertia, ut ex hoc die quem apud Ennium et in
20 maximis annalibus consignatum videmus, superiores
solis defectiones reputatae sint usque ad illam quae
Nonis Quintilibus fuit regnante Romulo. Quibus
quidem Romulum tenebris etiamsi natura ad humanum exitum abripuit, virtus tamen in caelum dicitur
25 sustulisse.'
    [XVII] Tum Tubero: 'Videsne, Africane, quod **26**
paulo ante secus tibi videbatur, doc[* * *]

---

11 ratio- / 279–80 = q. 7.1 -nibusque   27 uidebatur, doc- /
Periit q. 7.2

---

19 *Enn. Ann.* 163 V² = 153 Sk.

---

10 nisi intermenstruo *V²*: nisi certo *V¹*   13 oppositu *V*±²:
oppositum *V¹*   16–17 et trecentesimo: et ccc *add. V²* (et *non
omnino conspicuum): om. V¹*   22 Nonis: non *V* (non. *Mai)*

(SCIPIO) [* * *]lis quae videant ceteri. Quid porro
aut praeclarum putet in rebus humanis, qui haec
deorum regna perspexerit? aut diuturnum, qui cog-
noverit quid sit aeternum? aut gloriosum, qui viderit
quam parva sit terra, primum universa, deinde ea   5
pars eius quam homines incolant; quamque nos
exiguae eius parti adfixi, plurimis ignotissimi gentibus, speremus tamen nostrum nomen volitare et
27 vagari latissime? Agros vero et aedificia et pecudes
et immensum argenti pondus atque auri, qui bona   10
nec putare nec appellare soleat, quod earum rerum
videatur ei levis fructus, exiguus usus, incertus
dominatus, saepe etiam deterrimorum hominum
immensa possessio,—quam est hic fortunatus putan-
dus, cui soli vere liceat omnia non Quiritium sed   15
sapientium iure pro suis vindicare, nec civili nexo sed
communi lege naturae, quae vetat ullam rem esse
cuiusquam nisi eius qui tractare et uti sciat; qui
imperia consulatusque nostros in necessariis, non
in expetendis rebus, muneris fungendi gratia subeun-   20
dos, non praemiorum aut gloriae causa appetendos
putet; qui denique ut Africanum avum meum scribit
Cato solitum esse dicere, possit idem de se praedicare,

---

1 121–2 = q. 7.3 -lisq.   16 uindica- / 139–42 = q. 7.4–5 -re nec
civili

---

10 immensum...auri *subest fortasse poetae alicuius locus, v. Ron-*
coni, SIFC 25 (1951), 108   11–13 quorum est levis fructus...
dominatus *Non. 203.19* 'dominatus...de Officiis lib. II (II
LH¹E: I *GH²*)' *sic codd.:* <et De Republica lib. I> *add. Quicherat*

---

1 quae *Mai*: q̄. *V²*: q. *V¹*   4 qui viderit *Mai*: quiduiderit *V*
6 quamque: quumque *Boot et mox* ignoti simus *pro* ignotissimi
7 exiguae eius parti *scripsi*: exigueius parte *V¹*: in exigua eius
parte *V²*   13 deterrimorum *Halm*: teterrimorum *V² quod reti-*
nuit Mai: tecerrimorum *V¹*   16 nexo *clare V²*: sexo *V¹*

numquam se plus agere quam nihil cum ageret,
numquam minus solum esse quam cum solus esset.
Quis enim putare vere potest plus egisse Dionysium, **28**
tum cum omnia moliendo eripuerit civibus suis lib-
5 ertatem, quam eius civem Archimedem, cum istam
ipsam sphaeram <de qua modo dicebatur>, nihil
cum agere videretur, {de qua modo dicebatur} effecerit? Quis autem non magis solos esse qui in foro
turbaque quicum colloqui libeat non habeant, quam
10 qui nullo arbitro vel secum ipsi loquantur, vel quasi
doctissimorum hominum in concilio adsint, cum
eorum inventis scriptisque se oblectent? Quis vero
divitiorem quemquam putet quam eum cui nihil
desit, quod quidem natura desideret, aut poten-
15 tiorem quam illum qui omnia quae expetat consequatur, aut beatiorem quam qui sit omni perturbatione
animi liberatus, aut firmiore fortuna quam qui ea
possideat quae secum (ut aiunt) vel e naufragio possit
ecferre? Quod autem imperium, qui magistratus,
20 quod regnum potest esse praestantius, quam des-
picientem omnia humana et inferiora sapientia
ducentem, nihil umquam nisi sempiternum et divinum animo volutare, cui persuasum sit appellari
ceteros homines, esse solos eos qui essent politi
25 propriis humanitatis artibus? —ut mihi Platonis **29**
illud, seu quis dixit alius, perelegans esse videatur,

23 animo / 127–8 = q. 7.6 uolutare

2 numquam minus solum *cf. Cic. Off. 3.1, Hier. Adv. Iovin. 1.47, Grillius In Cic. Rhet. 1.1 pp. 10.43–11.1 Jakobi*

6–7 de qua modo dicebatur *transp. Steinacker (in add. et corr.), delenda censuit Osann* 24 solos eos *Mai*: solodeos *V*¹: d *del. V*² *(fort. sub textu Augustini latet* s*)*

quem cum ex alto ignotas ad terras tempestas et in
desertum litus detulisset, timentibus ceteris propter
ignorationem locorum, animadvertisse dicunt in har-
ena geometricas formas quasdam esse descriptas;
quas ut vidisset, exclamavisse ut bono essent animo: 5
videre enim se hominum vestigia. Quae videlicet
ille non ex agri consitura quapiam cernebat, sed
ex doctrinae indiciis interpretabatur. Quamobrem,
Tubero, semper mihi et doctrina et eruditi homines
et tua ista studia placuerunt.' 10

30   [XVIII] Tum Laelius: 'Non audeo equidem'
inquit 'ad ista, Scipio, dicere; neque tam te aut Philum aut Manilium [* * *]

(LAELIUS) [* * *] in ipsius paterno genere fuit
noster ille amicus, dignus huic ad imitandum, 'egre- 15
gie cordatus homo, catus Aelius Sextus'; qui 'egregie
cordatus' et 'catus' fuit et ab Ennio dictus est,
non quod ea quaerebat quae numquam inveniret,
sed quod ea respondebat quae eos qui quaesissent
et cura et negotio solverent; cuique contra Gali 20
studia disputanti in ore semper erat ille de Iphigenia
Achilles:

---

13 aut manilium / *Periit q. 7.7*   14 285–6 = q. 7.8* in ipsius

---

6–8 quae videlicet...interpretabatur *Non. 195.7; cf. Vitr. Arch.
6.1.1*   15–16 *Enn.Ann.* 331 V^2 = 329 *Sk.*   21 *Enn.Iphigenia,
scaen.* 242−4V^2 = 185−7 *Jocelyn;* caeli plagas (p. 23, 4–5) *cf. Min. Fel.
Oct. 12.7*

---

5 exclamauisse *additum a* V^2 *ut vid., sed textu Augustini paene
obscuratur*   7 quapiam *scripsi:* quam *et* V *et codd. Nonii:* quam
<non> *Francken, alii alia*   11 equidem *coni. Moser:* quidem V
12 aut V²: quam V¹   16 catus V²: cautus V¹: *del. Dobree*
21 ille *fort.* V²: illa V¹ *Mai qui* erant *pro* erat

Astrologorum signa in caelo quid sit observationis
cum capra aut nepa aut exoritur nomen aliquod
beluarum,
quod est ante pedes nemo spectat, caeli scrutantur
5 plagas.

Atqui idem (multum enim illum audiebam et libenter) Zethum illum Pacuvi nimis inimicum doctrinae
esse dicebat; magis eum delectabat Neoptolemus
Enni, qui se ait philosophari velle, sed paucis, nam
10 omnino haud placere. Quodsi studia Graecorum vos
tantopere delectant, sunt alia liberiora et transfusa
latius, quae vel ad usum vitae vel etiam ad ipsam rem
publicam conferre possimus; istae quidem artes,
si modo aliquid, valent ut paulum acuant et tamquam
15 irritent ingenia puerorum, quo facilius possint maiora
discere.'

[XIX] Tum Tubero: 'Non dissentio a te, Laeli, sed   31
quaero quae tu esse maiora intellegas.'

'Dicam mehercule, et contemnar a te fortasse, cum
20 tu ista caelestia de Scipione quaesieris, ego autem haec,
quae videntur ante oculos esse, magis putem quaerenda. Quid enim mihi Luci Pauli nepos, hoc avunculo,
nobilissima in familia atque in hac tam clara re publica
natus, quaerit quomodo duo soles visi sint, non quaerit
25 cur in una re publica duo senatus et duo paene iam

---

9 philosophari / 181–2 = q. 8.1 uelle sed paucis

---

1 quid sit observationis *haud omnino intellego, displicent tamen con-iecturae, quas invenies apud Ziegler (Hermes 1957): possis* quid tibi observatio est?   4 nemo spectat: noenu spectant *Fleckeisen (?) ap. Francken*   6 Atqui *scripsi*: atque *V*   13 possimus *scripsi*: possumus *V*   14 si modo aliquid, valent *sic interpunxit Pascal*   18 intellegas *V*¹: -is *haud incerte V*²   19 mehercule *V*²: hercule *V*¹   21 putem *add. V*²   24 quomodo duo soles uisi sint, non quaerit *add. V*²

populi sint? Nam ut videtis, mors Tiberi Gracchi, et
iam ante tota illius ratio tribunatus, divisit populum
unum in duas partes. Obtrectatores autem et invidi
Scipionis, initiis factis a Publio Crasso et Appio
Claudio, tenent nihilominus illis mortuis senatus 5
alteram partem, dissidentem a vobis, auctore Quinto
Metello et Publio Mucio; neque hunc, qui unus potest,
concitatis sociis et nomine Latino, foederibus violatis,
triumviris seditiosissimis aliquid cotidie novi molientibus, bonis viris et locupletibus perturbatis, his tam 10
32 periculosis rebus subvenire patiuntur. Quamobrem si
me audietis, adulescentes, solem alterum ne metuer-
itis; aut enim nullus esse potest, aut sit sane ut visus est,
modo ne sit molestus; aut scire istarum rerum nihil,
aut etiamsi maxime sciemus, nec meliores ob eam 15
scientiam nec beatiores esse possumus. Senatum vero
et populum ut unum habeamus, et fieri potest et per-
molestum est nisi fit; et secus esse scimus, et videmus,
si id effectum sit, et melius nos esse victuros et beatius.'
33   [XX] Tum Mucius: 'Quid esse igitur censes, Laeli, 20
discendum nobis, ut istud efficere possimus ipsum
quod postulas?'

'Eas artes quae efficiant ut usui civitati simus; id
enim esse praeclarissimum sapientiae munus maximumque virtutis vel documentum vel officium puto. 25
Quamobrem ut hae feriae nobis ad utilissimos rei

---

1 nam ut ui- / 213–4 = q. 8.2 -detis   16 sena- / 215–6 = q. 8.3 -
tum vero

3–4 invidi Scipionis, initiis *Mai, fort. V^2 sed corr. non plane legitur*:
inuidis scipiis initionis V^1 6 Q(uinto) *add. V^1 (aut fort. V^2)
sup. lin.*   9–10 molientibus *coni. Moser*: mouentibus V 10 et
(*ante* locupletibus) *perspicue add. V^2*   11 quam ob rem V^2:
quam V^1 13 aut enim *Mai*: autem V 15 aut (etiamsi)
V^2: at V^1 15–16 sciemus...possumus: *an* sciamus...possimus?

publicae sermones potissimum conferantur, Scipionem rogemus ut explicet quem existimet esse
optimum statum civitatis; deinde alia quaeramus,
quibus cognitis spero nos ad haec ipsa via perven-
turos, earumque rerum rationem quae nunc instant
explicaturos.'
   [XXI] Cum id et Philus et Manilius et Mummius **34**
admodum approba[vissent * * *]

(Laelius) '[* * *] non solum ob eam causam fieri
volui, quod erat aequum de re publica potissimum
principem rei publicae dicere, sed etiam quod memineram persaepe te cum Panaetio disserere solitum
coram Polybio, duobus Graecis vel peritissimis
rerum civilium, multaque colligere ac docere optimum longe statum civitatis esse eum quem maiores
nostri nobis reliquissent. Quam in disputationem
quoniam tu paratior es, feceris (ut etiam pro his
dicam), si de re publica quid sentias explicaris,
nobis gratum omnibus.'
   [XXII] Tum ille: 'Non possum equidem dicere me **35**
ulla in cogitatione acrius aut diligentius solere versari, quam in ista ipsa quae mihi, Laeli, a te propo-
nitur. Etenim cum in suo quemque opere artificem,
qui quidem excellat, nihil aliud cogitare meditari
curare videam nisi quo sit in illo genere melior, ego
cum mihi sit unum opus hoc a parentibus maioribus-
que meis relictum, procuratio atque administratio rei

8 prou^B a- / *Periit q. 8.4*   9 293–4 = q. 8.5 non solum
25 illo gene- / 221–2 = q. 8.6 -re melior

3 quaeramus *V*¹: -emus *V*²   8 approba[vissent] *Mai*: proua-[
*V*¹: -b- *certe*, ad- *fort. add.* *V*²   16 quam in disputationem
scripsi: qua in disputatione *V*   23 opere *Mai*: opore *V*

publicae, non me inertiorem esse confitear quam
opificem quemquam, si minus in maxima arte quam
36 illi in minimis operae consumpserim? Sed neque eis
contentus sum, quae de ista consultatione scripta
nobis summi ex Graecia sapientissimique homines 5
reliquerunt, neque ea quae mihi videntur anteferre
illis audeo. Quamobrem peto a vobis ut me sic audi-
atis: neque ut omnino expertem Graecarum rerum,
neque ut eas nostris in hoc praesertim genere ante-
ponentem; sed ut unum e togatis, patris diligentia 10
non illiberaliter institutum, studioque discendi a
pueritia incensum, usu tamen et domesticis praeceptis multo magis eruditum quam litteris.'
37 [XXIII] Hic Philus: 'Non hercule,' inquit, 'Scipio,
dubito quin tibi ingenio praestiterit nemo, usu qui- 15
dem in re publica rerum maximarum facile omnes
viceris. Quibus autem studiis semper faveris, tenemus; quamobrem si, ut dicis, animum quoque con-
tulisti in istam rationem et quasi artem, habeo
maximam gratiam Laelio; spero enim multo uberiora 20
fore quae a te dicentur, quam illa quae a Graecis nobis
scripta sunt omnia.'
    Tum ille: 'Permagnam tu quidem expectationem,
quod onus est ei qui magnis de rebus dicturus est
gravissimum, imponis orationi meae.'   25

---

14 philus non / 223–4 = q. 8.7 hercule

---

1 non: *an* nonne?   3 consumpserim *Mai*: -erint *V*   eis *Ziegler*
(Hermes 1931): his *V*   17 faveris *coni. Mähly*: fueris *V sine correc-*
tione, quod quidem videre possim: florueris *Kroll: alii alia*   18 animum quoque *susp. Skutsch*   22 nobis *fort. retinendum, cf. supra 36*
scripta nobis . . . reliquerunt: hominibus *Orelli: alibi locare malit Win-*
terbottom e.g. post multo

Et Philus: 'Quamvis sit magna, tamen eam vinces
ut soles; neque enim est periculum ne te de re publica
disserentem deficiat oratio.'

[XXIV] Hic Scipio: 'Faciam quod vultis ut potero, **38**
5 et ingrediar in disputationem, ea lege qua credo
omnibus in rebus disserendis utendum esse si
errorem velis tollere: ut eius rei de qua quaeretur, si
nomen quod sit conveniat, explicetur quid declaretur
eo nomine. Quod si convenerit, tum demum decebit
10 ingredi in sermonem; numquam enim quale sit illud
de quo disputabitur intellegi poterit, nisi quod sit
fuerit intellectum prius. Quare quoniam de re publica quaerimus, hoc primum videamus, quid sit id
ipsum quod quaerimus.'

15 Cum approbavisset Laelius, 'Nec vero' inquit
Africanus 'ita disseram de re tam illustri tamque
nota, ut ad illa elementa revolvar quibus uti docti
homines his in rebus solent, ut a prima congressione
maris et feminae, deinde a progenie et cognatione
20 ordiar, verbisque quid sit et quot modis quidque
dicatur definiam saepius. Apud prudentes enim
homines et in maxima re publica summa cum gloria
belli domique versatos cum loquar, non committam
ut sit illustrior illa ipsa res de qua disputem, quam
25 oratio mea; nec enim hoc suscepi, ut tamquam
magister persequerer omnia, neque hoc polliceor
me effecturum, ut ne qua particula in hoc sermone
praetermissa sit.'

6–7 si erro- / 195–6 = q. 8.8* -rem uelis   22 publica sum- / 61–2
= q. 9.1 -ma cum gloria

---

5 et ingrediar in V^2: etiamgrediari V^1: et iam ingrediar *Halm*
7 quaeretur V^2: quaeritur V^1 9 tum demum *add.* V^2 et decebit
V: et *fort. del.* V^2 11 quod sit V: quid sit *Heinrich* 20 quot modis
Mai: commodis V

Tum Laelius: 'Ego vero istud ipsum genus orationis, quod polliceris, exspecto.'

39 [XXV] 'Est igitur' inquit Africanus 'res publica res
populi; populus autem non omnis hominum coetus
quoquo modo congregatus, sed coetus multitudinis ₅
iuris consensu et utilitatis communione sociatus.
Eius autem prima causa coeundi est non tam imbecillitas, quam naturalis quaedam hominum quasi
congregatio. Non est enim singulare nec solivagum
genus hoc, sed ita generatum ut ne in omnium qui- ₁₀
40 dem rerum affluen[tia ＊ ＊ ＊]

41 [XXVI] (Scipio) [＊ ＊ ＊ quae]dam quasi semina,
neque reliquarum virtutum nec ipsius rei publicae
reperiatur ulla institutio. Hi coetus igitur, hac de qua
exposui causa instituti, sedem primum certo loco ₁₅
domiciliorum causa constituerunt; quam cum locis
manuque saepsissent, eiusmodi coniunctionem tec-
torum oppidum vel urbem appellaverunt, delubris
distinctam spatiisque communibus. Omnis ergo
populus, qui est talis coetus multitudinis qualem ₂₀
exposui; omnis civitas, quae est constitutio populi;

11 rerum a<f>fluen- / *Periit q. 9.2*   12 211–2 = q. 9.3 -dam
quasi semina

3–4 rem populi *Aug. Civ. Dei 19.21.6 al.*   5–6 coetum multitudinis iuris consensu et utilitatis communione sociatum *ibid. 9–10.*
11 *Ad sententiam explendam cf. Cic. Fin. 3.65, Lael. 87, et Lact. Inst.*
6.10.18 (= Cic. Rep. 1.40 Mai; hinc tamen nihil certi ad verba Ciceronis
reficienda depromi potest)   Aug. Epist. 138.10 certe huc respicit, sed nihil
novi confert   Non. 321.16 [= nostrum fr. incert. 5] huc rettulit Büchner
16–21 quam cum locis... quae est constitutio populi *Non. 429.8*

12 affluen[tia] *suppl. Mai*: afluen[*V*   12 [quae]dam *suppl.*
Mai   14 hi coetus *Mai*: hic /eotus *V¹*: c transtulit *V²*, eo *in* oe
correxisse non videtur   16 causa *del. Leopardi*   19 omnis *V²*
Non.: om. *V¹*

omnis res publica, quae, ut dixi, populi res est, consilio
quodam regenda est, ut diuturna sit. Id autem consilium primum semper ad eam causam referendum est,
quae causa genuit civitatem; deinde aut uni tribuen- **42**
5 dum est, aut delectis quibusdam, aut suscipiendum est
multitudini atque omnibus. Quare cum penes unum
est omnium summa rerum, regem illum unum vocamus, et regnum eius rei publicae statum. Cum autem
est penes delectos, tum illa civitas optimatium arbitrio
10 regi dicitur. Illa autem est civitas popularis (sic enim
appellant), in qua in populo sunt omnia. Atque horum
trium generum quodvis si teneat illud vinculum quod
primum homines inter se rei publicae societate devin-
xit, non perfectum illud quidem neque mea sententia
15 optimum, sed tolerabile tamen, et aliud alio possit esse
praestantius. Nam vel rex aequus ac sapiens, vel delecti
ac principes cives, vel ipse populus, quamquam id est
minime probandum, tamen nullis interiectis iniquita-
tibus aut cupiditatibus posse videtur aliquo esse non
20 incerto statu. [XXVII] Sed et in regnis nimis expertes **43**
sunt ceteri communis iuris et consili, et in optimatium
dominatu vix particeps libertatis potest esse multitudo, cum omni consilio communi ac potestate
careat; et cum omnia per populum geruntur, quamvis
25 iustum atque moderatum, tamen ipsa aequabilitas est

7–8 illum / 95–6 = q. 9.4 unum uocamus   22–23 potest esse /
105–6 = q. 9.5 multitudo

---

5 aut delectis *Mai, cf. infra*: adlectis *V¹*: e *inseruit V² ut*
delectis *efficeretur*, a *in* aut *correxisse non videtur*   6 quare *add.*
V²   11–16 Atque ... praestantius *sana videntur, modo recte inter-*
pungantur subaudiaturque 'possit esse' post 'optimum': optimum <est>
Haupt: ut aliud *pro* et aliud *Dobree*: *alii alia*   25 aequabilitas *cf.*
1.53, 1.69, 2.42–3 atque etiam 2.57 et 62 (aequabilis), De Or. 2.209, Lact.
Inst. 5.14.15 'aequitatem ... se cum ceteris coaequandi, quam Cicero
aequabilitatem vocat': v. etiam E. Fantham, CQ 23 (1973), 285–90

iniqua, cum habeat nullos gradus dignitatis. Itaque si
Cyrus ille Perses iustissimus fuit sapientissimusque
rex, tamen mihi populi res (ea enim est, ut dixi antea,
publica) non maxime expetenda fuisse illa videtur,
cum regeretur unius nutu ac <voluntate. Eodem> 5
modo, si Massilienses, nostri clientes, per delectos
et principes cives summa iustitia reguntur, inest
tamen in ea condicione populi similitudo quaedam
servitutis; si Athenienses quibusdam temporibus,
sublato Areopago, nihil nisi populi scitis ac decretis 10
agebant, quoniam distinctos dignitatis gradus non habe-

44 bant, non tenebat ornatum suum civitas. [XXVIII]
Atque hoc loquor de tribus his generibus rerum publicarum non turbatis atque permixtis, sed suum statum
tenentibus; quae genera primum sunt in eis singula 15
vitiis quae ante dixi, deinde habent perniciosa alia
vicina. Nullum est enim genus illarum rerum publicarum quod non habeat iter ad finitimum quoddam
malum praeceps ac lubricum. Nam illi regi, ut eum
potissimum nominem, tolerabili aut si vultis etiam 20
amabili, Cyro, subest ad immutandi animi licentiam
crudelissimus ille Phalaris, cuius in similitudinem
dominatus unius proclivi cursu et facili delabitur.

---

14 permix- / 225–6 = q. 9.6 -tis sed suum

---

1 habeat *Heinrich*: habet V 5 unius V^2: unus V^1 nutu ac
<voluntate. Eodem> modo *Castiglioni*: *p. 105* nutu ac / *p. 106* modo
V: nutu. Ac modo *Mai*: nutu atque commodo *Schmid*: ac modo *del.*
Hommel: *alii alia*   8 populi: populis V^1, ʻs *fortasse erasa' Ziegler*
9 servitutis si athenienses quibusdam *add.* V^2 10 Areopago
Mai: areopogo V 17 vicina *Francken*: vitia V 20 nominem *Mai*: neminem V^1: *correctio vix legi potest*   21–22 ad immutandi animi licentiam crudelissimus *locum quantumvis vexatum*
(cf. etiam Watt, Hermes 1997, 243) recte, ut opinor, def. N. Krarup
collato ND 1.123 ʻad scribendi licentiam libero' (aliter def. Meister)
23 facili *scripsi*: facile V^1: *est super* -e *correctio, quae* i *poterat esse, sed*
nihil certi affirmare possum   delabitur V^2: dilabitur V^1

Illi autem Massiliensium paucorum et principum administrationi civitatis finitimus est qui fuit quodam tempore apud Athenienses triginta consensus et factio. Iam Atheniensium populi potestatem omnium
5 rerum, ipsi (ne alios requiramus) ad furorem multitudinis licentiamque conversam pesti[* * *]

[XXIX] (Scipio) [* * *] taeterrimus, et ex hac vel **45** optimatium vel factiosa, tyrannica illa vel regia vel etiam persaepe popularis, itemque ex ea genus aliquod
10 efflorescere ex illis quae ante dixi solet; mirique sunt orbes et quasi circuitus in rebus publicis commutationum et vicissitudinum. Quos cum cognosse sapientis est, tum vero prospicere impendentes, in gubernanda re publica moderantem cursum atque in sua potestate
15 retinentem, magni cuiusdam civis et divini paene est viri. Itaque quartum quoddam genus rei publicae maxime probandum esse sentio, quod est ex eis quae prima dixi moderatum et permixtum tribus.'

[XXX] Hic Laelius: 'Scio tibi ita placere, Afri- **46**
20 cane, saepe enim ex te audivi; sed tamen, nisi molestum est, ex tribus istis modis rerum publicarum velim scire quod optimum iudices; nam vel profuerit aliquid ad cog[* * *]'

[XXXI] (Scipio) '[* * *] et talis est quaeque res **47**
25 publica, qualis eius aut natura aut voluntas qui

---

6 conuersam pesti- / *Periit q. 9.7*   7 75–6 = q. 9.8* teterrimus
22–23 profuerit aliquid ad cog- / *Periit q. 10.1*   24 51–2 = q. 10.2
et talis est

---

7 *Ad sententiam explendam cf. 1.65*

---

3 triginta <virorum> *coni. Mai²: alii alia: post* triginta *distinguit V²: tradita def. Hommel*   7 t(a)eterrimus: teterrimus *V*: deterrimus *N. Krarup*   17 eis *Müller*: his *V*   22 quod *V*: quem *Orelli*

illam regit. Itaque nulla alia in civitate, nisi in qua populi
potestas summa est, ullum domicilium libertas
habet; qua quidem certe nihil potest esse dulcius, et
quae si aequa non est, ne libertas quidem est. Qui
autem aequa potest esse, omitto dicere in regno, ubi 5
ne obscura quidem est aut dubia servitus, sed in
istis civitatibus in quibus verbo sunt liberi omnes?
Ferunt enim suffragia, mandant imperia magistratus,
ambiuntur rogantur; sed ea dant quae etiamsi nolint,
danda sint, et quae ipsi non habent, unde alii petunt. 10
Sunt enim expertes imperi, consili publici, iudici
delectorum iudicum; quae familiarum vetustatibus
aut pecuniis ponderantur. In libero autem populo,
ut Rhodi, ut Athenis, nemo est civium qui [* * *]

48 [XXXII] (Scipio) [* * * po]pulo aliquis unus plur- 15
esve divitiores opulentioresque exstitissent, tum ex
eorum fastidio et superbia <regna> nata esse commemorant, cedentibus ignavis et imbecillis et adro-
gantiae divitum succumbentibus. Si vero ius suum
populi teneant, negant quicquam esse praestantius 20
liberius beatius, quippe qui domini sint legum iudiciorum, belli pacis foederum, capitis uniuscuiusque,
pecuniae. Hanc unam rite rem publicam, id est rem
populi, appellari putant; itaque et a regum et a
patrum dominatione solere in libertatem rem populi 25

---

14 ciuium qui / *Periit q. 10.3*   15 175–6 = q. 10.4 -pulo aliquis

---

7 in quibus *Mai*: iniquibus V 9 dant magis V^1: magis *fort.
del.* V^2, *del. Madvig*   10 *fort.* quae ipsi, unde alii petunt, non habent
12 familiarum *Mai et fort.* V^2: familiarium V^1 14 ut Rhodi, ut
Mai: ut rhodii ut r~~hodii ut~~ V *(-odii ut del.* V^2): ut Rhodii sunt, ut
Halm   Athenis V^2: Athenienses V^1 *Halm*   15 [po]pulo *suppl.
Mai,* [cum in po]pulo *Heinrich*   17 <regna> *add. Moser, sed post
esse:* ex eorum fastidio superbiam natam esse *Heinrich*

vindicari, non ex liberis populis reges requiri aut
potestatem atque opes optimatium. Et vero negant **49**
oportere, indomiti populi vitio genus hoc totum liberi
populi repudiari: concordi populo, et omnia referenti
5 ad incolumitatem et ad libertatem suam, nihil esse
immutabilius, nihil firmius; facillimam autem in ea
re publica esse concordiam, in qua idem conducat
omnibus; ex utilitatis varietatibus, cum aliis aliud
expediat, nasci discordias. Itaque cum patres rerum
10 potirentur, numquam constitisse civitatis statum;
multo iam id in regnis minus, quorum, ut ait Ennius,
"nulla {regni} sancta societas nec fides est". Quare
cum lex sit civilis societatis vinculum, ius autem legis
aequale, quo iure societas civium teneri potest, cum
15 par non sit condicio civium? Si enim pecunias aequari
non placet, si ingenia omnium paria esse non possunt,
iura certe paria debent esse eorum inter se qui sunt
cives in eadem re publica. Quid est enim civitas, nisi
iuris societas [* * *]

5–6 suam nihil / 169–70 = q. 10.5 esse immutabilius   14 quo
iure societas ciuium teneri potest cum par non sit condicio ciuium. si
enim pecunias aequari non placet si ingenia omnium paria esse non
possunt iura certe paria debent esse eorum inter se qui sunt cives in
eadem re publica. quid est enim ciuitas nisi iuris societas ciuium ~~teneri
potest~~ cum par non ~~sit condicio~~ ciuium. si enim ~~pecunias aequari non
placet si inge-~~ / *Periit q. 10.6*

6–8 facillimam…conducat omnibus *Non. 274.27* 'conducere'
11 *Enn. scaen.* 404 *Vahlen*[2] = 320 *Jocelyn. Cf. Cic. Off. 1.26*

---

7 esse (concordiam) *V*: esse posse *codd. Non., haud scio an recte*
(posse *E*[1])   12 {regni} *aut hoc delendum aut* quorum *in* quoniam
mutandum censuit Mai; regni *scriptum ab Ennio, a Cicerone omissum,
postea a librario quodam rursus iniectum esse censuit Skutsch:* regni *post*
fides *Cic. Off. 1.26*   14–16 civium…si inge- *perperam repetivit*
V[1], *maiorem partem del. V*[2]: civium *post* societas *retinuit Ziegler*

50 [XXXIII] (Scipio) [∗ ∗ ∗] Ceteras vero res publicas
ne appellandas quidem putant eis nominibus quibus
illae sese appellari velint. Cur enim regem appellem,
Iovis optimi nomine, hominem dominandi cupidum
aut imperi singularis, populo oppresso dominantem, 5
non tyrannum potius? Tam enim esse clemens tyrannus quam rex importunus potest—ut hoc populorum intersit utrum comi domino an aspero
serviant: quin serviant quidem fieri non potest. Quo
autem modo adsequi poterat Lacedaemo illa, tum 10
cum praestare putabatur disciplina rei publicae, ut
bonis uteretur iustisque regibus, cum esset habendus
rex quicumque genere regio natus esset? Nam optimates quidem quis ferat, qui non populi concessu sed
suis comitiis hoc sibi nomen adrogaverunt? Qui enim 15
iudicatur iste optimus? "Doctrina artibus studiis"
audio. Quando [∗ ∗ ∗]

51 [XXXIV] (Scipio) [∗ ∗ ∗] Si fortuito id faciet, tam cito
evertetur quam navis si e vectoribus sorte ductus ad
gubernacula accesserit. Quodsi liber populus deliget 20
quibus se committat, deligetque (si modo salvus esse
vult) optimum quemque, certe in optimorum consi-

---

1 53–4 = q. 10.7 ceteras uero   16 artibus studiis / *Perierunt q.*
10.8 et 11.1   18 179–80 = q. 11.2 si fortuito

15–17 qua (*sic*) enim iudicatur iste optimus? doctrina artibus studiis
audio quando *Non. 239.9* s.v. 'aemulus' *(citatio plane decurtata in qua
lemma 'aemulus' non iam legitur)*

---

1 <ubi apud populum sint omnia, eam optimam esse rem pub-
licam> *suppl. exempli gratia Skutsch*   6 tam enim esse *Mai*:
tameninesse *V*   10 tum *add.* *V²*   11 ut *Mai*: cum
V   15 adrogaverunt *V*: -erint *N. Krarup*   qui *∗V² ap. Mai*:
quid *V*: qua *codd. Nonii*   17 audio. Quando *ex Nonio suppleta*

liis posita est civitatum salus, praesertim cum hoc
natura tulerit, non solum ut summi virtute et animo
praeessent imbecillioribus, sed ut hi etiam parere summis velint. Verum hunc optimum statum pravis homi-
5 num opinionibus eversum esse dicunt, qui ignoratione
virtutis (quae cum in paucis est, tum a paucis iudicatur
et cernitur) <tum> opulentos homines et copiosos,
tum genere nobili natos esse optimos putant. Hoc
errore vulgi cum rem publicam opes paucorum,
10 non virtutes tenere coeperunt, nomen illi principes
optimorum mordicus tenent; re autem carent {eo
nomine}, nam divitiae nomen opes, vacuae consilio et
vivendi atque aliis imperandi modo, dedecoris plenae
sunt et insolentis superbiae, nec ulla deformior species
15 est civitatis quam illa in qua opulentissimi optimi
putantur. Virtute vero gubernante rem publicam **52**
quid potest esse praeclarius, cum is qui imperat aliis
servit ipse nulli cupiditati, cum quas ad res cives instituit et vocat, eas omnes complexus est ipse, nec leges
20 imponit populo quibus ipse non pareat, sed suam
vitam ut legem praefert suis civibus? Qui si unus satis
omnia consequi posset, nihil opus esset pluribus; si
universi videre optimum et in eo consentire possent,
nemo delectos principes quaereret. Difficultas ineundi
25 consili rem a rege ad plures, error et temeritas

---

12 diuitiae / 117–8 = q. 11.3 nomen opes

---

1 civitatum *scribendum monuit Ziegler clausulae causa*: -ium
V   2 summi *add. V²*, *quod num recte additum sit dubitari*
potest   3 praeessent *V*: praeesse *Bake*: praesint *Halm*   6 a
paucis *fort. V² (correctio maxime obscurata), ut coni. Madvig*: in paucis
V¹   7 <tum> *addidi*   11 optimorum mordicus *scripsi*:
optimmordicus *V¹*: -atium *add. sup. lin. V²*   11–12 {eo nomine}
del. Madvig   14 deformior *fort.* *V²*: demformior *V¹*
15 [q]ua op[ule]ntissimi *aliquatenus obscurata*

populorum a multitudine ad paucos transtulit. Sic inter infirmitatem unius temeritatemque multorum medium optimates possederunt locum, quo nihil potest esse moderatius; quibus rem publicam tuentibus beatissimos esse populos necesse est, vacuos omni cura et 5 cogitatione, aliis permisso otio suo, quibus id tuendum est neque committendum ut sua commoda populus 53 neglegi a principibus putet. Nam aequabilitas quidem iuris, quam amplexantur liberi populi, neque servari potest—ipsi enim populi, quamvis soluti ecfrenatique 10 sint, praecipue multis multa tribuunt, et est in eis ipsis magnus delectus hominum et dignitatum—eaque quae appellatur aequabilitas iniquissima est; cum enim par habetur honos summis et infimis, qui sint in omni populo necesse est, ipsa aequitas iniquissima est; 15 quod in eis civitatibus quae ab optimis reguntur accidere non potest. Haec fere, Laeli, et quaedam eiusdem generis, ab eis qui eam formam rei publicae maxime laudant, disputari solent.'

54   [XXXV] Tum Laelius: 'Quid tu,' inquit, 'Scipio, e 20 tribus istis quod maxime probas?'

'Recte quaeris quod maxime e tribus; quoniam eorum nullum ipsum per se separatim probo, anteponoque singulis illud quod conflatum fuerit ex

---

2 firmitatem uni- / 233–6 = q. 11.4–5 -us temeritatemque

---

2 infirmitatem *Mai*: firmitatem *V*   8 principibus *Mai*: principibus *V*   11 eis ipsis *scripsi*: iis *inchoavisse, deinde in* ipsis *correxisse videtur V¹*, iis *sup. lin. add. V²*   15 (iniquissima) est *(vel potius* st*) Leopardi*: sit *V (nulla correctio, ut vid.)*: fit *Schütz*: qui sunt in omni populo, necesse est ipsa aequitas iniquissima sit *Tescari*   21 quod *Halm*: quid *V*   22 quod *V¹*: quid *V²*   23 per se *V sed fort. deletum*

omnibus. Sed si unum ac simplex probandum sit,
regium probem; [* * *] hoc loco appellatur, occurrit
nomen quasi patrium regis, ut ex se natis ita consu-
lentis suis civibus et eos conservantis studiosius,
5 quam [* * *] sustentari unius optimi et summi viri
diligentia. Adsunt optimates, qui se melius hoc idem **55**
facere profiteantur, plusque fore dicant in pluribus
consili quam in uno, et eandem tamen aequitatem et
fidem; ecce autem maxima voce clamat populus,
10 neque se uni neque paucis velle parere: libertate ne
feris quidem quicquam esse dulcius; hac omnes carere sive regi sive optimatibus serviant. Ita caritate
nos capiunt reges, consilio optimates, libertate
populi; ut in comparando difficile ad eligendum sit
15 quid maxime velis.'

   'Credo,' inquit, 'sed expediri quae restant vix
poterunt, si hoc inchoatum reliqueris.'

   [XXXVI] 'Imitabor ergo Aratum, qui magnis de **56**
rebus dicere exordiens a Ioue incipiendum putat.'

20   'Quo Ioue? aut quid habet illius carminis simile
haec oratio?'

1–5 *Folii 235–6 = q. 11.5 inferior angulus mutilus est. Haec fere ibi legi*
possunt: 235 *col. 2* ac sin^m plex [. . .] | bandum [. . .] | regium [. . .] |
ꝺ^B em [. . . . . .] | pri [. . . . . .] | in [. . . . . . .] | f [. . . . .] || 236 *col. 1*
hoc loco . . . natisitacon | sulentissuis | ciuib.ꝺ^e teosco | [.]eruantisstu |
[. . . .] iusqua | [. . . .] centis (*vel* gentis) | [. . . . . . .] tem | [. . . . .] us |
[. . . . . . .] tib. | [. . . . .] u || *col.2* o^s sustentari   11 unoetean-/
131–2 = q. 11.6 -dem tamen

---

21 *Aratus Phaen. 1*

1–5 *quae hic legi possunt supra reperies; supplementa sunt*
Maii   14 ut V^2 *sed correctio sub textu Aug. latet*: et
V^1 18 imitabor V^1: imitemur V^2 *fort. recte*

'Tantum' inquit 'ut rite ab eo dicendi principia capiamus, quem unum omnium deorum et hominum regem esse omnes docti indoctique consentiunt.'

'Quid <ita>?' inquit Laelius.

Et ille: 'Quid censes, nisi quod est ante oculos? 5 Sive haec ad utilitatem vitae constituta sunt a principibus rerum publicarum, ut rex putaretur unus esse in caelo, qui nutu, ut ait, totum Olympum {Homerus} converteret, idemque et rex et pater haberetur omnium, magna auctoritas est multique 10 testes (siquidem omnes multos appellari placet), ita consensisse gentes, decretis videlicet principum, nihil esse rege melius, quoniam deos omnes censent unius regi numine; sive haec in errore imperitorum posita esse et fabularum similia didicimus, audiamus com- 15 munes quasi doctores eruditorum hominum, qui tamquam oculis illa viderunt quae nos vix audiendo cognoscimus.'

'Quinam' inquit Laelius 'isti sunt?'

Et ille: 'Qui natura omnium rerum pervestiganda 20 senserunt, omnem hunc mundum mente [* * *]

---

5 quod est / 165–6 = q. 11.7 ante oculos   21 mundum exite^mente / *Perierunt q. 11.8 et 12.1*

---

3 docti   indoctique   consentiunt   *imitatur   Aug.   Epist. 17.1*   21 *Lact. Epit. 4.3 huc rettulit Mai² sed nihil certi inde colligi potest*

---

3 docti indoctique V^2: doctique expoliri V^1 (expoliri *fort. deletum a V^2, ut ipse vidi: del. Orelli: in uno ore mutavit Mai, pariter Halm collato Lact., alii alia*)   4 <ita> *addidi Dobraeum secutus, qui etiam* <tum> inquit *add.* V^2 6 sunt *Moser*: sint *V* 9 homerus homerus V^1: homerus² *del.* V^2: Homerus *illic retinuit Mai, ante* totum *transposuit Heinrich, del. Dobree*   13 omnes *utrum nom. an acc. legi debeat haud omnino liquet*: omnis *V*   15 didicimus *V*: dicimus *Ziegler*   21 mente V^2: exite V^1

(LAELIUS) Quare, si placet, deduc orationem tuam **57fr.**
de eo loco ad haec citeriora.

[XXXVII] (SCIPIO) [* * *] sed si vis, Laeli, dabo **58**
tibi testes nec nimis antiquos, nec ullo modo barbaros.'

5   'Istos' inquit 'volo'.

'Videsne igitur minus quadringentorum annorum
esse hanc urbem, ut sine regibus sit?'

'Vero minus.'

'Quid ergo? Haec quadringentorum annorum
10 aetas, ut urbis et civitatis, num valde longa est?'

'Ista vero' inquit 'adulta vix.'

'Ergo his annis quadringentis Romae rex erat?'

'Et superbus quidem.'

'Quid supra?'

15   'Iustissimus, et deinceps retro usque ad Romulum,
qui ab hoc tempore anno sescentesimo rex erat.'

'Ergo ne iste quidem pervetus.'

'Minime, ac prope senescente iam Graecia.'

'Cedo num barbarorum Romulus rex fuit?'

---

3 99–100 = q. 12.2 sed si uis

---

1 *Non. 85.18* cituma...M. Tullius de republica lib. VI [= 6.16] et
in lib. I 'quare...citeriora' *et 289.7* deducere...M. Tullius de republica lib. I 'quare...citeriora'. *Ad 1.34 posuerat Mai, hoc loco valde
probabiliter posuit Pöschl; Laelium loqui paene certum est; quod ad
contextum attinet cf. etiam Cic. Leg. 3.3–4*

---

1 deduc orationem *codd. Nonii 85.18 et* L^2 *(?) Gen.*^{2} *B p. 289.7*:
deduce rationem L^1 *Gen.*^{1} B^A *p. 289.7*   2 de eo loco *codd.
Nonii 85.18*: de caelo *p. 289.7*   5 istos *add.* V^2 6 videsne *Mai*:
videne *V*   6–7 *ad* annorum esse hanc urbem *recentior manus in
margine addidit* excluso Tarquinio   11 ista V^2: ea V^1
19 *post* Cedo num: sc...*supra lin. scr.* V^2 *potius ut persona loquentis
indicaretur quam ut nomen Scipionis textui adderetur, quod iam
vidit Mai*

'Si ut Graeci dicunt, omnes aut Graios esse aut barbaros, vereor ne barbarorum rex fuerit; sin id nomen moribus dandum est, non linguis, non Graecos minus barbaros quam Romanos puto.'

Et Scipio: 'Atqui ad hoc de quo agitur non quaer- 5 imus gentem, ingenia quaerimus; si enim et prudentes homines et non veteres reges habere voluerunt, utor neque perantiquis neque inhumanis ac feris testibus.'

59 [XXXVIII] Tum Laelius: 'Video te, Scipio, testi- moniis satis instructum; sed apud me, ut apud 10 bonum iudicem, argumenta plus quam testes valent.'

Tum Scipio: 'Utere igitur argumento, Laeli, tute ipse sensus tui.'

'Cuius' inquit ille 'sensus?'

'Si quando—si forte tibi visus es irasci alicui.'   15

'Ego vero saepius quam vellem.'

'Quid tum, cum tu es iratus, permittis illi iracun- diae dominatum animi tui?'

'Non mehercule' inquit, 'sed imitor Archytan illum Tarentinum, qui cum ad villam venisset, et 20 omnia aliter offendisset ac iusserat, "A, te infelicem" inquit vilico "quem necassem iam verberibus nisi iratus essem!"'

---

4 graecos minus / 153–4 = q. 12.3 barbaros   21–22 infelicem in- / 265–8 = q. 12.4–5 -quit uilico

---

17 quid tum cum...animi tui *Non. 203.16* (dominatum: -us *GL²H²*)   19–21 sed imitor...ac iusserat *Non. 359.15* ('lib. II' *codd. Nonii, mero errore*)   miserum te, inquit, quem iam verberibus necassem, nisi iratus essem *Lact. de ira Dei 18.4; cf. etiam Val. Max. 4.1.1*

---

1 Si <est> ut *Ziegler: an* <dicimus> *alicubi inserendum?*   Graeci dicunt *Mai:* graecidunt *V¹: correctio si qua est sub textu Augustini latet*   Graios *V²:* gracos *V¹*   2 fuerit *Heinrich:* fuit *V*   17 tu *om. codd. Nonii sed* mes *cod. L¹ fort. ex* tu es *corruptum*   21 a te *V¹, non, ut vid., deleta, ut quidam censuerunt interpunctione in textu Augustini decepti; sed certe* te *iterum proximi versus initio inseruit V²*

'Optime' inquit Scipio; 'ergo Archytas iracun- 60
diam, videlicet dissidentem a ratione, seditionem
quandam animi esse iure ducebat, atque eam consilio
sedari volebat. Adde avaritiam; adde imperi, adde
5 gloriae cupiditatem; adde libidines; et illud vide, si
in animis hominum regale imperium sit, unius fore
dominatum, consili scilicet—ea est enim animi
pars optima; consilio autem dominante, nullum esse
libidini, nullum irae, nullum temeritati locum.'

10   'Sic' inquit 'est.'

'Probas igitur animum ita affectum?'

'Nihil vero' inquit 'magis.'

'Ergo non probares, si consilio pulso libidines
(quae sunt innumerabiles) iracundiaeve tenerent
15 omnia?'

'Ego vero nihil isto animo, nihil ita animato
homine miserius ducerem.'

'Sub regno igitur tibi esse placet omnes animi
partes, et eas regi consilio?'

20   'Mihi vero sic placet.'

'Cur igitur dubitas quid de re publica sentias? In
qua, si in plures translata res sit, intellegi iam licet

---

13 ergo non probares . . . miserius ducerem *Non. 233.29*

---

3 animi esse iure ducebat *in V² legit Ziegler 'nisi egregie fallor',*
quamquam esse *vix cernitur*: ab animo reducebat *V¹*: animi vere ducebat *Reisig*   3–4 atque . . . volebat *om. V¹*: ad-(de) *in* adq. *mutavit*
et eam consilio sedari uolebat ad- *add. V²*   5 vide si *V ut legi posse*
video: uidest *legit Mai ex quo* viderest *effinxit*: vides si
Halm   6 regale *Mai (qui tamen* regale si *edidit)*: regales *V*: -s
expunctum esse dicit Ziegler, ego non vidi   7 enim *fort. add. V²*
(correctio, si qua est, maxime obscurata)   9 libidini (-u- *V¹, corr.*
V²): -ibus *legit Mai*: -b. *in fine versus si quidem adest, vix legi potest; fort.*
erasum est   11 igitur *V²*: inquit *V¹*   11–13 -fectum
. . . . ergo non pro- (b- *ante* pro- *V¹, del. V²*) *perperam repetivit V¹, ex*
quo ergo non profecto probares *Mai*   13 si *V²*: sic *V¹*: *om. codd.*
Nonii   14 iracundiaeve *V*: iracundiae quae *codd. Nonii*

nullum fore quod praesit imperium; quod quidem
nisi unum sit, esse nullum potest.'

61   [XXXIX] Tum Laelius: 'Quid, quaeso, interest
inter unum et plures, si iustitia est in pluribus?'

Et Scipio: 'Quoniam testibus meis intellexi, Laeli, ₅
te non valde moveri, non desinam te uti teste, ut hoc
quod dico probem.'

'Me?' inquit ille, 'quonam modo?'

'Quia animadverti nuper, cum essemus in For-
miano, te familiae valde interdicere ut uni dicto ₁₀
audiens esset.'

'Quippe vilico.'

'Quid domi, pluresne praesunt negotiis tuis?'

'Immo vero unus' inquit.

'Quid totam domum, numquis alter praeter te ₁₅
regit?'

'Minime vero.'

'Quin tu igitur concedis idem in re publica: singulorum dominatus, si modo iusti sint, esse optimos?'

'Adducor' inquit 'ut propemodum adsentiar.'   ₂₀

62   [XL] Et Scipio: 'Tum magis adsentiere, Laeli, si
ut omittam similitudines—uni gubernatori, uni medico, si digni modo sint eis artibus, rectius esse alteri
navem committere, aegrum alteri, quam multis—ad
maiora pervenero.'   ₂₅

---

18 igitur con- / 159–60 = q. 12.6 -cedis idem

---

3 quaeso *Mai*: quasi *V* (*si qua correctio est, legi non potest*)   4–
5 omnium *post* est *habet* *V¹*, *exp.* *V²*   13–14 (vili)-co quid domi
pluresne praesunt negotiis *debemus V²*, *verba* sunt negotiis *sub textu
Augustini latent*   19 *post* in re publica *interpunxi ego, ut* idem *in*
item *mutare (Heinrich) non sit necesse*   21 inquit *proposuit Mai*:
igitur *V*   ut...adsentiar *Wolff et N. Krarup*: et...adsentior *V*
(*nullam corr. vidi*)   22 adsentiere *coni. Mai*: adsentiar *V*

'Quaenam ista sunt?'

'Quid tu, non vides unius importunitate et superbia Tarquini nomen huic populo in odium venisse regium?'

5 'Video vero' inquit.

'Ergo etiam illud vides, de quo progrediente oratione plura me dicturum puto, Tarquinio exacto mira quadam exsultasse populum insolentia libertatis? Tum exacti in exsilium innocentes, tum bona direpta
10 multorum; tum annui consules, tum demissi populo fasces, tum provocationes omnium rerum, tum secessiones plebi; tum prorsus ita acta pleraque ut in populo essent omnia.'

'Est' inquit 'ut dicis.'

15 'Est vero' inquit Scipio 'in pace et otio—licet enim **63** lascivire dum nihil metuas—ut in navi, ac saepe etiam in morbo levi; sed ut ille qui navigat, cum subito mare coepit horrescere, et ille aeger ingravescente morbo, unius opem implorat, sic noster popu-
20 lus in pace et domi imperat et ipsis magistratibus, minatur recusat appellat provocat, in bello sic paret ut regi; valet enim salus plus quam libido. Gravioribus vero bellis, etiam sine collega omne imperium nostri penes singulos esse voluerunt; quorum ipsum

---

11 prouocationes omni- / 101–2 = q. 12.7 -um rerum

10–11 tum annui...fasces *Non. 286.12*   17–18 sed ut ille...-horrescere *Non. 423.2*

---

3 Tarquini *fortasse delendum*   7 plura V^2: uita V^1
10 demissi *V*: dimissi *Non.*   12 secessiones *V^2 *legit Ziegler*:
secessionem V^1 *et* -m *deletum videtur, amplius non vidi*   plebi tum
V^2: plebi et V^1 *(plebis legit Ziegler, nullum* -s *vidi;* plebi = plebei
gen.)   16 in navi <mari tranquillo> *Castiglioni*   18 aeger
clare V^2: ager V^1 20 et ipsis: et *del. Francken, cf. Nägelsbach-Müller*[9]
707: vel tentavit *Ziegler: cf. 1.5* et apud Graecos

nomen vim summae potestatis indicat; nam dictator
quidem ab eo appellatur quia dicitur, sed in nostris
libris vides eum, Laeli, magistrum populi appellari.'
    'Video' inquit.
    Et Scipio: 'Sapienter igitur illi vete[res * * *]   5
64 [XLI] (SCIPIO) [* * *] iusto quidem rege cum est
populus orbatus, pectora diu tenet desiderium, sicut
ait Ennius post optimi regis obitum:

                                  simul inter
    sese sic memorant: O Romule, Romule die,   10
    qualem te patriae custodem di genuerunt!
    O pater, o genitor, o sanguen dis oriundum...

Non eros nec dominos appellant eos quibus iuste
paruerunt, denique ne reges quidem, sed patriae
custodes, sed patres et deos; nec sine causa, quid   15
enim adiungunt?

        Tu produxisti nos intra luminis oras.

Vitam, honorem, decus sibi datum esse iustitia regis
existimabant. Mansisset eadem voluntas in eorum
posteris, si regum similitudo permansisset; sed   20

---

5 igitur illi uete- / *Periit q. 12.8*   6 149–50 = q. 13.1 iusto
quidem rege

---

3 magistrum populi *Sen. Ep. 108.31*   8 *Enn. Ann.* 110–14V^2 =
105–9 *Sk., cf. Lact. Inst. 1.15.31*

---

1 summae *ut coni. Bake, sic in V nos legimus* su⁻ /ae: suae *priores
legebant*   3 libris *add.* V^2 5 vete[res] *suppl. Mai*   7
diu V^1: dia V^2, *v. Skutsch ad Ennium p. 257:* dura *Steinacker: alii
alia*   8 Ennius V^2: o ennius V^1 13 appellant V^2 *ut vid.*:
appellabant V^1 14 paruerunt *V*: -ant *Francken*   15 et deos
V: sed deos *Baiter*   19 existimabant V^2 *aut* V^1 *se ipse corrigens*:
existimant V^1

vides unius iniustitia concidisse genus illud totum rei
publicae.'

'Video vero' inquit, 'et studeo cursus istos
mutationum non magis in nostra quam in omni re
5 publica noscere.'

[XLII] Et Scipio: 'Est omnino, cum de illo genere   **65**
rei publicae quod maxime probo quae sentio dixero,
accuratius mihi dicendum de commutationibus
rerum publicarum, etsi minime facile eas in ea re
10 publica futuras puto. Sed huius regiae prima et cer-
tissima est illa mutatio: cum rex iniustus esse coepit,
perit illud ilico genus et est idem ille tyrannus, deterrimum genus sed finitimum optimo. Quem si optimates oppresserunt, quod ferme evenit, habet statum
15 res publica de tribus secundarium; est enim quasi
regium, id est patrium, consilium populo bene con-
sulentium principum; sin per se populus interfecit
aut eiecit tyrannum, est moderatior quoad sentit et
sapit et sua re gesta laetatur, tuerique vult per se
20 constitutam rem publicam. Si quando aut regi iusto
vim populus attulit regnove eum spoliavit, aut etiam,
id quod evenit saepius, optimatium sanguinem gus-
tavit, ac totam rem publicam substravit libidini
suae—cave putes autem mare ullum aut flammam
25 esse tantam, quam non facilius sit sedare quam effre-
natam insolentia multitudinem—tum fit illud quod

---

4 mutationum / 147–8 = q. 13.2 non magis   21 populus / 243–4
= q. 13.3 attulerit

---

1 unius iniustitia *Mai*: unius inius iniustitia *V sine correctione*
11 coepit *fort.* V^2: coeperit V^1 13 sed *Francken*: et *V*
16 regium *V^2 ap. Mai*: regum *V*   19 per se *add.*
V^2 20 si (quando) *V*: sin *Francken*   21 attulit *Moser*: attulerit *V*   24–26 cave . . . multitudinem *sic interpungendum* (aut *pro*
autem *Heinrich*)   insolentia *Mai, *V^2 ap. Ziegler*: insolemetia V^1 *ubi*
-m- *expunctum, correctio si qua alia est latet*

apud Platonem est luculente dictum, si modo id
exprimere Latine potuero; difficile factu est, sed con-
66 abor tamen: [XLIII] "Cum enim" inquit "inexplebiles populi fauces exaruerunt libertatis siti, malisque
usus ille ministris non modice temperatam sed nimis 5
meracam libertatem sitiens hausit, tum magistratus et
principes, nisi valde lenes et remissi sint et large sibi
libertatem ministrent, insequitur insimulat arguit,
praepotentes reges tyrannos vocat." Puto enim tibi
haec esse nota.'   10
    'Vero mihi' inquit ille 'notissima.'
67   'Ergo illa sequuntur: "Eos qui pareant principibus
agitari ab eo populo et servos voluntarios appellari;
eos autem qui in magistratu privatorum similes esse
velint, eosque privatos qui efficiant ne quid inter 15
privatum et magistratum differat, efferunt laudibus
et mactant honoribus; ut necesse sit in eiusmodi re
publica plena libertatis esse omnia, ut et privata
domus omnis vacet dominatione, et hoc malum
usque ad bestias perveniat; denique ut pater filium 20
metuat, filius patrem neglegat, absit omnis pudor (ut
plane liberi sint); nihil intersit civis sit an peregrinus;
magister ut discipulos metuat et eis blandiatur, sper-
nantque discipuli magistros, adulescentes ut senum

---

11 uero mihi in- / 151–2 = q. 13.4 -quit ille

3sqq. *Plato, Resp. 8.562c–563d*   16–17 ferunt laudibus, mactant honoribus *Non. 342.5* s.v. mactare

---

1 Platonem *Mai,* *V^2 *ap. Ziegler*: plationem *V*   2 sed *add.* V^2
6 hausit *Eichstädt*: hauserit *V*   16 efferunt *Ziegler*: ecferunt
Klotz: ferunt *V et codd. Nonii*   17 et *om. Non., fort. omittendum
ut ex* ec-(ferunt) *ortum et perperam repositum*   19 omnis: omni
tentavit Ziegler

sibi pondus adsumant, senes autem ad ludum adulescentium descendant, ne sint eis odiosi et graves; ex
quo fit ut etiam servi se liberius gerant, uxores eodem
iure sint quo viri; quin tanta libertate canes etiam et
5 equi, aselli denique libere sic incurrant ut eis de via
decedendum sit. Ergo ex hac infinita," inquit,
"licentia haec summa cogitur, ut ita fastidiosae moll-
esque mentes evadant civium, ut si minima vis adhibeatur imperi, irascantur et perferre nequeant; ex
10 quo leges quoque incipiunt neglegere, ut plane sine
ullo domino sint." '

[XLIV] Tum Laelius: 'Prorsus' inquit 'expressa **68**
sunt a te quae dicta sunt ab illo.'

'Atque ut iam ad sermonis mei morem revertar, ex
15 hac nimia licentia quam illi solam libertatem putant,
ait ille, ut ex stirpe quadam, exsistere et quasi nasci
tyrannum. Nam ut ex nimia potentia principum oritur interitus principum, sic hunc nimis liberum
populum libertas ipsa servitute afficit. Sic omnia
20 nimia, cum vel in tempestate vel in agris vel in
corporibus laetiora fuerunt, in contraria fere convertuntur, maximeque <id> in rebus publicis evenit,
nimiaque illa libertas et populis et privatis in nimiam
servitutem cadit. Itaque ex hac maxima libertate
25 tyrannus gignitur et illa iniustissima et durissima

---

3 liberius / 161–2 = q. 13.5 gerant   20 tempesta- / 257–8 = q.
13.6 te uel in agris

5–6 ut his de via decedendum sit *Arus. Mess. 466.23*

---

4 quin V^2: in V^1: quin in *Bréguet*   5 libere *Ziegler*: liberi sint
V: del. Madvig   14 morem *V*: auctorem *male Zell*: tenorem
Heinrich   22 <id> *addendum monuit Mai*

servitus. Ex hoc enim populo indomito, vel potius
immani, deligitur aliqui plerumque dux contra illos
principes afflictos iam et depulsos loco, audax
impurus, consectans proterve bene saepe de re publica meritos, populo gratificans et aliena et sua. Cui 5
quia privato sunt oppositi timores, dantur imperia et
ea continuata; praesidiis etiam, ut Athenis Pisistratus,
saepiuntur; postremo a quibus producti sunt, exsistunt eorum ipsorum tyranni. Quos si boni oppresserunt, ut saepe fit, recreatur civitas; sin audaces, fit illa 10
factio, genus aliud tyrannorum, eademque oritur
etiam ex illo saepe optimatium praeclaro statu, cum
ipsos principes aliqua pravitas de via deflexit. Sic
tamquam pilam rapiunt inter se rei publicae statum
tyranni ab regibus, ab eis autem principes aut populi, 15
a quibus aut factiones aut tyranni; nec diutius
umquam tenetur idem rei publicae modus.

69   [XLV] Quod ita cum sit, <ex> tribus primis generibus longe praestat mea sententia regium; regio
autem ipsi praestabit id quod erit aequatum et tem- 20
peratum ex tribus primis rerum publicarum modis.
Placet enim esse quiddam in re publica praestans et
regale, esse aliquid auctoritati principum impertitum
ac tributum, esse quasdam res servatas iudicio
voluntatique multitudinis. Haec constitutio primum 25

10–11 fit il-/ 133–4 = q. 13.7 -la factio

---

5 populo . . . et sua *Arus. Mess. 476.12*

---

7 continuata *Winterbottom:* continuantur *V*   12 illo *Mai:* illa
V   15 autem *V²:* aut *V¹*   18 <ex> *add. Heinrich*   primis
Zachariae: optimis *V: del. Halm fort. recte*   23 aliquid auctoritati principum impertitum *Heinrich:* aliud auctoritate principum
partium *V*

habet aequabilitatem quandam, qua carere diutius
vix possunt liberi; deinde firmitudinem, quod et illa
prima facile in contraria vitia convertuntur (ut exsistat ex rege dominus, ex optimatibus factio, ex
5 populo turba et confusio), quodque ipsa genera generibus saepe commutantur novis, hoc in hac iuncta
moderateque permixta constitutione rei publicae non
ferme sine magnis principum vitiis evenit; non est
enim causa conversionis, ubi in suo quisque est gradu
10 firmiter collocatus, et non subest quo praecipitet ac
decidat.

[XLVI] Sed vereor, Laeli, vosque homines ami- **70**
cissimi ac prudentissimi, ne si diutius in hoc genere
verser, quasi praecipientis cuiusdam et docentis, non
15 vobiscum simul considerantis esse videatur oratio
mea. Quamobrem ingrediar in ea quae nota sunt
omnibus, quaesita autem a nobis iam diu. Sic enim
decerno, sic sentio, sic affirmo: nullam omnino
rerum publicarum aut constitutionem aut discriptio-
20 nem aut disciplinam conferendam esse cum ea quam
patres nostri nobis, acceptam iam inde a maioribus,
reliquerunt. Quam, si placet, quoniam ea quae tene-
batis ipsi etiam ex me audire voluistis, simul et

2 uix possunt libe- / 163–4 = q. 13.8* -ri deinde   18 decerno
sic / 177–8 = q. 14.1 sentio

1–2 habet (habent *codd. Nonii*) aequabilitatem ... firmitudinem
Non. 109.8

1 quandam *Non. et* V^2: magnam V^1 *(non deletum)*   7 moderateque: -que *add.* V^2 constitutione *Orelli*: commutatione V
14 *post* docentis: et V^1, *fort del.* V^2, *scilicet delendum erat*
19 constitutionem *scripsi*: -e V 19–20 discriptionem aut disciplinam V: discriptione aut disciplina *Mai (in verbo* disciplinam
litteram -m *expunctam censuit Ziegler)*

qualis sit et optimam esse ostendam; expositaque ad
exemplum nostra re publica, accommodabo ad eam,
si potuero, omnem illam orationem quae est mihi
habenda de optimo civitatis statu. Quod si tenere
et consequi potuero, cumulate munus hoc cui me 5
Laelius praeposuit, ut opinio mea fert, effecero.'

71   [XLVII] Tum Laelius: 'Tuum vero,' inquit, 'Scipio, ac tuum quidem unius; quis enim te potius aut
de maiorum dixerit institutis, cum sis clarissimis ipse
maioribus? aut de optimo statu civitatis, quem si 10
habeamus, etsi ne nunc quidem, tum vero quis te
possit esse florentior? aut de consiliis in posterum
providendis, cum tu duobus huius urbis terroribus
depulsis in omne tempus ipse prospexeris?'

Fragmenta libri I

1. Nec tantum Carthago habuisset opum sescentos 15
   fere annos sine consiliis et disciplina.

10–11 ciuitatis quem / **155** = q. 14.2r si habemus   14 prospexeris //

---

1 expositamque (*sic*)...civitatis statu *Non. 244.24*   2 accommodabo ad eam, si potero, omnem orationem *Arus. Mess. 452.30*
15–16 *Non. 526.8* per accusativum casum annos...Cicero de republica lib. I 'Nec...disciplina'. *Hoc fr. prooemio attribuit Ziegler Maium*
secutus, inter 44 et 45 ponendum monuit Büchner, ad 57 rettulit P.
Krarup, quod minus probabile iudico

---

1 24 expositaque *V*: expositamque *Non.*   2 nostra re publica
Niebuhr: nostr(a)e rei p(ublic[a]e) *V et codd. plerique Nonii*: nostrum
rei publicae *cod. L Non.*   ad *om. codd. Nonii*   3 potuero *V*:
potero *Non., Arus. Mess.*   7 tuum V^2: tu V^1 *ut vid.*   8 unius
Ziegler post Heinrich qui unius munus: munus *V*   9 cum sis
add. V^2 11 habeamus *Madvig*: habemus *V*   14 ipse *Watt*
per litt.: esse *V*

2. Cognosce mehercule, inquit, consuetudinem istam, et studium sermonemque ...

1–2 *Non. 276.6* cognoscere ... M. Tullius de republica lib. I 'Cognosce ... sermonemque'. *Hoc fr. inter 46 et 47 posuit Büchner, ad 34 quoque inseri posse admonuit Heck; res omnino incerta*

LIBER SECVNDVS

1 [I] Hic [. . . cupidi]tate audiendi, ingressus est sic
loqui Scipio:

'Catonis hoc senis est, quem ut scitis unice dilexi
maximeque sum admiratus, cuique vel patris utriusque iudicio vel etiam meo studio me totum ab adu- 5
lescentia dedidi; cuius me numquam satiare potuit
oratio, tantus erat in homine usus rei publicae, quam
et domi et militiae cum optime tum etiam diutissime
gesserat, et modus in dicendo et gravitate mixtus
lepos, et summum vel discendi studium vel docendi, 10
2 et orationi vita admodum congruens. Is dicere solebat, ob hanc causam praestare nostrae civitatis statum
ceteris civitatibus, quod in illis singuli fuissent fere
quorum suam quisque rem publicam constituisset
legibus atque institutis suis, ut Cretum Minos, Lace- 15
daemoniorum Lycurgus, Atheniensium (quae persaepe commutata esset) tum Theseus, tum Draco,
tum Solo, tum Clisthenes, tum multi alii, postremo
exsanguem iam et iacentem doctus vir Phalereus
sustentasset Demetrius; nostra autem res publica 20
non unius esset ingenio sed multorum, nec una hominis vita sed aliquot constituta saeculis et aetatibus;
nam neque ullum ingenium tantum exstitisse dicebat,

---

1 156 = q. 14.2v DE RE PVBLICA IN. LIB II [F]E[L]I[C]I[-
T]E[R]. *In hac et sequenti pagina litterae rubricatae evanuerunt.* 275–8 = q. 14.3–4 Hic[. . .]tate audiendi

---

1 hic *huius vocabuli in principio libri vestigia dispexisse mihi videor,
cetera usque ad* -tate *(id est tres versus codicis) evanuerunt*: ut omnis
igitur vidit incensos cupiditate *Mai,* cum omnes flagrarent cupiditate
Heinrich 10 discendi *Mai*: dicendi *V* 14 quorum *V²*: qui
V¹ constituisset: constituissent *V¹*: n *deletum*

ut quem res nulla fugeret quisquam aliquando fuisset;
neque cuncta ingenia collata in unum tantum posse
uno tempore providere ut omnia complecterentur,
sine rerum usu ac vetustate. Quamobrem, ut ille sole- 3
5 bat, ita nunc mea repetet oratio populi Romani originem (libenter enim etiam verbo utor Catonis); facilius
autem quod est propositum consequar, si nostram
rem publicam vobis et nascentem et crescentem et
adultam iam et firmam atque robustam ostendero,
10 quam si mihi aliquam, ut apud Platonem Socrates,
ipse finxero.'
    [II] Hoc cum omnes approbavissent: 'Quod habe- 4
mus igitur institutae rei publicae tam clarum ac tam
omnibus notum exordium, quam huius urbis con-
15 dendae principium profectum a Romulo? Qui patre
Marte natus—concedamus enim famae hominum,
praesertim non inveteratae solum sed etiam sapienter
a maioribus proditae, bene meriti de rebus communibus ut genere etiam putarentur, non solum ingenio
20 esse divino—is igitur, ut natus sit, cum Remo fratre
dicitur ab Amulio rege Albano, ob labefactandi regni
timorem, ad Tiberim exponi iussus esse. Quo in
loco cum esset silvestris beluae sustentatus uberibus,
pastoresque eum sustulissent et in agresti cultu
25 laboreque aluissent, perhibetur, ut adoleverit, et
corporis viribus et animi ferocitate tantum ceteris
praestitisse, ut omnes, qui tum eos agros ubi hodie
est haec urbs incolebant, aequo animo illi libenterque
parerent. Quorum copiis cum se ducem praebuisset

7 propositum / 287–90 = q. 14.5–6 consequar

7 autem *add. V²*   9 iam et *scripsi*: et iam *V*   13 igitur *V*:
in inquit *fort. mutavit V² ut coni. Halm*: igitur, inquit *Moser*
18 *ante* bene: ut *V¹, del. V²*   19–20 ingenio esse *Dobree*: esse
ingenio *V*

(ut iam a fabulis ad facta veniamus), oppressisse
Longam Albam, validam urbem et potentem temporibus illis, Amuliumque regem interemisse fertur.

5   [III] 'Qua gloria parta, urbem auspicato condere
et firmare dicitur primum cogitavisse rem publicam. 5
Urbi autem locum—quod est ei qui diuturnam rem
publicam serere conatur diligentissime providen-
dum—incredibili opportunitate delegit. Neque enim
ad mare admovit, quod ei fuit illa manu copiisque
facillimum, ut in agrum Rutulorum Aboriginumve 10
procederet aut in ostio Tiberino, quem in locum
multis post annis rex Ancus coloniam deduxit, urbem
ipse conderet; sed hoc vir excellenti providentia sensit
ac vidit, non esse opportunissimos situs maritimos
urbibus eis quae ad spem diuturnitatis conderentur 15
atque imperi: primum quod essent urbes maritimae
non solum multis periculis oppositae, sed etiam

6 caecis; nam terra continens adventus hostium non
modo exspectatos sed etiam repentinos multis indiciis
et quasi fragore quodam et sonitu ipso ante denuntiat, 20
neque vero quisquam potest hostis advolare terra
quin eum non modo adesse sed etiam quis et unde
sit scire possimus; maritimus vero ille et navalis hostis
ante adesse potest quam quisquam venturum esse
suspicari queat, nec vero cum venit, prae se fert aut 25
qui sit aut unde veniat aut etiam quid velit, denique

10–11 aborigine^{u}m^{ue} q.facillimum / 157–8 = q. 14.7 ut in ~~agrum~~
~~rutulorum aboriginumq~~. procederet (-que facillimum . . . Aboriginum
perperam repetita)   25 prae se / 167–8 = q. 14.8* fert

8–10 neque enim . . . facillimum *Arus. Mess. 453.26   Huc respicit
Grillius, In Cic. Rhet. 1.6 p. 38.9 Jakobi*

1 iam *coni. Mai*: etiam *V*   2 et *V*²: uel *V*¹   18 caecis *V*²
ex caecitatis *V*¹   22 adesse *Osann*: esse *V*   26 qui sit *V*²:
quis sit *V*¹

ne nota quidem ulla, pacatus an hostis sit, discerni ac
iudicari potest. [IV] Est autem maritimis urbibus etiam 7
quaedam corruptela ac mutatio morum. Admiscentur
enim novis sermonibus ac disciplinis, et importantur
5 non merces solum adventiciae sed etiam mores, ut nihil
possit in patriis institutis manere integrum. Iam qui
incolunt eas urbes non haerent in suis sedibus, sed
volucri semper spe et cogitatione rapiuntur ,a domo
longius, atque etiam cum manent corpore, animo
10 tamen exulant et vagantur. Nec vero ulla res magis
labefactatam diu et Carthaginem et Corinthum pervertit aliquando, quam hic error ac dissipatio civium, quod
mercandi cupiditate et navigandi, et agrorum et
armorum cultum reliquerant. Multa etiam ad luxuriam 8
15 invitamenta, perniciosa civitatibus, suppeditantur
mari, quae vel capiuntur vel importantur, atque habet
etiam amoenitas ipsa vel sumptuosas vel desidiosas
illecebras multas cupiditatum. Et quod de Corintho
dixi, id haud scio an liceat de cuncta Graecia verissime
20 dicere. Nam et ipsa Peloponnesus fere tota in mari est,

---

13 cupiditate et naui- / 227–32 = q. 15.1–3 -gandi

---

20 *Cf. Cic. Att. 6.2.3* Peloponnesias civitates omnes maritimas esse
hominis non nequam sed etiam tuo iudicio probati, Dicaearchi, tabulis credidi … admirabar tamen et vix adcredens communicavi cum
Dionysio; atque is primo est commotus, deinde … non dubitabat quin
ei crederemus. Arcadiae censebat esse Lepreon quoddam maritimum;
Tenea autem et Oliphera et Tritia νεόκτιστα ei videbantur idque
τῷ τῶν νεῶν καταλόγῳ confirmabat ubi mentio non fit istorum. Itaque
istum ego locum totidem verbis a Dicaearcho transtuli. Phliasios autem
dici sciebam, et ita fac ut habeas; nos quidem sic habemus; sed primo me
ἀναλογία deceperat, Φλιοῦς, ᾿Οποῦς, Σιποῦς quod ᾿Οπούντιοι Σιπούντιοι;
sed hoc continuo correximus.

---

2 est *add. V²*   3 mutatio *V² ex* demutatio *V¹ (quod vix Cicer-*
onianum est)   10 exulant *V²*: excurrant *V¹*   10–12 ulla
res … pervertit *V²*: ullae res … perverterunt *V¹*   16–17 habet
etiam *V²*: habetiam *V¹*   19 haud *Mai, *V² ap. Ziegler*: aut *V*

nec praeter Phliasios ulli sunt quorum agri non contin-
gant mare; et extra Peloponnesum Aenianes et Dories et
Dolopes soli absunt a mari. Quid dicam insulas Graeciae, quae fluctibus cinctae natant paene ipsae simul
9 cum civitatum institutis et moribus? Atque haec qui-   5
dem, ut supra dixi, veteris sunt Graeciae; coloniarum
vero, quae est deducta a Grais in Asiam Thracam
Italiam Siciliam Africam, praeter unam Magnesiam,
quam unda non adluat? Ita barbarorum agris quasi
adtexta quaedam videtur ora esse Graeciae; nam e   10
barbaris quidem ipsis nulli erant antea maritimi praeter Etruscos et Poenos, alteri mercandi causa, latroci-
nandi alteri. Quae causa perspicua est malorum
commutationumque Graeciae, propter ea vitia mariti-
marum urbium quae ante paulo perbreviter attigi. Sed   15
tamen in his vitiis inest illa magna commoditas: et quod
ubique genitum est ut ad eam urbem quam incolas
possit adnare, et rursus ut id quod agri efferant sui,
quascumque velint in terras portare possint ac mittere.
10   [V] 'Qui potuit igitur divinius et utilitates complecti   20
maritimas Romulus, et vitia vitare, quam quod urbem
perennis amnis et aequabilis et in mare late influentis
posuit in ripa, quo posset urbs et accipere a mari

7–8 coloniarum … Italiam *Serv. Aen. 12.335* (gemit ultima pulsu /
Thraca pedum) Thraca autem id est Thracia. Cicero in de re publica
'coloniarum … Thracam Italiam' et non dixit Thraciam.   17–
18 ut ad eam … adnare *Arus. Mess. 452.19*   20 Huc, ut vid.,
respicit *Serv. Georg. 2.157*

---

1 Phliasios *Tullius se ipse emendans*: Phliuntios *V*: *v.
supra*   2 Aenianes *'videtur scribendum' Mai*: enianes *V (non
ennianes ut leg. Ziegler)*   3 Dories (Δωριεῖς) *scripsi*: Doris *V*
7 Grais *V*: graecis *Serv.*   8 Thracam *Serv.*: Thracam … Magnesiam *om. V¹, add. V² qui scr.* Thraciam   15 attigi. Sed *Mai*:
adtigisset *V (prior -s- expuncta *V² ap. Mai)*   17 quod *add. V²*
genitum *V²*: gentium *V¹*   20 divinius *V²*: divinitus *V¹*
22 amnis *V²*: annis *V¹*   23 a mari *V²*: ex mari *V¹*

quo egeret, et reddere quo redundaret; eodemque ut
flumine res ad victum cultumque maxime necessarias non solum mari absorberet, sed etiam invectas
acciperet ex terra? Ut mihi iam tum divinasse ille
5 videatur, hanc urbem sedem aliquando et domum
summo esse imperio praebituram; nam hanc rerum
tantam potentiam non ferme facilius ulla in parte
Italiae posita urbs tenere potuisset. [VI] Urbis autem **11**
ipsius nativa praesidia quis est tam neglegens qui non
10 habeat animo notata planeque cognita? Cuius is est
tractus ductusque muri, cum Romuli, tum etiam reliquorum regum sapientia definitus ex omni parte
arduis praeruptisque montibus, ut unus aditus, qui
esset inter Esquilinum Quirinalemque montem, max-
15 imo aggere obiecto fossa cingeretur vastissima; atque
ut ita munita arx circumiectu arduo et quasi circumciso saxo niteretur, ut etiam in illa tempestate horribili
Gallici adventus, incolumis atque intacta perman-
serit; locumque delegit et fontibus abundantem et in

16 arduo et qua- / 261–2 = q. 15.4 -si circumciso

1 ut *add. V²*   2 cultum *add. V²*   3 <a> mari *Niebuhr*
absorberet *V¹*: b *in* t *fort. correxit V² i.e.* adsorberet *quod vocabulum in
TLL non commemoratur (sed Mai* ut *superpositum putavit)*: arcesseret
Moser, alii alia: del. Ferrero   7 ulla *V*: '*fortasse emendatum* alia'
Mai, alia *additum a V² Ziegler; mihi vero nec additum nec substitutum
esse quicquam videtur, ne desiderari quidem*   10 planeque *Mai, fort.
V² sed correctio si qua est sub textu Augustini latet*: plane *V¹*   tractus
scribendum monuit Mai: tractatus *V*   13 ut *add. Mai, additum a V²
vix putabat, Ziegler videre sibi visus est, non equidem vidi*   13–14 inter
Esquilinum *certe V²*: interies qui illi num *V¹*   14 montem *fort.
in* -es *mutare voluit V²*   15 obiecto fossa *V¹*: et a *vel* at a *super-
scriptum a V², si quidem correctio est*   16 circumiectu *V¹*: -ec-
fortasse deleta, -m- *quoque deletum putavit Ziegler, ut efficeretur* circuitu,
quod fort. legendum est   19 fontib(us) abundantem *V²*: fontibun-
dantem *V¹ unde* fontibus undantem *temptavit Mai*

regione pestilenti salubrem; colles enim sunt qui cum
perflantur ipsi, tum adferunt umbram vallibus.

12   [VII] 'Atque haec quidem perceleriter confecit; nam
et urbem constituit quam e suo nomine Romam iussit
nominari, et ad firmandam novam civitatem novum 5
quoddam et subagreste consilium, sed ad muniendas
opes regni ac populi sui magni hominis et iam tum
longe providentis, secutus est; cum Sabinas honesto
ortas loco virgines, quae Romam ludorum gratia
venissent (quos tum primum anniversarios in circo 10
facere instituisset Consualibus), rapi iussit easque in
familiarum amplissimarum matrimoniis collocavit.

13   Qua ex causa cum bellum Romanis Sabini intulissent,
proelique certamen varium atque anceps fuisset, cum
Tito Tatio rege Sabinorum foedus icit, matronis ipsis 15
quae raptae erant orantibus, quo foedere et Sabinos in
civitatem ascivit sacris communicatis, et regnum

14   suum cum illorum rege sociavit. [VIII] Post interitum
autem Tati cum ad eum dominatus omnis reccidis-
set—quamquam cum Tatio in regium consilium 20
delegerat principes, qui appellati sunt propter caritatem patres, populumque et suo et Tati nomine et
Lucumonis, qui Romuli socius in Sabino proelio
occiderat, in tribus tres curiasque triginta discri-
pserat, quas curias earum nominibus nuncupavit 25

---

12 amplissimarum / 271–2 = q. 15.5 matrimoni[i]s

---

2 perflantur V^2: perfluantur V^1 3 confecit V^2: conuenit V^1
8–9 honesto ortas loco V^2: honeste hortas V^1 11 Consualibus
Mai: consulibus *V sine correctione*   19 dominatus V^2: potentatus
V^1 *(def. Boas)*: potentia et dominatus *Müller*   24–25 discrip-
serat *Buecheler*: descr- V

quae ex Sabinis virgines raptae postea fuerant ora-
trices pacis et foederis—sed quamquam ea Tatio
sic erant descripta vivo, tamen eo interfecto multo
etiam magis Romulus patrum auctoritate consilioque
5 regnavit.

[IX] 'Quo facto primum vidit iudicavitque idem **15**
quod Spartae Lycurgus paulo ante viderat, singulari
imperio et potestate regia tum melius gubernari et
regi civitates, si esset optimi cuiusque ad illam vim
10 dominationis adiuncta auctoritas. Itaque hoc consilio
et quasi senatu fultus et munitus, et bella cum finiti-
mis felicissime multa gessit, et cum ipse nihil ex
praeda domum suam reportaret, locupletare cives
non destitit.

15 'Tum, id quod retinemus hodie magna cum salute **16**
rei publicae, auspiciis plurimum obsecutus est
Romulus; nam et ipse, quod principium rei
publicae fuit, urbem condidit auspicato, et omnibus
publicis rebus instituendis, qui sibi adessent in aus-
20 piciis, ex singulis tribubus singulos cooptavit
augures. Et habuit plebem in clientelas principum
discriptam, quod quantae fuerit utilitati post videro;

---

3 sic erant / 237–42 = q. 15.6–8* descripta

---

1 fuerant V^2: fuerunt V^1 2 pacis *add.* V^2 ea V^2: et V^1
3 descripta V: discripta *Buecheler*   11 et quasi senatu fultus V:
et senatu quasi fultus *Dobree et F. C. Wolff*   15 tum *scribendum
monuit Mai*: tunc V quod *add.* V^2 18 condidit *Mai*: condi-
didit V *sine corr.*   19 adessent *proposuit Mai*: essent V
22 discriptam *Buecheler*: descr- V 22 quantae: quante V^1: a
superscr. V^2 utilitati V^2: -e V^1

multaeque dictione ovium et boum (quod tum erat res
in pecore et locorum possessionibus, ex quo pecuniosi
et locupletes vocabantur), non vi et suppliciis coercebat.

17   [X] 'Ac Romulus cum septem et triginta regnavisset
annos, et haec egregia duo fundamenta rei publicae   5
peperisset, auspicia et senatum, tantum est consecutus ut cum subito sole obscurato non comparuisset,
deorum in numero collocatus putaretur; quam opinionem nemo unquam mortalis assequi potuit sine
18   eximia virtutis gloria. Atque hoc eo magis est in   10
Romulo admirandum, quod ceteri qui di ex homini-
bus facti esse dicuntur, minus eruditis hominum
saeclis fuerunt, ut fingendi proclivis esset ratio, cum
imperiti facile ad credendum impellerentur; Romuli
autem aetatem minus his sescentis annis, iam inve-   15
teratis litteris atque doctrinis, omnique illo antiquo
ex inculta hominum vita errore sublato, fuisse cernimus. Nam si, id quod Graecorum investigatur annalibus, Roma condita est secundo anno Olympiadis
septimae, in id saeculum Romuli cecidit aetas cum   20
iam plena Graecia poetarum et musicorum esset,
minorque fabulis nisi de veteribus rebus haberetur
fides. Nam centum et octo annis postquam Lycurgus

1–3 *Non. 42.22* pecuniosorum et locupletium proprietatem aperuit
M. Tullius de republica lib. II, a pecore pecuniosos et a possessionibus locorum locupletes appellatos adserens: 'multaeque ... vocabantur'. *Cf. Isid. Etym. 10.155, Hieron. In Eccl. 9*   6–10 tantum est
consecutus ... virtutis gloria *Aug. Civ. Dei 3.15.18–24*   10–
18 magis est in Romulo ... fuisse cernimus *Aug. Civ. Dei 22.6.3–9;
cf. 18.24.12–15.*

---

1 multaeque V^2: multeque *cod. L¹ Nonii*: multaque V^1 *et codd.*
L^2GHPE *Nonii et codd. Isidori*   dictione *V et codd. PG¹ Nonii*: dicione
vel ditione *vel* editione *rell. codd. Nonii et Isidori*   tum *V*: tunc
codd. Nonii et Isidori   2 et locorum *V et Non.*: et in locorum
codd. Isidori   13 saeclis V^2: saeculi V^1 ut V^2: et V^1
16 omnique *V*: omniumque *Aug.*   19–20 olympiadis septumae
V^2: olympiadesseptuma V^1

leges scribere instituit prima posita est Olympias,
quam quidam nominis errore ab eodem Lycurgo constitutam putant; Homerum autem qui minimum
dicunt, Lycurgi aetati triginta annis anteponunt fere.
5 Ex quo intellegi potest, permultis annis ante Home- **19**
rum fuisse quam Romulum; ut iam doctis hominibus
ac temporibus ipsis eruditis, ad fingendum vix quicquam esset loci. Antiquitas enim recepit fabulas, fictas
etiam non numquam incondite, haec aetas autem, iam
10 exculta praesertim, eludens omne quod fieri non potest respuit. [* * *]

(SCIPIO) '[* * * Stesichor]us, nepos eius, ut dixerunt **20**
quidam, ex filia. Quo autem ille mortuus, eodem est
anno natus Simonides, Olympiade sexta et quinqua-
15 gesima. Quo facilius intellegi possit, tum de Romuli

---

5 annis an- / 301–2 = q. 16.1 -te ho- *Folii 301–2 dextera*
pars mutila est; haec fere legi possunt: 301 *col.1* te ho. [. . . . .] | fuisse
[. . . .] | romu [. . .] | utiam [. . . . . .] | hom [. . . . . .] | acte.[. . . . . .] |
ipsiser[. . . . . .] | adfin[. . . . . .] | e^{uii}xcui.[. . .] | essetlo[..] | antiqu[. . . . .] |
nimr[. . . . . .] | fabul [. . . . .] | etiam [. . .] | numqu [. . .] || *301 col. 2 et*
302 col. 1 perierunt || 302 *col. 2* [. . . . . .]usne | [. . . . .] usutdi | [. . . .] ntquid |
[. . .]xfili^Aquo | [. . . . .]illemor | [. . . . .]odem | [. . . . .]nona | [. . . . .] moni |
[. . . . .] ympia | [. . . .] xtaetqui– | [. . . .]esim. | [. . . .] acilius | [. . . . .]
legipos | [. . . . .]mdero | [..]liiam^{IM}mor ||

5–11 ex quo intellegi potest . . . respuit *Aug. Civ. Dei 22.6.10–16*

---

2 nominis errore V^1: -m- *et* -nis *expunxisse vid.* V^2 *et t super initium*
vocis errore *addidisse, ut fieret, si dis placet,* non terrore 5 annis
Aug., om. V^1, *add.* V^2 5–11 ante Homerum . . . respuit *quae hic*
in V desunt, supplentur ex Augustino vix quicquam *Aug.*: excui- V^1
ex *in* uix *corr.* V^2 eludens *Aug.*: et erudita *Patricius, alii alia*
12–13 [Stesichor]us *post alia suppl. Mommsen* ne[pos ei]us ut di[x-
eru]nt quid[am e]x filia *suppl. Mai adiuvante Niebuhrio* filia V^2: fili
V^1 quo [autem] *suppl. Halm*: quo [vero] *Mommsen*: quo[niam]
minus bene Mai 13–15 ille mor[tuus, e]odem [est an]no na[tus
Si]moni[des ol]ympia[de se]xta et quin[quag]esima, [quo f]acilius
[intel]legi pos[sit tu]m de Ro[mu]li *suppl. Mai adiuvante Niebuhrio, qui*
nomen Simonidis latere vidit

immortalitate creditum, cum iam inveterata vita
hominum ac tractata esset et cognita. Sed profecto
tanta fuit in eo vis ingeni atque virtutis, ut id de
Romulo Proculo Iulio homini agresti crederetur,
quod multis iam ante saeclis nullo alio de mortali ₅
homines credidissent; qui impulsu patrum, quo
illi a se invidiam interitus Romuli pellerent, in contione dixisse fertur a se visum esse in eo colle Romulum, qui nunc Quirinalis vocatur: eum sibi mandasse
ut populum rogaret ut sibi eo in colle delubrum ₁₀
fieret; se deum esse et Quirinum vocari.

21   [XI] 'Videtisne igitur, unius viri consilio non solum
ortum novum populum, neque ut in cunabulis vagien-
tem relictum, sed adultum iam et paene puberem?'

Tum Laelius: 'Nos vero videmus, et te quidem ₁₅
ingressum rationem ad disputandum novam, quae
nusquam est in Graecorum libris. Nam princeps
ille, quo nemo in scribendo praestantior fuit, aream
sibi sumpsit in qua civitatem exstrueret arbitratu
suo: praeclaram ille quidem fortasse, sed a vita homi- ₂₀
22 num abhorrentem et moribus. Reliqui disseruerunt
sine ullo certo exemplari formaque rei publicae de
generibus et de rationibus civitatum. Tu mihi videris
utrumque facturus; es enim ita ingressus, ut quae

---

1 67–8 = q. 16.2-talitate   16–17 noua quae / 81–2 = q. 16.3
nusquam

10–11 ut sibi delubrum... Quirinum vocari *Lact. Inst. 1.15.32*

---

1 immortalitate V^2: iam mortalitate V^1 (iam *deletum ut mihi videtur, quamquam Maio non videbatur, et* im- *sup. lin. additum)*   7 illi
a se V^2: illa se V^1 14 sed: et V^1: set V^2 16 rationem
...novam *Vaucher*: ratione...noua *ut vid.* V^2: ratio...noua
V^1 21 et moribus: et a maioribus V^1: -ai- *certe et, ut vid.,* a *quoque
del.* V^2: et a moribus *Ziegler clausulae causa*

ipse reperias tribuere aliis malis quam, ut facit apud
Platonem Socrates, ipse fingere; et illa de urbis situ
revoces ad rationem, quae a Romulo casu aut necessitate facta sunt, et disputes non vaganti oratione sed
5 defixa in una re publica. Quare perge ut instituisti;
prospicere enim iam videor te reliquos reges persequente quasi perfectam rem publicam.'

[XII] 'Ergo' inquit Scipio 'cum ille Romuli senatus 23
qui constabat ex optimatibus (quibus ipse rex tantum
10 tribuisset ut eos patres vellet nominari, patriciosque
eorum liberos) temptaret post Romuli excessum ut
ipse regeret sine rege rem publicam, populus id non
tulit, desiderioque Romuli postea regem flagitare non
destitit, cum prudenter illi principes novam et inau-
15 ditam ceteris gentibus interregni ineundi rationem
excogitaverunt; ut quoad certus rex declaratus esset,
nec sine rege civitas nec diuturno rege esset uno, nec
committeretur ut quisquam inveterata potestate aut
ad deponendum imperium tardior esset aut ad obti-
20 nendum munitior. Quo quidem tempore novus ille 24
populus vidit tamen id quod fugit Lacedaemonium
Lycurgum, qui regem non deligendum duxit (si
modo hoc in Lycurgi potestate potuit esse), sed
habendum qualiscumque is foret qui modo esset
25 Herculi stirpe generatus: nostri illi etiamtum agrestes
viderunt virtutem et sapientiam regalem, non

---

8 cum ille / 281–4 = q. 16.4–5 romuli

---

1 ipse repperias V^2: ipsetparias V^1 apud: aut aput V^1: p *supra
scr. et* aput *del.* V^2 4–5 oratione sed defixa V^2: oratio defixa V^1
6–7 persequente *Dobree*: persequentem V *(lineola litterae* m *super-
posita est, ut vid., ab ipso librario, non a correctore)*   12 regeret
V^2: gereret V^1 20 quo *Mai*: quod V (-d *a* V^2 *fort. additum*)
22 regem non deligendum V^2: non redigendum V^1 23 hoc
V^2: haec V^1 24 qui modo V^2: quomodo V^1

63

25 progeniem quaeri oportere. [XIII] Quibus cum esse
praestantem Numam Pompilium fama ferret, praetermissis suis civibus regem alienigenam patribus
auctoribus sibi ipse populus ascivit, eumque ad
regnandum Sabinum hominem Romam Curibus 5
accivit; qui ut huc venit, quamquam populus curiatis
eum comitiis regem esse iusserat, tamen ipse de suo
imperio curiatam legem tulit; hominesque Romanos
instituto Romuli bellicis studiis ut vidit incensos,
existimavit eos paulum ab illa consuetudine esse 10
revocandos.

26   [XIV] 'Ac primum agros quos bello Romulus
ceperat, divisit viritim civibus, docuitque sine
depopulatione atque praeda posse eos colendis agris
abundare commodis omnibus; amoremque eis otii et 15
pacis iniecit, quibus facillime iustitia et fides conva-
lescit, et quorum patrocinio maxime cultus agrorum
perceptioque frugum defenditur. Idemque Pompi-
lius et auspiciis maioribus inventis ad pristinum
numerum duo augures addidit, et sacris e principum 20
numero pontifices quinque praefecit, et animos, propositis legibus his quas in monumentis habemus,
ardentes consuetudine et cupiditate bellandi, religionum caerimoniis mitigavit. Adiunxitque praeterea
flamines, Salios, virgines Vestales, omnesque partes 25

---

13 ciuibus / 87–8 = q. 16.6 docuitque

12–13 ac primus (sic) agros . . . divisit viritim civibus Non. 43.4

---

12 primum V: primus codd. Nonii   13 ceperat V² et Non.:
coeperat V¹   15 eis otii Mai: eoistii V¹: h et o supra scr. V² ut
his otii fieret, eo ut vid. non delevit   16 in ante quibus V¹, del. V²
17 patrocinio V²: patrimonio V¹   20 duo V, non duos
22 his V²: om. V¹   25 virgines V: virginesque Mai, *V² ap.
Ziegler

religionis statuit sanctissime. Sacrorum autem 27
ipsorum diligentiam difficilem, apparatum perfacilem
esse voluit; nam quae perdiscenda quaeque obser-
vanda essent, multa constituit, sed ea sine impensa;
5 sic religionibus colendis operam addidit, sumptum
removit; idemque mercatus, ludos, omnesque conve-
niendi causas et celebritates invenit. Quibus rebus
institutis, ad humanitatem atque mansuetudinem
revocavit animos hominum, studiis bellandi iam
10 immanes ac feros. Sic ille, cum undequadraginta
annos summa in pace concordiaque regnasset—
sequimur enim potissimum Polybium nostrum, quo
nemo fuit in exquirendis temporibus diligentior—
excessit e vita, duabus praeclarissimis ad diuturnita-
15 tem rei publicae rebus confirmatis, religione atque
clementia.'
    [XV] Quae cum Scipio dixisset, 'Verene' inquit 28
Manilius 'hoc memoriae proditum est, Africane,
regem istum Numam Pythagorae ipsius discipulum
20 aut certe Pythagoreum fuisse? Saepe enim hoc de
maioribus natu audivimus, et ita intellegimus vulgo
existimari; neque vero satis id annalium publicorum
auctoritate declaratum videmus.'

3–4 obseruanda es- / 69–70 = q. 16.7 -sent ~~discendaq. queobser-~~
~~vanda~~ essent multa   20 fuisse / 295–6 = q. 16.8* saepe enim

1 *Huc respicit Aug. Civ. Dei 3.9.22*

6 idemque: ut idemq. V^1: ut *del.* V^2 *ut vid.*   9 iam V^2: tam
V^1 11 regnasset *sic scripsi clausulae causa*: regnavisset V 15–
16 religione atque clementia *Mai*: -em ... -am V 17 quae V^2:
qui V^1 18 est V^2: sit V^1 19–20 Pythagorae ipsius
discipulum aut certe Pythagoreum fuisse *restituit Mai*: Pythagor-
V^1, *tum manu secunda* -aene ipsius d[. . . .]pulum a[. . . . .]te pyt[. . .]or-
eum fuisse *legi possunt*: -ne *del. Mai*   21 et ita ... *expungere coepit*
V^2 *ut videtur*

Tum Scipio, 'Falsum est, Manili,' inquit, 'id totum; neque solum fictum, sed etiam imperite absurdeque fictum. Ea sunt enim demum non ferenda in mendacio, quae non <solum> ficta esse sed ne fieri quidem potuisse cernimus. Nam quartum iam annum regnante Lucio Tarquinio Superbo Sybarin et Crotonem et in eas Italiae partes Pythagoras venisse reperitur: Olympias enim secunda et sexagesima eadem Superbi regni initium et Pytha-
29 gorae declarat adventum. Ex quo intellegi regiis annis dinumeratis potest, anno fere centesimo et quadragesimo post mortem Numae primum Italiam Pythagoram attigisse; neque hoc inter eos qui diligentissime persecuti sunt temporum annales ulla est umquam in dubitatione versatum.'

'Di immortales!' inquit Manilius, 'quantus iste est hominum et quam inveteratus error! Ac tamen facile patior non esse nos transmarinis nec importatis artibus eruditos, sed genuinis domesticisque virtutibus.'
30 [XVI] 'Atqui multo id facilius cognosces' inquit Africanus 'si progredientem rem publicam atque in optimum statum naturali quodam itinere et cursu venientem videris. Quin hoc ipso sapientiam maiorum statues esse laudandam, quod multa intelleges etiam aliunde sumpta meliora apud nos multo

---

13 pythagoram / 39–40 = q. 17.1 attigisse

---

1 *post* falsum est: enim *sup. lin. legit Ziegler, dubito an recte*   id *add.* V^2 2–3 fictum...fictum V^2: factum...factum V^1 4 in mendacio V: mendacia *V^2 ap. Ziegler*   <solum> *Mai,* *V^2 ap. Ziegler, non vidi; possis etiam* modo   ficta esse V^2: facta V^1 *(omisso* esse*)*   6 regnante Lucio *Mai*: regnantem lucilio V 10 regiis: regis V^1, -i- *add.* V^2 *ut videtur*   11 annis V^1 *fort. in* -us *mutatum aut vice versa*   20 multo *add.* V^2 *etsi utrum* multo *an* multa *sit vix dinoscas*

esse facta, quam ibi fuissent unde huc translata essent
atque ubi primum exstitissent; intellegesque non fortuito populum Romanum, sed consilio et disciplina
confirmatum esse, nec tamen adversante fortuna.

5 [XVII] 'Mortuo rege Pompilio, Tullum Hostilium 31
populus regem interrege rogante comitiis curiatis
creavit, isque de imperio suo, exemplo Pompili,
populum consuluit curiatim; cuius excellens in re
militari gloria magnaeque exstiterunt res bellicae.
10 Fecitque idem et saepsit de manubiis comitium et
curiam, constituitque ius quo bella indicerentur,
quod per se iustissime inventum sanxit fetiali religione, ut omne bellum quod denuntiatum indictum-
que non esset, id iniustum esse atque impium
15 iudicaretur. Et ut advertatis animum quam sapienter
iam reges hoc nostri viderint, tribuenda quaedam esse
populo—multa enim nobis de eo genere dicenda
sunt—ne insignibus quidem regiis Tullus nisi iussu
populi est ausus uti. Nam ut sibi duodecim lictores
20 cum fascibus anteire liceret, [* * *]'

---

4 confirma- / 217–8 = q. 17.2 -tum esse   20 ante^l re liceret /
Periit q. 17.3

---

20 *Ad partem lacunae supplendam cf. Aug. Civ. Dei 3.15.29–34* de
Tullo quippe etiam Hostilio, qui tertius a Romulo rex fuit, qui et ipse
fulmine absumptus est, dicit in eisdem libris idem Cicero, propterea
et istum non creditum in deos receptum tali morte, quia fortasse,
quod erat in Romulo probatum, id est persuasum, Romani vulgare
noluerunt, id est vile facere, si hoc et alteri facile tribueretur.

---

1 quam ibi *Mai*: quam sibi *V*   2 non *om. V*¹, *add. bis V*²
4 fortuna. Mortuo *Mai*: fortunammortuo *V*: fortuna. Nam mortuo
minus feliciter temptavit Mai   6 interrege rogante *obscure V*²:
interrogante *V*¹   7 creavit *Mai*: craeui *V*¹: -a- *exp. et* -t *add.*
*V*² *ut* crevit *fieret*   isque de imperio suo exemplo Pom- *om. V*¹, *add.*
*V*²   16 tribuenda quaedam *V*²: tribuendam *V*¹

33 [XVIII] (LAELIUS?) '[* * * neque] enim serpit sed
volat in optimum statum instituto tuo sermone res
publica.'

'Post eum, Numae Pompili nepos ex filia rex a
populo est {Ancus Marcius} constitutus, itemque 5
de imperio suo legem curiatam tulit. Qui cum La-
tinos bello devicisset, ascivit eos in civitatem, atque
idem Aventinum et Caelium montem adiunxit urbi;
quosque agros ceperat divisit, et silvas maritimas
omnes publicavit quas ceperat, et ad ostium Tiberis 10
urbem condidit colonisque firmavit; atque ita cum
tres et viginti regnavisset annos est mortuus.'

Tum Laelius: 'Laudandus etiam iste rex; sed
obscura est historia Romana, siquidem istius regis
matrem habemus, ignoramus patrem.'   15

'Ita est' inquit, 'sed temporum illorum tantum fere
34 regum illustrata sunt nomina. [XIX] Sed hoc loco
primum videtur insitiva quadam disciplina doctior
facta esse civitas. Influxit enim non tenuis quidam e
Graecia rivulus in hanc urbem, sed abundantissimus 20
amnis illarum disciplinarum et artium; fuisse enim
quendam ferunt Demaratum Corinthium, et honore
et auctoritate et fortunis facile civitatis suae principem, qui cum Corinthiorum tyrannum Cypselum
ferre non potuisset, fugisse cum magna pecunia dici- 25
tur ac se contulisse Tarquinios in urbem Etruriae
florentissimam; cumque audiret dominationem
Cypseli confirmari, defugit patriam vir liber ac fortis,
et ascitus est civis a Tarquiniensibus atque in ea

_____

1 171–4 = q. 17.4–5 enim serpit

_____

1 [neque] *suppl. Mai*   2 instituto *V*: instituta *Mai*
5 {Ancus Marcius} *delevi ut glossema*   12 mortuus: mortus *V*
quod mire tuetur Mai   19 quidam *V²*: quaedam *V¹*: quidem *Mai*
28 confirmari *V²*: confirmatam *V¹*   defugit *V²*: fugit *V¹*

civitate domicilium et sedes collocavit. Ubi cum de
matre familias Tarquiniensi duo filios procreavisset,
omnibus eos artibus ad Graecorum disciplinam
eru[* * *]

5 [XX] (SCIPIO) [* * * cum . . .] facile in civitatem recep- **35**
tus esset propter humanitatem atque doctrinam, Anco
regi familiaris est factus, usque eo ut consiliorum
omnium particeps et socius paene regni putaretur.
Erat in eo praeterea summa comitas, summa in
10 omnes cives opis auxili defensionis, largiendi etiam
benignitas. Itaque mortuo Marcio, cunctis populi suffragiis rex est creatus Lucius Tarquinius—sic enim
suum nomen ex Graeco nomine inflexerat, ut in
omni genere huius populi consuetudinem videretur
15 imitatus—isque ut de suo imperio legem tulit, principio duplicavit illum pristinum patrum numerum, et
antiquos patres maiorum gentium appellavit, quos
priores sententiam rogabat, a se ascitos minorum;
deinde equitatum ad hunc morem constituit, qui **36**
20 usque adhuc est retentus. Nec potuit Titiensium et
Rhamnensium et Lucerum mutare, cum cuperet,
nomina, quod auctor ei summa augur gloria Attus

3–4 disciplinam eru- / *Periit q. 17.6*   5 219–20 = q. 17.7 facile
19–20 constituit qui us- / 37–8 = q. 17.8* -que adhuc

---

4 *Ad lacunam explendam cf. Dion. Hal. 3.46.3–48.2; Liv. 1.34*

---

2 duo V^1 *in* duos *a* V^2 *fort. mutatum*   4 eru[diit] *suppl. Mai,
possis etiam* -diisset *vel* -ditos . . .   13 Graeco V: Etrusco *Osann*
20 Titiensium *V^2 ap. Ziegler*: titiensum V^1 21 Rhamnensium
Mai: rhamensinum V^1: rhamnium V^2 *ut vid.*   22 summa augur
gloria V^2: summa gloria augur V^1 Attus *Mai*: atus V^2: tatus V^1

Navius non erat; [[atque etiam Corinthios video publicis equis assignandis et alendis orborum et viduarum
tributis fuisse quondam diligentes]] sed tamen prioribus equitum partibus secundis additis mille ac ducentos fecit equites numerumque duplicavit, [[postquam 5
bello subegit Aequorum magnam gentem et ferocem et
rebus populi Romani imminentem]] idemque Sabinos
cum a moenibus urbis reppulisset, equitatu fudit bel-
loque devicit. Atque eundem primum ludos maximos
qui Romani dicti sunt fecisse accepimus, aedemque in 10
Capitolio Iovi Optimo Maximo bello Sabino in ipsa
pugna vovisse faciendam; mortuumque esse cum duo-
dequadraginta regnavisset annos.'

37   [XXI] Tum Laelius: 'Nunc fit illud Catonis certius,
nec temporis unius nec hominis esse constitutionem 15
rei publicae; perspicuum est enim quanta in singulos
reges rerum bonarum et utilium fiat accessio. Sed
sequitur is qui mihi videtur ex omnibus in re publica
vidisse plurimum.'

'Ita est' inquit Scipio. 'Nam post eum Servius 20
Tullius primus iniussu populi regnavisse traditur,
quem ferunt ex serva Tarquiniensi natum, cum
esset ex quodam regis cliente conceptus. Qui cum
famulorum <in> numero educatus ad epulas regis

---

12 uouisse facien- / 31–2 = q. 18.1 -dam mortuumque

1–3 Atque etiam ... diligentes *delevit Francken: ex alia quadam
parte huius libri translata putavit Nicolet; in cod.* atque *ab antecedentibus spatio separatum, cf. 2.58*   4–5 mille ac ducentos *scripsi*: ∞
accc *(i.e. M ac CC) V*: MDCCC *Zumpt collato Liv. 1.36.7 ubi codd.
partim quidem* MDCCC *habent, partim (quod perspicue falsum est)*
MCCC   5–7 postquam ... imminentem *aliunde translata censeo*:
postquam *V: postea Vaucher, post Madvig*   7 idemque *V:* idem
Bréguet, quae -que *fortasse expunctum iudicat, opisthographia decepta*
20 Ita est: itast *V quod tuetur Mai*   21 Tullius *V²*: Sulpicius
V¹   22 ex serva *Mai*: exerua *V*   Tarquiniensi **V² ap. Ziegler*:
-ense *V*   24 <in> *add. Moser*

adsisteret, non latuit scintilla ingeni quae iam tum
elucebat in puero; sic erat in omni vel officio vel
sermone sollers. Itaque Tarquinius, qui admodum
parvos tum haberet liberos, sic Servium diligebat ut
5 is eius vulgo haberetur filius, atque eum summo
studio omnibus eis artibus, quas ipse didicerat, ad
exquisitissimam consuetudinem Graecorum erudi-
vit. Sed cum Tarquinius insidiis Anci filiorum inter-   **38**
isset, Serviusque, ut ante dixi, regnare coepisset non
10 iussu sed voluntate atque concessu civium, quod cum
Tarquinius ex vulnere aeger fuisse et vivere falso
diceretur, ille regio ornatu ius dixisset, obaeratosque
pecunia sua liberavisset, multaque comitate usus
iussu Tarquini se ius dicere probasset, non commisit
15 se patribus, sed Tarquinio sepulto populum de se
ipse consuluit, iussusque regnare legem de imperio
suo curiatam tulit. Et primum Etruscorum iniurias
bello est ultus; ex quo cum ma[* * *]

[XXII] (SCIPIO)[* * * centuriae] duodeviginti censu   **39**
20 maximo. Deinde equitum magno numero ex omni
populo summa separato, reliquum populum distri-
buit in quinque classes, senioresque a iunioribus
divisit, eosque ita disparavit ut suffragia non in
multitudinis sed in locupletium potestate essent, cur-
25 avitque quod semper in re publica tenendum est, ne
plurimum valeant plurimi. Quae discriptio si esset
ignota vobis, explicaretur a me. Nunc rationem

---

4 paruos tum ha- / 291–2 = q. 18.2 -beret liberos   18 ex quo
cum ma- / *Periit q. 18.3*   19 107–8 = q. 18.4 duodeuiginti

---

2 puero *Mai,* *V^2 *ap. Ziegler*: pueros V 17 Etruscorum V^2:
rusticorum V^1 18 ma[gnam agri partem . . . nactus esset] *inter
alia supplevit Mai collato Dion. Halic. 4.27*

videtis esse talem ut equitum centuriae cum sex suffragiis, et prima classis addita centuria quae ad summum usum urbis fabris tignariis est data, octoginta
novem centurias habeat; quibus e centum quattuor
centuriis (tot enim reliquae sunt) octo solae si 5
accesserunt, confecta est vis populi universa, <✳ ✳ ✳>
reliquaque multo maior multitudo sex et nonaginta
centuriarum neque excluderetur suffragiis, ne
superbum esset, nec valeret nimis, ne esset periculo-
40 sum. In quo etiam verbis ac nominibus ipsis fuit 10
diligens, qui cum locupletes assiduos appellasset ab
aere dando, eos qui aut non plus mille centum aeris
aut omnino nihil in suum censum praeter caput attulissent, proletarios nominavit, ut ex eis quasi proles,
id est {quasi} progenies civitatis exspectari videretur. 15
{illarum autem sex et nonaginta centuriarum} In una

---

8 centuriarum / 93–4 = q. 18.5 neque excluderetur

11–12 ab aere dando *cf. Cic. Top. 10, Gell. 16.10.10* 12 mille
centum *cf. Liv. 1.43.8 (11,000 asses), Gell. ibid. (1,500 asses), Non. 155
(1,500 nisi quod 'et quingentos' omisit familia codicum excerpta D^A),
Dion. Hal. 4.17.2 et 4.18.2 (1,250 drachmae = 12,500 asses)*

---

1 centuriae cum sex suffragiis V^2: certamine cum et suffragiis V^1
3 tignariis V^2: ignariis V^1 3–4 octoginta novem: VIIII V^1: LXXX
addidisse V^2 *affirmat Mai, vix legi potest*   4–5 habeat quib[us] e
cent[um] quatt[u]or centuri[is] *add.* V^2, *om.* V^1 6 vis populi V^2:
vi spoli V^1 *post* universa *spatium c.4 litterarum vacat in V, ubi potius
lacunam subesse suspicor quam post* centuriarum *inter duas paginas, ubi*
<effecit ut> *add. Skutsch*   11 assiduos *Mai et fort.* V^2: assiduu-
mos V^1 12 aere *V cf. test.*: asse *Osann et hic et in Top. 10*   mille
centum V^1: D *supra scriptum legisse sibi visus est Mai, quin … os Ziegler,
quin solum (obscuratis q et n) se nuper legisse affirmat Crawford. Nihil pro
certo affirmo quamquam paginam bis inspexi: virgulas quasdam supra* cent-
vidisse me arbitror et fortasse litterarum -os *obscuratissima vestigia. Cf.
etiam E. Lo Cascio, Athenaeum 66 (1988), 273–302 et praecipue 286–9.*
mille   quingentum   *edidit   Mai,*   mille   quingentos   *Ziegler*
15 {quasi} *del. Orelli*   16 {illarum autem sex et nonaginta centur-
iarum} *delenda arbitror: cf. Sumner AJP 81, 1960, 142–4, Taylor AJP 82,
1960, 344–5, quae tamen Ciceronem errasse putat*

centuria tum quidem plures censebantur quam paene
in prima classe tota; ita nec prohibebatur quisquam
iure suffragii, et is valebat in suffragio plurimum cuius
plurimum intererat esse in optimo statu civitatem.
5 Quin etiam accensis velatis, liticinibus cornicinibus,
proletariis [* * *]

[XXIII] (SCIPIO)[* * * quinque et] sexaginta annis **42**
antiquior, quod erat triginta novem ante primam
Olympiadem condita; et antiquissimus ille Lycurgus
10 eadem vidit fere. Itaque ista aequabilitas atque hoc
triplex rerum publicarum genus videtur mihi commune nobis cum illis populis fuisse; sed quod proprium sit in nostra re publica, quo nihil possit esse
praeclarius, id persequar si potero subtilius; quod
15 erit eiusmodi, nihil ut tale ulla in re publica reperiatur. Haec enim quae adhuc exposui, ita mixta fuerunt
et in hac civitate et in Lacedaemoniorum et in
Carthaginiensium, ut temperata nullo fuerint modo.
Nam in qua re publica est unus aliquis perpetua **43**
20 potestate, praesertim regia—quamvis in ea sit et
senatus, ut tum fuit Romae cum erant reges, ut Spartae Lycurgi legibus, et sit aliquod etiam populi ius,
ut fuit apud nostros reges—tamen illud excellit

5–6 liti^{CORNI}cinibus proletariis / *Perierunt q. 18.6–7*   7 45–6 =
q. 18.8 sexaginta annis   22–23 aliquod etiam populi / 145–6 = q. 19.1
ius ut fuit

7–8 *Cf. Vell. Pat. 1.6* ante annos quinque et sexaginta quam urbs
Romana conditur . . . Carthago conditur

---

3 et is valebat in suffragio: et iis ualebit in suffragio et is ~~ualebit in
suffra~~gio *V*: valebat *V² *ap. Mai; correctio si qua est, vix legi potest*
5 accensis *V²*: ancensis *V¹*   liticinibus cornicinibus *Mai*: liticinibus
V¹: corni- *supra scr. V²*   7 [quinque et] sexaginta *supplevit
Mai*   16 exposui ita *V²*: exposita *V¹*   22 et sit *Steinacker*:
ut et sit *V¹*: et ut sit *V²* *ut vid.*

regium nomen, neque potest eiusmodi res publica
non regnum et esse et vocari. Ea autem forma civitatis mutabilis maxime est, hanc ob causam, quod
unius vitio praecipitata in perniciosissimam partem
facillime decidit. Nam ipsum regale genus civitatis 5
non modo non est reprehendendum, sed haud scio an
reliquis simplicibus longe anteponendum (si ullum
probarem simplex rei publicae genus), sed ita quoad
statum suum retinet; is est autem status, ut unius
perpetua potestate et iustitia omnique sapientia rega- 10
tur salus et aequabilitas et otium civium. Desunt
omnino ei populo multa, qui sub rege est, in primis-
que libertas; quae non in eo est ut iusto utamur
domino, sed ut nul[lo * * *]

44   [XXIV] (SCIPIO) [* * *] ferebant; etenim illi iniusto 15
domino atque acerbo aliquamdiu in rebus gerendis
prospera fortuna comitata est. Nam et omne Latium
bello devicit, et Suessam Pometiam urbem opulen-
tam refertamque cepit, et maxima auri argentique
praeda locupletatus votum patris Capitoli aedifica- 20
tione persolvit, et colonias deduxit, et institutis
eorum a quibus ortus erat, dona magnifica, quasi
libamenta praedarum, Delphos ad Apollinem misit.

45   [XXV] 'Hic ille iam vertetur orbis. Cuius naturalem
motum atque circuitum a primo discite agnoscere; id 25

---

14 sed ut nul- / *Periit q. 19.2*   15 15–16 = q. 19.3 ferebant

---

8 quoad V^2: hoc ad V^1 9 retinet *Mai et sic legi*: retineat *apud*
V^2 *se legisse credidit Ziegler; at cum verbum* retine-t *inter duos versus
divisisset* V^1, *illud* -t *in fine prioris versus reposuit* V^2, *nihil aliud
mutavit*   10 et iustitia V^1: et ius- *expunxisse et alterum* -t- *dele-
visse vid.* V^2, *del. P. Krarup*   omnique V^2: omneque V^1: uniusque
apud V^2 *legisse sibi visus est Ziegler, quod quidem valde dubito, sed tamen
haud scio an recte coniecerit*   12 qui *add.* V^2 *(correctio maxime
obscurata)*   14 nul[lo] *suppl. Mai*   17 prospera *Moser*:
prospere V 19 cepit V^2: coepit V^1 25 agnoscere V^2:
adq.cognoscere V^1: atque cognoscite *temptavit Mai*

enim est caput civilis prudentiae, in qua omnis haec
nostra versatur oratio, videre itinera flexusque rerum
publicarum, ut cum sciatis quo quaeque res inclinet,
retinere aut ante possitis occurrere. Nam rex ille de
5 quo loquor, primum optimi regis caede maculatus
integra mente non erat, et cum metueret ipse poenam
sceleris sui summam, metui se volebat; deinde vic-
toriis divitiisque subnixus, exsultabat insolentia,
neque suos mores regere poterat neque suorum
libidines. Itaque cum maior eius filius Lucretiae, **46**
10 Tricipitini filiae, Collatini uxori, vim attulisset,
mulierque pudens et nobilis ob illam iniuriam sese
ipsa morte multasset, tum vir ingenio et virtute praestans, Lucius Brutus, depulit a civibus suis iniustum
illud durae servitutis iugum. Qui cum privatus esset,
15 totam rem publicam sustinuit, primusque in hac
civitate docuit in conservanda civium libertate esse
privatum neminem. Quo auctore et principe concitata civitas, et hac recenti querela Lucretiae patris ac
propinquorum, et recordatione superbiae Tarquini
20 multarumque iniuriarum et ipsius et filiorum,
exulem et regem ipsum et liberos eius et gentem
Tarquiniorum esse iussit. [XXVI] Videtisne igitur **47**
ut de rege dominus exstiterit, uniusque vitio genus
rei publicae ex bono in deterrimum conversum sit?
Hic est enim dominus populi, quem Graeci tyrannum

---

4 ante possitis / 255–6 = q. 19.4 occurrere   19 hac recenti que-
/ 245–6 = q. 19.5 -rela

18–19 quo . . . concitata civitas *Non. 429.13*

6–7 metueret . . . volebat: metueretu tuiseuolebat *V¹ primo in*
metueret fuise uolebat *mutatum; deinde* f *expunxit V² et* ipse poenam
sceleris sui summam me- *inseruit*   24 <hoc> genus *Boot*
25 ex bono *V²*: in bono *V¹*

vocant. Nam regem illum volunt esse, qui consulit ut
parens populo, conservatque eos quibus est praepositus quam optima in condicione vivendi: sane bonum,
ut dixi, rei publicae genus, sed tamen inclinatum et
quasi pronum ad perniciosissimum statum. Simul 5
48 atque enim se inflexit hic rex in dominatum inius-
tiorem, fit continuo tyrannus, quo neque taetrius
neque foedius nec dis hominibusque invisius animal
ullum cogitari potest; qui quamquam figura est hominis, morum tamen immanitate vastissimas vincit 10
beluas. Quis enim hunc hominem rite dixerit, qui
sibi cum suis civibus, qui denique cum omni hominum genere nullam iuris communionem, nullam
humanitatis societatem velit? Sed erit de hoc genere
nobis alius aptior dicendi locus, cum res ipsa admon- 15
uerit ut in eos dicamus qui etiam liberata iam civitate
dominationes appetiverunt.

49   [XXVII] 'Habetis igitur primum ortum tyranni;
nam hoc nomen Graeci regis iniusti esse voluerunt,
nostri quidem omnes reges vocitaverunt qui soli 20
in populos perpetuam potestatem habuerunt. Itaque
et Spurius Cassius et Marcus Manlius et Spurius
Maelius regnum occupare voluisse dicti sunt, et
modo [* * *]

---

8 hominibus- / 29–30 = q. 19.6 -que inuisius   23–24 et modo /
Periit q. *19.7*

---

3 condicione *Mai, V² ap. Ziegler:* condione *V¹, correctio, si qua est, vix
dispici potest*   4 rei p[ublicae] *Mai, V² ap. Ziegler: rep. V¹, correctio,
si qua est, latet sub textu Augustini*   10 immanitate *Mai collato Off.
3.6,* *V² ap. Ziegler: initate V: correctio si qua est latet*   16 liberata
iam *add. V²: om. V¹*   22 Spurius *Mai:* perius *V¹:* -e- *in* u *mutavit
V²*   Manlius: ma⁻lius *V¹:* manilius *V²*   23 Maelius *V²:* maecius
V¹   24 modo [Ti. Gracchus] *suppl. Mai probabiliter*

[XXVIII] (Scipio) [* * * La]cedaemone appella- **50**
vit, nimis is quidem paucos, viginti octo, quos penes
summam consili voluit esse, cum imperi summam
rex teneret; ex quo nostri idem illud secuti atque
5 interpretati, quos senes ille appellavit, nominaverunt
senatum, ut etiam Romulum patribus lectis fecisse
diximus; tamen excellit atque eminet vis potestas
nomenque regium. Imperti etiam populo potestatis
aliquid, ut et Lycurgus et Romulus; non satiaris eum
10 libertate, sed incenderis cupiditate libertatis, cum
tantummodo potestatem gustandi feceris; ille quidem semper impendebit timor, ne rex (quod plerumque evenit) exsistat iniustus. Est igitur fragilis ea
fortuna populi, quae posita est in unius, ut dixi
15 antea, voluntate vel moribus.

[XXIX] 'Quare prima sit haec forma et species et **51**
origo tyranni, inventa nobis in ea re publica quam
auspicato Romulus condiderit, non in illa quam {ut
perscripsit Plato} sibi ipse Socrates, <ut perscripsit
20 Plato>, illo in sermone depinxerit, ut, quemadmodum Tarquinius, non novam potestatem nactus sed
<ea> quam habebat usus iniuste, totum genus hoc
regiae civitatis everterit. Sit huic oppositus alter,
bonus et sapiens et peritus utilitatis dignitatisque

---

1 135–6 = q. 19.8* -cedaemone   17 origo ty- / 189–90 = q. 20.1
-ranni inuenta

2 viginti octo: XXXVIII V^1, *primum* X *exp.* V^2 6 etiam V:
iam *Heinrich*, 'et *fortasse exp.*' *Bréguet, praeter quam nemo vidit expunc-*
tionem: utei iam *Haupt*   8 imperti V^2: -it V^1 18–19 quam
sibi ipse Socrates, ut perscripsit Plato *scripsi*: quam ut praescripsit
plato sive ipse socrates peripeateato V^1: prae- *in* per-, sive *in* sibi *correxit*
V^2, *at* peripeateato *in* peripatetico *absurde mutavit*: *pro* peripeateato *varia*
coniectantur, e.g. perpolito *Ziegler*: *ego autem id suspicor ortum esse ex*
per[scr]ipsit [Pl]ato *aliquot litteris in exemplari sine dubio obscuratis,*
exemplar autem sic refectum esse ut haec verba suo loco corrupta, alio loco
integra exhiberentur   22 <ea> *add. Vaucher*

civilis, quasi tutor et procurator rei publicae: sic enim
appelletur quicumque erit rector et gubernator civitatis. Quem virum facite ut agnoscatis: est enim qui
consilio et opera civitatem tueri potest; quod quoniam nomen minus est adhuc tritum sermone nostro, 5
saepiusque genus eius hominis erit in reliqua nobis
oratione trac[tandum * * *]

52   [XXX] (Scipio) [* * * Plato * * * cau]sas requisivit,
civitatemque optandam magis quam sperandam,
quam minimam potuit, non quae posset esse, sed in 10
qua ratio rerum civilium perspici posset effecit. Ego
autem, si modo consequi potuero, rationibus eisdem
quas ille vidit, non in umbra et imagine civitatis, sed
in amplissima re publica, enitar ut cuiusque et
boni publici et mali causam tamquam virgula videar 15
attingere. His enim regiis quadraginta annis et
ducentis, paulo cum interregnis fere amplius, praeteritis, expulsoque Tarquinio, tantum odium populum Romanum regalis nominis tenuit, quantum
tenuerat post obitum vel potius excessum Romuli 20
desiderium. Itaque ut tum carere rege, sic pulso

---

7 oratione trac- / *Perierunt sex folia i.e. q. 20.2–7*   8 187–8 = q.
20.8* -sas requisiuit

---

3 facite *Mai*, *V^2 ap. Ziegler*: facitet V^1, *corr. vix legitur*   est
enim *V*: <is> est enim *Müller*: iste *super* est *legisse se affirmat Ziegler*,
quem, ut suspicor, nota interpunctionis decepit   5 sermone *Mai*:
sermonem V^1 -m *fort. expunctum*   7 trac[tandum] *suppl. Mai*
8 [Plato . . .] *inter alia suppl. Mai*: [cau]sas *Ziegler*   9 sperandam
Mai, *V^2 ap. Ziegler*: spernendam *V, corr. vix conspicua*   10 potuit
Madvig: posuit *V*   posset V^2: possit V^1 esse, sed *Mai*, *V^2 ap.
Ziegler*: essed V^1: es *potius exp.* V^2 12 si modo: si quo modo *V*,
quo *del. Madvig, expunctum esse credidit Ziegler*   13 et (imagine)
add. V^2 17–18 praeteritis *Mai*, *V^2 ap. Ziegler 'sed e incerta'*:
prateritis *V*   18 expulsoque: expopuloq. V^1: populo *certe in*
pulso *mutatum, -x- fortasse expunctum,* e- *etiam expunctum credidit Zieg-*
ler, mihi quoque in Mercatii imagine visum erat, at non in codice ipso

Tarquinio nomen regis audire non poterat. Hic facultatem cum [∗ ∗ ∗]

   [XXXI] (SCIPIO) [∗ ∗ ∗] lex illa tota sublata est. Hac **53**
mente tum nostri maiores et Collatinum innocentem,
5 suspicione cognationis, expulerunt, et reliquos Tarquinios offensione nominis; eademque mente Publius Valerius et fasces primus demitti iussit cum
dicere in contione coepisset, et aedes suas detulit
sub Veliam, posteaquam, quod in excelsiore loco
10 Veliae coepisset aedificare, eo ipso ubi rex Tullus
habitaverat, suspicionem populi sensit moveri; idemque, in quo fuit 'publicola' maxime, legem ad populum tulit, eam quae centuriatis comitiis prima lata
est, ne quis magistratus civem Romanum adversus
15 provocationem necaret neve verberaret. Provocatio- **54**
nem autem etiam a regibus fuisse declarant pontificii
libri, significant nostri etiam augurales; itemque ab
omni iudicio poenaque provocari licere indicant XII
Tabulae compluribus legibus; et quod proditum
20 memoriae est, decemviros qui leges scripserint sine
provocatione creatos, satis ostendit reliquos sine provocatione magistratus non fuisse. Lucique Valeri
Potiti et Marci Horati Barbati, hominum concordiae
causa sapienter popularium, consularis lex sanxit ne
qui magistratus sine provocatione crearetur; neque

1–2 facultatem cum / *Periit totus quaternio 21 (8 folia)*   3 35–6
= q. 22.1 lex illa tota   17 augurales / 119–20 = q. 22.2 itemque

---

3 *Aug. Civ. Dei 5.12 huc inseruit Ziegler, sed nihil certi inde depromi
potest*   15–16 provocationem ad populum etiam a regibus fuisse
Sen. Ep. 108.31

---

3 sublatast *V (fort.* e *supra scr.)*   8 in (contione) *add. V²*
15 neve *V²*: ne *V¹*   20 memoriae est: memoriaest *V*: memoria
est *Mai*   21 ostendit *V²*: ostenderint *V¹ (inter duos versus divi-
sum;* ostende *in* ostendit *mutavit V²*, -rint *fort. expungere neglexit)*

vero leges Porciae, quae tres sunt trium Porciorum, ut
scitis, quicquam praeter sanctionem attulerunt novi.
55 Itaque Publicola, lege illa de provocatione perlata,
statim secures de fascibus demi iussit, postridieque
sibi collegam Spurium Lucretium subrogavit, suosque 5
ad eum, quod erat maior natu, lictores transire
iussit, instituitque primus ut singulis consulibus alter-
nis mensibus lictores praeirent, ne plura insignia
essent imperi in libero populo quam in regno fuissent.
Haud mediocris hic, ut equidem intellego, vir fuit, qui 10
modica libertate populo data facilius tenuit auctoritatem principum. Neque ego haec nunc sine causa tam
vetera vobis et tam obsoleta decanto, sed illustribus in
personis temporibusque exempla hominum rerumque
definio, ad quae reliqua oratio derigatur mea. 15
56   [XXXII] 'Tenuit igitur hoc in statu senatus rem
publicam temporibus illis, ut in populo libero pauca
per populum, pleraque senatus auctoritate et instituto ac more gererentur, atque uti consules potestatem haberent tempore dumtaxat annuam, genere 20
ipso ac iure regiam; quodque erat ad obtinendam
potentiam nobilium vel maximum, vehementer id
retinebatur, populi comitia ne essent rata nisi ea
patrum approbavisset auctoritas. Atque his ipsis
temporibus dictator etiam est institutus, decem fere 25
annis post primos consules, Titus Larcius, novum-

6–7 transire ius- / 185–6 = q. 22.3 -sit instituitque   20 annuam
/5–8 = q. 22.4–5 genere

3 perlata *Moser*: sublataperta V^1: -per- *exp.* V^2, *nullam aliam correc-*
tionem vidi (procul dubio in exemplari fuit, ut vidit Ziegler, sublata *et* per
supra scriptum)   10 equidem V^1 *def. Burckhardt*: go *supra scr.* V^2:
glossema potius quam correctio   15 reliqua *Mai*: reliquam V, -m
fort. del. V^2 derigatur V *sine corr., ut vid.*: di- *V^2 ap. Ziegler*
20 annuam: anni annuam V, anni *expunctum affirmat Ziegler*
21 obtinendam (opt-) *add.* V^2 26 Larcius *certe* V *(non* largius
ut ait Ziegler)

que id genus imperi visum est et proximum similitu-
dini regiae; sed tamen omnia summa cum auctoritate a
principibus, cedente populo, tenebantur; magnaeque
res temporibus illis a fortissimis viris summo imperio
5 praeditis, dictatoribus atque consulibus, belli gereban-
tur. [XXXIII] Sed id quod fieri natura rerum ipsa **57**
cogebat, ut plusculum sibi iuris populus asciceret
liberatus a regibus, non longo intervallo (sexto decimo
fere anno, Postumo Cominio Spurio Cassio consuli-
10 bus) consecutus est. In quo defuit fortasse ratio; sed
tamen vincit ipsa rerum publicarum natura saepe
rationem. Id enim tenetote quod initio dixi: nisi aequabilis haec in civitate compensatio sit et iuris et offici et
muneris, ut et potestatis satis in magistratibus, et auc-
15 toritatis in principum consilio, et libertatis in populo
sit, non posse hunc incommutabilem rei publicae conservari statum. Nam cum esset ex aere alieno commota **58**
civitas, plebs montem Sacrum prius, deinde Aventinum occupavit. [[Ac ne Lycurgi quidem disciplina
20 tenuit illos in hominibus Graecis frenos; nam etiam
Spartae, regnante Theopompo, sunt item quinque
quos illi ephoros appellant, in Creta autem decem
qui cosmoe vocantur, ut contra consulare imperium
tribuni plebis, sic illi contra vim regiam constituti.]]

---

23 contra con- / 191–2 = q. 22.6 -~~sularem~~^{GIAM} constituti (imperium . . . vim *om. V*¹, *add. V*² *in marg. inf. p. 8*)

---

2 summa *add. V*²   6 quod *add. V*²   9 anno: *an* <post>
addendum?   10 consecutus *V*²: secututu~~secutus~~ *V*¹: consecutum
Leopardi   11–12 saepe rationem *Mai*: separationem *V*¹: a *supra*
sep- *scr. V*²   12 id enim tenetote *V*²: idem teneto *V*¹   14 ut
*V*²: aut *V*¹   in (magistratibus) *V*²: et *V*¹   19–24 Ac ne
Lycurgi quidem . . . constituti *haec verba et ab antecedentibus et
a sequentibus interiecto spatio secernuntur; aut aliena aut male locata
censeo*   20 hominibus *V*²: ominibus *V*¹   22 quos illi ephoros
*V*²: quos illephoros *V*¹: illi quos ephoros *Ziegler*   23 cosmoe *V*²:
cosme *V*¹

59 [XXXIV] Fuerat fortasse aliqua ratio maioribus nostris in illo aere alieno medendi, quae neque Solonem
Atheniensem non longis temporibus ante fugerat,
neque post aliquanto nostrum senatum, cum sunt
propter unius libidinem omnia nexa civium liberata, 5
nectierque postea desitum; semperque huic oneri, cum
plebes publica calamitate impendiis debilitata defi-
ceret, salutis omnium causa, aliqua sublevatio et medicina quaesita est. Quo tum consilio praetermisso causa
populo nata est, duobus tribunis plebis per seditionem 10
creatis, ut potentia senatus atque auctoritas minueretur; quae tamen gravis et magna remanebat, sapientissimis et fortissimis et armis et consilio civitatem
tuentibus; quorum auctoritas maxime florebat, quod
cum honore longe excellerent ceteris, voluptatibus 15
erant inferiores nec pecuniis ferme superiores; eoque
erat cuiusque gratior in re publica virtus, quod in
rebus privatis diligentissime singulos cives opera, consilio, re tuebatur.

60 [XXXV] 'Quo in statu rei publicae Spurium 20
Cassium de occupando regno molientem, summa
apud populum gratia florentem, quaestor accusavit,
eumque, ut audistis, cum pater in ea culpa esse com-
perisse se dixisset, cedente populo morte mactavit;
gratamque etiam illam rem 25

<* * *>

---

14 quorum aucto- / 129–30 = q. 22.7 ritas maxime

---

6 oneri *Moser*: generi *V*   9 quaesitat *V²*: q.sitat *V¹*
10 natast *V*   15 excellerent *V²*: escelerent *V¹*: antecellerent
Mai, V² perperam attribuit Ziegler   19 tuebatur *scripsi*: -bantur
V, -n-*fort.del. V²*   22 accusavit *Mai,* **V² ap.Ziegler*: accusabit *V*
24 mactavit *Mai,* **V² ap. Ziegler*: mactabit *V*   25 rem *V*: legem
Mai: lacunam statui

quarto circiter et quinquagesimo anno post primos
consules de multa et sacramento Spurius Tarpeius et
Aulus Aternius consules comitiis centuriatis tulerunt; annis postea viginti, ex eo quod Lucius Papirius
5 Publius Pinarius censores multis dicendis vim
armentorum a privatis in publicum averterant, levis
aestimatio pecudum in multa, lege Gai Iuli Publi
Papiri consulum, constituta est.

[XXXVI] 'Sed aliquot ante annis, cum summa **61**
10 esset auctoritas in senatu, populo patiente atque par-
ente, inita ratio est ut et consules et tribuni plebis
magistratu se abdicarent, atque ut decemviri maxima
potestate sine provocatione crearentur, qui et summum imperium haberent et leges scriberent. Qui
15 cum decem tabulas summa legum aequitate pruden-
tiaque conscripsissent, in annum posterum decemviros alios subrogaverunt, quorum non similiter fides
nec iustitia laudata. Quo tamen e collegio laus est illa
eximia Gai Iuli, qui hominem nobilem Lucium Ses-
20 tium, cuius in cubiculo effossum esse se praesente
mortuum diceret, cum ipse potestatem summam
haberet quod decemvirum sine provocatione esset,
vades tamen poposcit, quod se legem illam praeclaram neglecturum negaret quae de capite civis

---

5 censo- / 41–2 = q. 22.8* -res multis   20 cuius in cu- / 137–8
= q. 23.1 -biculo

---

2 multa et *Madvig,* * V^2 *ap. Ziegler*: multae *V*   8 constitutast *V*
9 aliquot *Mai*: aliquod *V*   11 ratiost *V*   consules et *Mai*:
consulesset *V*   12 atq. ut *V* (*atqui corr. in* atq.ut *legit
Ziegler*)   21 mortuum *sufficit, cf. Legis Ursonensis cap. 74*: corpus
add. Ziegler, quod supra -te mortuum *scriptum se certo dispexisse affirmavit: ego certo nihil nisi maculas quasdam vidi: si quid addendum, malim*
hominem   22 decemvirum *sufficit, vide Neue-Wagener i. 659–60
et S. Oakley ad Liv. 9.34.1*: unus *add. Steinacker: hoc etiam in* V^2 *legisse
se credit Ziegler: est fortasse quaedam correctio sed legi non potest*

Romani nisi comitiis centuriatis statui vetaret.
62 [XXXVII] Tertius est annus decemviralis consecutus,
cum idem essent nec alios subrogare voluissent. In hoc
statu rei publicae, quem dixi iam saepe non posse
esse diuturnum, quod non esset in omnes ordines 5
civitatis aequabilis, erat penes principes tota res
publica, praepositis decemviris nobilissimis, non
oppositis tribunis plebis, nullis aliis adiunctis magistratibus, non provocatione ad populum contra necem
63 et verbera relicta. Ergo horum ex iniustitia subito 10
exorta est maxima perturbatio et totius commutatio
rei publicae; qui duabus tabulis iniquarum legum
additis, quibus etiam quae diiunctis populis tribui
solent conubia, haec illi ut ne plebei cum patribus
essent, inhumanissima lege sanxerunt (quae postea 15
plebiscito Canuleio abrogata est), libidinose omni
imperio et acerbe et avare populo praefuerunt. Nota
scilicet illa res, et celebrata monumentis plurimis
litterarum, cum Decimus quidam Verginius virgi-
nem filiam, propter unius ex illis decemviris intem- 20
periem, in foro sua manu interemisset, ac maerens ad
exercitum qui tum erat in Algido confugisset, milites
bellum illud quod erat in manibus reliquisse et primum montem Sacrum, sicut erat in simili causa
antea factum, deinde Aventinum ar[* * *]   25

---

11 pertur- / 183–4 = q. 23.2 -batio   25 auentinum ar- / *Perierunt q. 23.3–6*

---

6 civitatis *V^2 ap. *Mai*: civitas *V, correctio si qua est latet sub textu
Augustini*   6–7 res publica *Mai,* *V^2 ap. *Ziegler*: rep. *V*
10 verbera *V*: *'fortasse* verbera[tionem] *Ziegler: vix credo*   16 ab-
rogatast *V* (a- *primum omisso deinde aut a V^1 aut a V^2 addito)   post*
libidinose: q. *add.* V^2, *tuetur Zachariae deleto* quibus *paulo
supra*   25 ar[matos insedisse] *suppl. Mai ex Livio 3.50, malim*
occupavisse

84

(Scipio) '[* * * maio]res nostros et probavisse
maxime et retinuisse sapientissimo iudico.'

[XXXVIII] Cum ea Scipio dixisset, silentioque **64**
omnium reliqua eius exspectaretur oratio, tum
5 Tubero: 'Quoniam nihil ex te, Africane, hi maiores
natu requirunt, ex me audies quid in oratione tua
desiderem?'

'Sane' inquit Scipio 'et libenter quidem.'

Tum ille: 'Laudavisse mihi videris nostram rem
10 publicam, cum ex te non de nostra sed de omni re
publica quaesisset Laelius; nec tamen didici ex oratione tua, istam ipsam rem publicam quam laudas,
qua disciplina, quibus moribus aut legibus, constituere vel conservare possimus.'

15 [XXXIX] Hic Africanus: 'Puto nobis mox de **65**
instituendis et conservandis civitatibus aptiorem,
Tubero, fore disserendi locum. De optimo autem
statu equidem arbitrabar me satis respondisse ad id
quod quaesierat Laelius; primum enim numero defi-
20 nieram genera civitatum tria probabilia, perniciosa
autem tribus illis totidem contraria; nullumque ex eis
unum esse optimum, sed id praestare singulis quod e
tribus primis esset modice temperatum. Quod autem **66**
exemplo nostrae civitatis usus sum, non ad definien-
dum optimum statum valuit (nam id fieri potuit
sine exemplo), sed ut <in> civitate maxima reapse

---

1 193–4 = q. 23.7 -res nostros et probauisse   18 satis respon- /
143–4 = q. 23.8* -disse ad id

---

1 [maio]res *suppl. Mai*   7 desiderem? *notam interrogationis
desideravi*   10 de   (omni)   *add.* V^2 16 et   *add.*
V^2 17 disserendi V^2: disserunt di V^1 *(ex quo* disserundi
Mai)   21 illis totidem... quod e tribus *perperam repetivit* V
23 primis *Mai*: primus V, -u- *in* -i- *fort. mutavit* V^2 26 <in>
add. Leopardi: a *'superadditam' affirmat Mai, nemo postea vidit: locus
lectu difficilis*

cerneretur quale esset id quod ratio oratioque descri-
beret. Sin autem sine ullius populi exemplo genus
ipsum exquiris optimi status, naturae imagine utendum est nobis, quoniam tu hanc imaginem urbis
et populi ni[* * *]   5

67   [XL] (Scipio) '[* * * quem] iamdudum quaero, et
ad quem cupio pervenire.'

(Laelius) 'Prudentem fortasse quaeris?'

Tum ille: 'Istum ipsum.'

'Est tibi ex eis ipsis qui adsunt bella copia, vel ut a 10
te ipso ordiare.'

Tum Scipio: 'Atque utinam ex omni senatu pro
rata parte esset! Sed tamen est ille prudens, qui ut
saepe in Africa vidimus, immani et vastae insidens
beluae, coercet et regit {beluam} <et> quocumque 15
vult levi admonitu aut tactu inflectit illam feram.'

'Novi, et tibi cum essem legatus saepe vidi.'

'Ergo ille Indus aut Poenus unam coercet beluam,
et eam docilem et humanis moribus adsuetam; at
vero ea quae latet in animis hominum, quaeque pars 20
animi mens vocatur, non unam aut facilem ad

---

5 et populi ni- / *Ex quadraginta foliis, id est ex quinque quaternioni-*
bus, qui sequuntur (qq. 24–8) praeter folium singulare 199–200 quattuor
omnino paria foliorum supersunt, e quibus duo a librario A sunt exarata.
Horum in uno (19–20, 25–6) agitur de homine prudenti et apto ad res
publicas regendas, et de concordia civili; quae 'in secundi libri fine'
ponenda esse confirmat Augustinus (Civ. Dei 2. 21. 13–24). Haec folia
nunc separata, olim coniuncta, fuerunt in suo quaternione tertium et
sextum, ut docuit Mercati, p. 189 n. 1. Quaternionem hunc fuisse aut 24
aut 25 veri simile est, uter autem horum fuerit non liquet   6 19–20
iamdudum quaero

---

1 quale esset *V²*: qua lesset *V¹*   6 [quem] *suppl. Mai*
10 vel ut *potius quam* velut *scribendum*   15–16 [et regit beluam
quocumque uult] *haec cum omnino legere non possem, ex Maii editione*
collatis ceteris deprompsi: {beluam} *del. Osann:* et *post* vult *legebat*
Ziegler, ego ante quocumque *potius inserendum puto*

subigendum frenat et domat, si quando id efficit,
quod perraro potest. Namque et illa tenenda est
ferox [* * *]'

   [XLII] (Scipio) '[* * *] dici possit.'   **69**

5   Tum Laelius: 'Video iam illum quem exspectabam
virum, cui praeficias officio et muneri.'

   'Huic scilicet' Africanus 'uni paene—nam in hoc
fere uno sunt cetera—ut numquam a se ipso
instituendo contemplandoque discedat, ut ad imita-
10 tionem sui vocet alios, ut sese splendore animi et
vitae suae sicut speculum praebeat civibus. Ut enim
in fidibus aut tibiis, atque ut in cantu ipso ac vocibus,
concentus est quidam tenendus ex distinctis sonis,
quem immutatum aut discrepantem aures eruditae
15 ferre non possunt, isque concentus ex dissimilli-
marum vocum moderatione concors tamen efficitur
et congruens, sic ex summis et infimis et mediis
interiectis ordinibus, ut sonis, moderata ratione

2–3 tenenda est ferox / *Perierunt duo folia*   4 25–6 dici possit . . .
p. 88, 1 civitas con-/

---

11 *Aug. Civ. Dei 2.21.13–29* cum autem Scipio in secundi libri fine
dixisset: ut in fidibus . . . (p. 88, 1) dissimillimorum *concinere*, et quae
harmonia a musicis dicitur in cantu, *eam esse* in civitate *concordiam*,
artissimum atque optimum omni in re publica vinculum incolumitatis, *eam*que sine iustitia nullo pacto esse *posse*; ac deinde cum aliquanto
latius et uberius disseruisset, quantum prodesset iustitia civitati,
quantumque obesset si afuisset, suscepit deinde Philus, unus eorum
qui disputationi aderant, et poposcit ut haec ipsa quaestio diligentius
tractaretur, ac de iustitia plura dicerentur propter illud quod iam
vulgo ferebatur, rem publicam regi (geri *coni. Dombart–Kalb: cf.*
regi *2.21.35 sed* geri *2.21.38 (codd.plerique) et 45*) sine iniuria non posse.

---

1 *post* domat: <beluam> *add. Ziegler*   9 instituendo *V*:
alterum -t- *fort. exp., quod nihil efficit*: intuendo *coni. Mähly*   disce-
dat *Mai,* *V² ap. Ziegler*: discendant *V*   *correctionem nullam vidit
Mai, ne ego quidem*   12 ut in *om. Aug.*   14 immutatum
Aug.: immutantum *V,* -n- *fort. del. V²*   17–18 mediis interiectis
Aug.: mediis et interiectis *V (et del.* *V² ap. Ziegler, dubitavit van
Buren, ego quoque dubito)*   18 ut sonis *Aug*: et sonis *V*

civitas consensu dissimillimorum concinit, et quae
harmonia a musicis dicitur in cantu, ea est in civitate
concordia, artissimum atque optimum omni in re
publica vinculum incolumitatis, eaque sine iustitia
nullo pacto potest esse.' [* * *]   5

70   [XLIV] '[* * *] plenam esse iustitiae.'

Tum Scipio: 'Assentior vero, renuntioque vobis
nihil esse quod adhuc de re publica dictum putemus
aut quo possemus longius progredi, nisi erit confirmatum non modo falsum illud esse, sine iniuria non   10
posse, sed hoc verissimum esse, sine summa iustitia
rem publicam geri nullo modo posse. Sed, si placet,
in hunc diem hactenus: reliqua—satis enim multa
restant—differamus in crastinum.'

Cum ita placuisset, finis disputandi in eum diem   15
factus est.

---

6 *Fol. 9–10 et 3–4 secundum et septimum sui quaternionis fuerunt (v.
Mercati, p. 189 n. 2) quem quaternionem esse vigesimum sextum putavit
Mai; quod si hoc vere conicitur, habemus fortasse causam cur qq. 28 et 29 sic
notati sint: xx̅꒑ ii et xx̅꒑ iii (hac nota ꒑ numerum 6 significari docuit Mai).
Nam hoc par foliorum, sc. fol. 9–10 + 3–4, a librario A scriptum est; unde
conicere possis, librario A non modo ad finem libri II sed etiam usque ad
finem quaternionis progresso librarium B successisse*   6–16 9–10 plenam esse iustitiae…in eum diem factus est. // p. 10 *col. 2* M. Tulli
Cicer. de rep. liber II exp. inc. lib. III

8–12 *Aug. Civ. Dei 2.21.30–5* hanc proinde quaestionem discutien-
dam et enodandam esse adsensus est Scipio, responditque nihil esse
quod adhuc de re publica dictum putaret, quo possent longius progredi, nisi esset confirmatum non modo falsum esse illud, sine iniuria
non posse, sed hoc verissimum esse, sine summa iustitia rem publicam regi non posse. *Cf. ibid. 19.21.11–12.*

---

1 civitas *V*: -tatem *Aug. oratione obliqua*   ciuitas con- *desinit p. 26:
reliqua ex Augustino supplentur*   1–4 concinit…ea est…con-
cordia…eaque   *Mai   ex*   concinere…eam   esse…concor-
diam…eamque *Aug.*   5 potest esse *Ziegler*: esse potest *Mai ex*
esse posse *Aug.*   10 illud esse V^2: esse illud *Aug.*: illud *om. V^1*

Fragmenta libri II

1. quartaque anxitudo prona ad luctum et maerens, semperque ipsa se sollicitans
2. esse autem angores si miseria adflictas aut
   abiectas timiditate et ignavia
5 3. ut auriga indoctus e curru trahitur, obteritur
      laniatur eliditur
4. quae sanguine alitur, quae in omni crudelitate
   sic exultat, ut vix hominum acerbis funeribus
   satietur
10 5. statu esse optimo constitutam rem publicam
      quae ex tribus generibus illis, regali et optimati
      et populari, confusa modice nec puniendo
      irritet animum immanem ac ferum
6. cupido autem et expetenti et libidinoso et
15   volutabundo in voluptatibus

---

*Frr. 1–4 et 6 ad 2.68 posuit Mai, poterant etiam ad lacunam inter 66 et
67 referri*   1–2 *Non. 72.34* anxitudo... M. Tullius de republica
lib. II 'quartaque ... sollicitans'.   3–4 *Non. 228.18* timor generis
...feminini *(??)* M. Tullius de republica II 'esse autem... ignavia'.   5–6 *Non. 292.38* elidere... M. Tullius de rep. lib. II 'ut
auriga... eliditur'. *Cf. Ambros. virg. 3.2.5*   7–9 *Non. 300.29* exultare... M. Tullius de republica lib. II 'quae sanguine... satietur'.
10–13 *Non. 342.39* modicum... M. Tullius de republica lib. II 'statu
esse... ac ferum'. *Ad 2.41 posuit Mai 'quamquam et alibi non absurde
poni posse videtur'*   14–15 *Non. 491.16* volutabundus... M. Tullius de republica lib. II 'cupido ... voluptatibus'.

3–4 adflictus aut abiectus *Gerlach (ed. Non. 1842)*: adfictas
(aff- L²) aut abiectas *codd.*: *citatio certe decurtata et fortasse corrupta*   5 obteritur *Bindandus et Ruhnkenius (Mnem. 2, p. 419) ap. L.
Müller*: op(p)eritur *codd.*   10 statu *codd.* A⁴ *Nonii*: statua L¹:
statue L²B⁴: statuo *Junius*   optimo *Gen. ex corr.*: optume *rell. codd.
Nonii*   12 puniendo *Bentinus*: -a *codd. Nonii*   13 imma-
nem: in manum L¹A⁴, *corr.* L²   15 voluptatibus *codd.* C⁴
Nonii : volunt- LA⁴B⁴ *(deest in D⁴)*

7. itaque illa praeclara constitutio Romuli cum ducentos annos et XX fere firma mansisset
8. iustitia foras spectat et proiecta tota est atque eminet
9. quae virtus praeter ceteras totam se ad alienas 5 utilitates porrigit atque explicat
10. ut Carneadi respondeatis, qui saepe optimas causas ingenii calumnia ludificari solet

---

1–2 *Non. 526.10* per accusativum casum annos . . . Cicero de republica . . . lib. II 'itaque . . . mansisset'. *Ad 2.53 posuit Mai, ad 2.44 P. Krarup* 3–8 *Frr. 8–10 in libro tertio 'audacter', ut ait ipse, collocavit Mai, in fine lib. secundi (id est inter 2.69 et 2.70) reponenda monuit Plasberg* 3–4 *Non. 373.30* proiectum . . . M. Tullius de republica lib. II 'iustitia . . . eminet'. *Cf. Lact. Epit. 50.5–8* Plato et Aristoteles de iustitia multa dixerunt . . . cum ceterae virtutes quasi tacitae sint et intus inclusae, solam esse iustitiam quae nec sibi tantum conciliata sit nec occulta, sed foras tota promineat et ad bene faciendum prona sit, ut quam plurimis prosit, quasi vero in iudicibus solis atque in potestate aliqua constitutis iustitia esse debeat et non in omnibus: atqui nullus est hominum, ne infimorum quidem ac mendicorum, in quem iustitia cadere non possit; sed quia ignorabant quid esset, unde proflueret, quid operis haberet, summam illam virtutem, id est commune omnium bonum, paucis tribuerunt, eamque nullas utilitates proprias aucupari, sed alienis tantum commodis studere dixerunt. Nec immerito exstitit Carneades . . . (*cont. ad 3.7*) 5–6 *Non. 299.30* explicare . . . M. Tullius de republica lib. II 'quae virtus . . . explicat'. 7–8 *Non. 263.8* calumnia . . . M. Tullius de republica lib. II 'ut Carneadi . . . solet'.

---

2 XX *codd.*: XXXX *Mai* 3 spectat: expectat *LB^A* proiecta: proiectat *LB^A* 7 Carneadi respondeatis *codd.*: Carneadis respondentis *codd. quattuor Vaticani 1554, 1555, 1556 et Ottob. Lat. 1725, quibus fretus hanc lectionem intulit Mai*

LIBRI TERTII RELIQVIAE

Prooemium

5 **1.** [I] *hominem non a matre sed a noverca natura editum* [1]
in vitam, corpore nudo fragili et infirmo, animo autem
anxio ad molestias, humili ad timores, molli ad labores,
prono ad libidines, in quo tamen inesset tamquam obru-
tus quidam divinus ignis ingeni et mentis.

10 **2.** [II] [* * *] et vehiculis tarditati, eademque, cum [3]
accepisset homines inconditis vocibus inchoatum
quiddam et confusum sonantes, incidit has et distin-
xit in partes, et ut signa quaedam, sic verba rebus
impressit, hominesque antea dissociatos iucundis-
15 simo inter se sermonis vinculo colligavit. A simili
etiam mente, vocis qui videbantur infiniti soni,
paucis notis inventis sunt omnes signati et expressi,
quibus et colloquia cum absentibus et indicia voluntatum et monumenta rerum praeteritarum teneren-
20 tur. Accessit eo numerus, res cum ad vitam
necessaria, tum una immutabilis et aeterna, quae
prima impulit etiam ut suspiceremus in caelum, nec
frustra siderum motus intueremur, dinumerationi-
busque noctium ac die[rum * * *]

5–19 3–4 (= q. 26.7?) et vehiculis tarditati ... noctium ac die- /

---

1 *Aug. Contra Iulianum 4.12.60* In libro tertio de re publica idem
Tullius 'hominem' dicit 'non ut a matre ... ingeni et mentis'. *Cf. ibid.*
6.21.67; Ambros. De Excessu Satyri 2.29.7–10; etiam Plin. NH 7 praef.
1, Quint. Inst. 12.1.2, Lact. Opif. Dei 3.3, 3.16–19

[5.IV.6]   3. [* * * civi]tatibus, in quibus expetunt laudem
optimi et decus, ignominiam fugiunt ac dedecus;
nec vero tam metu poenaque terrentur quae est constituta legibus, quam verecundia quam natura
homini dedit quasi quendam vituperationis non 5
iniustae timorem. Hanc ille rector rerum publicarum
auxit opinionibus, perfecitque institutis et disciplinis, ut pudor cives non minus a delictis
arceret quam metus. Atque haec quidem ad
laudem pertinent, quae dici latius uberiusque 10
[5.V.7] potuerunt; ad vitam autem usumque vivendi ea
descripta ratio est iustis nuptiis, legitimis liberis,
sanctis Penatium deorum Larumque familiarium
sedibus, ut omnes et communibus commodis et suis
uterentur; nec bene vivi sine bona re publica posset, 15
nec esse quidquam civitate bene constituta beatius.
Quocirca permirum mihi videri solet, quae sit tanta
doc[* * *]

[7]   4. [IV] [* * *] fuisse sapientiam, tamen hoc in
ratione utriusque generis interfuit, quod illi verbis 20
et artibus aluerunt naturae principia, hi autem institutis et legibus. Plures vero haec tulit una civitas, si
minus sapientes (quoniam id nomen illi tam restricte
tenent), at certe summa laude dignos, quoniam
sapientium praecepta et inventa coluerunt. Atque 25
etiam quot et sunt laudandae civitates et fuerunt—
quoniam id est in rerum natura longe maximi consili,
constituere eam rem publicam quae possit esse diuturna—si singulos numeremus in singulas, quanta

---

1–18 199–20 (? ex q. 27) -tatibus in quibus ... quae sit tanta doc- /
De huius folii collocatione v. praef. pp.vii–viii   19 23–4 (= q. 28.1)
fuisse sapientiam

---

12 descripta *V*: discripta *Müller*   ratiost *V*   13 familiarium
Mai: familiarum *V*   26 quot *Müller*: quod *V*

iam reperiatur virorum excellentium multitudo!
Quod si aut Italiae Latium aut eiusdem Sabinam
aut Volscam gentem, si Samnium, si Etruriam, si magnam illam Graeciam collustrare animo voluerimus, si
5 deinde Assyrios, si Persas, si Poenos, si haec [* * *]

5. [III] [* * *] quorum animi altius se extulerunt [4]
et aliquid dignum dono, ut ante dixi, deorum aut
efficere aut excogitare potuerunt. Quare sint nobis
isti qui de ratione vivendi disserunt magni homines,
10 ut sunt; sint eruditi, sint veritatis et virtutis magistri;
dummodo sit haec quaedam, sive a viris in rerum
publicarum varietate versatis inventa, sive etiam in
istorum otio ac litteris tractata, res, sicut est, minime
quidem contemnenda: ratio civilis et disciplina
15 populorum, quae perficit in bonis ingeniis id quod
iam persaepe perfecit, ut incredibilis quaedam et
divina virtus exsisteret. Quodsi quis ad ea instru- [5]
menta animi quae natura quaeque civilibus institutis
habuit, adiungendam sibi etiam doctrinam et
20 uberiorem rerum cognitionem putavit, ut ei ipsi qui
in horum librorum disputatione versantur, nemo est
quin eos anteferre omnibus debeat. Quid enim
potest esse praeclarius quam cum rerum magnarum
tractatio atque usus cum illarum artium studiis et
25 cognitione coniungitur? Aut quid Publio Scipione,
quid Gaio Laelio, quid Lucio Philo perfectius cogitari potest, qui ne quid praetermitterent quod ad
summam laudem clarorum virorum pertineret, ad

---

5 si haec /   6 207-8 (= q. 28.4?) quorum animi   22 quin
eos / 201-2 (= q. 28.5?) anteferre

---

2 quod   *add.* V^2 4 voluerimus   *Mai*:   uetuerimus V
17 exsisteret *Mai*, *V^2 ap. Ziegler*: exsisteteret V 23 qum *fere
semper librarius B in coniunctione,* cum *in praepositione*

domesticum maiorumque morem etiam hanc a
Socrate adventiciam doctrinam adhibuerunt?
[6] Quare qui utrumque voluit et potuit, id est ut cum
maiorum institutis tum doctrina se instrueret, ad
laudem hunc omnia consecutum puto; sin altera sit 5
utra via prudentiae deligenda, tamen etiamsi cui
videbitur illa in optimis studiis et artibus quieta
vitae ratio beatior, haec civilis laudabilior est certe
et illustrior, ex qua vita sic summi viri ornantur ut vel
Manius Curius, 'quem nemo ferro potuit superare 10
nec auro,' vel [* * *]

Oratio Phili

[fr.inc.7] **6.** [* * *] '... quoniam sumus ab ipsa calce eius
interpellatione revocati.'
[8]   **7.** [IV] Et Philus: 'Praeclaram vero causam ad me
defertis, cum me improbitatis patrocinium suscipere 15
vultis!'

---

11 nec auro vel /   13 21–2 = 28.8* -cati et philus

---

10 *Enn. Ann.* 373 V^2 = 456 *Sk.*   12–13 *Sen. Ep. 108.32* 'quoniam ... revocati' *huc valde probabiliter rettulit Plasberg*   14 *Cf.*
Aug. Civ. Dei 2.21.35–42 Cuius quaestionis (*cf. ad lib. II fin.*) explicatio
cum in diem consequentem dilata esset, in tertio libro magna conflic-
tione res acta est. Suscepit enim Philus ipse disputationem eorum qui
sentirent sine iniustitia geri (regi *codd. aliquot Augustini*) non posse rem
publicam, purgans praecipue ne hoc ipse sentire crederetur, egitque
sedulo pro iniustitia contra iustitiam, ut hanc esse utilem rei publicae,
illam vero inutilem veri similibus rationibus et exemplis velut conar-
etur ostendere. *Cf. etiam Sen. Ep. 108.30, Ambros. Off. 1.12.43*

---

1 domesticum V^2 *(correctione obscurata) ut coni. Heinrich*: domes-
ticorum V^1 *Mai*   hanc *add.* V^2 5 altera *Madvig Maium secu-*
tus: aliter *V, -i- fort. del.* V^2 9 ornantur: oriantur *Jos. Vict.*
Clericus ap. Vaucher, haud scio an recte   15 cum: qum *Mai*:
quam *V*

'Atqui <vix> id tibi' inquit Laelius 'verendum est,
si ea dixeris quae contra iustitiam dici solent, ne sic
etiam sentire videare; cum et ipse sis quasi unicum
exemplum antiquae probitatis et fidei, neque sit
5 ignota consuetudo tua, contrarias in partes disserendi, quod ita facillime verum inveniri putes.'

Et Philus: 'Heia vero,' inquit, 'geram morem vobis,
et me oblinam sciens; quod quoniam qui aurum
quaerunt non putant sibi recusandum, nos cum ius-
10 titiam quaeramus, rem multo omni auro cariorem,
nullam profecto molestiam fugere debemus. Atque
utinam, quemadmodum oratione sum usurus aliena,
sic mihi ore uti liceret alieno! Nunc ea dicenda sunt
Lucio Furio Philo, quae Carneades, Graecus homo et
15 consuetus quod commodum esset verbis [* * *]

---

15 esset verbis / *Perierunt duo prima folia q.29*

---

14 [3.6.9 Z.] *Lact. Inst. 5.14.3–5* Carneades Academicae sectae
philosophus, cuius in disserendo quae vis fuerit, quod acumen, qui
nescit ipsum ex praedicatione Ciceronis intelleget, aut Lucili *(1.31
Marx)* . . . is cum legatus ab Atheniensibus Romam missus esset, disputavit de iustitia copiose, audiente Galba et Catone Censorio, maximis
tunc oratoribus; sed idem disputationem suam postridie contraria disputatione subvertit, et iustitiam, quam pridie laudaverat, sustulit, non
quidem philosophi gravitate, cuius firma et stabilis debet esse sententia,
sed quasi oratorio exercitii genere in utramque partem disserendi; quod
ille facere solebat, ut alios quidlibet asserentes posset refutare. Eam
disputationem qua iustitia evertitur, apud Ciceronem Lucius Philus
recordatur, credo (quoniam de re publica disserebat) ut defensionem
laudationemque eius induceret, sine qua putabat regi non posse rem
publicam; Carneades autem ut Aristotelem refelleret ac Platonem, iustitiae patronos, prima illa disputatione collegit ea omnia quae pro iustitia
dicebantur, ut posset illam, sicut fecit, evertere. *Cf. Lact. Epit. 50.5–8
(cf. supra, lib. II fr. 8 test.)* nec immerito exstitit Carneades, homo
summo ingenio et acumine, qui refelleret istorum orationem, et iustitiam quae fundamentum stabile non habebat everteret, non quia vituperandum esse iustitiam sentiebat, sed ut illos defensores eius
ostenderet nihil certi, nihil firmi de iustitia disputare.

---

1 <vix> *addidi*: verendum <non> est *Leopardi: tradita tuentur
post Maium alii, ut ironice dicta*: at qui *Walter*

[12]   **8.** [VIII] (PHILUS) '[* * * alter...] et reperiret et
tueretur, alter autem de ipsa iustitia quattuor imple-
vit sane grandes libros. Nam ab Chrysippo nihil
magnum nec magnificum desideravi, qui suo quodam more loquitur, ut omnia verborum momentis, 5
non rerum ponderibus examinet. Illorum fuit her-
oum, eam virtutem quae est una, si modo est, maxime munifica et liberalis, et quae omnes magis quam
sepse diligit, aliis nata potius quam sibi, excitare
iacentem, et in illo divino solio non longe a sapientia 10
[13] collocare; nec vero illis aut voluntas defuit (quae
enim eis scribendi alia causa aut quod omnino consilium fuit?) aut ingenium, quo omnibus praestiter-
unt; sed eorum et voluntatem et copiam causa vicit.
Ius enim, de quo quaerimus, civile est aliquod, 15
naturale nullum; nam si esset, ut calida et frigida
et amara et dulcia, sic essent iusta et iniusta eadem
omnibus.

[14]   **9.** [IX] 'Nunc autem, si quis illo Pacuviano inve-
hens alitum anguium curru multas et varias gentes et 20
urbes despicere et oculis collustrare possit, videat

---

1 205–6 = q. 29.3 et reperiret   17 iusta et in- /17–18 = q. 29.4
iusta eadem omnibus

---

9 aliis... quam sibi *Ambros. Off. 1.28.136*   15 sqq.   *Lact. Inst.*
5.16.2–3 Carneades ergo, quoniam erant infirma quae a philosophis
adserebantur, sumpsit audaciam refellendi, quia refelli posse intellexit.
Eius disputationis summa haec fuit: Iura sibi homines pro utilitate sanxisse, scilicet varia pro moribus, et apud eosdem pro temporibus saepe
mutata. Ius autem naturale esse nullum; omnes et homines et alias
animantes ad utilitates suas natura ducente ferri; proinde aut nullam
esse iustitiam, aut si sit aliqua, summam esse stultitiam, quoniam sibi
noceret alienis commodis consulens *(cont. sect. 12).*   19 *Pacu-*
vius incert. 36 Ribbeck

---

7 si modost *V*   9 sepse *V¹* cf. *Sen. Ep. 108.32: fort. mutatum in*
se ipse V²   17 et (amara) *V*: ut *Zell: del. Bréguet*   19 Pa-
cuiano *V¹*, -v- *add. V²*   20 anguium *ut vid. V²*: angulum *V¹*

primum in illa incorrupta maxime gente Aegyptiorum, quae plurimorum saeculorum et eventorum memoriam litteris continet, bovem quendam putari deum, quem Apim Aegyptii nominant, multaque alia
5 portenta apud eosdem et cuiusque generis beluas numero consecratas deorum; deinde Graeciae, sicut apud nos, delubra magnifica humanis consecrata simulacris, quae Persae nefaria putarunt; eamque unam ob causam Xerxes inflammari Atheniensium
10 fana iussisse dicitur, quod deos quorum domus esset omnis hic mundus, inclusos parietibus contineri nefas esse duceret. Post autem cum Persis et [15] Philippus qui cogitavit, et Alexander qui gessit, hanc bellandi causam inferebat quod vellet Graeciae
15 fana poenire; quae ne reficienda quidem Grai putaverunt, ut esset posteris ante oculos documentum Persarum sceleris sempiternum. Quam multi, ut Tauri in Axino, ut rex Aegypti Busiris, ut Galli, ut Poeni, homines immolare et pium et dis immortali-
20 bus gratissimum esse duxerunt! Vitae vero instituta sic distant, ut Cretes et Aetoli latrocinari honestum putent, Lacedaemonii suos omnes agros esse dictitarint quos spiculo possent attingere. Athenienses iurare etiam publice solebant, omnem suam esse ter-
25 ram quae oleam frugesve ferret; Galli turpe esse ducunt frumentum manu quaerere, itaque armati alienos agros demetunt. Nos vero iustissimi [16] homines, qui Transalpinas gentes oleam et vitem serere non sinimus, quo pluris sint nostra oliveta

---

14 causam infe- / 27–8 = q. 29.5 -rebat quod uellet

---

4 Aegyptii *delendum censuit Osann* nominant *Haupt*:
nomin... *(litterae si quae postea erant evanuerunt) V*: nominent
Mai 10 fana V^2: fama V^1 16 oculos *scripsi*: os *V* ocul-
fort. add. V^2 sed correctio si qua est sub textu Augustini latet 22 suos
V^2: nos V^1

nostraeque vineae! Quod cum facimus, prudenter
facere dicimur, iuste non dicimur—ut intellegatis discrepare ab aequitate sapientiam. Lycurgus autem, ille
legum optimarum et aequissimi iuris inventor, agros
locupletium plebi ut servitio colendos dedit.   5

[17]   10. [X] 'Genera vero si velim iuris, institutorum,
morum consuetudinumque describere, non modo in
tot gentibus varia, sed in una urbe, vel in hac ipsa,
milliens mutata demonstrem, ut hic iuris noster
interpres alia nunc Manilius iura dicat esse de   10
mulierum legatis et hereditatibus, alia solitus sit adulescens dicere nondum Voconia lege lata; quae quidem ipsa lex, utilitatis virorum gratia rogata, in
mulieres plena est iniuriae. Cur enim pecuniam non
habeat mulier? Cur virgini Vestali sit heres, non sit   15
matri suae? Cur autem, si pecuniae modus statuen-
dus fuit feminis, Publi Crassi filia posset habere,
si unica patri esset, aeris milliens salva lege, mea
triciens non posset? [* * *]

[18]   11. [XI] (PHILUS) '[* * * si natura] sanxisset iura   20
nobis, et omnes eisdem et idem non alias aliis uterentur. Quaero autem, si iusti hominis et si boni est
viri parere legibus, quibus? An quaecumque erunt?
At nec inconstantiam virtus recipit, nec varietatem
natura patitur; legesque poena, non iustitia nostra   25
comprobantur. Nihil habet igitur naturale ius; ex
quo illud efficitur, ne iustos quidem esse natura. An
vero in legibus varietatem esse dicunt, natura autem

---

2 iuste non dici- / 203–4 = q. 29.6 -mur ut intellegatis
19 triciens non posset / *Periit q. 29.7*   20–21 13–14 = q. 29.8*
sanxisset iura nobis

---

1 facimus *Osann*: faciamus *V*   10 Manilius *fort. delendum*
20 [natura] *add. Leopardi*: [si] *Mai²*   21 isdem *Mai*: idem *V*
23 erunt *V²*: erant *V¹*

viros bonos eam iustitiam sequi quae sit, non eam
quae putetur? Esse enim hoc boni viri et iusti, tribuere id cuique quod sit quoque dignum. Ecquid [19]
ergo primum mutis tribuemus beluis? Non enim
5 mediocres viri sed maximi et docti, Pythagoras et
Empedocles, unam omnium animantium condicionem
iuris esse denuntiant, clamantque inexpiabiles poenas
impendere eis a quibus violatum sit animale; scelus est
igitur nocere bestiae. Quod scelus qui velit [* * *]
10 **12.** [XV] (PHILUS) '[* * *] praeter Arcadas et [25]
Athenienses, qui, credo, timentes hoc interdictum
iustitiae ne quando exsisteret, commenti sunt se de
terra tamquam hos ex arvis musculos exstitisse.
  [XVI] 'Ad haec illa dici solent primum ab eis qui [26]
15 minime sunt in disserendo mali, qui in hac causa eo
plus auctoritatis habent, quia cum de viro bono

---

11 scelus qui uelit / *Periit q. 30.1*   10 *Hoc par foliorum, quae in suo
quaternione secundum et septimum fuerunt, Lactantii testimonium secutus (v. praef. p.ix) hic reposui*   10 1–2 (= q. 30.2?) praeter arcadas

---

10 *Lact. Inst. 5.16.4* Et inferebat haec argumenta: omnibus populis
qui florerent imperio, et Romanis quoque ipsis qui totius orbis potirentur, si iusti velint esse, hoc est si aliena restituant, ad casas esse
redeundum et in egestate ac miseriis iacendum. *Cf. Lact. Inst. 6.6.19
(= 22 Ziegler; sed apud Lact. illo loco nulla fit mentio Ciceronis) et
similiter 6.9.2–4 et Tert. Apol. 25.14–15 (= 20 Ziegler)   Aug. Civ. Dei
19.21.36–41* Cum . . . ageretur pro iniustitiae partibus contra iustitiam,
et diceretur nisi per iniustitiam rem publicam stare augerique non
posse, hoc veluti validissimum positum erat, iniustum esse ut
homines hominibus dominantibus serviant, quam tamen iniustitiam
nisi sequatur imperiosa civitas cuius est magna res publica, non eam
posse provinciis imperare . . .

---

3 cuique *V² *ap. Ziegler*: quoique *Mai*: quiq. *V* q- *fort. in* c-
mutavit V²   8 animale *V¹*: -e *erasum, sed clausulam adiuvat*
15 hac *V²*: ea *V¹*

quaeritur, quem apertum et simplicem volumus
esse, non sunt in disputando vafri, non veteratores,
non malitiosi: negant enim sapientem idcirco virum
bonum esse quod eum sua sponte ac per se bonitas et
iustitia delectet, sed quod vacua metu, cura, sollici-   5
tudine, periculo vita bonorum virorum sit, contra
autem improbis semper aliqui scrupus in animis
haereat, semper eis ante oculos iudicia et supplicia
versentur; nullum autem emolumentum esse, nullum
iniustitia partum praemium tantum, semper ut   10
timeas, semper ut adesse, semper ut impendere ali-
[27] quam poenam putes. Damna [∗ ∗ ∗]

   13. [XVII] (PHILUS) 'Quaero, si duo sint, quorum
alter optimus vir, aequissimus, summa iustitia, singulari fide, alter insigni scelere et audacia, et si in eo   15
sit errore civitas ut bonum illum virum sceleratum
facinerosum nefarium putet, contra autem <eum>
qui sit improbissimus existimet esse summa probi-
tate ac fide, proque hac opinione omnium civium
bonus ille vir vexetur, rapiatur, manus ei denique   20
auferantur, effodiantur oculi, damnetur, vinciatur,

---

12 poenam putes damna / *Perierunt quattuor folia interiora huius
quaternionis*

2–3 non sunt... malitiosi *Non. 19.33* s.v. vafrum   13 *Lact.
Inst. 5.12.5–6* Est apud Ciceronem non abhorrens a vero locus in ea
disputatione quae habetur a Furio contra iustitiam: 'Quaero,' inquit,
'si duo sint... qui dubitet utrum se esse malit?' 20 sqq. *Cf.
ibid. 5.18.9* si, ut Furius dicebat, rapiatur vexetur exterminetur
egeat, auferantur ei manus, effodiantur oculi, damnetur vinciatur
uratur, miseris etiam modis necetur...

---

11 adesse <supplicium> *Watt*   17 eum *add. Baiter, ante*
existimet *Moser, ante* esse *cod. Monac. Lactantii:*   existimetur *Heu-
mann*   21 auferantur *dupl. test. apud Lact.:* afferantur *coni. Mai,
sed exspectes* praecidantur

uratur, exterminetur, egeat, postremo iure etiam
optimo omnibus miserrimus esse videatur, contra
autem ille improbus laudetur, colatur, ab omnibus
diligatur, omnes ad eum honores, omnia imperia,
5 omnes opes, omnes undique copiae conferantur, vir
denique optimus omnium existimatione et dignissi-
mus {omni} fortuna optima iudicetur, quis tandem
erit tam demens qui dubitet utrum se esse malit?

14. [XVIII] 'Quod in singulis, idem est in popu- [28]
10 lis; nulla est tam stulta civitas quae non iniuste
imperare malit quam servire iuste. Nec vero longius
abibo: consul ego quaesivi, cum vos mihi essetis in
consilio, de Numantino foedere. Quis ignorabat
Quintum Pompeium fecisse foedus, eadem in
15 causa esse Mancinum? Alter, vir optimus, etiam
suasit rogationem, me ex senatus consulto ferente,
alter acerrime se defendit. Si pudor quaeritur, si
probitas, si fides, Mancinus haec attulit; si
ratio consilium prudentia, Pompeius antistat.
20 Utrum [* * *]

15. [XIX] (PHILUS) 'Bonus vir si habeat servum [29]
fugitivum vel domum insalubrem ac pestilentem,

---

1 11–12 (= q. 30.7?) -netur egeat (-netur...malit *duplex test. cum
Lactantio*)   20 utrum / *Periit q. 30.8*

21 *Lact. Inst. 5.16.5–8* Tum omissis communibus ad propria veniebat. 'Bonus vir,' inquit, 'si habeat... malle magno.' Unde intellegi
volebat, et eum qui sit iustus ac bonus stultum esse, et eum qui
sapiens malum, et tamen sine pernicie fieri posse ut sint homines
paupertate contenti. *Cf. Lact. Inst. 5.17.32; Cic. Off. 3.54*

---

2 optimo *bis V, alterum deletum esse Zieglero videbatur*   5 undique *V*: denique *codd. Lact.*   7 {omni} *V et Lact., del. Moser*
optima *V, om. Lact.*   9 idem est *coni. Moser*: id est *V*
10 iniuste *Mai,* *V^2 ap. Ziegler*: iniustae *V*   11 iuste V^2: iustae V^1

quae vitia solus sciat, et ideo proscribat ut vendat,
utrumne profitebitur fugitivum se servum vel pestilentem domum vendere, an celabit emptorem? Si
profitebitur, bonus quidem, quia non fallet, sed
tamen stultus iudicabitur, quia vel parvo vendet ₅
vel omnino non vendet; si celabit, erit quidem sapiens, quia rei consulet, sed idem malus, quia fallet.
Rursus si reperiat aliquem qui orichalcum se
putet vendere, cum sit illud aurum, aut plumbum,
cum sit argentum, tacebitne ut id parvo emat, an ₁₀
indicabit ut magno? Stultum plane videtur
malle magno.

[30]   16. [XX] (PHILUS) 'Nempe iustitia est hominem
non occidere, alienum prorsus non attingere. Quid
ergo iustus faciet, si forte naufragium fecerit, ₁₅
et aliquis imbecillior viribus tabulam ceperit?
Nonne illum tabula deturbabit, ut ipse conscendat,
eaque innixus evadat, maxime cum sit nullus medio
mari testis? Si sapiens est, faciet; ipsi enim pereun-
dum est nisi fecerit; si autem mori maluerit quam ₂₀
manus inferre alteri, iam iustus ille sed stultus est,
qui vitae suae non parcat dum parcit alienae. Item si
acie suorum fusa, hostes insequi coeperint, et iustus
ille nactus fuerit aliquem saucium equo insidentem,
eine parcet ut ipse occidatur, an deiciet ex equo ut
ipse hostem possit effugere? Quod si fecerit, sapiens

---

13 *Lact. Inst. 5.16.9–11* Transcendebat ergo ad maiora, in quibus
nemo posset sine periculo vitae iustus esse. Dicebat enim: 'Nempe
iustitia est ... stultus sit necesse est'. *Cf. Lact. Inst. 5.17.9–10* Iustus,
inquit, si aut equum saucio aut tabulam naufrago non ademerit, ut
ipse animam suam liberet, stultus est; *5.17.22* Stultitia est, inquit,
alienae animae parcere cum pernicie suae; *ibid. 5.17.32; v. etiam Cic.
Fin. 2.59* Si scieris, inquit Carneades, aspidem latere uspiam, et velle
aliquam imprudentem super eam assidere, cuius mors tibi emolumentum futura sit, improbe feceris, nisi monueris ne assidat, sed impunite
tamen; scisse enim te quis coarguere possit? *et Off. 3.90*

sed idem malus; si non fecerit, iustus sed idem
stultus sit necesse est.

17. [XIII] (PHILUS) '[* * *] Sunt enim omnes qui [23]
in populum vitae necisque potestatem habent tyr-
5 anni, sed se Iovis Optimi nomine malunt reges
vocari. Cum autem certi propter divitias aut genus
aut aliquas opes rem publicam tenent, est factio, sed
vocantur illi optimates. Si vero populus plurimum
potest, omniaque eius arbitrio reguntur, dicitur illa
10 libertas, est vero licentia. Sed cum alius alium timet
et homo hominem et ordo ordinem, tum quia sibi
nemo confidit, quasi pactio fit inter populum et
potentes; ex quo exsistit id quod Scipio laudabat,
coniunctum civitatis genus. Etenim iustitiae non nat-
15 ura nec voluntas, sed imbecillitas mater est. Nam
cum de tribus unum est optandum, aut facere iniuriam nec accipere, aut et facere et accipere, aut
neutrum, optimum est facere impune si possis,
secundum nec facere nec pati, miserrimum digladiari
20 semper tum faciendis, tum accipiendis iniuriis. Ita
qui primum illud assequi [* * *]

---

3 *Restat unum par foliorum ex Phili oratione, propius autem fini quam
initio, ut ex Lact. colligi potest (ergo fort. ex q. 33 vel 34); quae in suo
quaternione secundum fuerunt et septimum*   57–8 sunt enim omnes
21 illud adsequi / *Perierunt quattuor folia interiora huius quaternionis*

---

7 tenent *Moser*: teneant *V*   9 reguntur *V*: geruntur *Müller*
14 civitatis V^2 ut vid. *(correctio obscurata)*: ciuitates V^1 16 est
Müller: esset *V* *(locus obscuratus)*

[24]   **18.** [XV] (PHILUS) '[* * *] omni.....tote. Sapientia iubet augere opes, amplificare divitias, proferre fines—unde enim esset illa laus in summorum imperatorum incisa monumentis, "fines imperi propagavit", nisi aliquid de alieno accessis- 5 set?—imperare quam plurimis, frui voluptatibus, pollere, regnare, dominari; iustitia autem praecipit parcere omnibus, consulere generi hominum, suum cuique reddere, sacra publica aliena non tangere. Quid igitur efficitur, si sapientiae pareas? Divitiae, 10 potestates, opes, honores, imperia, regna, vel privatis vel populis. Sed quoniam de re publica loquimur— sunt illustriora quae publice fiunt—quoniamque eadem est ratio iuris in utroque, de populi sapientia

---

1 47–8 omni m...tote

---

1 *Lact. Inst.* 5.16.12–13 Ita ergo iustitiam cum in duas partes divisisset, alteram civilem esse dicens, alteram naturalem, utramque subvertit, quod illa civilis sapientia sit quidem, sed iustitia non sit, naturalis autem illa iustitia sit quidem, sed non sit sapientia. Arguta haec plane ac venenata sunt, et quae M. Tullius non potuit refellere; nam cum facit Laelius Furio respondentem pro iustitiaque dicentem, inrefutata haec tamquam foveam praetergressus est, ut videatur idem Laelius non naturalem, quae in crimen stultitiae venerat, sed illam civilem defendisse iustitiam, quam Furius sapientiam quidem esse concesserat, sed iniustam.   2 sapientia iubet proferre [proferre *om.* A^A] opes, amplificare divitias *Non.* 374.23 s.v. proferre. *Cf. Ambros. Off.* 1.28.137

---

1 *pagina 47 lectu difficillima   initio paginae* omni m[od..] tote (*vel* totae) *legisse mihi visus sum:* omnimo...*iam legerat Detlefsen:* omni mementote *Ziegler:* omnibus quaeritote *Mai*   2 sapientia *Non.:* sapientia *vel* sapientiae *V*   iubet V^2 *ut vid.:* iuuet V^1 3 proferre fines *Mai:* proferr[......] *neque amplius legere potui*   3–4 esset ...incisa monumentis *locum valde obscuratum primus recte legit Detlefsen (prorsus aliter Mai)*   6 imperare: imperio *Jos. Vict. Clericus ap. Vaucher, ut efficeretur* nisi aliquid de alieno accessisset imperio? – quam plurimis frui voluptatibus   9 reddere *et* publica *legere non potui; Maium ceterosque secutus sum*

dicendum puto, et iam omittam alios: noster hic populus, quem Africanus hesterno sermone a stirpe repetivit, cuius imperio iam orbis terrae tenetur, iustitia an
sapientia est e minimo omnium [maximus factus? * * *]

5   **19.** [XXI] sed iuventuti nostrae minime audiendus; [**32**]
quippe si ita sensit ut loquitur, est homo impurus; sin
aliter, quod malo, oratio est tamen immanis.

20. (SCIPIO) Non gravarer, Laeli, nisi et hos velle
putarem et ipse cuperem te quoque aliquam partem
10   huius nostri sermonis attingere, praesertim cum
heri ipse dixeris te nobis etiam superfuturum. Verum
id quidem fieri non potest; ne desis omnes te rogamus.

---

4 minimo omnium / *Perierunt omnia usque ad finem quaternionis
39: Laeli oratio scilicet manibus omnium tractata graviore damno adfli-
gebatur*

5–7 *Non. 324.15* impurus...M. Tullius de republica lib. III 'sed
iuventuti...impurus'; *Non. 323.18* immanis...M. Tullius de republica lib. III 'quippe si ita...immanis'. *Ad principium orationis Laeli
rettulit Mai*   8 *Gellius 1.22.8* 'Non gravarer...rogamus' *(de
verbo 'superesse')*   *Testimonia de oratione Laeli: Cic. Fin. 2.59*
Perspicuum est enim, nisi aequitas, fides, iustitia proficiscantur a natura, et si omnia haec ad utilitatem referantur, virum bonum non posse
reperiri; deque his rebus satis multa in nostris de re publica libris sunt
dicta a Laelio. *Cf. Lael. 25. Aug. Civ. Dei 2.21.42–6* Tum Laelius rogan-
tibus omnibus iustitiam defendere adgressus est, adseruitque quantum
potuit nihil tam inimicum quam iniustitiam civitati nec omnino nisi
magna iustitia geri aut stare posse rem publicam.   *Aug. Civ. Dei
19.21.11–33* Quid autem dicat iuris consensum *(cf. 1.39)* disputando
explicat, per hoc ostendens geri sine iustitia non posse rem publicam
(cf. 2.70). Ubi ergo iustitia vera non est, nec ius potest esse; quod enim
iure fit, profecto iuste fit, quod autem fit iniuste, nec iure fieri potest.
Non enim iura dicenda sunt vel putanda iniqua hominum constituta
(cf. Leg. 1.42), cum illud etiam ipsi ius esse dicant quod de iustitiae fonte
manaverit, falsumque esse quod a quibusdam non recte sentientibus
dici solet, id esse ius quod ei qui plus potest utile est.

---

1 et: ut *Heinrich*   4 [maximus factus] *Mai²*   5 iuventuti
Junius: uentuuti *codd. LBᴬ Nonii:* uentuiti *Aᴬ*   13 quidem:
quoniam *vel* si quidem *Leopardi*

Fragmenta orationis Laeli

De iure imperandi ac serviendi

[36] **21.** [XXIV] An non cernimus optimo cuique dominatum ab ipsa natura cum summa utilitate infimorum datum? Cur igitur deus homini, animus imperat corpori, ratio libidini iracundiaeque et ceteris vitiosis eiusdem animi partibus?   5

[37] **22.** [XXV] Sed et imperandi et serviendi sunt dissimilitudines cognoscendae. Nam ut animus corpori dicitur imperare, dicitur etiam libidini, sed corpori ut rex civibus suis aut parens liberis, libidini autem ut servis 10 dominus, quod eam coercet et frangit. Sic regum, sic imperatorum, sic magistratuum, sic patrum, sic populorum imperia civibus sociisque

---

1–5 *Aug. Contra Iulianum 4.12.61* Audi manifestiora, quae dicat in eodem ipso libro de republica tertio, cum ageret de causa imperandi: 'An non, inquit, cernimus...partibus?' Cf. *Aug. Civ. Dei 19.21.34–5* Disputatur certe acerrime atque fortissime in eisdem ipsis de re publica libris adversus iniustitiam pro iustitia... responsum est a parte iustitiae, ideo iustum esse, quod talibus hominibus sit utilis servitus, et pro utilitate eorum fieri, cum recte fit, id est, cum improbis aufertur iniuriarum licentia, et domiti melius se habebunt, quia (qui *Leopardi*) indomiti deterius se habuerunt, subditumque est, ut ista ratio firmaretur, veluti a natura sumptum nobile exemplum atque dictum est: 'Cur igitur deus homini, animus imperat corpori, ratio libidini ceterisque vitiosis animi partibus?'   6 *Aug. Civ. Dei 19.21.42–9* Adhuc audi; paulo post enim: 'Sed et imperandi et serviendi, inquit, sunt dissimilitudines ...ut perturbationes ceteras.' Cf. *Civ. Dei 14.23.26–30 et Contra Iul. loc. cit.*

praesunt, ut corporibus animus; domini autem servos
ita fatigant, ut optima pars animi, id est sapientia,
eiusdem animi vitiosas imbecillasque partes, ut
libidines, ut iracundias, ut perturbationes ceteras.
5   **23.** Est enim genus iniustae servitutis, cum ei
sunt alterius qui sui possunt esse; cum autem hi
famulantur . . .

De iure belli

24. [XXIII] *nullum bellum suscipi a civitate optima nisi* [34]
aut pro fide aut pro salute
10   **25.** Illa iniusta bella sunt quae sunt sine causa [35]
suscepta, nam extra <quam> ulciscendi aut propul-
sandorum hostium causa bellum geri iustum nullum
potest. . . . Nullum   bellum   iustum   habetur   nisi
denuntiatum, nisi indictum, nisi de repetitis rebus.
15   **26.** Noster autem populus sociis defendendis terrarum iam omnium potitus est

De lege naturae

27. [XXII] (LAELIUS) 'Est quidem vera lex recta [33]
ratio naturae congruens, diffusa in omnes, constans,

5–7 *Non. 109.2* famulantur . . . M. Tullius de republica lib.
III 'est enim . . . famulantur'.   8–9 *Aug. Civ. Dei 22.6.75* Scio
in libro Ciceronis tertio, nisi fallor, de re publica disputari,
nullum . . . salute.   10–14 *Isid. Etym. 18.1.2–3* De quo (sc. iniusto
bello) in republica Cicero dicit: 'Illa iniusta bella . . . nullum potest.' Et
hoc idem Tullius parvis interiectis subdidit: 'Nullum bellum iustum . . . repetitis rebus.' *Cf. Cic. Off. 1.36. Locum huc rettulit
Mai*   15–16 *Non. 498.18* genetivus pro ablativo . . . M. Tullius de
republica lib. III 'Noster autem populus . . . potitus est.'   17 *Lact.
Inst. 6.8.6–9* Suscipienda igitur Dei lex est quae nos ad hoc iter dirigit,
illa sancta, illa caelestis, quam Marcus Tullius in libro de republica
tertio paene divina voce depinxit, cuius ego, ne plura dicerem, verba
subieci: 'Est quidem . . . putantur effugerit.' *Cf. Cic. Leg. 1.19.*

5 ei *C.F.Müller:* hi *codd. Nonii*   11 <quam> *add. Ziegler*

sempiterna, quae vocet ad officium iubendo, vetando
a fraude deterreat; quae tamen neque probos frustra
iubet aut vetat, nec improbos iubendo aut vetando
movet. Huic legi nec obrogari fas est neque derogari
aliquid ex hac licet, neque tota abrogari potest. Nec 5
vero aut per senatum aut per populum solvi hac lege
possumus, neque est quaerendus explanator aut
interpres Sextus Aelius; nec erit alia lex Romae, alia
Athenis, alia nunc, alia posthac, sed et omnes gentes
et omni tempore una lex et sempiterna et immutabilis 10
continebit, unusque erit communis quasi magister et
imperator omnium deus; ille legis huius inventor,
disceptator, lator, cui qui non parebit ipse se fugiet,
ac naturam hominis aspernatus hoc ipso luet maximas poenas, etiamsi cetera supplicia quae putantur 15
effugerit.

De virtutis praemiis et poenis improbitatis

[40] **28.** [XXVIII] Vult paene virtus honorem, nec est
virtutis ulla alia merces; quam tamen illa accipit facile, exigit non acerbe.

    29. Huic tu viro quas divitias obicies, quae imperia, 20
quae regna, qui ista putat humana, sua bona divina
iudicat?

17–19 *Lact. Inst. 5.18.4* Apud Ciceronem idem ille iustitiae defen-
sor Laelius: 'Vult, inquit, paene virtus honorem, nec est virtutis
ulla alia merces.' Est plane, et quidem virtute dignissima, quam tu,
Laeli, numquam poteras suspicari, nihil enim divinarum noveras
litterarum. 'Quam tamen illa,' inquit, 'accipit facile, exigit non
acerbe'   20–22 *Lact. Inst. ibid.* Erras vehementer, si putas ab
homine praemium solvi posse virtuti, cum ipse alio loco verissime
dixeris: 'Huic tu viro . . . iudicat?' *Cf. Lact. Inst. 5.22.7*

30a. Pyrrhi videlicet largitas...aut Samnitium copiae Curio defuerunt.

30b. Cuius etiam focum Cato ille noster, cum venerat ad se in Sabinos, ut ex ipso audiebamus,
5 visere solebat; apud quem sedens ille Samnitium, quondam hostium, tum iam clientium suorum, dona relegaverat.

31. Sed si aut ingrati universi, aut invidi multi, aut inimici potentes suis virtutem praemiis spoliant,
10 ne illa se multis solaciis oblectat, maximeque suo decore se ipsa sustentat.

32. *Herculem et Romulum ex hominibus deos esse factos*...quorum non corpora sunt in caelum elata (neque enim natura pateretur ut id quod esset e terra
15 nisi in terra maneret)...

1–2 *Non. 132.17* largitas...M. Tullius de republica lib. III 'Pyrrhi videlicet...defuerunt'. 3–7 *Non. 522.26* 'aput...M. Tullius de republica lib. III 'cuius etiam focum...relegaverat'. *Cf. id. 68.15 ubi corruptus et decurtatus textus exhibetur* 'M. Tullius de Officiis <✱ ✱ ✱> cuius (*om. L*) focum mirari solitus Cato (*H²:* capto *rell.*), apud quem ille sedens Samnitum, quondam hostium, iam clientium suorum (suo re *L*), munera repudiaverat.' 8–9 *Lact. Inst. 5.18.4* Quis ergo te sapientem, Laeli, putet, cum ipse tibi loquare contraria, et paulo post virtuti adimas quae dedisti?...deinde quid adiungis? 'Sed si...spoliant'... 10–11 *Lact. Inst. ibid.* 'ne illa se,' inquit, 'multis ...sustentat'. 13–15 *Aug. Civ. Dei 22.4.1–9*...acute sibi argumentari videntur adversus corporum resurrectionem et dicere quod in tertio de re publica libro a Cicerone commemoratum est. Nam cum Herculem et Romulum ex hominibus deos esse factos asseveraret, 'Quorum non corpora, inquit,...in terra maneret.' *Cf. etiam ad 2.18–19 et Lact. Inst. 1.18.11*

---

1 videlicet *Lambinus:* videt *codd. Nonii post* largitas: acos *habent codd. Nonii:* a consule *Mai sine sensu:* consulibus *Lambinus:* Fabricio *temere Iunius,* Fabricio consuli *quidam ap. Müller* 2 copiae *Mai:* copia *codd. Nonii*

[34] **33.** [XXIII] Sed his poenis quas etiam stultissimi
sentiunt, egestate exilio vinculis verberibus, elabun-
tur saepe privati oblata mortis celeritate. Civitatibus
autem mors ipsa poena est, quae videtur a poena
singulos vindicare; debet enim constituta sic esse 5
civitas ut aeterna sit. Itaque nullus interitus est rei
publicae naturalis, ut hominis, in quo mors non
modo necessaria est, verum etiam optanda persaepe,
civitas autem cum tollitur deletur exstinguitur, simile est quodammodo (ut parva magnis conferamus) ac 10
si omnis hic mundus intereat et concidat.

Conclusio orationis Laeli

[41] **34.** [XXIX] '[* * *] Asia Ti. Gracchus, perseveravit
in civibus, sociorum nominisque Latini iura neglexit
ac foedera. Quae si consuetudo ac licentia manare
coeperit latius, imperiumque nostrum ad vim a iure 15
traduxerit, ut qui adhuc voluntate nobis oboediunt
terrore teneantur, etsi nobis qui id aetatis sumus evi-
gilatum fere est, tamen de posteris nostris et de illa
immortalitate rei publicae sollicitor, quae poterat esse
perpetua si patriis viveretur institutis et moribus.' 20

[42] [XXX] Quae cum dixisset Laelius, etsi omnes qui
aderant significabant ab eo se esse admodum delec-
tatos, tamen praeter ceteros Scipio quasi quodam
gaudio elatus, 'Multas tu quidem,' inquit, 'Laeli,

---

12 249–50 = q. 40.1 asia ti. gracchus

1–11 *Aug. Civ. Dei 22.6.80* 'Sed his poenis,' inquit, 'quas etiam
... intereat et concidat.'

---

15 nostrum *Mai*: nostram *V*   18 ferest *V*

saepe causas ita defendisti ut ego non modo tecum
Servium Galbam, collegam nostrum, quem tu quoad
vixit omnibus anteponebas, verum ne Atticorum
quidem oratorum quemquam aut sua[vitate * * *]
5   **35.** [XXXI] (Scipio) '[* * *] reportare. Ergo illam [**43**]
rem populi (id est rem publicam) quis diceret tum
cum crudelitate unius oppressi essent universi,
neque esset unum vinculum iuris nec consensus ac
societas coetus, quod est populus? Atque hoc idem
10 Syracusis: urbs illa praeclara, quam ait Timaeus

---

4 quemquam aut sua- / *Perierunt sex folia interiora q. 40*   5 251–2
= q. 40.8* *(numerus quaternionis autem aegre legitur)* reportare ergo

---

5 init. *Ad sensum explendum cf. Cic. Verr. II 4.33* in eis quae sunt
reddita Agrigentinis fuit etiam ille nobilis taurus... quem taurum
Scipio cum redderet Agrigentinis, dixisse dicitur, aequum esse illud
cogitare, utrum esset Siculis utilius, suisne servire an populo Romano
obtemperare. *Huc refertur etiam fr. (sine attributione operis) ap. schol.
Juv. 6.468* Cicero dixit: 'inclusorum hominum gemitu mugiebat
taurus'.   5–6 *Cf. Aug. Civ. Dei 2.21.47–66* Qua quaestione (*cf.
supra p. 105*) quantum satis visum est pertractata, Scipio ad intermissa
revertitur, recolitque suam atque commendat brevem rei publicae
definitionem, qua dixerat eam esse rem populi, populum autem non
omnem coetum multitudinis, sed coetum iuris consensu et utilitatis
communione sociatum esse determinat. Docet deinde quanta sit in
disputando definitionis utilitas, atque ex illis suis definitionibus colligit tunc esse rem publicam, id est rem populi, cum bene ac iuste
geritur sive ab uno rege sive a paucis optimatibus sive ab universo
populo. Cum vero iniustus est rex, quam tyrannum more Graeco
appellavit, aut iniusti optimates, quorum consensum dixit esse factio-
nem, aut iniustus ipse populus, cui nomen usitatum non repperit nisi
ut etiam ipsum tyrannum vocaret, non iam vitiosam, sicut pridie
fuerat disputatum, sed sicut ratio ex illis definitionibus conexa docuisset, omnino nullam esse rem publicam, quoniam non esset res
populi, cum tyrannus eam factiove capesseret, nec ipse populus iam
populus esset, si esset iniustus, quoniam non esset multitudo iuris
consensu et utilitatis communione sociata, sicut populus fuerat definitus. *Similia inveniuntur in Civ. Dei 19.21.10–26.*

---

4 sua[vitate] *suppl. Mai*   7 universi *Mai,* *V^2 *ap. Ziegler:* uni-
uiuersi *V*

Graecarum maximam, omnium autem esse pulcherrimam, arx visenda, portus usque in sinus oppidi et
ad urbis crepidines infusi, viae latae, porticus templa
muri, nihilo magis efficiebant Dionysio tenente ut
esset illa res publica; nihil enim populi, et unius 5
erat populus ipse. Ergo ubi tyrannus est, ibi non
vitiosam, ut heri dicebam, sed ut nunc ratio cogit,
dicendum est plane nullam esse rem publicam.'

[**44**]   [XXXII] 'Praeclare quidem dicis,' Laelius; 'etenim video iam quo pergat oratio.'   10

'Vides igitur ne illam quidem quae tota sit in fac-
tionis potestate, posse vere dici rem publicam?'

'Sic plane iudico.'

'Et rectissime quidem iudicas. Quae enim fuit tum
Atheniensium res, cum post magnum illud Pelopon- 15
nesiacum bellum triginta viri illi urbi iniustissime
praefuerunt? Num aut vetus gloria civitatis, aut species praeclara oppidi, aut theatrum, gymnasia, porticus, aut Propylaea nobilia aut arx, aut admiranda
opera Phidiae, aut Piraeus ille magnificus rem pub- 20
licam efficiebat?'

'Minime vero,' Laelius, 'quoniam quidem populi
res non erat.'

'Quid cum decemviri Romae sine provocatione
fuerunt tertio illo anno, cum vindicias amisisset ipsa 25
libertas? Populi nulla res erat; immo vero id populus
[**45**] egit ut rem suam recuperaret. [XXX] Venio nunc ad
tertium genus illud, in quo esse videbuntur fortasse
angustiae. Cum per populum agi dicuntur et esse in

13–14 iudico et / 109–10 = q. 41.1 rectissime

---

2 oppidi V^2 *ut vid., ut coni. Leopardi*: oppidis V^1 19 arx
Mai, *V^2 *ap. Ziegler 'nisi fallor'*: ara V 29 esse (in populi
potestate) *Mai*, *V^2 *ap. Ziegler*: ea se V

populi potestate omnia, cum de quocumque vult
supplicium sumit multitudo, cum agunt, rapiunt,
tenent, dissipant quae volunt, potesne tum, Laeli,
negare rem esse illam publicam, cum populi sint
5 omnia—quoniam quidem populi esse rem volumus
rem publicam?'

Tum Laelius: 'Ac nullam quidem citius negaverim
esse rem publicam, quam istam quae tota plane sit in
multitudinis potestate. Nam si nobis non placebat
10 Syracusis fuisse rem publicam neque Agrigenti,
neque Athenis cum essent tyranni neque hic cum
decemviri, non video qui magis in multitudinis dominatu rei publicae nomen appareat, quia primum
mihi populus non est, ut tu optime definisti, Scipio,
15 nisi qui consensu iuris continetur, sed est tam tyrannus iste conventus quam si esset unus, hoc etiam
taetrior, quia nihil ista quae populi speciem et
nomen imitatur immanius belua est. Nec vero convenit, cum furiosorum bona legibus in agnatorum
20 potestate sint, quod eorum iam [* * *]

---

2 multitudo   cum   /   299–300   =   q.   41.2   agunt
rapiunt   20 eorum iam / *Perierunt q. 41.3–6*

---

1 omnia *bis V, alterum expunctum affirmat Ziegler*   2 *p.* 299
lectu difficillima   4 rem esse illam *Mai*: rem.... illa. *nec amplius*
legere potui   7 negaverim...non placebat *'certo' se legisse affir-*
mat Ziegler (v. eius praef. p. xxxiii): negaverim esse rem publicam
quam quae tota sit in multitudinis potestate: plane ut nobis non
placebat *legerat Mai*: nega *et* non placebat *nec amplius legere potui*:
pro nam si nobis *legit* mo...nobis *Van Buren, ex quo* modo ut nobis
olim Ziegler   11 neque hic *Ziegler, illo* -c *addito a* V^2 *(ut legit*
Detlefsen): ne[.]hi *nec amplius legere potui*: neque Romae *coni.*
Mai   12 non *legi sicut Ziegler*: nec *Mai*   13 quia *Mai, *V*
ap. Ziegler: qui *V ut vid.*   18 belua est *Mai*: uelbast *V,* uelba *in*
belua *mutatum affirmat Ziegler*   18–19 convenit *$*V^2$ ap. Mai*:
conuernit *V*

[46]   **36.** [XXXIV] (Scipio) '[* * * eadem] dici possint,
cur illa sit res publica resque populi, quae sunt dicta
de regno.'

'Et multo etiam magis,' inquit Mummius; 'nam in
regem potius cadit domini similitudo, quod est unus;   5
plures vero boni in qua re publica rerum potientur,
nihil poterit esse illa beatius. sed tamen vel regnum
malo quam liberum populum; id enim tibi restat
genus vitiosissimae rei publicae tertium.'

[47]   [XXXV] Hic Scipio: 'Agnosco,' inquit, 'tuum   10
morem istum, Spuri, aversum a ratione populari; et
quamquam potest id lenius ferri quam tu soles ferre,
tamen assentior nullum esse de tribus his generibus
quod sit probandum minus; illud tamen non tibi
assentior, tantum praestare regi optimates. Si enim   15
sapientia est quae gubernet rem publicam, quid tandem interest haec in unone sit an in pluribus? Sed
errore quodam fallimur ita disputando. Cum enim
optimates appellantur, nihil potest videri praestabilius; quid enim optimo melius cogitari potest? Cum   20
autem regis est facta mentio, occurrit animis rex
etiam iniustus; nos autem de iniusto rege nihil
loquimur nunc, cum de ipsa regali re publica quaerimus. Quare cogitato Romulum aut Pompilium

---

1 297–8 = q. 41.7 dici possint   19 nihil potest ui- / 115–6 = q.
41.8* -deri praestabilius

---

10 Hic *Mai, nisi quod 'heic' scripsit*: huc V: ad hunc *Ziegler, qui id
certo se legisse autumat: illius* ad *nulla vestigia vidi, neque* huc *in* hunc
correctum esse videtur   11 *ratione populari* V: *primus recte legit
Ziegler, at coniecerat Mai qui* populifiet *legisse se credebat*   14–
15 *tibi assentior tantum scripsi*: tibi sentio auttu V^1, auttu *in* tantum
mutasse videtur V^2 *ut coni. Castiglioni, etsi locus est perdifficilis lectu*:
ad- *pro nostro* tibi *legit Mai*: *quod nos* t-, -r *legit Ziegler*: *pro* auttu *legit
Mai* autbi: *hic Ziegler correcturam se certo legere non potuisse fassus
est*   17 *in unone Mai*, *V^2 ap. Ziegler*: iunone V *in pluribus
Mai*, *V^2 ap. Ziegler*: pluribus in V

aut Tullium regem: fortasse non tam illius te rei
publicae paenitebit.'

'Quam igitur relinquis populari rei publicae lau- [48]
dem?'

5 Tum ille: 'Quid, tibi tandem, Spuri, Rhodiorum,
apud quos nuper fuimus una, nullane videtur esse res
publica?'

'Mihi vero videtur, et minime quidem vituperanda.'

10 'Recte dicis. Sed si meministi, omnes erant idem
tum de plebe, tum senatores, vicissitudinesque habebant quibus mensibus populari munere fungerentur,
quibus senatorio; utrubique autem conventicium
accipiebant; et in theatro et in curia res capitales et
15 reliquas omnes iudicabant idem; tantum poterat tan-
tique erat quanti multitudo [* * *]'

Fragmenta incertae sedis libro III attributae

1. [XIV 24] Nam cum quaereretur ex eo, quo scelere impulsus mare haberet infestum uno myo-
parone, 'eodem' inquit 'quo tu orbem terrae'.

---

16 multitudo/

17–19 *Non. 125.12* infestum mare haberet . . . M.Tullius de republica lib. III 'Nam cum . . . orbem terrae', *318.18* s.v. habere, *534.14* s.v.
myoparo. *Cf. Aug. Civ. Dei 4.4.8–14* Eleganter enim et veraciter
Alexandro illi magno quidam comprehensus pirata respondit; nam
cum idem rex hominem interrogaret, quid ei videretur ut mare
haberet infestum, ille libera contumacia, 'quod tibi' inquit 'ut orbem
terrarum, sed quia ego exiguo navigio facio, latro vocor, quia tu
magna classe, imperator'. *Hunc fr. ad Phili orationem rettulit Mai*

---

1 aut Tullium *coni. Mai*: aut Tullum V^2 *ut vid.*: autullum V^1
fortasse *Halm*, **V ap. Ziegler:* forta . . . V^1: *potest esse correctio aliqua
sed sub textu Augustini latet*   18 impulsus *codd. Nonii p. 534.14 et
H^3 p. 318.8 ubi ceteri habent* impulsum: compulsus *Non. 125.12*

2. [XXX 42] Duas sibi res, quominus in vulgus et in foro diceret, confidentiam et vocem, defuisse.

3. [XXVIII 40] Numquam viri fortissimi fortitudinis, impigritatis, patientiae ...

4. [fr. 2] †Sed ut ipsi seu animum periclitentur sum 5 vident quid se putent esse facturos†

5. [fr. 3] Poeni primi mercaturis et mercibus suis avaritiam et magnificentiam et inexplebiles cupiditates omnium rerum importaverunt in Graeciam.   10

6a. [fr. 4] Sardanapallus ille vitiis multo quam nomine ipso deformior.

6b. Ea incidi iussit in busto

1–2 *Non. 262.24* confidentia ... M. Tullius de republica lib. III 'Duas sibi ... defuisse'. *Hoc fragmentum ad dialogum post Laeli orationem rettulit Mai; nam in hoc fr. de Isocrate agi, collato De Or. 2.10, coniecit, Laelius autem cum Isocrate comparatur De Or. 3.28; sed res incerta est*   3–4 *Non. 125.18* impigritas ... M. Tullius de republica lib. III 'numquam ... patientiae'. *Ad Laeli orationem rettulit Mai*   5–6. Non. 364.7 periculum experimentum ... M.Tullius de republica lib. III 'sed ut ... esse facturos'. *Ad Phili orationem fort. referendum, cf. Lact. Inst. 5.17.9–10, 5.17.22*   7–10 *Non. 431.11* merx et mercatura hoc distant ... M. Tullius de republica lib. III 'Poeni primi ... Graeciam'.   11–12 *Schol. Juv. 10.362* Tullius in tertio de re publica sic ait: 'Sardanapallus ... deformior' *Hoc et sequens fragmentum Laeli orationi attribuit Ferrary*   13 *Arus. Mess. 487.16* incidi in illa re Cicero de republica cum de Sardanapallo diceret 'ea ... in busto' *sine indicatione libri sed cf. fr. 6a; quae vero incidi iussit, ea apud Cic. Tusc. 5.101 leguntur*

---

2 diceret *codd.* H^2E^2 *Nonii:* dicere *rell.*   4 <fructu caruerunt> *suppl. Mai*   5 ipsi *codd.* B^A *Nonii:* ipsis LA^A (*locum non habet* D^A) seu *codd. Nonii:* suum *Mercier*   sum *codd. Nonii, secl. L. Müller*   6 vident: videre *?cod. Gen. Nonii   an sic legendum:* 'sed, ut ipsi animam periclitentur suam, videte quid se putent esse facturos'?   7 Poeni *Mercier* (Iones *coni. idem*): pione *codd.*   et (mercibus) *Ald.:* sed *codd.*   9 importaverunt *Mercier:* ioportauerunt LB^AH^{mg}: deportauerunt *HPE: etiam* inport expunctum habet H^{mg}

7. [fr. 5] Quid ergo illa sibi vult absurda exceptio?
nisi si quis Athonem pro monumento vult
†funditus efficere†. Quis enim est Athos aut
Olympus tantus...

1–4 *Priscianus Inst. Gramm. 6.13.70* Athos Athonis protulit Cicero
in III de re publica 'quid ergo . . . tantus'.

---

1 quid . . . exceptio *del. Hertz*

LIBRI QVARTI RELIQVIAE

[2] **1.** [II] [* * *] gratiam, quam commode ordines discripti, aetates, classes, equitatus, in quo suffragia sunt etiam senatus, nimis multis iam stulte hanc utilitatem tolli cupientibus, qui novam largitionem quaerunt aliquo plebiscito reddendorum equorum. 5

[3] [III] Considerate nunc cetera quam sint provisa sapienter ad illam civium beate et honeste vivendi societatem: ea est enim prima causa coeundi, et id hominibus effici ex republica debet, partim institu- tis, alia legibus. Principio disciplinam puerilem inge- 10 nuis—de qua Graeci multum frustra laborarunt, et in qua una Polybius, noster hospes, nostrorum institu- torum neglegentiam accusat—nullam certam aut destinatam legibus aut publice expositam aut unam omnium esse voluerunt. Nam [* * *] 15

[4] **2a.** [IV] (SCIPIO) [* * *] nudari puberem; ita sunt alte repetita quasi fundamenta quaedam verecun- diae. Iuventutis vero exercitatio quam absurda in gymnasiis! Quam levis epheborum illa militia! Quam contrectationes et amores soluti et liberi! 20

---

1 *Hoc unum par foliorum (pp. 111–12 et 113–14) e quarto (ut e titulo apparet) libro superest; quae in suo quaternione tertium et sextum fuerunt*

---

1 *pagina 111 lectu difficillima* 2 discripti *Müller*: descripti *V* 3 etiam senatus *Mai*: etia- *legi non poterat* 4 -tatem tolli cupientibus qui novam *legerunt Mai, Ziegler*: *ego non potui* 8 -di societatem ea *similiter* 16 nudari *V²*, *correctio obscurata*: -ri *tantum V¹ quod ad aliud verbum pertinere putavit Mai* 17–18 verecundiae **V² ap. Mai*: verecundae *V* 20 contrecta- tiones: contractationis *V¹, fort. corr. V²*

118

Mitto Eleos et Thebanos, apud quos in amore inge-
nuorum libido etiam permissam habet et solutam
licentiam: Lacedaemonii ipsi, cum omnia concedunt
in amore iuvenum praeter stuprum, tenui sane muro
5 dissaepiunt id quod excipiunt; complexus enim
concubitusque permittunt palliis interiectis.'
    Hic Laelius: 'Praeclare intellego, Scipio, te in eis
Graeciae disciplinis quas reprehendis cum populis
nobilissimis malle quam cum tuo Platone luctari,
10 quem ne attingis quidem, praesertim cum [* * *]'
    2b. *opprobrio fuisse adulescentibus si amatores non*
haberent

Fragmenta de disciplina puerili, muliebri, civili

3. [III] Non modo ut Spartae, rapere ubi pueri et [3]
clepere discunt
15 **4.** [VI] Ita magnam habet vim disciplina verecun- [6]
diae: carent temeto omnes mulieres.

---

6 palliis interiectis *Ianuarius Nepotianus, Epit. Val. Maximi 6 nov. 9*
11–12 *Cf. Serv. Aen. 10.325* de Cretensibus accepimus quod in amore
puerorum intemperantes fuerunt, quod postea in Laconas et in totam
Graeciam translata est adeo ut et Cicero dicat in libris de re publica
opprobrio...non haberent.   13–14 *Non. 20.12* clepere...M.
Tullius de republica lib. IV 'non modo...discunt'. *Huc etiam referri*
potest Serv. Aen. 5.546   15–16 *Non. 5.10* temulenta...M. Tullius de rep. lib. IV 'ita magnam...mulieres'.

---

1 mitto Eleos *Francken:* mitto aput eleos *V sed* aput *fort. expungere*
voluit V² (unum tantum punctum super a- *cerni potest): an* autem
legendum?   4 *p. 114 lectu difficillima*   tenui sane: tenuis tenui
sane *V,* -s tenui- *expuncta dicit Ziegler*   5 (exci-) piunt complexus enim concubitusque *legerunt Mai, Ziegler, mihi plane obscurata*
visa sunt   6 palliis interiectis *Mai² collato Ian. Nepot.:* -teriectis
difficillimum lectu, fort. intellectis *primum habuerat V¹; Mai¹ in*
legendo aberraverat   7 eis: is *V et sic scr. Mai*   10 quem
ne attingis *et* -sertim cum *legi vix potuerunt*   15 vim *ed. ann.*
1470: viam *codd.*

5. Atque etiam si qua erat famosa, ei cognati osculum non ferebant.

6. Nec vero mulieribus praefectus praeponatur, qui apud Graecos creari solet; sed sit censor qui viros doceat moderari uxoribus.   5

7. Horum {in} severitatem dicitur inhorruisse primum civitas.

Etymologiae ad disciplinam pertinentes

8. Itaque a petendo 'petulantia', a precando, id est poscendo, 'procacitas' nominata est.

9. Censoris iudicium nihil fere damnato offert nisi   10
ruborem. Itaque ut omnis ea iudicatio versatur tantummodo in nomine, animadversio illa 'ignominia' dicta est.

[7]   **10**. [VII] 'Fides' enim nomen ipsum mihi videtur habere cum fit quod dicitur.   15

---

1 *Non. 306.3* famosum... M. Tullius de rep. lib. IV 'atque etiam... non ferebant'.   3–5 *Non. 499.13* dativus pro accusativo... M. Tullius de rep. lib. IV 'nec vero... uxoribus'.   6 *Non. 423.4* horrendum et horridum... M. Tullius de rep. lib. IV 'horum... civitas'.   8–9 *Non. 23.16* petulantia... M. Tullius de rep. lib. IV 'itaque... nominata est'; *23.20* procacitas... M. Tullius de rep. lib. IV 'a precando... nominata est'.   10–13 *Non. 24.5* ignominia... M. Tullius de rep. lib. IV 'censoris... dicta est'.   14–15 *Non. 24.11* fidei proprietatem exemplo manifestavit M. Tullius de rep. lib. IV 'fides enim... dicitur'.

---

3 praeponatur *Junius*: reponatur *codd.*   6 in *del. L. Müller*: enim *Mai*   severitatem: -e *L. Müller*   inhorruisse *Ald.*: inaruisse *codd.* (*sed lemma* horrendum, horridum)   8 precando: (*s.v. petulantia*) precando F^3B^A: petendo LC^AD^A: (*s.v. procacitas*) pr(a)ecando *codd.*: procando *Bentinus, gradatione vocalium* prec-/proc- *non intellecta*   10 offert (obfert) *Scaliger ap. Lindsay:* obferent L^1: offerent L^2: *om.* B^A

11. [VIII] Admiror nec rerum solum sed verborum [8] etiam diligentiam: 'si iurgant,' inquit. Benevolorum concertatio, non lis inimicorum, iurgium dicitur . . . Iurgare igitur lex putat inter se vicinos, non litigare.

De minuendis sumptibus et largitionibus

5 **12.** [VII] Nolo enim eundem populum imperatorem [7] et portitorem esse terrarum. Optimum autem et in privatis familiis et in re publica vectigal duco esse parsimoniam.

13. In cive excelso atque homine nobili, blanditiam
10 ostentationem ambitionem †meam esse levitatis.

De suffragiis

14. [VIII] Non enim facile valenti populo resistitur, [8] si aut nihil iuris impertias aut parum.

15. Nec in hac dissensione suscepi populi causam, sed bonorum.

1–4 *Non. 430.29* iurgium et lis hanc habent distantiam . . . M. Tullius de rep. lib. IV 'admiror . . . dicitur' et in sequenti 'iurgare . . . non litigare' (*nisi forte 'in sequenti' [sc. libro?] ad lib. 5 referri debet; sequentibus coni. L. Müller*).   2 si iurgant = *XII Tab. 7.5a Riccobono.*   5–8 *Non. 24.15* portitores . . . M. Tullius de rep. lib. IV 'nolo enim . . . parsimoniam'.   9–10 *Non. 194.26* blandimentum . . . Cicero de rep. lib IV 'in cive . . . esse levitatis'.   10 *Ad contextum supplendum cf. Cic. Off. 2.60* Sed de hoc genere toto *(i.e. de aedificiorum publicorum magnificentia)* in eis libris quos de re publica scripsi diligenter est disputatum.   11–12 *Prisc. Inst. Gramm. 15.4.20* parum pro parvum . . . Cicero in IV de re publica 'non enim . . . parum'.   13–14 *Non. 519.15* paucorum numerum pro bonis . . . M. Tullius de rep. lib. IV 'nec . . . bonorum'. *Cf. Cic. Leg. 3.38*

---

2 diligentiam *scripsi*: elegantiam *codd.*: <distinctionem> *post* solum *add.* L. Müller   4 putat *LB^A*: putet *HE (deest in P)* 9 nobili *edd.*: nobilis *codd. Nonii*   10 meam *codd. Nonii, om. recc. aliquot*: meram esse levitatem *vel* notam esse levitatis *Junius*: merae L. Müller: *alii alia*   14 bonorum: paucorum *Quicherat collato lemmate*

De sepultura mortuorum

16. Eosdem terminos hominum curae atque vitae: sic pontificio iure sanctitudo sepulturae

17. Quod insepultos reliquissent eos quos e mari propter vim tempestatis excipere non potuissent, innocentes necaverint.   5

De Platone

[5] **18.** [V] Et noster Plato magis etiam quam Lycurgus, omnia qui prorsus iubet esse communia, ne quis civis propriam aut suam rem ullam queat dicere.

19. Ego vero eodem quo ille Homerum redimitum coronis et delibutum unguentis emittit ex ea urbe   10 quam sibi ipse fingit.

De poetis

[11] **20a.** [X] Numquam comoediae, nisi consuetudo vitae pateretur, probare sua theatris flagitia potuissent.

1–2 *Non. 174.7* sanctitudo . . . M. Tullius de rep. lib. IV 'eosdem terminos . . . sepulturae'.   3–5 *Non. 293.41* excipere . . . M. Tullius de rep. lib. IV *(lib. III A^A)* 'quod *(quos codd. Nonii)* . . . necaverunt'.   6–8 *Non. 362.11* proprium . . . M. Tullius de rep. lib. IV 'et noster Plato . . . dicere'. *Cf. etiam Lact. Inst. 3.21.3 et Epit. 33 (38) 1–5 unde tamen nihil ad reficiendum hunc locum depromi potest* 9–11 *Non. 308.38* fingere . . . M. Tullius de rep. lib. IV 'ego vero . . . fingit'.   12–13 *Aug. Civ. Dei 2.9.1–4* Quid hinc autem senserint Romani veteres, Cicero testatur in libris quos de re publica scripsit, ubi Scipio disputans ait: 'Numquam . . . potuissent'. *Cf. Aug. Epist. 91.4* lege vel recole in eidem libris quam prudenter disseratur, nullo modo potuisse scriptiones et actiones recipi comoediarum, nisi mores recipientium consonarent.

---

3 quod *Mercier*: quos *codd.*   5 necaverint: -unt *cod. N. Fabri (sed fort. pendet ex verbo alio quod non citatur)*   8 ullam queat dicere H^3 E^{ac} *(ut vid.)*: ulla quae adiecere *L*: ulla que addicere *rell.* 9 eodem <modo> *Moser*

20b. Quem illa non attigit, vel potius quem non
vexavit, cui pepercit? Esto, populares homines
improbos, in re publica seditiosos, Cleonem Cleo-
phontem Hyperbolum laesit; patiamur, etsi eiusmodi
5 cives a censore melius est quam a poeta notari; sed
Periclem, cum iam suae civitati maxima auctoritate
plurimos annos domi et belli praefuisset, violari versibus et eos agi in scaena non plus decuit, quam si
Plautus noster voluisset aut Naevius Publio et Gnaeo
10 Scipioni aut Caecilius Marco Catoni maledicere.

20c. Nostrae contra XII Tabulae, cum perpaucas [12]
res capite sanxissent, in eis hanc quoque sanciendam
putaverunt, si quis occentavisset sive carmen condidisset quod infamiam faceret flagitiumve alteri. Prae-
15 clare: iudiciis enim magistratuum, disceptationibus
legitimis propositam vitam, non poetarum ingeniis
habere debemus, nec probrum audire nisi ea lege ut
respondere liceat et iudicio defendere.

21. [XI] Aeschines Atheniensis, vir eloquentissi- [13]
20 mus, cum adulescens tragoedias actitavit, rem publicam capessivit, et Aristodemum tragicum item
actorem maximis de rebus pacis ac belli legatum ad
Philippum saepe miserunt.

1–10 *Aug. Civ. Dei 2.9.7–17* ... Itaque sicut in eisdem libris loquitur Africanus: 'Quem illa... pepercit? Esto... laesit; patiamur,'
inquit, 'etsi eiusmodi cives... quam si Plautus,' inquit, 'noster voluisset... maledicere'.   11–18 *Aug. Civ. Dei 2.9.17–30* Dein paulo
post, 'Nostrae,' inquit, 'contra... defendere.' Haec ex Ciceronis
quarto de re publica libro ad verbum excerpenda arbitratus sum,
nonnullis propter faciliorem intellectum vel praetermissis
vel paululum commutatis... Dicit deinde alia et sic concludit hunc
locum ut ostendat veteribus displicuisse Romanis vel laudari quemquam in scaena vivum hominem vel vituperari. *Cf. ibid. 2.12.1–4*
19–23 *Aug. Civ. Dei 2.11.3–8*... quod in eo quoque de re publica
libro commemoratur: 'Aeschines... miserunt.'

[10]   22. [X] Cum artem ludicram scaenamque totam in probro ducerent, genus id hominum non modo honore civium reliquorum carere, sed etiam tribu moveri notatione censoria voluerunt.

[9]   23. [IX] Ad quos cum accessit clamor et approbatio 5 populi quasi cuiusdam magni et sapientis magistri, quas illi obducunt tenebras, quos invehunt metus, quas inflammant cupiditates!

De ratione temporum

[1] 24. [I] eademque obiectu mutuo atque umbra ... noctemque efficiat cum ad numerum dierum 10 aptam, tum ad laborum quietem.

1–4 *Aug. Civ. Dei 2.13.16–20* sicut apud Ciceronem idem Scipio loquitur: 'cum artem ... voluerunt'.   5–8 *Aug. Civ. Dei 2.14.61–5* ... frustra hoc exclamante Cicerone, qui cum de poetis ageret, 'Ad quos cum accessit,' inquit, 'clamor ... cupiditates!' *Cf. etiam Leg. 3.31–2; Aristides Quintilianus, De Musica 2.6 (p. 61 Winnington-Ingram)* ὅπερ πολλούς τε ἄλλους ἔλαθε καὶ ... τὸν ἐν τοῖς Κικέρωνος τοῦ Ῥωμαίου Πολιτικοῖς τὰ κατὰ μουσικῆς †ῥηθέντα (ῥητορεύοντα *Jahn*) ... ἀλλὰ καὶ ἡ πατρὶς αὐτοῦ τοὺς μὲν ἐπὶ Νομᾶ καὶ τοὺς ὀλίγῳ μετ᾽ αὐτόν, ἔτι τυγχάνοντας ἀγριωτέρους, μουσικῇ παιδευομένους εἶχε, καθὰ καὶ αὐτός φησιν, ἰδίᾳ τε ἐν εὐωχίαις κοινῇ τε ἐν ἁπάσαις τελεταῖς σφισι συνοργιαζούσῃ.   9–11 *Non. 234.14* aptam ... M. Tullius de rep. lib. IV 'eademque ... quietem'.

---

9 eademque *L*^{ac}: ea denique *rell.*   obiectu mutuo *L. Müller*: obiectum uiuo *codd.*   atque: aeque *L. Müller*   umbra *L*^{ac}: umbram *rell.*   *lacunam post* umbra *indicaui*   11 aptam, tum *Turnebus*: aptum *codd.*

25. cumque autumno terra se ad concipiendas fruges patefecerit, hieme ad †concipiendas relaxarit, aestiva maturitate alia mitigaverit, alia torruerit.

De natura hominis

26. Atque ipsa mens quae futura videt, praeterita
5 meminit

1–3 *Non. 343.20* mitis...M. Tullius de rep. lib. IV 'cumque autumno...torruerit'.   *Quae ad naturam hominis pertinent, ad principium libri IV rettulit Mai, ego hic locare malui quasi perorationis loco. Ad contextum supplendum cf. Leg. 1.27* Omitto opportunitates habilitatesque reliqui corporis, moderationem vocis, orationis vim, quae conciliatrix est humanae maxime societatis; neque enim omnia sunt huius disputationis ac temporis, et hunc locum satis ut mihi videtur in eis libris quos legistis expressit Scipio. *Vide etiam Lact. Opif. Dei 1.11–14* Temptabo tamen, quoniam corporis et animi facta mentio est, utriusque rationem quantum pusillitas intellegentiae meae pervidet, explicare. Quod officium hac de causa maxime suscipiendum puto, quod Marcus Tullius, vir ingenii singularis, in quarto de re publica libro cum id facere temptasset, materiam late patentem angustis finibus terminavit, leviter summa quaeque decerpens. Ac ne ulla esset excusatio cur eum locum non fuerit exsecutus, ipse testatus est nec voluntatem sibi defuisse nec curam; in libro enim de legibus primo cum hoc idem summatim stringeret, sic ait, 'hunc locum satis, ut mihi videtur, in eis libros quos legistis expressit Scipio'. Postea tamen in libro de natura deorum secundo hoc idem latius exsequi conatus est.   4–5 *Non. 500.9* accusativus pro genetivo...M. Tullius de rep. lib. IV 'atque ipsa mens...meminit'.

---

1 terra se *Quicherat*: terras *codd.*   2 patefecerit: -faceret *L*   hieme: hic me *A^A*   hieme <ad conservandas contraxerit, vere> *Quicherat*   concipiendas² : conficiendas *Patricius: alii alia*   3 aestiva *Patricius post Junium*: a fistula *codd.*

Fragmenta alia lib. IV attributa

27. Cum adhibent in pecuda pastores

[8]   **28.** [VIII] Cui quidem utinam †vere fideliter abundiente† auguraverim!

[14]   **29.** [XII] armillae

---

1 *Non. 159.16* pecuda...M. Tullius de rep. lib. IV 'cum adhibent...pastores'.   2–3 *Non. 469.16* auguro...M. Tullius de republica lib. IV 'cui quidem...auguraverim'.   4 *Prisc. Partit. XII vers. Aen. 1.14* armillae, quae nunc brachialia vocant: sic Cicero in quarto de re publica.

---

2 vere fideliter *om. L*¹: vere *om. E*¹: fideliter *suspectum*   3 abundiente *plane corruptum*: abudiente *L*¹: *fort. latet* audiente *exciditque nomen eius qui audiebat*: abunde *ed. princ. Nonii*: oboedienti *Watt*

LIBRI QVINTI RELIQVIAE

Fragmentum ex prooemio

1. [I] 'Moribus antiquis res stat Romana virisque.' [1]
Quem quidem ille versum vel brevitate vel veritate
tamquam ex oraculo quodam mihi esse effatus videtur; nam neque viri, nisi ita morata civitas fuisset,
5 neque mores, nisi hi viri praefuissent, aut fundare aut
tam diu tenere potuissent tantam et tam fuse lateque
imperantem rem publicam. Itaque ante nostram
memoriam et mos ipse patrius praestantes viros
adhibebat, et veterem morem ac maiorum instituta
10 retinebant excellentes viri. Nostra vero aetas, cum [2]
rem publicam sicut picturam accepisset egregiam
sed iam evanescentem vetustate, non modo eam col-
oribus eisdem quibus fuerat renovare neglexit, sed ne
id quidem curavit ut formam saltem eius et extrema
15 tamquam lineamenta servaret. Quid enim manet ex
antiquis moribus, quibus ille dixit rem stare Romanam?
quos ita oblivione obsoletos videmus, ut non modo non
colantur, sed iam ignorentur. Nam de viris quid
dicam? mores enim ipsi interierunt virorum
20 penuria. Cuius tanti mali non modo reddenda ratio

1–p.128,4 *Aug. Civ. Dei 2.21.71–95* . . . ipse Tullius non Scipionis
nec cuiusquam alterius sed suo sermone loquens in principio quinti
libri, commemorato prius Ennii poetae versu quo dixerat
'Moribus . . . virisque', 'quem quidem ille versum, inquit, vel brevitate . . . amisimus.' 10–12 nostra vero . . . vetustate *Non. 417.7* (ut *ante*
nostra *add. codd. Non.*)

---

6 fuse *Halm*: iuste *codd. Augustini plerique*: iniuste *cod. F Aug.*: iuste
longe *cod. P Aug.* 11 picturam *Aug., Nonii codd. H³B:* -a *rell.*
Nonii 12 iam *Nonius, om. codd. Augustini* 18 iam: etiam
cod. Λ² Augustini

nobis, sed etiam tamquam reis capitis quodam modo
dicenda causa est; nostris enim vitiis, non casu aliquo,
rem publicam verbo retinemus, re ipsa vero iam pridem
amisimus.

De rectore rei publicae

[8] **2.** [VI] Ut enim gubernatori cursus secundus, medico   5
salus, imperatori victoria, sic huic moderatori rei
publicae beata civium vita proposita est, ut opibus
firma, copiis locuples, gloria ampla, virtute honesta
sit. Huius enim operis maximi inter homines atque
optimi illum esse perfectorem volo.   10

[3]   **3.** [III] (*quis loquatur incertum est*) [* * * nihil . . . tam]
regale quam explanationem aequitatis, in qua iuris erat
interpretatio, quod ius privati petere solebant a regibus;
ob easque causas agri arvi et arbusti et pascui lati atque
uberes definiebantur, qui essent regii colerenturque   15
sine regum opera et labore, ut eos nulla privati negoti
cura a populorum rebus abduceret. Nec vero quisquam
privatus erat disceptator aut arbiter litis, sed omnia
conficiebantur iudiciis regiis. Et mihi quidem videtur
Numa noster maxime tenuisse hunc morem veterum   20

---

10 *Hoc unum par foliorum (247–8 et 253–4) ex libro quinto servatur*

5–10 *Cic. Att. 8.11.1* Consumo igitur omne tempus considerans
quanta vis sit illius viri, quem nostris libris satis diligenter, ut tibi
quidem videmur, expressimus. Tenesne igitur moderatorem illum rei
publicae quo referre velimus (velimus *M sed* -i- *ex corr.*: volumus *ER
teste Shackleton Bailey*) omnia? Nam sic quinto, ut opinor, in
libro loquitur Scipio: 'Ut enim . . . perfectorem volo.' Hoc Gnaeus
noster cum antea numquam, tum in hac causa minime cogitavit.
Dominatio quaesita ab utroque est, non id actum, beata et honesta
civitas ut esset.

---

10 [nihil esse tam] *suppl. Mai*   13 easque *Mai*: easqui
V   14 regii *Orelli*: regiqui *V*: regii, quique colerentur *Moser*
20 veterum *Creuzer*: veterem *V*

Graeciae regum. Nam ceteri, etsi hoc quoque munere
fungebantur, magnam tamen partem bella gesserunt et
eorum iura coluerunt; illa autem diuturna pax Numae
mater huic urbi iuris et religionis fuit. Qui legum etiam
5 scriptor fuit, quas scitis exstare, quod quidem huius
civis proprium de quo agimus [＊ ＊ ＊]

    4. [III] (Scipio) [＊ ＊ ＊ ra]dicum seminumque cog-[5]
noscere num te offendet?'

    (*quis loquatur incertum est*) 'Nihil, si modo opus
10 exstabit.'

    'Num id studium censes esse vilici?'

    'Minime.'

    'Quippe, cum agri culturam saepissime opera defi-
ciat. Ergo ut vilicus naturam agri novit, dispensator
15 litteras scit, uterque autem se a scientiae delectatione
ad efficiendi utilitatem refert, sic noster hic rector

---

16 rector *cf. Grill. In Cic. Rhet. p. 28.14 ff. Martin = p. 30.11 ff.
Jakobi (ad Cic. De Inv. 1.4), ubi tamen quatenus ipsa verba Ciceronis
servata sint, parum liquet:* In politia sua dicit Tullius rectorem (*sic cod. P
Grillii:* rethorem *rell.*) rei publicae summum virum et doctissimum esse
debere, ita ut sapiens sit et iustus et temperans et eloquens, ut possit
facile currente oratione animi secreta ad regendam plebem exprimere.
Scire etiam debet ius, Graecas nosse litteras, quod Catonis facto proba-
tur, qui in summa senectute Graecis litteris operam dans indicavit quantum utilitatis haberent. Ergo summus quisque, et talis qualem diximus,
rei publicae gubernaculis invigilans a privatorum negotiis removebatur.
Hinc imperiti quidam et indocti, qui se cotidiano usu et calumnia exer-
citatos tantum malitiae, non sapientiae, reddiderunt, incipiebant summorum illorum clientes opprimere; qui lacessiti improborum iniuriis
cum ad patronorum auxilium confugerent, desertis gubernaculis ad
defensionem supplicum descendebant. *Cf. etiam Tusc. 5.72; Aug. Epist.
104.7* patriae rectorem; *sed verba sequentia* qui populi utilitati magis
consulat quam voluntati *ex Cic. Pro Sulla 25 deprompta sunt*

---

3 autem *Mai:* aut *V*   5 fuit *Halm:* fuisset *V:* cum *ante* legum
add. Francken   7 [ra]dicum *Mai*   12–13 minime *et* quippe... deficiat *coniunxerunt priores, Scipionem rursus incipere ab* Ergo
putaverunt   cum... deficiat *sc. si studium scientiae naturalis susceperit*: quem agri cultura... detineat *Boot: fortasse aliqua exciderunt*
16 refert *Mai:* refertur *V*

studuerit sane iuri et legibus cognoscendis,
fontes quidem earum utique perspexerit, sed se
responsitando et lectitando et scriptitando ne impediat ut quasi dispensare rem publicam et in ea quodammodo vilicare possit, summi iuris peritissimus 5
(sine quo iustus esse nemo potest), civilis non
imperitus, sed ita ut astrorum gubernator, physi-
corum medicus; uterque enim illis ad artem suam
utitur, sed se a suo munere non impedit. Illud
autem videbit hic vir, [* * *] 10

[4]   5. [III] Sed tamen ut bono patri familias colendi
aedificandi ratiocinandi quidam usus opus est...

De arte rhetorica

[11] 6. [IX] Quae cum Scipio dixisset, admodum probans
Mummius—erat enim odio quodam rhetorum
imbutus— 15

De virtute fortitudinis

[9] 7. [VII] Quae virtus fortitudo vocatur, in qua est magnitudo animi, mortis dolorisque magna contemptio

---

11–12 *Non. 497.23* accusativus vel nominativus pro ablativo...M.
Tullius de rep. lib. V 'Sed tamen...opus est'.   13–15 *Non.*
521.12 imbuere...M. Tullius de rep. lib. V. 'Quae cum...imbu-
tus...'. *Huc fortasse pertinent Amm. Marc. 30.4.10 (= nostrum fr.*
dub. 8), Gell. 12.2.6–7 (= nostrum fr. incertae sedis 10a–10b),
Mart. Cap. 5.520 Ciceronis... 'debet esse legum in re publica prima
vox' *(= Cic. fr. incert. I 25 p. 408 Müller, quod huc rettulit*
Heck)   16–17 *Non. 201.29* contemptio...M. Tullius de rep.
lib. V 'Quae...contemptio'.

---

1 iuri * V² *ap. Mai:* iure *V*   7 imperitus *Mai:* imperditus *V*,
-d- *fortasse expunctum (a m. 1?) ut vidit Ziegler*   14 quodam *duo*
codd. apud Maium, sed qui codices hi fuerint, nescio: quorum *codd. Nonii*
quos novimus: nouorum *Leo*

Fragmenta alia libri V

8. [VIII] Marcellus ut acer et pugnax, Maximus ut [10]
consideratus et lentus

9. [VII] Tum virtute labore industria †quaereretur [9]
summi viri indolem nisi nimis animose forte natura
5 illum nescio quo

10. [VIII] quod molestiis senectutis suae vestras [10]
familias impertire posset

11. orbi terrarum comprehensos

12. [IX] tum in optimam segetem praeclara essent [11]
10 sparsa semina.

1–2 *Non. 337.34* lentum . . . M. Tullius de rep. lib. V 'Marcellus . . .
lentus'.   3–5 *Non. 233.33* animosus . . . M. Tullius de rep. lib. V
(lib. I *codd. quidam*) 'Tum virtute . . . nescio quo.'   6–7 *Non.
37.23* impertire . . . M. Tullius de rep. lib. V 'quod . . . impertire posset'.   8 *Charisius 1.139.17 Keil = 176.23 Barwick* orbi pro orbe
Ciceronem de re publica libro V 'orbi terrarum comprehensos'.
9–10 *Appendix Serviana ad Georg. 1.1., III.199.4 Hagen* segetes . . .
Cicero de republica libro V 'tum . . . semina'.

---

1 ut acer et *Canter*: uttaceret *codd.*   2 et lentus *ed. ann. 1476*:
ut lentus *codd.*   3 quaereretur *codd. Nonii*: tueretur *Mercier*:
-que aleretur (. . . indoles) *Mähly: alii alia*   4 indolem *codd.*:
indoles *Leopardi*   animose *codd.*: animosa et *L. Müller*   5 nescio quo <impelleret> *Guyet*   6 vestras *Quicherat*: vestris *codd.*

LIBRI SEXTI RELIQVIAE

De prudentia rectoris rei publicae

[1] **1.** [I] Totam igitur exspectas prudentiam huius rectoris, quae ipsum nomen nacta est ex providendo.

De seditione cohibenda

2. Quamobrem se comparet hic civis ita necesse est, ut sit contra haec, quae statum civitatis permovent, semper armatus. 5

3. Eaque dissensio civium, quod seorsum eunt alii ad alios, seditio dicitur.

4. Et vero in dissensione civili, cum boni plus quam multi valent, expendendos cives, non numerandos puto. 10

1–2 *Non. 42.3* prudentia...M. Tullius...de rep. lib. VI 'Totam...providendo'. *Cf. Marius Victorinus In Rhet. Cic. 156.4 Halm* in libris de re publica ab eodem Cicerone illa virtus dicitur quae prudentia. *Macr. In Somn. Scip. 1.1.8* indicans (i.e. in Somnio Scipionis) quo his perveniendum vel potius revertendum sit, qui rem publicam cum prudentia iustitia fortitudine ac moderatione tractaverint. *Cf. locum Grillii supra citatum ad lib. 5.4 qui fortitudinem omisit, eloquentiam substituit* huius rectoris: *cf. Cic. Att. 7.3.2* illum virum qui in sexto libro informatus est. 3–5 *Non. 256.27* comparare...M. Tullius de rep. lib. VI 'quamobrem...armatus'. 6–7 *Serv. Dan. ad Aen. 1.149* 'Eaque dissensio...dicitur'*; eadem apud Non. 25.3 nisi quod* dissensione *legitur* 8–10 *Non. 519.17* paucorum numerum pro bonis, multos contra malos appellabat...M. Tullius *(cf. lib. 4 fr. 15)* ... idem de rep. lib. VI 'et vero ... non numerandos puto'.

1–2 rectoris, quae *edd. Nonii:* rectorisque *GP²:* rectorique *P¹:* rictorisque *LHE* 2 providendo *GHPE:* pre- *L²:* pri- *L¹* 3 necesse est *Junius:* nec est *codd. Nonii* 4 sit *ed. princ. Nonii:* sint *codd.* 8 et vero *codd. Nonii:* enimvero *Junius:* ego vero *L. Müller* boni: bonis *LC⁴*

De libidinibus, ferocia, luxuria

5. Graves enim dominae cogitationum libidines infinita quaedam cogunt atque imperant; quae quia nec expleri nec satiari ullo modo possunt, ad omne facinus impellunt eos quos illecebris suis incenderunt.

5 **6.** Qui contuderit eius vim et ecfrenatam illam ferociam

7. [II] Ut quemadmodum scribit ille, cotidiano in [2] forum mille hominum cum palliis conchylio tinctis descenderent

De caritate apud populum

10 **8.** Quod quidem eo fuit maius, quia, cum causa pari collegae essent, non modo invidia pari non erant, sed etiam Claudi invidiam Gracchi caritas deprecabatur

9. In his, ut meministis, concursu levissimae multitudinis ex aere congesto funus desubito esset
15 ornatum

1–4 *Non. 424.31* expleri et satiari hanc habent differentiam ... M. Tullius de rep. lib. VI 'graves enim ... incenderunt'.   5–6 *Non. 492.1* ferocia pro ferocitate. M. Tullius de rep. lib. VI 'qui ... ferociam'.   7–9 *Non. 501.27* genetivus pro nominativo. M. Tullius de rep. lib. VI 'ut quemadmodum scribit ille *(i.e. Xenophanes 3.2–6 Diels, ap. Athen. 12.526a–b)* cotidiano ... descenderent'.   10–12 *Gellius 7.16.11 de verbo 'deprecari'*: Cicero in libro sexto de re publica ita scripsit: 'Quod ... deprecabatur'. *Eadem apud Non. 290.15*   13–15 *Non. 517.35* desubito ... M. Tullius de rep. lib. VI ('lib. V' *C^A sc. una familia codd. excerptorum: citationem hanc non habet D^A)* 'in his ... ornatum'.

---

2 nec *(ante* expleri) *B^A: om. rell. codd. Non.*   5 contuderit *Roth*: contuperit *L^1*: comperit *L^2rell.*   8 palleis concilio tinctis discenderent *scr. codd. Nonii*   13 in his: nisi *Quicherat*   14 ex *L. Müller*: et *codd. Nonii*   congesto *ed. Nonii 1476*: congestu *codd.*

Fragmenta alia libri VI

10. Firmiter enim maiores nostri stabilita matrimonia esse voluerunt

11. †Qui numero optimatium et principum obtulit is vocis et gravitatis suae linquit illum tristem et plenum dignitatis sonum†   5

Enarratio somnii Scipionis

[8] **12.** [VIII] '... Sed quamquam sapientibus conscientia ipsa factorum egregiorum amplissimum virtutis est praemium, tamen illa divina virtus non statuas plumbo inhaerentes, nec triumphos arescentibus laureis, sed stabiliora quaedam et viridiora prae-   10 miorum genera desiderat.'

'Quae tandem ista sunt?' inquit Laelius.

1–2 *Non. 512.27* firmiter...M. Tullius de rep. lib. VI 'firmiter enim...esse voluerunt'. *Eadem apud Prisc. 15.3.1.*   3–5 *Non. 409.31* triste...M. Tullius de re publica lib. VI 'qui numero...sonum'.   6–p. 135, 2 *Macr. in Somn. Scip. 1.4.2–3* Nam Scipionem ipsum haec occasio ad narrandum somnium provocavit, quod longo tempore se testatus est silentio condidisse. Cum enim Laelius quereretur, nullas Nasicae statuas in publico in interfecti tyranni remunerationem locatas, respondit Scipio post alia in haec verba: 'Sed quamquam...feriati sumus,' et cetera quibus ad narrationem somnii venit, docens illa esse stabiliora et viridiora praemiorum genera, quae ipse vidisset in caelo, bonis rerum publicarum servata rectoribus.

---

3 qui numero: qui in umero *L¹* (i- *del. L²*): qui numerum *B*: cui numero *Lindsay*   principum *BᴬBL²*: principium *L¹Gen.*   obtulit (-pt-): optudit *Halm*: obstitit *coni. Watt*   4 is: his *ed. Nonii 1471*   vocis *Gen.B*: vocibus *LBᴬ*   linquit: liquit *B*: liquidum *coni. Lindsay   Textum sic restituit L. Müller:* Qui numerum optumatum et principum optudit his vocibus, et gravitatis suae <testem> linquit illum tristem et plenum dignitatis sonum. *Sed vereor ne insanabile sit hoc fragmentum*

Tum Scipio: 'Patimini me, inquit, quoniam tertium diem iam feriati sumus * * *'

13. [IX] 'Cum in Africam venissem hoc Manilio [9]
consule, ad quartam legionem tribunus, ut scitis,
5 militum, nihil mihi fuit potius quam ut Masinissam
convenirem, regem familiae nostrae iustis de causis
amicissimum. Ad quem ut veni, complexus me senex
conlacrimavit, aliquantoque post suspexit ad caelum,
et "Grates" inquit "tibi ago, summe Sol, vobisque
10 reliqui caelites, quod antequam ex hac vita migro,
conspicio in meo regno et his tectis Publium Corne-
lium Scipionem, cuius ego nomine ipso recreor: ita
numquam ex animo meo discedit illius optimi atque
invictissimi viri memoria." Deinde ego illum de suo
15 regno, ille me de nostra re publica percontatus est,

---

2 *Ad explendam lacunam cf. Macr. in Somn. Scip. 1.1.9* [6.7.7 Z.]
Hanc fabulam (*sc. de Ere Pamphylo*) Cicero licet ab indoctis quasi ipse
veri conscius doleat irrisam, exemplum tamen stolidae reprehensionis
vitans, excitari narraturum quam reviviscere maluit. Ac priusquam
somnii verba consulimus, enodandum nobis est, a quo genere hominum
Tullius memoret vel irrisam Platonis fabulam vel ne sibi idem eveniat
non vereri. *Cf. Favon. Eulog. in Somn. Scip. 13.1 W.* Imitatione Platonis
Cicero de re publica scribens locum etiam de Eris Pamphyli reditu in
vitam, qui ut ait rogo impositus revixisset, multaque de inferis secreta
narrasset, non fabulosa ut ille assimulatione commentus est, sed sollertis
somnii rationabili quadam imaginatione composuit, videlicet scite sig-
nificans haec quae de animae immortalitate dicerentur caeloque <nec>
somniantium philosophorum esse commenta, nec fabulas incredibiles
quas Epicurei derident, sed prudentium coniecturas. *V. etiam Aug. Civ.
Dei 22.28* Quod quidem (*de mortuorum resurrectione*) sic tangit in libris
de re publica Tullius, ut eum (*Platonem*) lusisse potius quam quod id
verum esset adfirmet dicere voluisse. *Haec quidem omnia ad prooemium
libri V transtulit Bréguet.*

---

3 hoc *A*: A. *BrQPhD¹*: annio vel aulo *D²*: M' *Sigonius*   Manilio
A: manlio *BrQPh*: mallio *D*   4 consule ω: consuli *Sigonius*:
hoc ... consule *defendit Montanari Caldini*   6 convenirem, regem
dist. ς, *post* regem ω   10 reliqui *AQ²*: reliquis *BrQ¹PhD*
12 ipso *ABr (? ipse Br¹)*: ipse *QPhD* (recreor ipse *D*)   ita *Carol.
Steph. in varr. lectt.*: itaque ω

multisque verbis ultro citroque habitis, ille nobis est
[10] consumptus dies; **14.** [X] post autem, apparatu regio
accepti, sermonem in multam noctem produximus,
cum senex nihil nisi de Africano loqueretur, omniaque eius non facta solum sed etiam dicta meminisset. ₅
Deinde ut cubitum discessimus, me et de via fessum
et qui ad multam noctem vigilassem, artior quam
solebat somnus complexus est. Hic mihi (credo equidem ex hoc quod eramus locuti; fit enim fere ut
cogitationes sermonesque nostri pariant aliquid in ₁₀
somno, tale quale de Homero scribit Ennius, de quo
videlicet saepissime vigilans solebat cogitare et loqui)
Africanus se ostendit, ea forma quae mihi ex imagine
eius quam ex ipso erat notior; quem ubi agnovi,
equidem cohorrui; sed ille "Ades" inquit "animo, ₁₅
et omitte timorem, Scipio, et quae dicam trade memoriae.

[11]   **15.** [XI] ' "Videsne illam urbem, quae parere
populo Romano coacta per me, renovat pristina
bella nec potest quiescere" (ostendebat autem ₂₀
Carthaginem de excelso et pleno stellarum, illustri
et claro quodam loco) "ad quam tu oppugnandam
nunc venis paene miles? Hanc hoc biennio consul
evertes, eritque cognomen id tibi per te partum,
quod habes adhuc a nobis hereditarium. Cum ₂₅
autem Carthaginem deleveris, triumphum egeris,
censorque fueris et obieris legatus Aegyptum Syriam
Asiam Graeciam, deligere iterum consul absens, bel-
lumque maximum conficies: Numantiam exscindes.

---

3 sermonem … produximus *Arus. Mess. 484.15*   20–22 ostendebat autem … claro quodam loco *Macr. 1.4.5*

1–2 est consumptus *ABrPhD*: consumptus est *Q*   6 fessum
om. ω, add. ς

Sed cum eris curru in Capitolium invectus, offendes
rem publicam consiliis perturbatam nepotis mei:
16. [XII] hic tu, Africane, ostendas oportebit patriae [12]
lumen animi ingeni consilique tui. Sed eius temporis
5 ancipitem video quasi fatorum viam. Nam cum aetas
tua septenos octiens solis anfractus reditusque con-
verterit, duoque hi numeri quorum uterque plenus
alter altera de causa habetur, circuitu naturali summam tibi fatalem confecerint, in te unum atque in
10 tuum nomen se tota convertet civitas: te senatus, te
omnes boni, te socii, te Latini intuebuntur; tu eris
unus in quo nitatur civitatis salus, ac ne multa, dictator rem publicam constituas oportet, si impias propinquorum manus effugeris." '

15   Hic cum exclamavisset Laelius, ingemuissentque
vehementius ceteri, leviter arridens Scipio, 'St!
quaeso' inquit 'ne me e somno excitetis, et parumper
audite cetera.

17. [XIII] ' "Sed quo sis, Africane, alacrior ad [13]
20 tutandam rem publicam, sic habeto: omnibus qui
patriam conservaverint adiuverint auxerint, certum
esse in caelo definitum locum, ubi beati aevo sempi-
terno fruantur. Nihil est enim illi principi deo, qui
omnem mundum regit, quod quidem in terris fiat,
25 acceptius, quam concilia coetusque hominum iure

5–14 nam cum aetas...manus effugeris *Macr. 1.5.2 cf. Hieron.*
Epist. 49 (48) 19.5   19–p.138,2 sed quo sis...revertuntur
Macr. 1.8.1; sed quo sis...fruantur *Macr. 1.4.4;* harum...revertun-
tur *Macr. 1.9.1; cf. Lact. Inst. 1.15.22–3, Aug. Epist. 103.2*

---

4 ingeni(i) consili(i)que tui AQ^2PhD: ingeniique consiliique tui *Br*:
ingenique tui consilique Q^1 16 leviter ω *(cf. Pro Sulla 31, TLL*
7.2.1217): leniter ς   st! *Jahn*: et ω   17 parumper *Bouhier*:
parum reb; $ABrQD^1$: parum rebus *Ph*: pax sit rebus D^2

sociati, quae civitates appellantur: harum rectores et
conservatores hinc profecti huc revertuntur."

[14]   18. [XIV] 'Hic ego, etsi eram perterritus non tam
mortis metu quam insidiarum a meis, quaesivi tamen
viveretne ipse et Paulus pater, et alii quos nos 5
exstinctos esse arbitraremur.

'"Immo vero" inquit "hi vivunt, qui e corporum
vinclis tamquam e carcere evolaverunt. Vestra vero
quae dicitur vita, mors est. Quin tu aspicis ad te
venientem Paulum patrem?" 10

'Quem ut vidi, equidem vim lacrimarum profudi;
ille autem me complexus atque osculans flere prohi-
[15] bebat, 19. [XV] atque ego ut primum fletu represso
loqui posse coepi, "Quaeso," inquam, "pater sanctissime atque optime, quoniam haec est vita, ut Afri- 15
canum audio dicere, quid moror in terris? Quin huc
ad vos venire propero?"

'"Non est ita," inquit ille; "nisi enim cum deus is
cuius hoc templum est omne quod conspicis, istis te
corporis custodiis liberaverit, huc tibi aditus patere 20
non potest. Homines enim sunt hac lege generati, qui
tuerentur illum globum quem in hoc templo medium
vides, quae terra dicitur; eisque animus datus est ex
illis sempiternis ignibus quae sidera et stellas vocatis,
quae globosae et rotundae, divinis animatae menti- 25

3–9 hic ego…mors est *Macr. 1.10.1 + 1.10.6; cf. Lact. Inst.*
3.19.13–14   16–p.139,21 quaeso inquam…magnitudinem facile
vincebant *Macr. 1.13.3–4 (cf. 1.14.1, 1.14.4, 1.14.16, 1.14.18) + 1.4.4–5*
(cf. 1.14.24, 1.15.1) + 1.16.1

---

1 harum ω μ *Macr. 1.9.1*: eorum *KH¹ Macr. 1.9.1*: earum μ *Macr.*
1.8.1   2 conservatores ω: servatores μ *ambobus locis*   9 dicitur vita ω: dicitur esse vita μ   aspicis *Marsilius Ficinus in marg.*
cod. Ricc. 581 ap. Cast.: aspicias ω   18 nisi enim cum μ *QPh¹D¹*:
cum *om. ABrPh²D²*   20 liberaverit: -abit *E¹AKH Macr.*
22–23 medium vides μ *Br²D*: medio vides *ABr¹QPh*

bus, circulos suos orbesque conficiunt celeritate mir-
abili. Quare et tibi, Publi, et piis omnibus, retinendus
animus est in custodia corporis, nec iniussu eius a
quo ille est vobis datus, ex hominum vita migrandum
5 est, ne munus humanum assignatum a deo defugisse
videamini. **20.** [XVI] Sed sic, Scipio, ut avus hic [16]
tuus, ut ego qui te genui, iustitiam cole et pietatem,
quae cum magna in parentibus et propinquis, tum in
patria maxima est: ea vita via est in caelum et in hunc
10 coetum eorum qui iam vixerunt, et corpore laxati
illum incolunt locum quem vides—'' (erat autem
is splendidissimo candore inter flammas circus elu-
cens) ''—quem vos, ut a Grais accepistis, orbem
lacteum nuncupatis.''

15 'Ex quo omnia mihi contemplanti praeclara cetera
et mirabilia videbantur; erant autem eae stellae quas
numquam ex hoc loco vidimus, et eae magnitudines
omnium quas esse numquam suspicati sumus. Ex
quibus erat ea minima, quae ultima a caelo, citima
20 terris, luce lucebat aliena. Stellarum autem globi
terrae magnitudinem facile vincebant; iam ipsa terra
ita mihi parva visa est, ut me imperi nostri, quo quasi
punctum eius attingimus, paeniteret.

13–14 quam   vos...nuncupatis   *Auct. De Dub. Nom., GL*
5.586.1   18–20 ex quibus...luce lucebat aliena *Non. 85.16,*
Prisc. Inst. 3.4.22.

---

1 circulos   *ABrQPh   et   EAKH   Macr.*: circos   *D   et   SX*
Macr.   5 humanum $A^1BrQPhD$, *om.* μ, *del.* A^2, *fort. rec-*
te   10 vixerunt ω: vixere μ   12 is splendidissimo μ
$BrQD^2$: is *om. A* (? isplendidissimo A^1): hic D^1 circus ω *et*
E^1AKH *Macr. 1.4.5,* μ *Macr. 1.14.24, SEAH² Macr. 1.15.1*: circulus
SXE^2 *Macr. 1.4.5, XKH¹ Macr. 1.15.1*   16 eae (stellae): hae μ
19 a (caelo) ω μ, *cod. L Nonii*: a *om. codd. GHPE Nonii*   19–20
citima terris μ BrD^1 *et codd. Nonii* : proxima terris *A*: proxima citima
terris Q^1 (proxima *del.* Q^2): citima terris et proxima *Ph*: et proxima
sup. lin. D^2

[17]   **21.** [XVII] 'Quam cum magis intuerer, "Quaeso,"
inquit Africanus, "quousque humi defixa tua mens
erit? Nonne aspicis quae in templa veneris? Novem
tibi orbibus, vel potius globis, conexa sunt omnia:
quorum unus est caelestis, extimus, qui reliquos   5
omnes complectitur, summus ipse deus arcens et
continens ceteros, in quo sunt infixi illi qui volvuntur
stellarum cursus sempiterni; cui subiecti sunt septem
qui versantur retro, contrario motu atque caelum. Ex
quibus unum globum possidet illa quam in terris   10
Saturniam nominant; deinde est hominum generi
prosperus et salutaris ille fulgor qui dicitur Iovis;
tum rutilus horribilisque terris quem Martium dici-
tis; deinde de septem mediam fere regionem Sol
obtinet, dux et princeps et moderator luminum reli-   15
quorum, mens mundi et temperatio, tanta magnitu-
dine ut cuncta sua luce lustret et compleat. Hunc ut
comites consequuntur Veneris alter, alter Mercuri
cursus, in infimoque orbe Luna radiis solis accensa
convertitur. Infra autem iam nihil est nisi mortale et   20
caducum, praeter animos munere deorum hominum
generi datos; supra lunam sunt aeterna omnia. Nam
ea quae est media et nona, Tellus, neque movetur
et infima est, et in eam feruntur omnia nutu suo
pondera."   25

3–25 novem tibi orbibus...nutu suo pondera *Macr. 1.17.2–4, cf.
1.19.14, 1.19.18, 1.20.1 sqq.*   11–12 deinde...salutaris *Prisc. Inst.
6.7.34*

---

8 cui subiecti A^2BrQPh^1D: cuius subiecti A^1: huic subiecti μ
Ph^2 sunt *om.* μ 14 de septem μ (de *om. KH Macr. 1.17.3,
SXH^1 Macr. 1.19.14*): subter ω 20 iam ω: eam μ Ph^2: eam iam
Ziegler

22. [XVIII] 'Quae cum intuerer stupens, ut me [18] recepi, "Quid hic" inquam "quis est qui complet aures meas, tantus et tam dulcis sonus?"

' "Hic est" inquit "ille qui intervallis coniunctus
5 imparibus, sed tamen pro rata parte ratione distinctis, impulsu et motu ipsorum orbium efficitur, et acuta cum gravibus temperans varios aequabiliter concentus efficit. Nec enim silentio tanti motus incitari possunt, et natura fert ut extrema ex altera parte
10 graviter, ex altera autem acute sonent. Quam ob causam summus ille caeli stellifer cursus, cuius conversio est concitatior, acuto et excitato movetur sono, gravissimo autem hic lunaris atque infimus; nam terra nona immobilis manens una sede semper
15 haeret, complexa medium mundi locum. Illi autem octo cursus, in quibus eadem vis est duorum, septem efficiunt distinctos intervallis sonos, qui numerus rerum omnium fere nodus est; quod docti homines nervis imitati atque cantibus, aperuerunt sibi redi-
20 tum in hunc locum, sicut alii qui praestantibus ingeniis in vita humana divina studia coluerunt. **23.** Hoc sonitu oppletae aures hominum obsurduerunt, [19] nec est ullus hebetior sensus in vobis; sicut ubi Nilus ad illa quae Catadupa nominantur praecipitat ex
25 altissimis montibus, ea gens quae illum locum accolit

2–20 quid hic inquam . . . reditum in hunc locum *Macr. 2.1.2–3, cf.*
2.2.21, 2.3.3, 2.3.12, 2.3.16, 2.4.1, 2.4.4, 2.4.8, 2.4.9, 2.4.15　　4 hic
est . . . efficitur *Favon. Eulog. 19.11; id. 20.9*　　9–15 et natura fert
ut . . . semper haeret *Boethius Inst. Mus. 1.27*

---

4 coniunctus ω (com- *Ph*): disiunctus A^2 μ *Macr. 2.1.3 et 2.4.1, Fav.*
Eulog.　　12 acuto et *Ph, Boethius, Inst. Mus. 1.27*: acute et
$A(Br?)QD$: acute μ *Macr. 2.1.3, 2.4.1, 2.4.4*　　14 una: ima Br^2
15 medium mundi locum ω: mundi medium locum μ *Macr. 2.1.3*
16 est duorum: est modorum A^1Ph^1Q: est duorum modorum A^2

propter magnitudinem sonitus sensu audiendi caret;
hic vero tantus est totius mundi incitatissima con-
versione sonitus, ut eum aures hominum capere non
possint, sicut intueri solem adversum nequitis, eiusque radiis acies vestra sensusque vincitur.''   5

[20]   **24.** [XIX] 'Haec ego admirans referebam tamen
oculos ad terram identidem; tum Africanus, "Sentio" inquit "te sedem etiamnunc hominum ac
domum contemplari; quae si tibi parva, ut est, ita
videtur, haec caelestia semper spectato, illa humana   10
contemnito. Tu enim quam celebritatem sermonis
hominum, aut quam expetendam consequi gloriam
potes? Vides habitari in terra raris et angustis in locis,
et in ipsis quasi maculis ubi habitatur, vastas solitu-
dines interiectas, eosque qui incolant terram non   15
modo interruptos ita esse ut nihil inter ipsos ab
aliis ad alios manare possit, sed partim obliquos,
partim transversos, partim etiam adversos stare
vobis: a quibus exspectare gloriam certe nullam
[21] potestis. **25.** [XX] Cernis autem eandem terram   20
quasi quibusdam redimitam et circumdatam cingulis, e quibus duos maxime inter se diversos, et caeli
verticibus ipsis ex utraque parte subnixos, obriguisse
pruina vides, medium autem illum et maximum solis
ardore torreri? Duo sunt habitabiles, quorum austra-   25
lis ille in quo qui insistunt adversa vobis urgent
vestigia, nihil ad vestrum genus; hic autem alter sub-
iectus aquiloni quem incolitis, cerne quam tenui vos

13–p. 143, 5 vides habitari . . . quam sit parvus vides *Macr. 2.5.1–3,*
cf. 2.5.6, 2.5.26, 2.5.35, 2.7.7–8, 2.9.6, 2.9.9

13 in (locis) *om. Ph¹* μ   15 eosque μ: hosque ω   18 partim
transversos μ *Br²Ph²D²: om.* ω   19 ex(s)pectare μ: spectare
ω   21–22 cingulis ω: circulis μ *Ph²*   22 duos: duo *SEAK²*
Macr., fort. recte, cf. Rep. 1.15, 1.19

parte contingat: omnis enim terra quae colitur a
vobis, angustata verticibus, lateribus latior, parva
quaedam insula est, circumfusa illo mari quod Atlan-
ticum, quod magnum, quem Oceanum appellatis in
5 terris; qui tamen tanto nomine quam sit parvus vides.
26. Ex his ipsis cultis notisque terris, num aut [22]
tuum aut cuiusquam nostrum nomen vel Caucasum
hunc quem cernis transcendere potuit, vel illum
Gangen tranatare? Quis in reliquis orientis aut
10 obeuntis solis ultimis aut aquilonis austrive partibus
tuum nomen audiet? Quibus amputatis cernis profecto, quantis in angustiis vestra se gloria dilatari
velit. Ipsi autem qui de nobis loquuntur, quam
loquentur diu? **27.** [XXI] Quin etiam si cupiat proles [23]
15 illa futurorum hominum deinceps laudes uniuscuiusque nostrum a patribus acceptas posteris prodere,
tamen propter eluviones exustionesque terrarum,
quas accidere tempore certo necesse est, non modo
non aeternam, sed ne diuturnam quidem gloriam
20 adsequi possumus. Quid autem interest, ab eis qui
postea nascentur sermonem fore de te, cum ab eis
nullus fuerit qui ante nati sunt, qui nec pauciores et
certe meliores fuerunt viri; **28.** [XXII] praesertim [24]
cum apud eos ipsos, a quibus audiri nomen nostrum
potest, nemo unius anni memoriam consequi possit?

14–20 quin etiam…possumus *Macr.* 2.10.1 23–
p.144,14 praesertim cum…esse conversam *Macr.* 2.11.1–3

---

2 angustata *AQ*: angusta μ *BrPhD* 9 quis *AD*: vel quis *Br*:
vis *Ph*: vix *Q* 13 loquuntur *Br²* (loquuntur quam *om. Br¹*):
locuntur *D*: loquentur *APhQ* 15 illa ω: *om.* μ 16 a patribus acceptas ω: acceptas a patribus μ *Ph²* 23 praesertim cum *Ph²*
et *SAKH Macrobii*: cum praesertim *Br²D* : praesertim (*omisso* cum)
ABr¹QPh¹ et E¹ Macrobii

Homines enim populariter annum tantummodo
solis, id est unius astri, reditu metiuntur; reapse
autem, cum ad idem unde semel profecta sunt cuncta
astra redierint, eandemque totius caeli descriptionem
longis intervallis rettulerint, tum ille vere vertens 5
annus appellari potest, in quo vix dicere audeo
quam multa hominum saecla teneantur. Namque ut
olim deficere sol hominibus exstinguique visus est
cum Romuli animus haec ipsa in templa penetravit,
quandoque ab eadem parte sol eodemque tempore 10
iterum defecerit, tum signis omnibus ad principium
stellisque revocatis expletum annum habeto; cuius
quidem anni nondum vicesimam partem scito esse
[25] conversam. **29.** [XXIII'] Quocirca si reditum in hunc
locum desperaveris, in quo omnia sunt magnis et 15
praestantibus viris, quanti tandem est ista hominum
gloria, quae pertinere vix ad unius anni partem exi-
guam potest? Igitur alte spectare si voles atque hanc
sedem et aeternam domum contueri, neque te sermonibus vulgi dedideris, nec in praemiis humanis spem 20
posueris rerum tuarum, suis te oportet illecebris ipsa
virtus trahat ad verum decus. Quid de te alii loquantur, ipsi videant, sed loquentur tamen; sermo autem
omnis ille et angustiis cingitur his regionum quas
vides, nec umquam de ullo perennis fuit; et obruitur 25
hominum interitu, et oblivione posteritatis exstinguitur.''

---

1 populariter μ $A^2Br^2Ph^2D^2$: loquel(l)ariter ω 2 reditu μ:
reditum ω metiuntur; reapse autem, cum *scripsi*: metiuntur; re ab
se autem cum K *Macr.*: et iunture ab se autem cum E^1 *Macr.*:
metiuntur; re ipsa autem cum SE^2H *Macr.*: metiuntur: cum autem
ω *et A Macr.; de vocabulo 'reapse' cf.* 1.2 11 ad principium ω: ad
idem principium μ Ph^2 12 cuius A^1 (? Q^1) μ: huius
BrQ^2PhD 20 dedideris AQ: dederis $BrPhD$

30. [XXIV] 'Quae cum dixisset, "Ego vero" [26]
inquam "Africane, si quidem bene meritis de patria
quasi limes ad caeli aditum patet, quamquam a pueritia vestigiis ingressus patris et tuis decori vestro non
5 defui, nunc tamen tanto praemio exposito enitar
multo vigilantius."
'Et ille, "Tu vero enitere, et sic habeto, non esse te
mortalem, sed corpus hoc; nec enim tu is es quem
forma ista declarat, sed mens cuiusque is est quisque,
10 non ea figura quae digito demonstrari potest. Deum
te igitur scito esse, si quidem est deus qui viget, qui
sentit, qui meminit, qui providet, qui tam regit et
moderatur et movet id corpus cui praepositus est,
quam hunc mundum ille princeps deus; et ut ille
15 mundum ex quadam parte mortalem, ipse deus
aeternus, sic fragile corpus animus sempiternus
movet. **31.** [XXV] Nam quod semper movetur aeter- [27]
num est; quod autem motum adfert alicui, quodque
ipsum agitatur aliunde, quando finem habet motus,
20 vivendi finem habeat necesse est. Solum igitur quod
sese movet, quia numquam deseritur a se, numquam
ne moveri quidem desinit. Quin etiam ceteris quae
moventur hic fons, hoc principium est movendi.

7–p. 147, 11 tu vero enitere... saeclis revertuntur *Macr. 2.12.1* +
2.13.1–5 + *2.17.2–3, cf. 2.12.12, 2.15.20*   17–p. 146, 19 *Plato
Phaedr. 245c.* Quod semper movetur... neque nata certe est et aeterna
est *Tusc. 1.53–4. Cf. Lact. Inst. 7.8.4, Opif. Dei 17.1, Serv. Aen. 6.727.*

---

14 ille (mundum) μ: ipse $AQPhD^1$: *om. BrD*^{2} 15 mundum
BrD^2 *et SEKH Macr., cf. Macr. 2.12.12*: -us $AQPhD^1$ *et A
Macr.*   ex *om. SEKH Macr., cf. Macr. 2.12.12 et 16*   mortalem
Br^2D^2 *et SEKH Macr., cf. Macr. 2.12.12 et 16*: -is $A^2Br^1QPhD^1$ *et A
Macr.*: -es A^1 19 aliunde (ὑπ' ἄλλου *Plato*) *Q, XEH Macr. 2.13.1
et XEAH 2.15.20, codd.* $H^{corr}M$ *Tusc.*: alicunde *ABrPhD, rell. codd.
Tusc., KS Macr. 2.13.1 et 2.15.20*   21 sese *ABrD*: se ipsum
Q^2Ph^2 μ *et codd. Tusc.*: de se Q^1Ph^1 (de se movetur *F*): sepse *Müller*

Principii autem nulla est origo; nam ex principio
oriuntur omnia, ipsum autem nulla ex re alia nasci
potest; nec enim esset id principium, quod gignere-
tur aliunde. Quodsi numquam oritur, ne occidit quidem umquam; nam principium exstinctum nec 5
ipsum ab alio renascetur, nec ex se aliud creabit, si
quidem necesse est a principio oriri omnia. Ita fit ut
motus principium ex eo sit quod ipsum a se movetur;
id autem nec nasci potest nec mori, vel concidat
omne caelum omnisque natura et consistat necesse 10
est, nec ullam vim nanciscatur qua a primo impulsa
[28] moveatur. **32.** [XXVI] Cum pateat igitur aeternum
id esse quod a se ipso moveatur, quis est qui hanc
naturam animis esse tributam neget? Inanimum est
enim omne quod pulsu agitatur externo; quod autem 15
est animal, id motu cietur interiore et suo, nam haec
est propria natura animi atque vis; quae si est una ex
omnibus quae sese moveat, neque nata certe est et
[29] aeterna est. **33.** Hanc tu exerce in optimis rebus!
Sunt autem optimae curae de salute patriae, quibus 20

1 principii *SEAKH Macr. et codd. Tusc.*: principio ω *et X
Macr.*   ex *Ph²D et E Macr.*: e *SXH Macr. et codd. Tusc.*: et *AQPh¹
et AK Macr.*: et ex *Br*   4 numquam (oritur) ω *S¹AK Macr. et
codd. Tusc.*: non *Ph² et S²XᵐᵍHᵐᵍ Macr.*   ne (occidit) *A, S¹XK Macr.
et VRKGᶜᵒʳʳ· Tusc.*: nec *BrQPhD, S²AᵐᵍEᵐᵍHᵐᵍ Macr., G¹M
Tusc.*   6 renascetur *ABrQPh¹ et codd. Tusc.*: nascetur *Ph²D¹* μ
ex se ω μ *V² Tusc.*: se *rell. codd. Tusc.*   10 et (consistat): ω *S²
Macr.*: om. *Ph², S¹XEAH Macr. et codd. Tusc.*   11 qua a primo
recc., X Macr., V² Tusc.: qua primo *rell. codd. Tusc.*: quam a primo ω *et
Macr. codd. plerique*   impulsa *A¹Q¹, S¹H¹ Macr., GRVK Tusc.*:
impulsu *A²BrQ²PhD, EAKS² Macr., P⁴ Tusc.*   13 a se ipso
moveatur ω *et A² Macr.*: se ipsum moveat *Ph² et codd. Tusc.*: ipsum se
moveat *rell. codd. Macr.*   16 animal *AQPhD, H¹ Macr. et codd.
Tusc.*: anima *Br, rell. codd. Macr.*   18 sese ω: se ipsa *SXKH
Macr.*: se ipsam *EA Macr., V² Tusc.*: se ipsam semper *rell. codd.
Tusc.*: sepse *Halm*

agitatus et exercitatus animus velocius in hanc sedem
et domum suam pervolabit; idque ocius faciet, si iam
tum cum erit inclusus in corpore, eminebit foras, et
ea quae extra sunt contemplans quam maxime se a
5 corpore abstrahet. Namque eorum animi qui se corporis voluptatibus dediderunt, earumque se quasi
ministros praebuerunt, impulsuque libidinum
voluptatibus oboedientium, deorum et hominum
iura violaverunt, corporibus elapsi circum terram
10 ipsam volutantur, nec hunc in locum nisi multis ex-
agitati saeclis revertuntur." Ille discessit; ego somno
solutus sum.'

---

12 (solutus) sum *BrPhD²*: sum *deest in AQD¹*

FRAGMENTA INCERTAE SEDIS

1.   ... cui nemo civis neque hostis
    quibit pro factis reddere opis pretium.
2. si fas endo plagas caelestum ascendere cuiquamst
    mi soli caeli maxima porta patet.
3. 'Est vero' inquit 'Africane; nam et Herculi ista   5
    porta patuit...'
4. nullum est exemplum cui malimus adsimulare
    rem publicam
5. idque ipsa natura non invitaret solum, sed etiam
    cogeret   10
6. dictatore L. Quinctio dicto
7. in quibus assentior sollicitam et periculosam ius-
    titiam non esse sapientis.

1–2 *Sen. Ep. 108.33* [3.6] eosdem libros [*i.e. De Re Publica*] cum grammaticus explicuit... Ennianos colligit versus et in primis illos de Africano scriptos: 'cui... pretium' = *Enn. varia 19 V²*: <hic est ille situs> *ex Leg. 2.57 add. Patricius*: *ad 3.6 rettulit Castiglioni.*   3–4 *ib. 34* esse enim apud Ciceronem in his ipsis de re publica hoc epigramma Enni: 'si fas... patet'. *Cf. fr. quod sequitur.*   5–6 *Lact. Inst. 1.18.11* [inc. 6 Z.] qui mox etiam haec verba Ciceronis adfert: 'est vero... patuit'. *Ad lib. 3 rettulit Sigonius collato Aug. Civ. Dei 22.4 (= nostrum 3.31).*   7–8 *Diomed. GL 1.365.20* [1.34 Z.] Cicero de re publica: 'nullum... rem publicam'.   9–10 *Non. 321.16* [1.39 Z.] M. Tullius de re publica: 'idque... cogeret'.   11 *Serv. ad Georg. 3.125* [2.63 Z.] 'dixere' maritum pro 'designaverunt'. Cicero de re publica sic: 'dictatore... dicto'. *Ad lib. 2 rettulit Mai.*   12–13 *Prisc. Inst. Gramm. 8.6.32* [3.39 Z.] Cicero de republica: 'in quibus... sapientis'. *Ad Laeli orationem lib. 3 rettulit Mai*: III *pro* in *Boot*

---

2 quibit *Pincianus*: quivit *Muretus*: quiuult *codd.*   7 cui malimus *Osann*: quam alimus *vel* quam alius *vel* quasi alius *codd.*

8. Est igitur quiddam turbulentum in hominibus singulis, quod vel exultat voluptate vel molestia frangitur.

9. ... oratio ... Laeli, quam omnes habemus in manibus, quam simpuia pontificum dis immortalibus grata sint, Samiaeque, uti scribit, capudines.

10a. ut Menelao Laconi quaedam fuit suaviloquens iucunditas

10b. breviloquentiam in dicendo colat

11. nitito

12. excellunt

1–3 *Non. 301.5* [3 inc. 1 Z.] M. Tullius de republica: 'est ... frangitur' (*in plerisque codd. sine attributione libri*: de rep. lib. III *cod. Urbinas 307, teste Maio; ad 2.68 refert Heck*)   4–7 *Non. 398.28* [6.2 Z.] Lucilius Satyrarum lib. XIII: 'et non pauper uti (*edd.*: pauperitiae *codd.*) Samio curtoque catino'. M. Tullius de republica lib. III {et non pauper uti (ruti *L*1)} 'oratio {et in libro sexto} Laeli, quam ... capudines'. *Ex Nonii textu plane corrupto parum apparet utrum tertio sit an sexto libro hoc fr. assignandum: rem in medio relinquimus*   8–10 *Gell. 12.2.6–7* [5.11] ponit deinde (*sc. Seneca in epistula quadam perdita*) quae apud Ciceronem reprehendat quasi Enniana, quod ita scripserit in libris de re publica: 'ut Menelao ... iucunditas', et quod alio in loco dixerit: 'breviloquentiam ... colat'.   11 *Diomedes GL 1.339.31* Tullius in dialogis de re publica 'nitito'.   12 *Diomedes GL 1.374.17* Cicero de re publica 'excellunt'. (*fort. ad 2.59 'excellerent' referendum*)

---

1 in *L*²: *om. L*¹   2 vel: velut *L*¹   4 <testatur> oratio *L. Müller*   6 uti (*ante* scribit) *Halm*: ut hi *codd.*: ut is *Junius*

13. *de instituendo principe civitatis, quem dicit alendum esse gloria*

1–2 *Aug. Civ. Dei 5.13.24–7* [5.9 Z.] Etiam Tullius hinc dissimulare non potuit in eisdem libris quos de re publica scripsit, ubi loquitur de instituendo principe civitatis, quem dicit alendum esse gloria et consequenter commemorat maiores suos multa mira atque praeclara gloriae cupiditate fecisse. *Hinc nimirum pendet Petrus Pictaviensis, Ad calumniatorem (Migne, PL 189.58)* illud mihi occurrit, quod vir gravissimus Tullius in libris de re publica scripsit, scilicet principem civitatis gloria esse alendum et tamdiu stare rem publicam quamdiu ab omnibus honor principi exhiberetur *et Petrus Venerabilis abbas Cluniacensis, Adversus calumniatores carminum sui Petri Pictaviensis defensio, Migne, PL 189.1009, vv. 219–36: verba illa* 'tamdiu ... exhiberetur' *et a sententia Tullii et a stilo aliena esse demonstravit Heinze, Hermes 59 (1924), 77. Ex eodem Augustini loco pendet Iohannes Saresbergiensis, Policraticus 8.5*

FRAGMENTA DVBIA

1. [1.1c Z.] *v. test. infra.*
2. Profecto, *inquit*, omnis istorum disputatio, quamquam uberrimos fontes virtutis et scientiae continet, tamen collata cum eorum actis perfec-
5   tisque rebus vereor ne non tantum videatur utilitatis attulisse negotiis hominum quantam oblectationem otii.
3. *octo genera poenarum in legibus esse ... damnum vincla verbera talionem ignominiam exsilium mor-*
10   *tem servitutem*
4. Etenim si nemo est quin emori malit quam converti in aliquam figuram bestiae, quamvis hominis mentem sit habiturus, quanto est miserius in hominis figura animo esse efferato? Mihi quidem
15   tanto videtur quanto praestabilius est animus corpore.

---

1 *Plin. NH praef. 7* Praeterea est quaedam publica etiam eruditorum reiectio; utitur illa et M. Tullius, extra omnem ingenii aleam positus, et, quod miremur, per advocatum defenditur: 'nec doctissimis * * * Manium Persium haec legere nolo, Iunium Congum volo'; quod si hoc Lucilius, qui primus condidit stili nasum, dicendum sibi putavit, Cicero mutuandum, praesertim cum de re publica scriberet, quanto nos causatius ab aliquo iudice defendimur. *Hic equidem Plinium bis errasse puto, sc. de fonte et de verbis Lucili: respicit, ut videtur, orationem Crassi in dialogo De Or. 2.25 ubi versus Lucili recte citatur* 'Persium non curo legere, Laelium Decimum volo'.   2–7 *Lact. Inst. 3.16.5* 'profecto ... otii' = *1.1e Ziegler; ad lib. 1 rettulit Mai[1]; ad prooem. lib. 3 probabilius Mai[2]; sed fort. ex Hortensio est (cf. Hort. frr. 36 et 55 Grilli).*   8–10 *Aug. Civ. Dei 21.11.6–8* Octo genera poenarum in legibus esse scribit Tullius, damnum ... servitutem *cf. Isid. Etym. 5.27.2. Ad Laeli orationem lib. 3 refert Heck; fragmentum ex deperditis De Legibus libris esse putat Testard; cf. etiam De Or. 1.194, Off. 3.23 ubi tamen pauciora genera poenarum commemorantur.*   11–16 *Lact. Inst. 5.11.2* praeclare itaque M. Tullius 'etenim si nemo est' inquit 'quin ... corpore' *Haec fort. ad lib. 4 referenda sunt; = 4.1 Mai.*

5. *se non putare idem esse arietis et Publi Africani bonum*

6. *ad militiam euntibus dari solitos esse custodes, a quibus primo anno regantur*

7. *comoediam esse imitationem vitae, speculum con-* 5 *suetudinis, imaginem veritatis*

8. Cumque nihil tam incorruptum esse debeat in re publica quam suffragium, quam sententia, non intellego cur qui ea pecunia corruperit poena dignus sit, qui eloquentia, laudem etiam ferat. 10 Mihi quidem hoc plus mali facere videtur qui oratione quam qui pretio iudicem corrumpit, quod pecunia corrumpere prudentem nemo potest, dicendo potest.

9. *Asianos oratores ditrochaeo clausulas terminare* 15

10. Causa difficilis laudare puerum; non enim res laudanda sed spes est.

1–2 *Aug. c. Iul. 4.12.59* eorum quippe opinioni convenienter ait quodam loco Tullius, se non putare...bonum. *Ad lib. 4 rettulit Mai.* 3–4 *Serv. ad Aen. 5.546* secundum Tullium qui dicit ad militiam...regantur. *Ad lib. 4 rettulit Mai.* 5–6 *Donat. Exc. de Com. 22.19* comoediam esse Cicero ait imitationem...veritatis. *Fort. ad lib. 4 referendum; ad Hortensium rettulit Plasberg (=fr. 10 Grilli)* 7–14 *Amm. Marc. 30.4.10* eloquentiam inanis quaedam imitatur adfluentia loquendi; quarum artium scaevitate, ut Tullius adseverat, nefas est religionem decipi iudicantis; ait enim: 'cumque nihil...dicendo potest'. = *lib. 5.11 Ziegler; ad lib. 4 rettulerat Patricius, ad lib. 5 Mai* 15 *Rufinus De compositione et de metris oratorum 582.10 Halm = GL 6.574.31* Idem Cicero in dialogis de re publica multa dicit referens Asianos...terminare. *Ad Oratorem recte, ut opinor, rettulit Mai, ad lib. 5 de rep. pertinere putat Heck, sed errasse Rufinum de fonte suo veri simile est* 16–17 *Serv. Aen. 6.875* est autem Ciceronis in dialogo Fannio causa difficilis...spes est. *Cf. Hieron. Epist. 128.1* causa difficilis est parvulae scribere...ut secundum praeclari oratoris exordium spes magis in ea laudanda quam res sit. = *fr. inc. 5 Ziegler; ad libros de rep. rettulit Mai, ad lib. 4 Büchner.*

11. *quod nullus sit patriae consulendi modus aut finis bonis*

12. Quicumque epulis et conviviis et sumptibus existimationem hominum sibi conciliant, palam ostendunt sibi verum decus, quod ex virtute ac dignitate nascitur, deficere.

13. *leniter atque placide fides, non vi et impetu concuti debere*

1–2 *Aug. Epist. 90.1 et 91.3 (v. test. gen. 21)* quod nullus sit ... bonis. *Verba Nectarii sunt, non ut videtur Ciceronis, licet hanc sententiam ut fragmentum prooemii libri I protulerit Bērzinš* 3–6 *A. Bielowski, Pompei Trogi fragmenta, p. xv* Recte Cicero in libris de Republica scripsit: 'Quicumque ... deficere'. *Haec verba non sunt (nisi forte miro quodam casu) Ciceronis, sed potius Bielowskii: is enim ea Latine reddidit, quae Polonice scripta invenerat in libro qui inscribitur 'Paradoxa Koronne', quique ab ignoto auctore anno 1603 vulgatus est. Unde autem sententiam deprompserit scriptor ille Polonus, dubito; haud sciam an ex Off. 2.22 et 2.55; vix crediderim eum plura legere potuisse ex his de re publica libris quam ante Maii reperta quemlibet alium, licet vir doctus Bielowskius de codice deperdito 'Sarmatico' cogitaverit; de quo vide quae disseruit P. Lehmann, SIFC 27–8 (1956), 202–15, praesertim 214–15* 7–8 *Bielowski ibid. p. xvi:* sententia in codice manuscripto bibliothecae Ossolinianae, Nr. 458 p. 82, reperitur his verbis: 'Cicero de re publica: "leniter ... debere".' *Haec esse Ciceronis verba, scilicet a grammatico nescioquo excerpta, fortasse magis confidendum est; quoniam de musica agitur, de libro quarto cogitare possis*

14. *v. test. infra.*

(a) *Anon. Dialogus Menodori et Thomasii de re publica, cuius in quinto libro comparationem* πολιτειῶν *Platonis et Ciceronis factam esse indicat capitulorum tabula quae in initio eius libri servatur, p. 15 Mazzucchi* (b) *ibid. 5.48* = *p. 25,10 Mazzucchi.* εὖ γὰρ τὴν βασιλείαν ὡρίσατο Πλάτων μὲν οὐ τῷ ἔχοντι, ἀλλὰ τοῖς ἀρχομένοις εἶναι συμφέρον, Κικέρων δὲ 'τοῦ ἔχοντος ἴδιον μὲν πόνον, ἀλλοτρίας δὲ φροντίδα σωτηρίας'. *Nulli certo operi Ciceronis attribuitur sed cf. lib. 5 fr. 2* (c) *ibid. 5.63* = *p. 27,20* Mazzucchi. ἡμεῖς δὲ τὴν ἁπλῶς, οἶμαι, πολιτείαν, σώφρονά τε δηλαδὴ καὶ ἀρίστην καὶ οὐ τήνδε ἢ τήνδε ἰδίως, ὡς Κικέρων τὴν τῶν Ῥωμαίων, ἐπισκοπεῖν ἐνεστησάμεθα, πλὴν ἀλλ' ἀρκέσει, ὡς ὁ ἐμὸς λόγος, δέκα ἀνδρῶν ἀρξόντων ἐπιλογὴ ἐκ τῶν ἀρίστων γιγνομένη πρὸς τὴν ὅλην τῆς πολιτείας διοίκησιν. Ταῦτα λέγων, ὦ Μηνόδωρε, Κικέρωνι συμφήσεις 'ὅλην σχεδὸν' λέγοντι 'τὴν βασιλικὴν φροντίδα περὶ δέκα ἐπιλογὴν ἀνδρῶν ἀρίστων καταγίγνεσθαι προσήκειν, οἳ καὶ ἐξαρκέσουσιν ἱκανοί γε ὄντες καὶ ἄλλων ἀνδρῶν ἐπιλογὴν ποιήσασθαι, οἷς ἂν χρῶντο πρὸς τὰς τῆς πολιτείας διοικήσεις'. *Quinto libro de rep. Ciceronis tribuit Behr, vix probabili ut ego arbitror ratione: agitur fortasse de Romulo, qui secundum Dion. Hal. Ant. Rom. 2.21.1–4 senatum sic a principio legit* (d) *Verba Catoni Maiori attributa 5.151 = p. 41,28 M. (quae citatio certe ad p. 42.16 extenditur, nec debet ut in textu Mazzucchii ad p. 42.7 amputari) fortasse ex Ciceronis De Rep. libris sumpta iudicavit Fotiou, fort. recte*

Hos denique locos a prioribus adductos omnino omittendos censui: Sen. Ep. 49.5; Amm. Marc. 30.4.7; Isid. Diff. 1.179; Serv. ad Aen. 10.564; Rufinus de bono pacis 2.16 et 2.26

M. TVLLI CICERONIS
DE LEGIBVS

LIBRI TRES

SIGLA

B	Leidensis Vossianus Latinus F. 86, s. IX med.
B^1	eius prima manus
B^a	eiusdem corrector vetustior
B^T	eiusdem corrector saec. xii qui Tegano nominatur
B^x	eiusdem corrector incertus
A	Leidensis Vossianus Latinus F. 84, s. IX med.
A^1	eius prima manus
A^a	eiusdem corrector vetustus nigrior (fort. $= B^a$)
A^b	eiusdem corrector vetustus pallidior
A^x	eiusdem corrector incertus
F	Florentinus Laurentianus S. Marco 257–II, s. IX ex., ab A descriptus
F^2	eius corrector vetustus
P	Berolinensis Phillippsianus 1794, s. XII ex.
H	Leidensis B.P.L. 118 (Heinsianus), s. XI^2
H^1	eius prima manus
H^a	eiusdem corrector vetustus Beneventanus
H^b	eiusdem corrector minusculus
H^N	correctio Nicolai de Niccolis in H
H^P	correctio Poggii in H
H^x	eiusdem corrector incertus
L	Londiniensis Burneianus 148, s. XIII
E	Leidensis Perizonianus F. 25, s. XV
S	Parisinus latinus 15084, s. XV
R	Rotomagensis 1041 (O. 47), s. XV
ε	consensus ESR
ω	consensus codicum omnium (archetypus)
ϛ	lectio in uno vel pluribus e codd. recentioribus (praeter ESR) inventa
<>	addenda vel inserenda
{ }	delenda

DE LEGIBVS
LIBER PRIMVS

Dialogi personae:

*T. Pomponius Atticus   Q. Tullius Cicero   M. Tullius
Cicero*

[I] [A.]   Lucus quidem ille et haec Arpinatium quer- **1**
cus agnoscitur, saepe a me lectus in Mario. Sin manet
illa quercus, haec est profecto; etenim est sane vetus.

[Q.]   Manet vero, Attice noster, et semper mane-
5 bit. Sata est enim ingenio; nullius autem agricolae
cultu stirps tam diuturna quam poetae versu semi-
nari potest.

[A.]   Quo tandem modo, Quinte, aut quale est
istuc quod poetae serunt? Mihi enim videris fratre
10 laudando suffragari tibi.

[Q.]   Sit ita sane; verum tamen, dum Latinae **2**
loquentur litterae, quercus huic loco non deerit
quae Mariana dicatur, eaque, ut ait Scaevola de fratris mei Mario, 'canescet saeclis innumerabilibus';
15 nisi forte Athenae tuae sempiternam in arce oleam
tenere potuerunt, aut quod Homericus Ulixes Deli se
proceram et teneram palmam vidisse dixit, hodie
monstrant eandem. Multaque alia multis locis diutius

---

13 *Q. Mucius Scaevola, fr. 1 Morel*   16 *Hom. Od. 6.162*

---

2 mario. sin manet $B^aA\epsilon$: marios inmanet B^1PH^1 (sin *pro* in H^N):
marius inmanet *L*   sin: si *Minut.*: si enim *Dav.*   6 stirps $P\epsilon H^x$:
stips BAH^1L 9 istuc *BAPH*: istud ϵL fratre B^1: fratrem
rell. (A^1 *eras.*)   11 uerum *(semel)* *S*: uerum. uerum *rell.*
16 quod (Homericus): quam *Turn.*

commemoratione manent quam natura stare potuerunt. Quare 'glandifera' illa 'quercus', ex qua olim
evolavit 'nuntia fulva Iovis, miranda visa figura,'
nunc sit haec; sed cum eam tempestas vetustasve
consumpserit, tamen erit his in locis quercus, quam 5
Marianam quercum vocent.

3   [A.]   Non dubito id quidem. Sed haec iam non ex
te, Quinte, quaero, verum ex ipso poeta: tuine versus
hanc quercum severint, an ita factum de Mario ut
scribis acceperis?   10

[M.]   Respondebo tibi equidem, sed non antequam mihi tu responderis, Attice: certene non longe
a tuis aedibus, inambulans post excessum suum,
Romulus Proculo Iulio dixerit se deum esse et Quirinum vocari, templumque sibi dedicari in eo loco 15
iusserit? Et verumne sit <ut> Athenis, non longe
item a tua illa antiqua domo, Orithyiam Aquilo sus-
tulerit? Sic enim est traditum.

4   [A.]   Quorsum tandem {aut cur} ista quaeris?

[M.]   Nihil sane, nisi ne nimis diligenter inquiras 20
in ea quae isto modo memoriae sint prodita.

[A.]   Atqui multa quaeruntur in Mario, fictane an
vera sint; et a nonnullis, quod et in recenti memoria
et Arpinati homine versere, veritas a te postulatur.

2–3 *Cic. poet. fr. 6 Morel*

---

6 vocent *Ald.*: uocant *BAPSRHL²*: inuocant *E*: dicant *L¹*: voca-
bunt *Klotz*   7 haec: hoc *Minut.*   (iam) non *PHᴺ*: om. rell.
12 certene non *ς*: certe non *PSRHL*: certen *BA*: certe *E*: certen non
Camerarius   15 dedicari *BᵃAᵃHˣ*: dedicare *B¹A¹PεL (H¹obsc.)*
16 ut *add. Rath*: verumne sit *om. Minut.*: verene *Dav.*   19 aut
cur *susp. Maas*: seclusi ego *(Aut cur post dist. BA)*   24 versere,
veritas *Zumpt (*verseris, veritas *Wagner)*: uelse ueritas *B*: uel seueritas
A¹PεHL: sed *pro* uel se- *Aᵇ*

[M.] Et mehercule ego me cupio non mendacem putari. Sed tamen 'nonnulli' isti, Tite noster, faciunt imperite, qui in isto periculo non ut a poeta sed ut a teste veritatem exigant; nec dubito quin idem et cum
5 Egeria collocutum Numam, et ab aquila Tarquinio apicem impositum putent.

[Q.] Intellego te, frater, alias in historia leges 5 observandas putare, alias in poemate.

[M.] Quippe, cum in illa ad veritatem <omnia>,
10 Quinte, referantur, in hoc ad delectationem pleraque; quamquam et apud Herodotum, patrem historiae, et apud Theopompum sunt innumerabiles fabulae.

[II] [A.] Teneo quam optabam occasionem, neque omittam.

15 [M.] Quam tandem, Tite?

[A.] Postulatur a te iamdiu, vel flagitatur potius, historia; sic enim putant, te illam tractante effici posse ut in hoc etiam genere Graeciae nihil cedamus. Atque ut audias quid ego ipse sentiam, non solum
20 mihi videris eorum studiis qui tuis litteris delectantur, sed etiam patriae debere hoc munus, ut ea quae salva per te est, per te eundem sit ornata. Abest enim historia litteris nostris, ut et ipse intellego et ex te persaepe audio; potes autem tu profecto satis facere
25 in ea, quippe cum sit opus (ut tibi quidem videri solet) unum hoc oratorium maxime. Quamobrem 6 aggredere, quaesumus, et sume ad hanc rem tempus,

---

2 nonnulli isti *PH*: nulli isti *B*: isti *A^a*: non nulli *εL*   tite: attice *εL*
3 periculo *(sc. ne mendax putetur)*: opusculo *Asc.*: miraculo *Bake*: *fort.*
portento?   a (poeta) *PεH^x* (?=*H^N*)*L*: om. *BAH^I*   9 quippe, cum
sic interpunxit Reid   in illa *H^x* (*H^I obsc.*): illa *APεL^2*: ille *B^IL^I*: e *in* ę
mut. B^a   in illa . . . referantur: illa . . . -atur *Bake*   9–10 omnia
add. Ernesti post referantur, *ego hic reposui*: cuncta *pro* Quinte *Ciacconus*
ap. Ursinum, post Quinte *Ziegler*   10 hoc *ς*: hac *ω*   16 vel
(flagitatur): et *B^xA*   20 qui tuis *B^xA^bES*: qui=uis *B^I*: que in *A^I*:
qui *PHL*: tuis *R*   22 abest *Ald.*: a te *B^I*: adest *PH^I*: at est
B^xA^aεH^xL (A^I eras.)

quae est a nostris hominibus adhuc aut ignorata aut
relicta. Nam post annales pontificum maximorum,
quibus nihil potest esse ieiunius, si aut ad Fabium aut
ad eum qui tibi semper in ore est, Catonem, aut ad
Pisonem aut ad Fannium aut ad Vennonium venias, 5
quamquam ex his alius alio plus habet virium, tamen
quid tam exile quam isti omnes? Fanni autem aetati
coniunctus Antipater paulo inflavit vehementius,
habuitque vires agrestes ille quidem atque horridas
sine nitore ac palaestra, sed tamen admonere reliquos 10
potuit ut accuratius scriberent: ecce autem successere
huic Gellius, Claudius, Asellio, nihil ad Coelium, sed
7 potius ad antiquorum languorem et inscitiam. Nam
quid Macrum numerem? Cuius loquacitas
habet aliquid argutiarum, nec id tamen ex illa erudita 15
Graecorum copia, sed ex librariolis Latinis; in orationibus autem multas ineptias, et adeo summam
impudentiam. Sisenna, eius amicus, omnes adhuc
nostros scriptores (nisi qui forte nondum ediderunt,
de quibus existimare non possumus) facile superavit; 20
is tamen neque orator in numero vestro umquam est
habitus, et in historia puerile quiddam consectatur,
ut unum Clitarchum neque praeterea quemquam de
Graecis legisse videatur, eum tamen velle dumtaxat
imitari; quem si assequi posset, aliquantum ab 25

---

3 ieiunius *Ursinus:* iucundius ω: nudius *Rob. Steph., alii alia*
7 aetati *Dav.*: aetate ω (Fannio...aetate *Turn.*)   8 Antipater ϛ: pater ω   12 Gellius *Passerat*: belli ω : bello F^1H^N: Gellii
Gulielmius   Claudius *scripsi*: gladius B^1: glodius $B^xA\epsilon HL$: glodios P:
clodius F^2H^x (?=H^N)   Asellio *Rob. Steph.*: asilio ω (i *alterum exp.*
H^x)   14 Macrum *Sigonius*: acrum ω   17 multas ineptias
PLε: multas ineptus B^1A^1H: multus et ineptus $B^xA^bH^N$ et adeo
Zumpt: datio *BAESHL*: elatio R: ad P: in mendacio *Sigonius: lacunam
indicavit Reifferscheid*   17–18 summam: -m *del.* A^x impudentiam: -m *del.* $B^xA^xH^x$: imprudentiam S

optimo tamen abesset. Quare tuum est munus hoc, a
te exspectatur; nisi quid Quinto videtur secus.

[III] [Q.]   Mihi vero nihil; et saepe de isto collocuti **8**
sumus, sed est quaedam inter nos parva dissensio.

5   [A.]   Quae tandem?

[Q.]   A quibus temporibus scribendi capiat exordium; ego enim ab ultimis censeo, quoniam illa sic
scripta sunt ut ne legantur quidem; ipse autem
aequalem aetatis suae memoriam deposcit, ut ea
10 complectatur quibus ipse interfuit.

[A.]   Ego vero huic potius assentior; sunt enim
maximae res in hac memoria atque aetate nostra.
Tum autem hominis amicissimi Gnaei Pompei
laudes illustrabit; incurret etiam in illum memor-
15 abilem annum suum; quae ab isto malo praedicari
quam, ut aiunt, de Remo et Romulo.

[M.]   Intellego equidem a me istum laborem iamdiu postulari, Attice; quem non recusarem, si mihi
ullum tribueretur vacuum tempus et liberum. Neque
20 enim occupata opera neque impedito animo res tanta
suscipi potest; utrumque opus est, et cura vacare et
negotio.

[A.]   Quid ad cetera, quae scripsisti plura quam **9**
quisquam e nostris, quod tibi tandem tempus
25 vacuum fuit concessum?

[M.]   Subsiciva quaedam tempora incurrunt,
quae ego perire non patior; ut si qui dies ad rustican-
dum dati sint, ad eorum numerum accommodentur
quae scribimus. Historia vero nec institui potest nisi
30 praeparato otio, nec exiguo tempore absolvi. Et ego

---

4 <non> parva *coni. Bendlin*   6 capiat: -atur $B^x A^x H^x$
14 illum *HL*: illum et *BAP*ε: <illustrem> illum et *Vahlen*
25 concessum *HL*: concensus BA^1Pε *(-n- del. A^x)*

animi pendere soleo, cum semel quid orsus traducor
alio; neque tam facile interrupta contexo quam
absolvo instituta.

10   [A.] Legationem aliquam nimirum ista oratio
postulat, aut eiusmodi quampiam cessationem lib- 5
eram atque otiosam.

[M.] Ego vero aetatis potius vacationi confide-
bam; cum praesertim non recusarem quominus
more patrio sedens in solio consulentibus respon-
derem, senectutisque non inertis grato atque honesto 10
fungerer munere. Sic enim mihi liceret et isti rei
quam desideras, et multis uberioribus atque maioribus, operae quantum vellem dare.

11   [IV] [A.] Atqui vereor ne istam causam nemo noscat, tibique semper dicendum sit; et eo magis quod te 15
ipse mutasti, et aliud dicendi instituisti genus; ut
quemadmodum Roscius, familiaris tuus, in senectute
numeros in cantu leniverat, ipsasque tardiores
fecerat tibias, sic tu a contentionibus quibus summis
uti solebas cotidie relaxes aliquid, ut iam oratio tua 20
non multum a philosophorum lenitate absit. Quod
sustinere cum vel summa senectus posse videatur,
nullam tibi a causis vacationem video dari.

12   [Q.] At mehercule ego arbitrabar posse id
populo nostro probari, si te ad ius respondendum 25
dedisses; quamobrem, cum placebit, experiendum
tibi id censeo.

---

1 orsus traducor *ς*: orsus si traducor *BAPϵH*: orsus sim traducor *L*:
orsus <sum> si traducor *vetus correctura ap. Nizolium*   5 cessationem *BA^bH^N*: cessionem *rell.*   12 multis: multo *Orth*
18 leniverat *Hermann*: cecinerat *ω* (-ant *A^1*): remiserat *quidam ap.*
Lamb.: cautius *pro* in cantu *Urlichs*   19 contentionibus *ς*:
conti- (-ci-) *ω* (condici-*P*)   27 id censeo *Turn.*: censeo. Id *ω* :
id *del. Garatoni, ante* experiendum *transp. Dyck*: censeo. Id quidem si
Urlichs

[M.] Si quidem, Quinte, nullum esset in experi-
endo periculum; sed vereor ne dum minuere velim
laborem augeam, atque ad illam causarum operam,
ad quam ego numquam nisi paratus et meditatus
5 accedo, adiungatur haec iuris interpretatio, quae
non tam mihi molesta sit propter laborem, quam
quod dicendi cogitationem auferat, sine qua ad nullam maiorem umquam causam sum ausus accedere.

    [A.] Quin igitur ista ipsa explicas nobis, his sub- **13**
10 sicivis (ut ais) temporibus, et conscribis de iure civili
subtilius quam ceteri? Nam a primo tempore aetatis
iuri studere te memini, cum ipse etiam ad Scaevolam
ventitarem; neque umquam mihi visus es ita te ad
dicendum dedisse, ut ius civile contemneres.

15   [M.] In longum sermonem me vocas, Attice;
quem tamen, nisi Quintus aliud quid nos agere
mavult, suscipiam, et quoniam vacui sumus, dicam.

    [Q.] Ego vero libenter audierim; quid enim agam
potius, aut in quo melius hunc consumam diem?

20   [M.] Quin igitur ad illa spatia nostra sedesque **14**
pergimus? Ubi, cum satis erit ambulatum, requies-
cemus, nec profecto nobis delectatio deerit aliud ex
alio quaerentibus.

    [A.] Nos vero, et hac quidem ad Lirem, si placet,
25 per ripam et umbram. Sed iam ordire explicare,
quaeso, de iure civili quid sentias.

    [M.] Egone? Summos fuisse in civitate nostra
viros, qui id interpretari populo et responsitare soliti
sint; sed eos magna professos in parvis esse versatos.
30 Quid enim est tantum quantum ius civitatis? Quid
autem tam exiguum quam est munus hoc eorum qui

---

10 ais *ERHL*: aliis *BA^a (A^1 obsc.)*: uis *S*: his *P*   24 ad Lirem
Bake: adirem *BA*: adire *PSRHL*: *om. E*   30 quid (autem) *PεHL*:
quam *BA*

consuluntur, quamquam est populo necessarium? Nec vero eos qui ei muneri praefuerunt universi iuris fuisse expertes existimo; sed hoc civile, quod vocant, eatenus exercuerunt, quoad populo praestare voluerunt; id autem in cognitione tenue est, in usu 5 necessarium. Quamobrem quo me vocas, aut quid hortaris? Ut libellos conficiam de stillicidiorum ac de parietum iure, an ut stipulationum et iudiciorum formulas componam? Quae et scripta a multis sunt diligenter, et sunt humiliora quam illa quae a nobis 10 exspectari puto.

15 [V][A.] Atqui si quaeris ego quid exspectem, quoniam scriptum est a te de optimo reipublicae statu, consequens esse videtur ut scribas tu idem de legibus. Sic enim fecisse video Platonem illum tuum, 15 quem tu admiraris, quem omnibus anteponis, quem maxime diligis.

[M.] Visne igitur, ut ille Crete cum Clinia et cum Lacedaemonio Megillo, aestivo (quemadmodum describit) die in cupressetis Gnosiorum et spatiis 20 silvestribus, crebro insistens, interdum acquiescens, de institutis rerum publicarum ac de optimis legibus disputat, sic nos inter has procerissimas populos in viridi opacaque ripa inambulantes, tum autem residentes, quaeramus eisdem de rebus aliquid uberius 25 quam forensis usus desiderat?

---

1 quamquam ⟨: quam *BAPH^N*: quod *H^1L*: q(uonia)m ε: atqui *Rob. Steph., Quinto sententiam tribuens*: cum *Muretus ap. Turn.*: quod tamen *coni. Dyck*: quam(quam) est populo necessarium *del. Reifferscheid* 5 in cognitione tenue est *Mdv.*: in cogn- tenui est ⟨: incogniti de tenui est *BAHL*: incogniti est ε: incognitum est *(et* minusque *pro* in usu*) PH^N* 9 scripta: conscr- *B^xAH^N* 12 quaeris *Rath*: -es ω 18 Crete cum *APεL*: Cretę cum *BH*: cum Crete *Turn.* 19 Megillo *Minut.*: megallo *B^lεH^1L*: *in ceteris corruptius* 23 disputat *P*: disputans *rell.*: disputavit *Klotz*

[A.]   Ego vero ista audire cupio.   **16**
[M.]   Quid ait Quintus?
[Q.]   Nulla de re magis.
[M.]   Et recte quidem; nam sic habetote, nullo in
5 genere disputandi honestiora patefieri: quid sit
homini a natura tributum, quantam vim rerum optimarum mens humana contineat, cuius muneris
colendi efficiendique causa nati et in lucem editi
simus, quae sit coniunctio hominum <cum dis>,
10 quae naturalis societas inter ipsos. His enim explica-
tis fons legum et iuris inveniri potest.

[A.]   Non ergo a praetoris edicto, ut plerique **17**
nunc, neque a Duodecim Tabulis, ut superiores,
sed penitus ex intima philosophia hauriendam iuris
15 disciplinam putas?

[M.]   Non enim id quaerimus hoc sermone, Pomponi, quemadmodum caveamus in iure, aut quid de
quaque consultatione respondeamus. Sit ista res
magna, sicut est, quae quondam a multis claris
20 viris, nunc ab uno summa auctoritate et scientia sus-
tinetur; sed nobis ita complectenda in hac disputatione tota causa est universi iuris ac legum, ut hoc
civile quod dicimus in parvum quendam et angustum
locum concludatur {naturae}. Natura enim iuris
25 explicanda nobis est, eaque ab hominis repetenda
natura; considerandae leges quibus civitates regi
debeant; tum haec tractanda, quae composita sunt
et descripta, iura et iussa populorum; in quibus ne

---

4 nullo <alio> *Ziegler*   5 disputandi *PF²Hᴺ*: disputando
rell.   honestiora *scripsi*: honesta *BAEHL* (*magis add. Hᴺin
marg.*): honeste *SR*: magis honeste *P*: posse ita *Vahlen nimis ingeniose*:
non ista *Urlichs*   6 a (natura) *HL*: om. *rell.*   9 cum dis
addidi   21 nobis ita *Paul. Man. ex cod.*: noris ista ω
24 naturae. natura enim ω, *corr. Rob. Steph.*

nostri quidem populi latebunt quae vocantur iura
civilia.

18   [VI] [Q.]   Alte vero et ut oportet a capite, frater,
repetis quod quaerimus; et qui aliter ius civile tradunt, non tam iustitiae quam litigandi tradunt vias.   5

[M.]   Non ita est, Quinte, ac potius ignoratio iuris
litigiosa est quam scientia; sed hoc posterius; nunc
iuris principia videamus.

Igitur doctissimis viris proficisci placuit a lege,
haud scio an recte, si modo, ut idem definiunt, lex 10
est ratio summa insita in natura, quae iubet ea quae
facienda sunt, prohibetque contraria. Eadem ratio
cum est in hominis mente confirmata et perfecta,
19 lex est: itaque arbitrantur prudentiam esse legem
cuius ea vis sit ut recte facere iubeat, vetet delin- 15
quere. Eamque rem illi Graeco putant nomine <a>
suum cuique tribuendo appellatam, ego nostro a
legendo; nam ut illi aequitatis, sic nos delectus vim
in lege ponimus. Et proprium tamen utrumque legis
est. Quodsi ita recte dicitur, ut mihi quidem plerum- 20
que videri solet, a lege ducendum est iuris exordium;
ea est enim naturae vis, ea mens ratioque prudentis,
ea iuris atque iniuriae regula. Sed quoniam in populari ratione omnis nostra versatur oratio, populariter
interdum loqui necesse erit, et appellare eam 25
legem quae scripta sancit quod vult aut iubendo
<aut vetando>, ut vulgus appellat; constituendi
vero iuris ab illa summa lege capiamus exordium,

---

13 perfecta *Vahlen*: conf-ω   16 nomine <νόμον> *Ziegler Lam-*
binum secutus   a *add. Turn.*   18 legendo $B^x A^x H^x$: lig- B^l: lic-
$A^l \epsilon H^l L$: delig- *P*   delectus *PH*: delictus *L*: detectus B^l: intellectus
$A^a B^a \epsilon$ (*A¹ eras.*)   20 quodsi *HL*: quo sit *rell.*   27 aut
vetando *add. Minut.*   appellat *Ald.*: appellaret *B*: appellare et
(?A^l)ϵHL: appellare *P*: appellarit $A^a H^N$: appellare solet *Koch*

quae saeclis †communibus ante nata est quam scripta
lex ulla, aut quam omnino civitas constituta.

[Q.]   Commodius vero, et ad rationem instituti **20**
sermonis aptius.

5   [M.]   Visne ergo ipsius iuris ortum a fonte repe-
tamus? Quo invento non erit dubium quo sint haec
referenda quae quaerimus.

[Q.]   Ego vero ita esse faciendum censeo.

[A.]   Me quoque adscribito fratris sententiae.

10   [M.]   Quoniam igitur eius reipublicae, quam
optimam esse docuit in illis sex libris Scipio, tenendus est nobis et servandus status, omnesque leges
accommodandae ad illud civitatis genus, serendi
etiam mores nec scriptis omnia sancienda, repetam
15 stirpem iuris a natura, qua duce nobis omnis est
disputatio explicanda.

[A.]   Rectissime; et quidem ista duce errari nullo
pacto potest.

[VII] [M.]   Dasne igitur hoc nobis, Pomponi (nam **21**
20 Quinti novi sententiam), deorum immortalium
vi, natura, ratione, potestate, mente, numine, sive
quod est aliud verbum quo planius significem quod
volo, naturam omnem regi? Nam si hoc non probas,
ab eo nobis causa ordienda est potissimum.

25   [A.]   Do sane, si postulas; etenim propter hunc
concentum avium strepitumque fluminum non vereor condiscipulorum ne quis exaudiat.

[M.]   Atqui cavendum est; solent enim, id quod
virorum bonorum est, admodum irasci, nec vero

---

1 communibus *certe corruptum*: compluribus *Vict.*: *alii alia, exspec-*
taveris multis *vel* permultis   ante nata *PH*[x]: ante nota *A*[a]*B*[x]: annata
rell. (-n- *R,* armata *S*[2])   4 aptius *Rob. Steph.*: sapientius ω
9 adscribito *Ald.*: a(d)scribi ω : adscribe ϛ   21 vi *Rob. Steph.*:
om. P: ut *rell.*   natura: nara *H*[1] (gnara *H*[a]): *del. Lamb.*: nutu *aliquis*
ap. Tunstall: motu *Watt*

ferent si audierint te primum caput viri optimi pro-
didisse, in quo scripsit nihil curare deum nec sui nec
alieni.

22 [A.] Perge, quaeso; nam id quod tibi concessi
quorsus pertineat exspecto.   5

[M.] Non faciam longius. Huc enim pertinet:
animal hoc providum, sagax, multiplex, acutum,
memor, plenum rationis et consili, quem vocamus
hominem, praeclara quadam condicione generatum
esse a supremo deo; solum est enim ex tot animan-   10
tium generibus atque naturis particeps rationis et
cogitationis, cum cetera sint omnia expertia. Quid est
autem, non dicam in homine, sed in omni caelo atque
terra, ratione divinius, quae cum adolevit atque per-

23 fecta est, nominatur rite sapientia? Est igitur, quo-   15
niam nihil est ratione melius eaque <est> et in
homine et in deo, prima homini cum deo rationis
societas; inter quos autem ratio, inter eosdem etiam
recta ratio {et} communis est; quae cum sit lex, lege
quoque consociati homines cum dis putandi sumus;   20
inter quos porro est communio legis, inter eos communio iuris est. Quibus autem haec sunt {inter eos
communi} <*> et civitatis eiusdem habendi sunt; si
vero eisdem imperiis et potestatibus parent, multo
iam magis. Parent autem huic caelesti descriptioni   25

7–12 animal...expertia *Lact. Inst. 2.11.16 cf. 3.10.6, 4.4.6*

---

1 caput viri *Ald. nepos:* capulli *BA^aH^N*: capituli *(A^1?)P∈H^1L:*
cap(ut) l(ibr)i *S^2 in marg.*   12 cum (cetera): quor(um) *A^x:*
quarum *Bake*   16 eaque *BAP (ea in ras. B^xA^a):* (a)equ(a)e
HL: om. ∈   est *add. Mdv.*   19 et *del. Ald.:* est *Bake (deleto* est
post communis)   21–22 inter eos communi *B sane ex antecedentibus perperam repetita:* inter eos communia *AHL (et in ras. A^a):* inter
eos communia legis *∈: haec in P legi vix possunt, fort. erasa:* inter eos
del. Moser: inter se *Dav.:* inter ipsos *Hülsemann   lacunam indicavi*
23 et: ei (ii) *Bake*   25 iam (magis): etiam *P*

mentique divinae et praepotenti deo, ut <sit> iam
universus hic mundus una civitas communis deorum
atque hominum existimanda; et quod in civitatibus
ratione quadam, de qua dicetur idoneo loco, agnatio-
5 nibus familiarum distinguuntur status, id in rerum
natura tanto est magnificentius tantoque praeclarius,
ut homines deorum agnatione et gente teneantur.
   [VIII] Nam <ea quae> cum de natura omni 24
quaeritur disputari solent, nimirum ita sunt ut
10 disputantur: perpetuis cursibus conversionibus
<que> caelestibus exstitisse quandam maturitatem
serendi generis humani, quod sparsum in terras
atque satum, divino auctum sit animorum munere;
cumque alia quibus cohaererent homines e mortali
15 genere sumpserint, quae fragilia essent et caduca,
animum esse ingeneratum a deo: ex quo vere vel
agnatio nobis cum caelestibus vel genus vel stirps
agnosci potest. Itaque ex tot generibus nullum est
animal, praeter hominem, quod habeat notitiam ali-
20 quam dei; ipsisque in hominibus nulla gens est neque
tam mansueta neque tam fera, quae non, etiamsi

18–p.170, 3 ex tot, inquit, generibus... recordetur *Lact. Inst.*
3.10.7–8 cf. 7.9.10, De Ira 7.6

1 deo, ut sit iam *scripsi*: deo ut iam *εHL*: deutiam *B¹*: unde etiam
BˣAᵃ (A¹ obsc.): deo. iam *P*: <sit> *post* existimanda *Turn., alii alibi*
8 ea quae *addidi (fort.* quae tum *post* quaeritur*)* omni: m(odo) *add.*
P: hominis *Rob. Steph. et Turn. in comm. 1538* 9 quaeritur *Ald.*:
-untur *ω* solent: solet *P*: solent et *ϛ ap. Lamb.* nimirum... disputantur *del. Wyttenbach* ita: ista *P* sunt: est *Schoemann*
10 disputantur: -atur *P* cursibus: *del. Baiter* 11 -que *add.*
Ernesti 13 satum *F²Hᴺ*: factum *rell.* 14 cumque (quom-
que) *Turn.*: quamque *B¹A¹PεH*: quam *L*: nam quod *AˣBˣ* alia
quibus *P*: aliquibus *rell.* coh(a)ererent *Aˣ*: coherent *BA¹PHL*:
quo herent *vel sim.* ε 15 fragilia *AᵃP (A¹ eras.)*: flagitia (-cia)
BεHL 17 stirps *S*: stirpis *rell.* 18 agnosci *scripsi*: appellari *ω* : adrogari *Dav.*

ignoret qualem haberi deum deceat, tamen haben-
25 dum sciat: ex quo efficitur illud, ut is agnoscat deum,
qui unde ortus sit quasi recordetur. Iam vero virtus
eadem in homine ac deo est, neque alio ullo in genere
praeterea; est autem virtus nihil aliud nisi perfecta et ₅
ad summum perducta <natura>; naturalis est igitur
homini cum deo similitudo. Quod cum ita sit, quae
tandem esse potest propior certiorve cognatio?

Itaque ad hominum commoditates et usus tantam
rerum ubertatem natura largita est, ut ea quae ₁₀
gignuntur donata consulto nobis, non fortuito nata
videantur; nec solum ea quae frugibus <onusta>
atque bacis terrae fetu profunduntur, sed etiam
pecudes, quas perspicuum sit partim esse ad usum
hominum, partim ad fructum, partim ad vescendum ₁₅
26 procreatas. Artes vero innumerabiles repertae sunt
docente natura, quam imitata ratio res ad vitam
necessarias sollerter consecuta est.

[IX] Ipsum autem hominem eadem natura non
solum celeritate mentis ornavit, sed <ei> et sensus ₂₀
tamquam satellites attribuit ac nuntios, et rerum

---

1 haberi *Lact.*: -ere ω   2 illud *om. Lact.*   ut is agnoscat
$B^x F^2 P$: ut *om.* B^1: ex his agnoscat A^1, ex *in* ut *corr.* A^b: ut agnoscat
ε: ut ignoscat *HL*   3 recordetur *Lact.*: recordetur agnoscat
$B^x A^a (A^1 eras.)$: recordetur cognoscat $B^1 PHL$: recordetur et agnoscat
ε: recordetur ac noscat *Ald.*   4 in genere *Dav.*: ingenio ω
5 praeterea; est F^2: praeter eas $BA\epsilon HL$: praeterea P   nisi *Bake*: in
se ω: quam *add.* F^2 perfecta $F^2 P\epsilon L$: -o *BAH*   6 <natura>.
naturalis *Klein*: natura B, *post interpunctionem* A, *ante interp.* P:
naturalis *(post interp.)* εHL   7 quod $B^T A^a (A^1 eras.)$εHL:
quom B^1: quae $B^a P$ 12 <onusta> *addidi exempli gratia*: frugibus atque bacis *del. Watt*   14 quas *Dav.*: quod ω : quarum
Bake (perspicuum) sit: est sit P^1: est *Bake*   20 ei *add. Ziegler*

plurimarum obscuras nec satis <enodatas> intellegentias {enodavit} quasi fundamenta quaedam scientiae. Figuramque corporis habilem et aptam ingenio
humano dedit; nam cum ceteras animantes abiecisset
5 ad pastum, solum hominem erexit et ad caeli quasi
cognationis domiciliique pristini conspectum excitavit. Tum speciem ita formavit oris, ut in ea penitus
reconditos mores effingeret; nam et oculi nimis **27**
arguti quemadmodum animo affecti simus loquun-
10 tur, et is qui appellatur vultus, qui nullo in animante
esse praeter hominem potest, indicat mores; cuius
vim Graeci norunt, nomen omnino non habent.
Omitto opportunitates habilitatesque reliqui corporis, moderationem vocis, orationis vim, quae con-
15 ciliatrix est humanae maxime societatis (neque enim
omnia sunt huius disputationis ac temporis, et hunc
locum satis, ut mihi videtur, in eis libris quos legistis
expressit Scipio): nunc, quoniam hominem, quod
principium reliquarum rerum esse voluit, <ita> gen-
20 eravit et ornavit deus, perspicuum est illud (ne omnia
disserantur), ipsam per se naturam longius progredi,
quae etiam nullo docente, profecta ab eis quorum ex
prima et inchoata intellegentia genera cognovit, confirmat ipsa per se rationem et perficit.
25 [X] [A.]   Di immortales, quam tu longe iuris prin- **28**
cipia repetis! Atque ita ut ego non modo ad illa non
properem, quae exspectabam a te de iure civili, sed

---

1 obscuras nec satis <enodatas> intellegentias *Pearce*: obscuras nec
satis intellegentias enodavit (enud- *BA;* -id *B¹, corr. Bˣ*) *BAₑHL*:
obscurarum necessarias intellegentias enudavit *P*: nec satis *delenda
censuit Bake*: nec satis <apertas> *Lamb.*: <illustratas> *Beier: alii alia*
inchoavit *pro* enodavit *Auratus et Canter*: donavit *Krause*: in eo locavit
olim conieci: possis etiam nec satis *et* enodavit *delere*   5 et ad caeli
SRHL: ad caeli *BAE*: ad caelique *P*   9 arguti: acuti *voluit Bˣ*:
argute *Ziegler*   19 uoluit ω: -ui *quidam ap. Moser*   ita *add.
Reitzenstein*   20 (perspicuum) est *Dyck*: sit ω: fit *Ziegler*

facile patiar te hunc diem vel totum in isto sermone
consumere; sunt enim haec maiora, quae aliorum
causa fortasse complecteris, quam ipsa illa quorum
haec causa praeparantur.

[M.] Sunt haec quidem magna, quae nunc bre- 5
viter attinguntur; sed omnium quae in hominum
doctorum disputatione versantur, nihil est profecto
praestabilius, quam plane intellegi nos ad iustitiam
esse natos, neque opinione sed natura constitutum
esse ius. Id iam patebit, si hominum inter ipsos soci- 10
etatem coniunctionemque perspexeris.

29   Nihil est enim unum uni tam simile, tam par,
quam omnes inter nosmet ipsos sumus; quodsi
depravatio consuetudinum, si opinionum vanitas
non imbecillitatem animorum torqueret et flecteret 15
quocumque coepisset, sui nemo ipse tam similis esset
quam omnes sunt omnium; itaque quaecumque est
30 hominis definitio, una in omnes valet. Quod argu-
menti satis est nullam dissimilitudinem esse in genere; quae si esset, non una omnes definitio contineret. 20
Etenim ratio, qua una praestamus beluis, per quam
coniectura valemus, argumentamur, refellimus, dis-
serimus, conficimus aliquid, concludimus, certe est
communis, doctrina differens, discendi quidem
facultate par. Nam et sensibus eadem omnium com- 25
prehenduntur, et ea quae movent sensus, itidem
movent omnium; quaeque in animis imprimuntur,
de quibus ante dixi, inchoatae intellegentiae, simili-

6–9 sed omnium ... esse natos *Lact. Inst. 6.25.9 cf. Epit. 29.1, De Ira*
14.4   12 *oratione obliqua citat Lact. Inst. 6.12.10*

---

10 hominum A^xH^aP: -es   *BϵL*   *(A^{1}H^1?)*   11 coniunctionemque *PH*: que *om. rell.*   14 vanitas: uarie- 5 *ap. Dav.*
16 c(o)episset: cup- *Dav.*   17 sunt: essent *Asc.^{2} (1528)*
25 omnium *Reitzenstein*: omnia ω

ter in omnibus imprimuntur; interpresque mentis
oratio verbis discrepat, sententiis congruens; nec est
quisquam gentis ullius, qui ducem nactus ad virtutem pervenire non possit.

5 [XI] Nec solum in rectis, sed etiam in pravitatibus 31
insignis est humani generis similitudo; nam et voluptate capiuntur omnes, quae etsi est illecebra turpitudinis, tamen habet quiddam simile naturali bono;
levitate est enim et suavitate delectans; sic ab errore
10 mentis tamquam salutare aliquid asciscitur; simili-
que inscitia mors fugitur quasi dissolutio naturae,
vita expetitur quia nos in quo nati sumus continet;
dolor in maximis malis ducitur, cum sua asperitate,
tum quod naturae interitus videtur sequi; propter- 32
15 que honestatis et gloriae similitudinem beati qui hon-
orati sunt videntur, miseri autem qui sunt inglorii.
Molestiae, laetitiae, cupiditates, timores similiter
omnium mentes pervagantur; nec si opiniones aliae
sunt apud alios, idcirco qui canem et felem ut deos
20 colunt non eadem superstitione qua ceterae gentes
conflictantur. Quae autem natio non comitatem,
non benignitatem, non gratum animum et benefici
memorem diligit? Quae superbos, quae maleficos,
quae crudeles, quae ingratos non aspernatur, non
25 odit? Quibus ex rebus cum omne genus hominum
sociatum inter se esse intellegatur, illud extremum

---

2 discrepat (decr- *BA¹ϵ*): -at *H(=Hᵃ?)LE*: -ans *AˣPBˣ* : -ant
B¹A¹SR   3 ducem: d- naturam *PFʳᵉᶜ·Hʳᵉᶜ·*   5 pravitatibus: prauis actibus *P*: pravis *Ziegler*   8 naturali bono *ϵHL*: natura. libronae *B¹*: nature a libro ne *P*: naturalis boni *BˣAᵃ (A¹ eras.)*
9 levitate est enim et suavitate delectans *Vahlen*: leuitatis est enim et
suauitatis delectans *BAᵇS²*: leuitatis enim et suauitatis est *(es PϵL)*
enim et suauitate delectans *PϵH¹L et ut vid. A¹ (*est . . . suauitate *eras.)*:
enim *ac* suauitatis *delevit Hˣ*: lenitate enim et suauitate delectat *Rob.
Steph.*

est, quod recte vivendi ratio meliores efficit. Quae si
approbatis, pergam ad reliqua; sin quid requiritis, id
explicemus prius.

[A.]   Nos vero nihil, ut pro utroque respondeam.

33   [XII] [M.]   Sequitur igitur, ad participandum
alium cum alio communicandumque inter omnes
ius nos natura esse factos; atque hoc in omni hac
disputatione sic intellegi volo, cum dicam natura
esse <ius>; tantam autem esse corruptelam malae
consuetudinis, ut ab ea tamquam igniculi exstin-
guantur a natura dati, exorianturque et confirmentur
vitia contraria. Quodsi, quomodo est natura, sic iudicio homines 'humani' (ut ait poeta) 'nihil a se alienum
putarent', coleretur ius aeque ab omnibus. Quibus
enim ratio a natura data est, eisdem etiam recta ratio
data est; ergo et lex, quae est recta ratio in iubendo et
vetando; si lex, ius quoque. Et omnibus ratio; ius
igitur datum est omnibus. <* * *> Recteque Socrates exsecrari eum solebat, qui primus utilitatem a
iure seiunxisset; id enim querebatur caput esse
exitiorum omnium. <* * *> Unde enim illa
Pythagorea vox? <* * *> {De amicitia locus.}

34   Ex quo perspicitur, cum hanc benevolentiam tam
late longeque diffusam vir sapiens in aliquem pari

---

1 meliores *susp. Scheffer*: simil- *Philippson*: coniunct- *conieci*:
meliores <omnes> *Reifferscheid*   1–2 quae si approbatis
$B^xA^x(A^1$ *eras.*): quasi adprobantes *rell.*   2 pergam: -amus ς
ap. Bake   6 cum *Huschke*: ab $B^1P\epsilon HL$: *del.* B^x: *om.* A
7 ius nos *Dav.*: ius hos *P*: iustos *rell.*   8 cum *Reitzenstein*:
quod ω   natura *(abl.) Turn.*: -am ω   9 ius *add.* ς *ante* quod
dicam, *transposui ego*: *interpunctionem hic refeci post Paul. Man.*
15 <a> natura ς   19–20 a iure *Dav.*: natur(a)e ω: a natura
Minut.   *lacunam ante* recteque *esse puto*: recteque...omnium *secl.*
Bake   20 exitiorum: viti- *coni. Dyck*   21 Pythagorea *HL*:
-ia ε: -eia B^xP: -aeia *A* (-eia *in ras.* A^a) *et fort.* B^1, *ex quo* Pythagorae
iam <trita> *Vahlen*   de amicitia locus *del.* S^2: *quem locum fort. ipse
Tullius inchoatum reliquit*   23 longeque A^aP: que *om. rell.*

virtute praeditum contulerit, tum illud effici quod
quibusdam incredibile videatur, sit autem necessarium: uti nihilo sepse plus quam alterum diligat. Quid
enim est quod differat, cum sint cuncta paria?
5 Quodsi interesse quippiam tantulum modo potuerit,
iam amicitiae nomen occiderit, cuius est ea vis ut
simul atque sibi aliquid alter maluerit <quam
alteri>, nulla sit.

Quae praemuniuntur omnia reliquo sermoni dis-
10 putationique nostrae, quo facilius ius in natura esse
positum intellegi possit; de quo cum perpauca dixero, tum ad ius civile veniam, ex quo haec omnis est
nata oratio.

[Q.]   Tu vero iam perpauca licet; ex eis enim quae
15 dixisti, <etiamsi aliter> Attico, videtur mihi quidem
certe ex natura ortum esse ius.

[XIII] [A.]   An mihi aliter videri possit, cum haec 35
iam perfecta sint: primum quasi muneribus deorum
nos esse instructos et ornatos, secundo autem loco
20 unam esse hominum inter ipsos vivendi parem
communemque rationem, deinde omnes inter se naturali quadam indulgentia et benevolentia, tum etiam
societate iuris contineri? Quae cum vera esse recte, ut

---

2 sit (autem necessarium) *Minut.*: sic *BAP*ϵ: si *HL*   3 uti
nihilo *Vahlen*: uti nich' *P*: ut in illo *BAHL*: ut in illos ϵ: ut nihilo
Minut.   sepse *Baiter*: sepe *ERHL*: sepius *S*: sese *B*ˣ*A*ᵃ *P (B*ᴵ *et A*ᴵ
eras.)   6 iam amiciti(a)e nomen *HL*: a- i- n- *E*: eis a- i- n- *S*:
etiam a- i- n- *R*: in a- nomenta *BA*: in amicitia nomen tam *P*: in
<amicitia>, amicitiae nomen iam *Vahlen*   7–8 alter maluerit
quam alteri *scripsi, praeeunte Minut. qui* quam alteri m- *et Vahlen
qui* alter quam alteri m-: alter m- *HL*: alteram m- *B*ᴵϵ: alteri m-
*B*ˣ*AP*   14 perpauca licet *scripsi*: perpaucas ualet licet *BF*²: perpauca sua licet *A*ϵ*HL*: p- si licet *P*: p- scilicet *Ald.*   15 etiamsi
aliter *addidi praeeunte De Plinval*: Attico <ut opinor> *Paul. Man.: alii
alia*   Attico: -e *B*ˣ*A*ˣ   videtur mihi *B*ˣϵ*HL*: -ere mihi *B*ᴵ*A*: -erent
hii *P*   21 communemque *B*ˣ: que *om. rell.*

arbitror, concesserimus, qui iam licet nobis a natura
leges et iura seiungere?

36   [M.]   Recte dicis, et res se sic habet; verum philosophorum more—non veterum quidem illorum, sed
eorum qui quasi officinas instruxerunt sapientiae—   5
quae fuse olim disputabantur et libere, ea nunc
articulatim distincteque dicuntur. Nec enim satisfieri
censent huic loco qui nunc est in manibus, nisi separatim hoc ipsum, natura esse ius, disputarint.

[A.]   Et scilicet tua libertas disserendi amissa est,   10
aut tu is es qui in disputando non tuum iudicium
sequare, sed auctoritati aliorum pareas?

37   [M.]   Non semper, Tite; sed iter huius sermonis
quod sit vides: ad res publicas firmandas—id est ad
stabiliendas res, sanandos populos—omnis nostra   15
pergit oratio; quocirca vereor committere ut non
bene provisa et diligenter explorata principia ponantur. Nec tamen ut omnibus probentur (nam id fieri
non potest), sed ut eis qui omnia recta atque honesta
per se expetenda duxerunt, et aut nihil omnino in   20
bonis numerandum nisi quod per se ipsum laudabile
esset, aut certe nullum habendum magnum bonum
38   nisi quod vere laudari sua sponte posset. Eis omnibus, sive in Academia vetere cum Speusippo Xenocrate Polemone manserunt, sive Aristotelem et   25
Theophrastum (cum illis congruentes re, genere
docendi paulum differentes) secuti sunt, sive ut

---

7 distincteque *P*: distincte *εHL*: distincta *B^x* (deticta *B^l*): detecta
A^a (*A^l* *eras.*): dissecta *Moser*: *an* di(s)iuncta?   9 natura (*abl.*)
coni. Turn.: -ae ω   11 tu is es *Minut.*: fuisse ω   12 sequare,
sed *PSHL*: sequar sed *ER*: sequar esset *B^l* (*?A^l*): sequaris sed *B^xA^x*
14 id est *scripsi*: et ω   15 res *Dyck*: uires ω: urbes *Turn. in comm.*
1538: ad stabilienda iura ς *ap. Ursinum*: *alii alia*   sanandos: sanan-
dosque *Feldhügel*   20 expetenda *HL*: expectanda *BAP*: expec-
tando ε   26 cum (*ante* illis) *HL*: dum *rell.*   illis *B^lA^lε*: illi *HL*:
illos *B^xA^aP*

Zenoni visum est, rebus non commutatis immutaver-
unt vocabula, sive etiam Aristonis difficilem atque
arduam, sed iam tamen fractam et convictam sectam
secuti sunt, ut virtutibus exceptis atque vitiis, cetera
5 in summa aequalitate ponerent—eis omnibus haec
quae dixi probantur. Sibi autem indulgentes et cor- **39**
pori deservientes, atque omnia quae sequantur in vita
quaeque fugiant voluptatibus et doloribus ponder-
antes, etiamsi vera dicunt (nihil enim opus est hoc
10 loco litibus), in hortulis suis iubeamus dicere, atque
etiam ab omni societate reipublicae, cuius partem nec
norunt ullam neque umquam nosse voluerunt, paulisper facessant rogemus. Perturbatricem autem
harum omnium rerum, Academiam hanc ab Arcesila
15 et Carneade recentem, exoremus ut sileat: nam si
invaserit in haec quae satis scite nobis instructa et
composita videntur, nimias edet ruinas; quam quidem ego placare cupio, summovere non audeo.

20 [XIV] [M.] <* * *> nam et in eis sine illius **40**
suffimentis expiati sumus. At vero scelerum in
homines atque in deos impietatum nulla expiatio
est; itaque poenas luunt, non tam iudiciis (quae
quondam nusquam erant, hodie multifariam nulla
25 sunt, ubi sunt tamen persaepe falsa sunt), sed eos
agitant insectanturque furiae, non ardentibus taedis

---

1 commutatis *PHL*: -nitatis $B^1\epsilon$: -nicatis B^xA^x $(A^1$ *obsc.*)
9 dicunt ω: -ant *Ziegler*   13 facessant *PHL*: -at A: facessat ut B:
fit cessat ut ϵ 15 sileat *PHL*: -ant $BA\epsilon$ 16 scite e: sit(a)e
HL: scito B^1P $(A^1$ *obsc.*): cito B^xA^x 17 videntur ϵHL: -erentur
BAP nimias edet B^xA^a: misedet B^1 (-t *in ras.* 2 *litt.*): dabit e: rationes.
dabit *HL*: miscet et P: miras edet *Rob. Steph.*   20 illius: ullis *ed.*
Hervag., alii alia, 'sed,' ut ait Vahlen, 'in truncata oratione definiri nihil
potest'   22 in deos impietatum *Reifferscheid*: impietatum P: indie-
tatum *rell.* (-etatum *in ras.* A^a)   25 (ubi) sunt *Asc.*: sit S: fit
rell.   sed *Zumpt (cf. Hutchinson CQ 89, 498 n. 1)*: ut ω: at *Ziegler*
25 agitant *HL*: -ent *rell.*   insectanturque: -enturque B^xPF^2

sicut in fabulis, sed angore conscientiae fraudisque
cruciatu.

Quodsi homines ab iniuria poena, non natura,
arcere deberet, quaenam sollicitudo vexaret impios
sublato suppliciorum metu? Quorum tamen nemo 5
tam audax umquam fuit quin aut abnueret a se commissum esse facinus, aut iusti sui doloris causam
aliquam fingeret, defensionemque facinoris a naturae
iure aliquo quaereret. Quae si appellare audent impii,
quo tandem studio colentur a bonis!   10

Quodsi poena, si metus supplicii, non ipsa turpitudo deterret ab iniuriosa facinerosaque vita, nemo
est iniustus, atque incauti potius habendi sunt
41 improbi; tum autem qui non ipso honesto movemur
ut boni viri simus, sed utilitate aliqua atque fructu, 15
callidi sumus, non boni. Nam quid faciet is homo in
tenebris, qui nihil timet nisi testem et iudicem? Quid
in deserto quo loco, nactus quem multo auro spoliare
possit imbecillum atque solum? Noster quidem hic
natura iustus vir ac bonus etiam colloquetur, iuvabit, 20
in viam deducet; is vero qui nihil alterius causa faciet,
et metietur suis commodis omnia, videtis, credo,
quid sit acturus; quodsi negabit se illi vitam erep-
turum et aurum ablaturum, numquam ob eam causam negabit quod id natura turpe iudicet, sed quod 25
metuat ne emanet, id est ne malum habeat: o rem
dignam in qua non modo docti sed etiam agrestes
erubescant!

---

6 abnueret *P*: abnuerit *B^x A^b*: abnurit *B^1 A^1*: ob iniuriam
εHL   8 naturae ς: -a ω   12 facinerosaque uita *P*: facinerosa
qui ita *B^1HL*: -que ita *B^x A^x (A^1 eras.)*: facinora qui ita ε *(qui om. R)*
13 atque *Ernesti*: aut ω: at ς *ap. Dav.*: et *Lamb.*: ut...sint
Zumpt   16 faciet: facti *B^1*: facit *A^a (A^1 eras.)*   22 et metietur *PF^2*: et mentietur *B^1A*: et *del. B^x*: emetietur εHL (-et *R)*: et
metitur *Ald.*   25 id εHL: in *BAP*

[XV] Iam vero illud stultissimum, existimare omnia **42**
iusta esse quae scita sint in populorum institutis aut
legibus. Etiamne si quae leges sint tyrannorum? Si
triginta illi Athenis leges imponere voluissent, aut si
5 omnes Athenienses delectarentur tyrannicis legibus,
num idcirco eae leges iustae haberentur? Nihilo,
credo, magis illa quam interrex noster tulit, ut dictator quem vellet civium vel indicta causa impune posset occidere. Est enim unum ius, quo devincta est
10 hominum societas, et quod lex constituit una, quae
lex est recta ratio imperandi atque prohibendi. Quam
qui ignorat, is est iniustus, sive est illa scripta uspiam
sive nusquam. Quodsi iustitia est obtemperatio
scriptis legibus institutisque populorum, et si (ut
15 idem dicunt) utilitate omnia metienda sunt, negleget
leges easque perrumpet, si poterit, is qui sibi eam rem
fructuosam putabit fore; ita fit ut nulla sit omnino
iustitia, si neque natura est, <et> ea quae propter
utilitatem constituitur, utilitate illa convellitur.

20 Atque si natura confirmatum ius non erit, tollantur **43**
<∗ ∗ ∗>. Ubi enim liberalitas, ubi patriae caritas, ubi
pietas, ubi aut bene merendi de altero aut referendae
gratiae voluntas poterit exsistere? Nam haec nascuntur ex eo quia natura propensi sumus ad diligendos
25 homines, quod fundamentum iuris est. Neque solum
in homines obsequia, sed etiam in deos caerimoniae

---

2 scita *Minut.*: sita ω   4 aut si: etsi *Zumpt*   8 vel (indicta
causa) *coni. Goerenz*: aut $B^1 \epsilon HL$: ut *P*: *del.* $B^x A^x$ 18 <et> ea
quae *Ald.*: aeaquae *B*: eaqu(a)e *rell.*   19 illa: ipsa ς: *del. Vict.*: alia
Rob. Steph.: illa <sublata> *Lamb.*   20 atque: atqui $B^x A^x$: utque
Ziegler (cum prioribus coniunctum)   confirmatum ius $B^x A^x$ (A^1
eras.): confirmatur aius B^1: -atūra ius *H*: -atura ius $P\epsilon L$ <virtutes
omnes> tollantur ς: <necesse est> *inter alia add. Vahlen²*   tollantur:
tollatur PH^x: tollentur *Crat.*   22 referend(a)e *P*: praefere- *BA*:
praepara- ϵHL 24 quia H^1(?): qui $B^1 AP\epsilon L$: quo H^x: quod B^T

religionesque tolluntur; quas non metu sed ea coniunctione quae est homini cum deo conservandas puto.
[XVI] Quodsi populorum iussis, si principum decretis, si sententiis iudicum iura constituerentur, ius
esset latrocinari, ius adulterare, ius testamenta falsa 5
supponere, si haec suffragiis aut scitis multitudinis
44 probarentur. Quodsi tanta potestas est stultorum
sententiis atque iussis ut eorum suffragiis rerum natura vertatur, cur non sanciunt ut quae mala pernicio-
saque sunt, habeantur pro bonis et salutaribus? 10
An vero ius ex iniuria lex facere possit, bonum
eadem facere non possit ex malo? Atqui nos legem
bonam a mala nulla alia nisi naturae norma dividere
possumus.

Nec solum ius et iniuria natura diiudicatur, sed 15
omnino omnia honesta et turpia; nam ita communes
intellegentias nobis natura efficit easque in animis
nostris inchoat, ut honesta in virtute ponantur, in
45 vitiis turpia: ea autem in opinione existimare, non
in natura posita, dementis est. Nam nec arboris nec 20
equi virtus quae dicitur (in quo abutimur nomine) in
opinione sita est, sed in natura; quod si ita est, honesta quoque et turpia natura diiudicanda sunt. Iam si

---

1 tolluntur: -entur *Lamb.*   non (metu) ϵHL: *om. BAP*   2 cum
deo *PϵHL*: quod eo A^I: quod eos B^I: cum deis $B^T A^x$ 7 quodsi
PRHL: quae si *BAES*   8 eorum $B^T A^x P\epsilon HL$: quorum
$B^I A^I$ 11 an vero *scripsi*: aut quom (*vel* cum) $BA^b EHL$: autem
quom A^I: aut est cum *SR*: aut cur cum *P*   13 nulla alia $B^x A^x PHL$:
-am -am $B^I \epsilon$ natur(a)e norma *PRHL*: natura n- *ES*: naturali n- $B^x A^x$
($B^I A^I$ *obsc., fort.* naturam normam)   14 possumus $B^T PSHL$:
possumis A^x (*ex* possimis A^I): pessimis B^I: possimus *ER (recte?)*
15 ius et iniuria *Rob. Steph.*: ius et iura ω (A^I *eras.*): et iur *del.*
$B^x A^x$ 16–17 ita communes intellegentias *Bake*: et -is -entia ω
17 natura *Bake*: notas res ω 18 inchoat ut *P*: inchoauit
$B^T A^b ESHL$ (inquoauit $B^I A^I$): inchoant *R*   ponantur *P*: -untur *rell.*
19 ea: haec $B^x A^x$: *om.* $B^I A^I$ 22 quod si ita est *Ald.*: quid sit est ω
23 iam *scripsi*: nam ω

opinione universa virtus, eadem eius etiam partes
probarentur. Quis igitur prudentem et, ut ita
dicam, catum, non ex ipsius habitu sed ex aliqua re
externa iudicet? Est enim virtus perfecta ratio, quod
5 certe in natura est; igitur omnis honestas eodem
modo. [XVII] Nam ut vera et falsa, ut consequentia et
contraria sua sponte, non aliena iudicantur, sic constans et perpetua ratio vitae, quae virtus est, itemque
inconstantia, quod est vitium, sua natura probabitur.
10 <* * *> Nos ingenia iuvenum non item? An ingenia **46**
natura, virtutes et vitia, quae exsistunt ab ingeniis,
aliter iudicabuntur? An ea non aliter, honesta et
turpia non ad naturam referri necesse erit? <* * *>
Quod laudabile bonum est, in se habeat quo laudetur
15 necesse est; ipsum enim bonum non est opinionibus,
sed natura; nam ni ita esset, beati quoque opinione
essent; quo quid dici potest stultius? Quare cum et
bonum et malum natura iudicetur, et ea sint principia naturae, certe honesta quoque et turpia simili
20 ratione diiudicanda et ad naturam referenda sunt.

Sed perturbat nos opinionum varietas hominum- **47**
que dissensio, et quia non idem contingit in sensibus,
hos natura certos putamus, illa quae aliis sic, aliis
secus, nec eisdem semper uno modo videntur, ficta
25 esse dicimus. Quod est longe aliter; nam sensus nostros non parens, non nutrix, non magister, non poeta,
non scaena depravat, non multitudinis consensus

---

5 omnis honestas: omnia honesta *Reid*   9 probabitur *coni.*
Goerenz: -auit ω: -atur *Ald.*: *deesse aliquid videtur*: <iudicabitur. An
arboris aut eculei ingenium natura> probabimus, ingenia iuvenum
non item? *ingeniose supplevit Mdv.*   10 an (*ante* ingenia) *Mdv.*: at
$B^x A^x HL$: ad $B^l \epsilon$: om. A^l: ab *P*   13–14 *deest fortasse aliquid*:
<Honestum enim> *ante* quod laudabile bonum est *suppl. Dyck*
14 quo (*ante* laudetur) *Zumpt*: quod ω   19 naturae: -a *(abl.)*
Zumpt   20 diiudicanda $A^b PHL$: iniud- $B^l A^l \epsilon$: iud- B^x

abducit a vero; animis omnes tenduntur insidiae, vel
ab eis quos modo enumeravi, qui teneros et rudes
cum acceperunt, inficiunt et flectunt ut volunt, vel ab
ea quae penitus in omni sensu implicata insidet, imi-
tatrix boni voluptas, malorum autem mater omnium; 5
cuius blanditiis corrupti, quae natura bona sunt, quia
dulcedine hac et scabie carent, non cernunt satis.

48   [XVIII] Sequitur—ut conclusa mihi iam haec sit
omnis oratio—id quod ante oculos ex eis est quae
dicta sunt: et ius et omne honestum sua sponte esse 10
expetendum. Etenim omnes viri boni ipsam aequitatem et ius ipsum amant, nec est viri boni errare et
diligere quod per se non sit diligendum; per se igitur
ius est expetendum et colendum. Quodsi ius, etiam
iustitia; sin ea, reliquae quoque virtutes per se colen- 15
dae sunt. Quid liberalitas? Gratuitane est an mercen-
naria? Si sine praemio benignus est, gratuita; si cum
mercede, conducta; nec est dubium quin is qui liberalis benignusve dicitur, officium, non fructum
sequatur. Ergo item iustitia nihil exprimit praemi, 20
nihil preti; per se igitur expetitur, eademque omnium
virtutum causa atque sententia est.

49   Atque etiam si emolumentis, non suapte natura
virtus expenditur, una erit virtus, quae malitia rectissime dicetur. Ut enim quisque maxime ad suum 25
commodum refert quaecumque agit, ita minime est
vir bonus; ut qui virtutem praemio metiuntur, nul-

---

1 a (vero) $B^x A^x$: ad B^l $(A^l?)$: at (post interpunctionem)
rell.   2 enumeravi P: enumero uidae B^l: enumero uide
$A^l \epsilon H^x L$: anumerouide H^l: enumero. unde $B^x A^a$ 3 et flectunt
P: effl- rell.   7 cernunt ς: -untur ω 15 sin ea Dav.: sit in
ea ω $(A^l$ eras.$)$: sic pro sit $B^x A^a$ 17 si <quis> sine praemio
Ziegler 20 item P: idem BA: eadem ϵHL exprimit: expetit F^2
23 natura add. Minut.: <vi> ante suapte ed. Paris. (ut iam S): suapte
(nude, = 'sua causa') tueri voluit Löfstedt   24 expenditur: expetitur P una: illa Halm   25 dicetur: -atur Halm: an -itur?

lam virtutem nisi malitiam putent. Ubi enim bene-
ficus, si nemo alterius causa benigne facit? Ubi gratus, si non eum respiciunt grati cui referunt gratiam?
Ubi illa sancta amicitia, si non ipse amicus per se
5 amatur toto pectore, ut dicitur? Quin etiam deseren-
dus et abiciendus est desperatis emolumentis et fructibus; quo quid potest dici immanius? Quodsi
amicitia per se colenda est, societas quoque hominum
et aequalitas et iustitia per se expetenda; quod ni ita
10 est, omnino iustitia nulla est; id enim iniustissimum
ipsum est, iustitiae mercedem quaerere.

[XIX] Quid vero de modestia, quid de temperantia, **50**
quid de continentia, quid de verecundia pudore
pudicitiaque dicemus? Infamiaene metu non esse
15 petulantes, an legum et iudiciorum? Innocentes
ergo et verecundi sunt ut bene audiant, et, ut
rumorem bonum colligant, erubescunt? Pudet iam
loqui de pudicitia; ac me istorum philosophorum
pudet, qui †ullum iudicium vitare nisi vitio ipso
20 mutatum† putant. Quid enim? Possumus eos qui a **51**
stupro arcentur infamiae metu, pudicos dicere, cum
ipsa infamia propter rei turpitudinem consequatur?
Nam quid aut laudari rite aut vituperari potest,

---

3 eum respiciunt *scripsi*: eum ipsi cernunt *BAHL (in ras. A)*: eum
ipsum cernunt *P*: eum ipsi cernuntur ε: eumpse cernunt *Housman*:
eum ipsi spernunt *Philippson*: ipsi per se sunt *(et mox* qui*) Görler*
cui (quoi) referunt *BA^{b}P* (quo ire ferunt e): *om. A^1*: qui res ferunt *H*:
qui referunt *L*: cui referant *Ziegler*   5 quin *Dav.*: qui ω
7 immanius: inhumanius *Krause*   17 pudet iam *P*: pudet etiam
B^{x}A^x: pudi etiam *B^1(?A^1)* : pudici etiam ε: inpudica *HL*   18 ac:
at *Zumpt*   me istorum *SHL*: me *R*: mestorum *E*: mystorum *BA^x*:
mistorum *A^1*: nimis istorum *P*   19–20 ullum . . . mutatum *locus
omnium vexatissimus*: ullum *A*ε: illum *B*: nullum *PHL*: vitii *De Plinval*: velle *Watt*   uitare ω : -ari *Halm*   mutatum *B^{x}AP*: nut- *B^{1}E*:
not- *SRHL*: vitat<o honest>um *Eussner*   22 turpitudinem *P*:
forti- *BAER*: formidinem *SHL*   23 nam quid *BAP*: nam qui id
ESHL: nam quid id *R*: *an* num quid?

si ab eius natura recesseris quod aut laudandum
aut vituperandum putes? An corporis pravitates, si
erunt perinsignes, habebunt aliquid offensionis,
animi deformitas non habebit, cuius turpitudo ex
ipsis vitiis facillime percipi potest? Quid enim 5
foedius avaritia, quid immanius libidine, quid con-
temptius timiditate, quid abiectius tarditate et
stultitia dici potest? Quid ergo? Eos qui singulis vitiis
excellunt aut etiam pluribus, propter damna aut
detrimenta aut cruciatus aliquos miseros esse dici- 10
mus, an propter vim turpitudinemque vitiorum?
Quod item ad contrariam laudem in virtute dici
potest.

52 Postremo, si propter alias res virtus expetitur,
melius esse aliquid quam virtutem necesse est. Pecu-
niamne igitur, an honores, an formam, an valetudi- 15
nem? Quae et cum adsunt perparva sunt, et quam diu
adfutura sint, certum sciri nullo modo potest. An—id
quod turpissimum dictu est—voluptatem? At in ea
quidem spernenda et repudianda virtus vel maxime
cernitur.   20

Sed videtisne quanta series rerum sententiarum-
que sit, atque ut ex alio alia nectantur? Quin labebar
longius, nisi me retinuissem.

[XX][Q.]   Quo tandem? Libenter enim, frater, quo
ducis ista oratione, tecum prolaberer.   25

---

1 eius ς: eo ω (natura *del. Minut.*)   5 percipi: perspici *Poggius*
12 uirtute A^xHL: -em $BP\epsilon$ 17 (adfutura) sint *P*: s(unt)
rell.   24–25 quo ducis ista oratione *scripsi* (duces *coni. Ziegler,*
duceres *Pohlenz ap. Ziegler*): quod istam orationem $B^1A^1\epsilon HL$:
cum ista -ne B^xA^x: ad istam -nem *P*: quod ad istam -nem
Watt   25 prolaberer ς: -ber $B^1P\epsilon HL$: -bor B^xA^x *(A^1 eras.)*:
-bar *Ziegler*: -bebar *Bake*

[M.] Ad finem bonorum, quo referuntur et cuius
adipiscendi causa sunt facienda omnia: controversam
rem et plenam dissensionis inter doctissimos, sed
aliquando tamen iudicandam.

5 [A.] Qui istuc fieri potest, Lucio Gellio mortuo? **53**
[M.] Quid tandem id ad rem?
[A.] Quia me Athenis audire ex Phaedro meo
memini, Gellium, familiarem tuum, cum pro consule
ex praetura in Graeciam venisset, essetque Athenis,
10 philosophos qui tum erant in locum unum convo-
casse, eisque magnopere auctorem fuisse ut aliquando
controversiarum aliquem facerent modum; quodsi
essent eo animo ut nollent aetatem in litibus conter-
ere, posse rem convenire; et simul operam suam illis
15 esse pollicitum, si posset inter eos aliquid convenire.
[M.] Ioculare istuc quidem, Pomponi, et a multis
saepe derisum. Sed ego plane vellem me arbitrum
inter antiquam Academiam et Zenonem datum.
[A.] Quo tandem istuc modo?
20 [M.] Quia de re una solum dissident, de ceteris
mirifice congruunt.
[A.] Ain tandem? Unane est solum dissensio?

---

1 ad finem PB^xA^x: ad f- tecum *rell.*   1–2 cuius (quoius) adipiscendi 5 *ap. Carol. Stephanum*: quoius apiscendi *iam Vict.*: quominus
ascindi *BHL*: quemuis ascindi ε: quoius A^a *(ceteris erasis)*: cuius B^x:
cum ius ascindi *P*   4 tamen $PHLE^{corr.}$: tam B^1 $(A^1?)$ ε: iam
B^xA^x 7 quia me *Poggius*: quam ω   9 venisset essetque
Vahlen: uenissetque $B^1A^1P^2H$: uenisset et $B^xA^bS^1$: et *del.* S^2: uenis-
seque P^1L: uenisse et *ER*   11 eisque *Halm*: ipse i(i)sque (hisque
L) BA^aεHL $(A^1$ *eras.)*: ipsisque *P*   12–15 *aut* quodsi...conve-
nire[1] *aut* et simul... convenire[2] *fort. abiecisset Tullius si opus suum ipse
perpoliuisset, nisi forte saporem aliquem Gellianae orationis imitari
uoluit, ut putabat Bake*: posse...simul *om.* 5 *ap. Bake*: si posset...
convenire *del. Paul. Man.*   22 ain tandem? unane est H^x: ain
tandem ne unane est H^1L: aintendem neuna nees B^1: an tendem ne
una est *ES*: cui tandem ne una *R*: an uiterer ne una esset *P*: tantumne
una de re est B^xA^a $(A^1$ *eras.)*   solum: *an sola clausulae causa?*

54   [M.] Quae quidem ad rem pertineat, una: quippe cum antiqui omne quod secundum naturam esset, quo iuvaremur in vita, bonum esse decreverint, hic nisi quod honestum esset <nihil> putarit bonum.

[A.] Parvam vero controversiam dicis, at tamen 5 eam quae dirimat omnia.

[M.] Probe quidem sentires, si re ac non verbis dissiderent.

[XXI] [A.] Ergo assentiris Antiocho, familiari meo ('magistro' enim non audeo dicere), quocum 10 vixi et qui me ex nostris paene convellit hortulis, deduxitque in Academiam perpauculis passibus.

[M.] Vir iste fuit ille quidem prudens et acutus et in suo genere perfectus, mihique, ut scis, familiaris; cui tamen ego assentiar in omnibus necne, mox 15 videro; hoc dico, controversiam totam istam posse sedari.

55   [A.] Qui istuc tandem vides?

[M.] Quia si, ut Chius Aristo dixit solum bonum esse quod honestum esset, malumque quod turpe, 20 <ita Zeno dixisset> ceteras res omnes plane pares, ac ne minimum quidem utrum adessent an abessent interesse, valde a Xenocrate et Aristotele et ab illa Platonis familia discreparet, essetque inter eos de re

---

2 omne *Bake*: omnes ω   3 esset <et> quo *Halm*   4 nihil *add. Turn.*   5 paruam *ERHL*: parum *BAP*: nam *S* 5–6 dicis, at tamen eam *scripsi*: dicissat non eam *B*: dicis, at non eam *AP*: dicis, at nos eam *HL*: dicis. at (at *R*: fac *E*: ac *S*) noscam omnia ε 7 sentires ς: sentirent *BˣAᵇ*: senti *Bˡ*: sentis *rell.* (sentis et *E*) 12 perpauculis <exceptis> passibus *Watt*   13 quidem ς: *om.* ω: prudens *fortasse delendum, ut ex* quidem *ortum (*acutus et prudens *H)*   18 qui ς: quin ω   19 dixit: dixisset *Orelli*: <Zeno> dixisset *Kraus*: diceret *post* bonum esse *Ald.*   20 esse: esset *P* (esse quod honestum *om. HL*)   21 <ita Zeno dixisset> *hoc loco addidi*   22 minimum *HᵃP*: nimium *rell.*   23 interesse: -et *P*   24 essetque *BˣAˣP*: esset *rell.*

maxima et de omni vivendi ratione dissensio. Nunc
vero, cum decus, quod antiqui summum bonum esse
dixerant, hic solum bonum dicat, itemque dedecus
illi summum malum, hic solum; divitias valetudinem
5 pulchritudinem commodas res appellet, non bonas,
paupertatem debilitatem dolorem incommodas, non
malas; sentit idem quod Xenocrates, quod Aristoteles, loquitur alio modo. Ex hac autem non rerum,
sed verborum discordia, controversia est nata de fini-
10 bus; in qua, quoniam usus capionem XII Tabulae
intra quinque pedes esse noluerunt, depasci veterem
possessionem Academiae ab hoc acuto homine non
sinemus; nec Mamilia lege singuli, sed e XII tres
arbitri fines regemus.

15   [Q. *(vel A.?)*] Quamnam igitur sententiam dici- **56**
mus?

[M.] Requiri placere terminos quos Socrates
pepigerit, eisque parere.

[Q.] Praeclare, frater! Iam nunc a te verba usur-
20 pantur civilis iuris ac legum, quo de genere exspecto
disputationem tuam. Nam ista quidem magna diiu-
dicatio est, ut ex te ipso saepe cognovi. Sed certe ita
res se habet, ut ex natura vivere summum bonum sit,
id est vita modica et apta <e> virtute perfrui; aut
25 naturam sequi et eius quasi lege vivere, id est nihil
(quantum in ipso sit) praetermittere quominus ea

---

2 cum (decus) *HL*: quod *rell.*   11 intra *Rob. Steph.*: inter
ω   noluerunt *Paul. Man.*: uol- $B^l P\epsilon$: uoluerint $B^x AHL$ 13 singuli
Ald.: -is ω   e XII tres *Ranconnet ap. Turn.*: sed ex (h)i(i)s
res ω   15–16 quamnam…dicimus *Quinto tribuit Poggius, Attico
Schmidt*   dicimus: -emus *ς*   18 pepigerit *ϵHL*: pegerit
BAP, quod tuentur plerique edd. quasi antiquam locutionem
22–p.188,2 sed certe…tamquam lege vivere *secl. Halm;* quod item…
lege vivere *secl. Dav.*   23 habet *Ernesti*: -ent ω   ut: quod *P*:
ut <aut> *Reitzenstein*   24 apta *Ald.*: apta *PRSHL*: aperta
BAE   <e> virtute *Zumpt*: virtuti *Orelli*

quae natura postulet consequatur, quod item hoc
valet, virtute tamquam lege vivere. Quapropter hoc
diiudicari nescio an numquam, sed hoc sermone
certe non potest, siquidem id quod suscepimus per-
fecturi sumus.   5

57   [XXII] [M. *(vel A.?)*] At ego huc declinabam, nec
invitus.

[Q.]   Licebit alias; nunc id agamus quod coepi-
mus, cum praesertim ad id nihil pertineat haec de
summo malo bonoque dissensio.   10

[M.]   Prudentissime, Quinte, dicis. Nam quae a
me adhuc dicta sunt <✳ ✳ ✳>

[Q.]   Neque <a> te Lycurgi leges neque Solonis
neque Charondae neque Zaleuci, nec nostras XII
Tabulas nec plebiscita desidero, sed te existimo   15
cum populis tum etiam singulis hodierno sermone
leges vivendi et disciplinam daturum.

58   [M.]   Est huius vero disputationis, Quinte, proprium id quod exspectas; atque utinam esset etiam
facultatis meae! Sed profecto ita se res habet, ut   20
quoniam vitiorum emendatricem legem esse oportet
commendatricemque virtutum, ab ea vivendi doctrina ducatur. Ita fit ut <✳ ✳ ✳> mater omnium
bonarum rerum sapientia (a cuius amore Graeco

---

1 item *Du Mesnil*: ıt *HR*: iter A^1SL: inter BA^xPE hoc: haec B^x
lacunam post inter haec *Reitzenstein*   2 valet *Du Mesnil*: velit ω
6–7 at...invitus   *Attico   attr.   Poggius,   Marco   plerique*
9 cum (quum) *Minut.*: quod *BAP*: non quod ϵ*HL* 12 dicta
BPHLF²: dicata *Aϵ   multa deesse videntur:* <illis omnibus, ut dixi,
probantur> *add. Reitzenstein*   13 neque <a> te *Vahlen*: neque
HL: nec BxA^bP: te $B^1A^1ϵ$ 14 Zaleuci *Crat.*: sel- ω
20 sed (profecto) $HL(S^2?)$: si $BAER(S^1?)$: sic P 22 ea:
eadem *De Plinval*   23 *lacuna hic indicanda et sic fere fortasse
explenda:* ita fit ut <malorum omnium illecebra voluptas repudietur,
colatur autem et diligatur>: ut *BAHL*: *om. Pϵ*: sit *add. post* rerum
Minut., post sapientia *Ald.*   24 a cuius ESH^xL: ad cuius H^1:
cuius B^xAP: quo ius B: atque R

DE LEGIBVS I. 60

verbo philosophia nomen invenit), qua nihil a dis immortalibus uberius, nihil florentius, nihil praestabilius hominum vitae datum est. Haec enim una nos cum ceteras res omnes, tum quod est difficillimum docuit: ut nosmet ipsos nosceremus, cuius praecepti tanta vis et tanta sententia est, ut ea non homini cuipiam sed Delphico deo tribueretur.

Nam qui se ipse norit, primum aliquid se habere **59** {sentiet} divinum ingeniumque in se suum sicut simulacrum aliquod dicatum putabit; tantoque munere deorum semper dignum aliquid et faciet et sentiet, et cum se ipse perspexerit totumque temptarit, intelleget quemadmodum a natura subornatus in vitam venerit, quantaque instrumenta habeat ad obtinendam adipiscendamque sapientiam, quoniam principio rerum omnium quasi adumbratas intellegentias animo ac mente conceperit; quibus illustratis sapientia duce, bonum virum et ob eam ipsam causam cernat se beatum fore.

[XXIII] Nam cum animus, cognitis perceptisque **60** virtutibus, a corporis obsequio indulgentiaque discesserit, voluptatemque sicut labem aliquam dedecoris oppresserit, omnemque mortis dolorisque timorem effugerit, societatemque caritatis coierit cum suis, omnesque natura coniunctos suos duxerit, cultumque deorum et puram religionem susceperit, et exacuerit illam ut oculorum, sic ingeni aciem ad

---

5 nosceremus *PHL*: noc- $B^lA^l\epsilon$: doc- B^xA^a 6 tanta uis et B^xA^aP *(A^l eras.)*: tanta aut sed B^l: *om.* ϵHL sententia: sapientia $R^{a.c.}$ 9 sentiet *delevi* 17 illustratis *Ald. nepos*: illustras B^l: illustratas B^x: illustratis *rell. (tus in ras. A^a)* 20 cum (quum, quom) *Ald.*: quo $B^lP\epsilon HL$: quod B^xA^x 24 coierit ς *ap. Gruter*: coegerit *BA*: coiec- H^l (cō- H^x): coniec- *LR*: eiec- *PE*: quo coniec- *S* 25 omnesque (-is-) *Rob. Steph.*: omnibus que (*vel* quae) ω

bona seligenda et reicienda contraria (quae virtus ex providendo est appellata prudentia), quid eo dici aut cogitari poterit beatius?

61　　Idemque cum caelum terras maria rerumque omnium naturam perspexerit, eaque unde generata, 5 quo recursura, {quando} quomodo obitura, quid in eis mortale et caducum, quid divinum aeternumque sit viderit, ipsumque ea moderantem et regentem <deum> paene prenderit, seseque non {omnis} circumdatum moenibus alicuius loci, sed civem totius 10 mundi quasi unius urbis agnoverit: in hac ille magnificentia rerum atque in hoc conspectu et cognitione naturae, di immortales, quam se ipse noscet (quod Apollo praecepit Pythius), quam contemnet, quam despiciet, quam pro nihilo putabit ea quae vulgo 15 dicuntur amplissima!

62　　[XXIV] Atque haec omnia, quasi saepimento aliquo, vallabit disserendi ratione, veri et falsi iudicandi scientia, et arte quadam intellegendi quid quamque rem sequatur et quid sit cuique contrarium. Cumque 20 se ad civilem societatem natum senserit, non solum illa subtili disputatione sibi utendum putabit, sed etiam fusa latius perpetua oratione, qua regat populos, qua stabiliat leges, qua castiget improbos, qua tueatur bonos, qua laudet claros viros, qua praecepta 25

---

1 bona seligenda *Vahlen*: bonas eligendas B^1 $(A^1?)$: bona eligenda *rell.*: bona delig- *Ald.*　　6 recursura *Vahlen*: recura $B^1A^1ES^1$: cura *R*: recurant B^xH^1L: recurrant $PH^xF^2S^2$: res curant A^2 (-NT *in ras. sup. lin.*): recasura *Reid*　　quando *delevi*: aliquando *Eussner*: quando... obitura *delenda censuit Reid*　　9 deum *add. Ziegler* omnis *BA*: hominis *HLε*: unius *P*: oppidi *De Plinval*: *alii alia*: delevi *ego*: *an* certis?　　10 alicuius loci sed *Lamb.*: loci sed *P*: populare alicuius diffinitio locis et *BA*: popularem alicuius definiti loci sed *SHL (* diffiniti *S)*: popularem alicuius diffinitis locis sed *ER*: *eicienda profecto adnotatio 'popular[is] definitio'*　　13 se ipse noscet *ς*: si ipse nosset (*vel* nos sed) *BAεHL*: si ipse nos *P*　　18 ratione *Minut.*: -es ω

salutis et laudis apte ad persuadendum edat suis civibus, qua hortari ad decus, revocare a flagitio, con-
solari possit afflictos, factaque et consulta fortium et
sapientium cum improborum ignominia sempiternis
5 monumentis prodere. Quae cum tot res tantaeque
sint, quae inesse in homine perspiciantur ab eis qui
se ipsi velint nosse, earum parens est educatrixque
sapientia.

[A.] Laudata quidem a te graviter et vere; sed **63**
10 quorsus hoc pertinet?

[M.] Primum ad ea, Pomponi, de quibus acturi
iam sumus, quae tanta esse volumus. Non enim
erunt, nisi ea fuerint unde illa manant amplissima.
Deinde facio et libenter et, ut spero, recte, quod eam
15 cuius studio teneor, quaeque me eum quicumque
sum effecit, non possum silentio praeterire.

[A.] Recte vero facis et merito et pie, fuitque id,
ut dicis, in hoc sermone faciendum.

---

12 (non enim) erunt *P*: sunt *rell.*   15 me eum *ς*: mecum *B¹*
(? A¹)PεHL: me *BˣAˣ*   16 effecit *P²*: efficit *BˣAˣP¹H*: efficixit
L: effici *B¹A¹ε*   16–17 praeterire. Recte vero *Feldhügel*: praeterire.
reuero *B¹(A¹?)*: re² *in ras. Aᵃ*: -o *in* -a *mutaverunt BˣAˣ*: praeterire
uero *PHL*: praeterire. ne uero *ε*   17 pie *Vahlen*: ipse *ω*

LIBER SECVNDVS

1 [I] [A.] Sed visne, quoniam et satis iam ambulatum
est et tibi aliud dicendi initium sumendum est, locum
mutemus, et in insula quae est in Fibreno—nam id,
opinor, illi alteri flumini nomen est—sermoni reliquo
demus operam sedentes?   5

   [M.] Sane quidem; nam illo loco libentissime
soleo uti, sive quid mecum ipse cogito sive aut quid
scribo aut lego.

2   [A.] Equidem qui nunc potissimum huc
venerim, satiari non queo, magnificasque villas et 10
pavimenta marmorea et laqueata tecta contemno.
Ductus vero aquarum, quos isti Nilos et Euripos
vocant, quis non cum haec videat irriserit? Itaque
ut tu paulo ante de lege et de iure disserens ad naturam referebas omnia, sic in his ipsis rebus, quae ad 15
requietem animi delectationemque quaeruntur, natura dominatur. Quare antea mirabar—nihil enim his
in locis nisi saxa et montes cogitabam, itaque ut
facerem et orationibus inducebar tuis et versibus—
sed mirabar, ut dixi, te tam valde hoc loco delectari; 20
nunc contra miror te, cum Roma absis, usquam
potius esse.

3   [M.] Ego vero, cum licet plures dies abesse, praesertim hoc tempore anni, et amoenitatem hanc et
salubritatem sequor; raro autem licet. Sed nimirum 25

   2 est[2] *delendum?*   3 Fibreno *Ald.*: fibrino ω (*sed* 2.6 Fibreno)
id *ς*: *om.* ω   4 (nomen) est *P*: est se *B[1]*: esse *B[x]A[x]εHL*
7 aut quid: aliquid *A[x]*: quid aut *Ernesti*   19 orationibus: narrat-
Wyttenbach   24–25 et amoenitatem hanc et salubritatem *Rob.*
Steph.: et am- hanc sal- hanc *B[1]ε* (hanc[1] *del*. *S[2]*): et am- ac sal- hanc
P: et am- hanc et sal- hanc *B[x]A*: et am- et sal- hanc *HL*

me alia quoque causa delectat, quae te non <ita>
attingit {ita}.

[A.]   Quae tandem ista causa est?

[M.]   Quia si verum dicimus, haec est mea et
5 huius fratris mei germana patria; hinc enim orti
stirpe antiquissima sumus, hic sacra, hic genus, hic
maiorum multa vestigia. Quid plura? Hanc vides
villam ut nunc quidem est, lautius aedificatam patris
nostri studio, qui cum esset infirma valetudine, hic
10 fere aetatem egit in litteris; sed hoc ipso in loco, cum
avus viveret et antiquo more parva esset villa, ut illa
Curiana in Sabinis, me scito esse natum. Quare inest
nescioquid et latet in animo ac sensu meo, quo me
plus hic locus fortasse delectet, siquidem etiam ille
15 sapientissimus vir, Ithacam ut videret, immortalitatem scribitur repudiasse.

[II] [A.]   Ego vero tibi istam iustam causam puto, **4**
cur huc libentius venias atque hunc locum diligas;
quin ipse (vere dicam) sum illi villae amicior modo
20 factus, atque huic omni solo in quo tu ortus et pro-
creatus es. Movemur enim nescioquo pacto locis
ipsis in quibus eorum quos diligimus aut admiramur
adsunt vestigia. Me quidem ipsae illae nostrae Athenae non tam operibus magnificis exquisitisque anti-
25 quorum artibus delectant, quam recordatione
summorum virorum, ubi quisque habitare, ubi
sedere, ubi disputare sit solitus; studioseque eorum
etiam sepulcra contemplor. Quare istum ubi tu es
natus plus amabo posthac locum.

30   [M.]   Gaudeo igitur me incunabula paene mea
tibi ostendisse.

1–2 ita attingit *Hand*: att- ita ω (*dist. post* attingit *A*): att-, Tite
Gulielmius: ita *del. Dav.*   5 hinc: hic B^xA 12 inest S^2: idē
PL: id. ē *A*: idem *H*: id est BES^1R 14 <iusto> plus *Koch*

II. 5 M. TVLLI CICERONIS

5 [A.] Equidem me cognosse admodum gaudeo.
Sed illud tamen quale est quod paulo ante dixisti,
hunc locum (id est, <ut> ego te accipio dicere, Arpi-
num) germanam patriam esse vestram? Quid? vos
duas habetis patrias? An est una illa patria commu- 5
nis? Nisi forte sapienti illi Catoni fuit patria non
Roma sed Tusculum.
    [M.] Ego mehercule et illi et omnibus municipi-
bus duas esse censeo patrias, unam naturae, alteram
civitatis; ut ille Cato, cum est Tusculi natus, in 10
populi Romani civitatem susceptus est. Ita cum
ortu Tusculanus esset, civitate Romanus, habuit
alteram loci patriam, alteram iuris. Ut vestri Attici,
priusquam Theseus eos demigrare ex agris et in astu,
quod appellatur, omnes se conferre iussit, et sui erant 15
idem et Attici, sic nos et eam patriam ducimus ubi
nati, et illam qua excepti sumus. Sed necesse est
caritate eam praestare <e> qua rei publicae nomen
<et> universae civitatis est, pro qua mori et cui nos
totos dedere et in qua nostra omnia ponere et quasi 20
consecrare debemus; dulcis autem non multo secus
est ea quae genuit quam illa quae excepit. Itaque ego

---

3 id est ut *coni. Vahlen¹*: idem ω: item *Zumpt*   4–5 quid uos duas
habetis *HL*: quid uasis habitis *B¹* (*et A¹ ut vid.: nempe ortum ex* quid uos II
habetis): numquid duas habetis *BᵃAᵇʸ*: m(ihi) qui duas habetis ε: quid
duasne habetis *P*   9 naturae, alteram ʓ: naturam ω (-a
P)   10 est (Tusculi): esset *Minut.*   11 ita: itaque *Minut.*
12 ortu: ortus *BᵃAᵇ* ciuitate ʓ: -em ω   Romanus *P*: Romam *rell.*
(*dist. post* habuit *AHL, ante* habuit *E*)   14 eos demigrare *Paul.
Man.*: eosdem migrare *BˣASHL* (-aret *B¹*): (h)osdem m- *ER*: oesdem
m- *P*   astu *Latinis litteris BAP*ε: estu *HL*   15 se conferre ʓ: se
conferre se ω   15–16 sui erant idem *Mdv.* (Sunii erant idem *Turn.*:
sui vici erant idem *coni. Dav.*): symfrantidem *vel* simfrantidem ω: demi
i.e. δήμου *pro* idem *Valckenaer ap. Bake*   16 Attici *Rob. Steph.*: -is
ω   ducimus: dic- *HL*   17 et illam qua excepti *P*: *om.
rell.*   18 e *add. Mdv.*   19 et *add. Lamb.*: rei publicae *del.
Du Mesnil*   ciuitatis: -i *Du Mesnil*

194

hanc meam esse patriam prorsus numquam negabo,
dum illa sit maior, haec in ea contineatur.

[III] [A.] Recte igitur Magnus ille noster, me **6**
audiente, posuit in iudicio, cum pro Ampio tecum
5 simul diceret, rempublicam nostram iustissimas huic
municipio gratias agere posse, quod ex eo duo sui
conservatores exstitissent; ut iam videar adduci,
hanc quoque quae te procrearit esse patriam tuam.

Sed ventum in insulam est; hac vero nihil est
10 amoenius. Ut enim hoc quasi rostro finditur Fibre-
nus, et divisus aequaliter in duas partes latera haec
adluit, rapideque dilapsus cito in unum confluit, et
tantum complectitur quod satis sit modicae palaes-
trae loci! Quo effecto—tamquam id habuerit operis
15 ac muneris ut hanc nobis efficeret sedem ad disputandum—statim praecipitat in Lirem, et quasi in
familiam patriciam venerit, amittit nomen obscurius,
Liremque multo gelidiorem facit: nec enim ullum
hoc frigidius flumen attigi, cum ad multa accesserim;
20 ut vix pede temptare id possim, quod in Phaedro
Platonis facit Socrates.

[M.] Est vero ita; sed tamen huic amoenitati, **7**
quem ex Quinto saepe audio Thyamis Epirotes tuus
ille, nihil, opinor, concesserit.

---

2 haec *P*: sed *B*: et *AHL*: *om.* ε   *post* contineatur: habet ciuitatis
et unam illam ciuitatem putat *BA*ε*HL*: *del.* *S²*: habet ciuitates
duas; sed unam illam ciuitatem putat *P*: *quae tuetur Vahlen nisi
quod* illas *pro* illam (illas unam *Minut.*)   4 Ampio *quidam ap.
Turn. 1557*: ambio ω (-u *HL*): Balbo *Paul. Man. ex cod.*   6 sui
P: sunt *B¹*ε*HL*: *del.* *Bˣ*: *om.* *A*   7 ut iam *Ald.*: ut̃ *P*: utinam
rell.   videar *Rob. Steph.*: -am ω   10 ut enim: etenim *Lamb.*
15 efficeret ς: efficerit *B¹*: effecerit *rell.*   19 attigi cum *P*: aticium
B: atticium *ASRHL*: atticum *E*   23 quem (q;') *B*: quę *A*: q̄ *P*:
quam ε*HL*   Thyamis *Turn.*: theuamis *B¹(A¹?)ES*: theuanus *R*:
thebanus *BˣAˣPHL*

[Q.] Est ita ut dicis; cave enim putes Attici nostri Amalthio platanisque illis quicquam esse prae-clarius. Sed, si videtur, considamus hic in umbra, atque ad eam partem sermonis ex qua egressi sumus revertamur.   5

[M.] Praeclare exigis, Quinte (at ego effugisse arbitrabar!) et tibi horum nihil deberi potest.

[Q.] Ordire igitur; nam hunc tibi totum dicamus diem.

[M.] 'A Iove Musarum primordia', sicut in   10 Aratio carmine orsi sumus.

[Q.] Quorsum istuc?

[M.] Quia nunc item ab eodem <Iove> et a ceteris dis immortalibus sunt nobis agendi capienda primordia.   15

[Q.] Optime vero, frater, et fieri sic decet.

8   [IV] [M.] Videamus igitur rursus, priusquam aggrediamur ad leges singulas, vim naturamque legis, ne cum referenda sint ad eam nobis omnia, labamur interdum errore sermonis, ignoremusque vim rationis   20 eius qua iura nobis definienda sint.

[Q.] Sane quidem hercle, et est ista recta docendi via.

[M.] Hanc igitur video sapientissimorum fuisse sententiam, legem neque hominum ingeniis excogi-   25 tatam nec scitum aliquod esse populorum, sed aeter-num quiddam quod universum mundum regeret

---

2 Amalthio (-eo) *Turn.*: emathio (*vel sim.*) ω   10 A Iove *Rob. Steph.*: maiorem $B^I\epsilon HL$: maiore $B^x AP$ 11 in Aratio *Rob. Steph.*: in n/arratio *dist.* S^2: in arati A^x: innarratio $BA^x\epsilon HL$: in narra-tionis *P*   13 <Iove> *addidi*   20–21 sermonis ignoremus-que vim rationis eius *Vahlen*: s- i- uim sermoni eius $B^I(?A^I)ES$: s-i-materiam sermoni eius *R*: s- i- uim sermonis eius $A^a P$: sermonis eius *(ceteris omissis) HL*: s- i- uim eius *Büchner*: s- i- universum ius (quo) *conieci*   21 qua: quo $B^x A^x H^x P$ 26 sed *P*: quod BA^a *(A^I eras.)*: q; *H*: om. ϵL

imperandi prohibendique sapientia. Ita principem
legem illam et ultimam mentem esse dicebant
omnia ratione aut cogentis aut vetantis dei. Ex quo
illa lex quam di humano generi dederunt recte est
5 laudata; est enim ratio mensque sapientis ad iubendum et ad deterrendum idonea.

[Q.] Aliquotiens iam iste locus a te tactus est. Sed 9
antequam ad populares leges venis, vim istius caelestis legis explana si placet, ne aestus nos consuetudinis
10 absorbeat et ad sermonis morem usitati trahat.

[M.] A parvis enim, Quinte, didicimus 'Si in ius
vocat', atque alia eiusmodi, leges {alias} nominare.
Sed vero intellegi sic oportet, et hoc et alia iussa ac
vetita populorum vim habere ad recte facta vocandi
15 et a peccatis avocandi, quae vis non modo senior est
quam aetas populorum et civitatum, sed aequalis illius
caelum atque terras tuentis et regentis dei. Neque enim 10
esse mens divina sine ratione potest, nec ratio divina
non hanc vim in rectis pravisque sanciendis habere.
20 Nec quia nusquam erat scriptum ut contra omnes
hostium copias in ponte unus assisteret a tergoque
pontem interscindi iuberet, idcirco minus Coclitem
illum rem gessisse tantam fortitudinis lege atque
imperio putabimus; nec si regnante L. Tarquinio
25 nulla erat Romae scripta lex de stupris, idcirco non
contra illam legem sempiternam Sextus Tarquinius

3 dei *B^xA^aP(A^1 eras.)*: dii *B^1*: die εHL   quo *Dav.*: qua
ω   8 uenis *B^lA^1HL*: -ias *B^xA^bP*ε   9 explana *PHL*: explica
A^1?: explena *B*ε   11 a parvis enim *Minut.*: apparuissenim *B^1*:
apparuisse uim ε: apparuiss / e uim *dist.* *S^2*: apparuisse mi *P*: apparuisse
enim *HL*: apertenim *B^2*: apertius enim *A^a* (*A^1 eras.)*   12 alia
eiusmodi leges *Baiter* (alia *iam aliquis ap.* *Olivetum*): at (at *BAPES*: et
R: ad *HL*) eiusmodi leges alias ω   14 vim <non> habere ς *ap.*
Goerenz   19 habere *P*: habet *BAH*ε: habe *L*   23 fortitudinis *B^xAH^aP*: -es *B^lεL*: -em *H^l*   24 L. Tarquinio *Turn.*: uel
tarquinio εHL (*A^1?*): Tarquinio *BA^xP*

vim Lucretiae Tricipitini filiae attulit. Erat enim ratio,
profecta a rerum natura, et ad recte faciendum impel-
lens et a delicto avocans, quae non tum denique incipit
lex esse cum scripta est, sed tum cum orta est; orta
autem est simul cum mente divina. Quamobrem lex 5
vera atque princeps, apta ad iubendum et ad vetan-
dum, ratio est recta summi Iovis.

11   [V] [Q.] Adsentior, frater, ut quod est rectum
verumque <aeternum quoque> sit, neque cum litteris quibus scita scribuntur aut oriatur aut occidat. 10

[M.] Ergo ut illa divina mens summa lex est,
item, cum in homine est, perfecta est in mente sapientis. Quae sunt autem varie et ad tempus descriptae
populis, favore magis quam re legum nomen tenent.
Omnem enim legem, quae quidem recte lex appellari 15
possit, esse laudabilem, quibusdam talibus argumentis docent: constat profecto ad salutem civium civitatumque incolumitatem vitamque hominum quietam
et beatam inventas esse leges, eosque qui primum
eiusmodi scita sanxerint, populis ostendisse ea se 20
scripturos atque laturos, quibus illi ascitis susceptis-
que honeste beateque viverent, quaeque ita composita sanctaque essent, eas leges videlicet nominarent.
Ex quo intellegi par est, eos qui perniciosa et iniusta

---

2 profecta a *P*: profecta $B^x F^2$: profecti $B^l AL\epsilon$: profecto H^x (*H^l
eras.)*   9 <aeternum quoque> *add. Dav.*   10 scita scri-
buntur BA^xP: scita a(d)scribuntur $A^l(?H^l)$: scita describuntur H^a:
sit a(d)scribuntur ϵL 12 item: ita *P*: *om. R*   cum B^xP: quom
$B^l A$: quod ϵHL (*post* perfecta) est *P*: *om. cett.*: *lacunam indicavit
Vahlen et sic supplevit:* perfecta <ratio, lex est; ea vero est
perfecta>   16 quibusdam: quidam *Wissowa ap. Ziegler: fort. e.g.*
<qui ista subtilius quaerunt> quibusdam   19 inuentas ϵHL: intas
B^l: ≡≡≡uitas A^l: conditas $B^a A^a$ (*A^l eras.*): initas *P* (*cf. 3.44*)
21 a(d)scitis ς *ap. Goerenz*: a(d)scriptis ω   22 honeste beateque
A^xP: bonesbeatisq; B^l: honesti beatique $B^x \epsilon HL(?A^l)$ 23 nominarent: -runt *Ald.*   24 iniusta PF^2: iusta *rell.*

populis iussa descripserint, cum contra fecerint quam
polliciti professique sint, quidvis potius tulisse quam
leges; ut perspicuum esse possit, in ipso nomine
legis interpretando inesse vim et sententiam iusti et
5 veri legendi.

[M.] Quaero igitur a te, Quinte, sicut illi solent: **12**
quo si civitas careat, ob eam ipsam causam quod eo
careat pro nihilo habenda sit, id estne numerandum
in bonis?

10 [Q.] Ac maximis quidem.

[M.] Lege autem carens civitas estne ob <id>
ipsum habenda nullo loco?

[Q.] Dici aliter non potest.

[M.] Necesse est igitur legem haberi in rebus
15 optimis.

[Q.] Prorsus adsentior.

[M.] Quid quod multa perniciose, multa pesti- **13**
fere sciscuntur in populis, quae non magis legis
nomen attingunt quam si latrones aliquas consessu
20 suo sanxerint? Nam neque medicorum praecepta dici
vere possint, si quae inscii imperitique pro salutaribus mortifera conscripserint, neque in populo lex
cuicuimodi fuerit illa, etiamsi perniciosum aliquid
populus acceperit. Ergo est lex iustorum iniustorum-
25 que distinctio, ad illam antiquissimam et rerum
omnium principem expressa naturam, ad quam

leges hominum deriguntur, quae supplicio improbos
afficiunt, defendunt ac tuentur bonos.

[VI] [Q.] Praeclare intellego, nec vero iam aliam
esse ullam legem puto non modo habendam sed ne
appellandam quidem.   5

14   [M.] Igitur tu Titias et Apuleias leges nullas
putas?

[Q.] Ego vero ne Livias quidem.

[M.] Et recte, quae praesertim uno versiculo
senatus puncto temporis sublatae sint; lex autem 10
illa, cuius vim explicavi, neque tolli neque abrogari
potest.

[Q.] Eas tu igitur leges rogabis videlicet quae
numquam abrogentur?

[M.] Certe, si modo acceptae a duobus vobis 15
erunt. Sed ut vir doctissimus fecit Plato atque idem
gravissimus philosophorum omnium, qui princeps
de republica conscripsit, idemque separatim de legibus eius, id mihi credo esse faciendum, ut priusquam
ipsam legem recitem, de eius legis laude dicam; quod 20
idem et Zaleucum et Charondan fecisse video, cum
quidem illi non studi et delectationis sed rei publicae
causa leges civitatibus suis scripserint; quos imitatus
Plato videlicet hoc quoque legis putavit esse, persuadere aliquid, non omnia vi ac minis cogere.   25

15   [Q.] Quid quod Zaleucum istum negat ullum
fuisse Timaeus?

[M.] At <ait> Theophrastus, auctor haud
deterior mea quidem sententia (meliorem multi

---

1 deriguntur *scribendum monuit Watt*: dir- ω   6 tu Titias
Dav. (Titias *Paul. Man.*): tutias *BAεHL*: tuscias *P*   8 Livias
Vict.: leiuias *BAεHL (vix antiqua orthographia, sed potius conflatio
erroris* leuias *cum correctione)*: leuias *P*   19 eius ω, *del. Ziegler*
23 scripserint *Rob. Steph.*: -unt ω   28 <ait> *add. Müller (post*
Theophrastus *Vahlen)*

nominant); commemorant vero ipsius cives, nostri
clientes, Locri. Sed sive fuit sive non fuit, nihil ad
rem; loquimur quod traditum est.

[VII] Sit igitur hoc iam a principio persuasum
5 civibus, dominos esse omnium rerum ac moderatores
deos, eaque quae gerantur eorum geri iudicio ac
numine; eosdemque optime de genere hominum
mereri, et qualis quisque sit, quid agat, quid in se
admittat, qua mente, qua pietate colat religiones
10 intueri; piorumque et impiorum habere rationem.
His enim rebus imbutae, mentes haud sane abhorre-   **16**
bunt ab utili aut a vera sententia. Quid est enim
verius, quam neminem esse oportere tam stulte arro-
gantem, ut in se rationem et mentem putet inesse, in
15 caelo mundoque non putet; aut ut ea quae vix summa
ingeni   ratione   <comprehendat,   nulla   ratione>
moveri putet? Quem vero astrorum ordines, quem
dierum noctiumque vicissitudines, quem mensium
temperatio, quemque ea quae gignuntur nobis ad
20 fruendum, non gratum esse cogunt, hunc hominem
omnino numerari qui decet? Cumque omnia quae
rationem habent praestent eis quae sint rationis
expertia, nefasque sit dicere ullam rem praestare naturae omnium rerum, rationem inesse in ea confiten-
25 dum est. Utiles esse autem has opiniones quis neget,
cum intellegat quam multa firmentur iureiurando,
quantae saluti sint foederum religiones, quam multos
divini supplicii metus a scelere revocarit, quamque

---

2 Locri ς: lucri ω   4 sit (igitur hoc) ς: si ω   6 iudicio
$B^x A^x S^2$: iudicione $B^1 A^1$ (?-no A^1): iudicio ne $ES^1 RHL$: dicione P:
vi dicione *Turn.*   16 <comprehendat, nulla ratione> *add. Ald.*
(comprehendantur *Vahlen*)   21 qui (decet) *Ald.*: que $B^1 P$:
neque *rell.*   22 praestent eis ς: pr(a)esentiis ω (praesent/iis *dist.*
S^2: pñtis R)   23 nefasque sit *Minut.*: ne eas qu(a)e sit ω (A^1
eras.): nequeas A^a 27 saluti *Lamb.*: -is ω

sancta sit societas civium inter ipsos, dis immortalibus interpositis tum iudicibus, <tum> testibus?

Habes legis prooemium; sic enim haec appellat
Plato.

17 [Q.] Habeo vero, frater, et in hoc admodum ₅
delector, quod in aliis rebus aliisque sententiis versaris atque ille; nihil enim tam dissimile quam vel ea
quae ante dixisti, vel hoc ipsum de dis exordium;
unum illud mihi videris imitari, orationis genus.

[M.] Velle fortasse: quis enim id potest aut ₁₀
umquam poterit imitari? Nam sententias interpretari
perfacile est; quod quidem ego facerem, nisi plane
esse vellem meus; quid enim negoti est eadem prope
verbis eisdem conversa dicere?

[Q.] Prorsus adsentior; verum ut modo tute dix- ₁₅
isti, te esse malo tuum. Sed iam exprome, si placet,
istas leges de religione.

18 [M.] Expromam equidem ut potero; et quamquam et locus et sermo familiaris est, legum {leges}
voce proponam. ₂₀

[Q.] Quidnam id est?

[M.] Sunt certa legum verba, Quinte, neque ita
prisca ut in veteribus XII sacratisque legibus, et
tamen, quo plus auctoritatis habeant, paulo anti-
quiora quam hic sermo est. Eum morem igitur, cum ₂₅
brevitate, si potuero, consequar. Leges autem a me
edentur non perfectae—nam esset infinitum—sed
ipsae summae rerum atque sententiae.

[Q.] Ita vero necesse est; quare audiamus.

---

2 tum *add. Minut.*   *post* testibus: (h)i(i)s ω: *del.* A^x 8 de dis
(diis) *Bake*: de eis *BAεHL*: legis *P*   17 de (religione) *P*: daret
BA: dare   εHL   18–19 quamquam   *Rath*:   q(uonia)m   ω
19 leges *del. Halm*: *ante* legum *Moser*   21 id est *Ald.*: inesset
$B^IPεH^xL$: eis sit *pro* esset B^x: in A^I *et tum* eis sit; sed A^a
23 XII *Cuiacius*: ex (h)i(i)s ω: *del.* S^2 26 potuero: potero BA^x

[VIII] [M.] ¹Ad divos adeunto caste; pietatem **19**
adhibento, opes amovento. ²Qui secus faxit, deus
ipse vindex erit.
³Separatim nemo habessit deos, neve novos
5   neve advenas, nisi publice adscitos. ⁴Privatim
colunto quos rite a patribus <cultos acceperint.
⁵In urbibus> delubra habento, lucos in agris
habento et Larum sedes. ⁶Ritus familiae patrumque servanto. ⁷Divos et eos qui caelestes semper
10 habiti sunt colunto, et ollos quos endo caelo merita
locaverunt, Herculem Liberum Aesculapium Cas-
torem Pollucem Quirinum, ast olla propter quae
datur homini ascensus in caelum, Mentem Virtutem Pietatem Fidem; earumque laudum delubra
15 sunto, neve ulla vitiorum.
⁸Sacra sollemnia obeunto. ⁹Feriis iurgia amovento, easque in famulis operibus patratis habento;
idque ut ita cadat in annuis anfractibus descriptum

1–3 pietatem...vindex erit *Lact. Inst. 5.20.3*   9–12 Divos...
Quirinum *Lact. Inst. 1.15.23*   12–15 ast olla propter quae...de-
lubra sunto *Lact. Inst. 1.20.19*

---

1 adeunto $B^x A^a (A^l$ *eras.)*: aderunt *rell.*   2 adhibento $A^a (A^l$
eras.):   adibento B^x: habento   *P*:   ubeunto B^l: abeunto
ϵHL 4 habessit *Minut.*: habens sit ω $(A^l$ *eras.)*: hebes sit
$B^x A^a$ 5 neve (advenas) *Paul. Man.*: sedue $B^l A^l E$: siue *P*: sed
ne $B^x A^a SR$: set (s;) *HL*   6 quos rite a $B^x A^x (A^l$ *obsc.)*: quos trite
B^l: quos trita ea *HL*: quo stricta ea ϵ: constructa a *P*   cultos acceperint *add. Mdv.*   7 in urbibus *post* delubra *add. Rob. Steph.*,
huc transp. Feldhügel   lucos $B^x A^x$: locos *rell.*   8–9 patrumque
Ald.: -iamque ω 10 (habiti) sunt *Lact. Inst. 1.15.23*: om. ω
endo $B^l A^l$: in $B^x A^b$: cum deo *H*: scdō ϵL: nanciscendo *P*
11 locaverunt *Lact.*: uocauerint $BA\epsilon HL$: uocauerunt *P*: locauerint
Feldhügel   12 ast ω *Lact.*: et *Minut., sane facilius*   15 sunto
neve ulla *Dav.*: sunt oneuc(?-e)ulla B^l: sunto nec ulla $B^x A^x$: sunto
neuncula *H*: sunt onencula *L*: sunt honucula ϵ: sunto neucula *P*
16 feriis *Minut.*: feceris ω 16–17 amouento *P*: mouento $BA\epsilon$:
inauento *HL*   18 idque *Crat.*: itque B^l: itaque *rell.*   ita cadat:
rite kalentur *maluisset Huschke 1879*

esto. [10]Certasque fruges certasque bacas sacerdotes
20 publice libanto. [1]Hoc certis sacrificiis ac diebus,
itemque alios ad dies ubertatem lactis feturaeque
servanto; idque ne committi possit, ad certam
rationem cursus annuos sacerdotes finiunto. 5
[2]Quaeque cuique divo decorae grataeque sint hos-
tiae, providento.

[3]Divisque <alii> aliis sacerdotes, omnibus pontifices, singulis flamines sunto; virginesque Vestales in urbe custodiunto ignem foci publici 10
sempiternum. [4]Quoque haec privatim et publice
modo rituque fiant, discunto ignari a publicis
sacerdotibus. [5]Eorum autem genera sunto duo:
unum quod praesit caerimoniis et sacris, alterum
quod interpretetur fatidicorum et vatium effata 15
incognita, quom senatus populusque ita sciverit.

[6]Interpretes autem Iovis Optimi Maximi, publici augures, signis et auspiciis postera vidento,
21 disciplinam tenento, {sacerdotesque} [1]vineta vir-
getaque et salutem populi auguranto, [2]quique agent 20
rem duelli quique popularem, auspicium praemo-
nento, ollique obtemperanto. [3]Divorumque iras

---

1 certasque (fruges) *P*: ceterasque *rell.*   2 libanto ς: lib(er)-
anto *BAP²εHL*: finiunto *P¹*   3 ad dies *Turn.*: addes ω
fetur(a)eque *P*: futur(a)eque *rell.*   4–5 certam rationem *Jordan*:
eam rem rationem ω: rationem *secl. Goerenz 1776*: rem *om.* ς: ratione
Turn.   6 grat(a)eque *BˣAˣHˣ* (-quae *A¹*: *H¹ obsc.*): rateque *P*:
crateque *B¹εL*   8 alii *add. post* aliis *Minut.*: *huc transposui*
13 eorum *Minut.*: earum ω   13–14 genera sunto duo, unum *A,
def. Cohee*: duo genera sunto unum *P*: generas otriunum *B¹*: genera
sunto triunum *Bˣ*: genera sunt otriunum *Lε* (genera sunt ot¹unum *E*):
genera sunto tria unum *Hᵇ in ras.*   15 effata *P*: etfata (et fata)
rell. (*sc.* ecfata)   16 quom *Usener*: quorum ω   ita sciverit
scripsi: asciuerit ω   18 postera '*Lamb.*: postea ω   19 sacer-
dotesque *del. Dyck*   21 popularem *H¹L*: populare *PHˣ*: pro
popularem *B¹AER* (-m *del. Bˣ*): per popularem *S*: pro populo rem
Zumpt

providento, sisque apparento. ⁴Caelique fulgura
regionibus ratis temperanto, urbemque et agros et
templa liberata et effata habento. ⁵Quaeque augur
iniusta nefasta vitiosa {dira} dixerit, irrita infectaque sunto. ⁶Quique non paruerit, capitale esto.

[IX] ⁷Foederum {pacis belli} indutiarum ratorum
fetiales iudices nuntii sunto, bella disceptanto.

⁸Prodigia portenta ad Etruscos et haruspices, si
senatus iussit, deferunto. ⁹Etruriaque principes
disciplinam doceto. ¹⁰Quibus divis creverint pro-
curanto, idemque fulgura atque obstita pianto.

¹¹Nocturna mulierum sacrificia ne sunto, praeter olla quae pro populo rite fient.

¹²Neve quem initianto, nisi ut adsolet Cereri
Graeco sacro.

¹Sacrum commissum quod neque expiari **22**
poterit, impium esto; quod expiari poterit, publici
sacerdotes expianto.

²Loedis publicis, quae sive curriculo et certatione corporum sive cantu et fidibus et tibiis fiat,
popularem laetitiam moderanto, eamque cum
divum honore iungunto.

---

1 prouidento sisque (-osisque, -os isque) $B^1A^1\epsilon HL$: prouidento
(i)isque PB^xA^x 3 effata *Minut.*: efflata B^xAPEH: efflat
B^1SRL 4 dira *delevi*   dixerit *Crat.*: defixerit ω (dif- A^1): deix-
erit *scribendum censuit Turn.*   4–5 infectaque *HL*: infestaque
rell.   5 capitale esto *P*: caritalesto B^1HL: caristolesto B^xA^1 (c-
fort. del. A^x): carit olesto ϵ 6 pacis belli *delevi*   ratorum
Huschke: oratorum ω   7 iudices nuntii (*vel potius* nontii) *Vahlen*:
iudices non ω: iudicesve ϛ *ap. Goerenz*   bella: *fort.* duella   disceptanto *Asc.*: -atio ω   9 iussit = *'iusserit', ut monuit Turn.*
14 neve quem *Vict.*: neueque ω   initianto ϛ: inhianto *B*: inianto
rell.   17 esto *Lamb.*: est ω   19 loedis B^1L: ledis ϵ: ludis
$B^xA^aPH^x$ (A^1 *eras.*)   quae *scripsi (sc. laetitia)*: quod ω: *fort.*
quot . . . fiant *(cf. Legis Ursonensis cap. 66)*   20–21 sive . . . laetitiam *sic refecit Bake post Mdv.*: quod sine curriculo et sine certatione
corporum fiat (fiant B^x), popularem laetitiam in cantu et fidibus et
tibiis ω   moderanto ϛ: moderato $BA\epsilon HL$: moderante *P*

³Ex patriis ritibus optuma colunto.

⁴Praeter Idaeae Matris famulos, eosque iustis diebus, ne quis stipem cogito.

⁵Sacrum sacrove commendatum qui clepsit rapsitve, parricida esto. ⁶Periurii poena divina exitium, humana dedecus <esto>. ⁷Incestum pontifices supremo supplicio sanciunto. ⁸Impius ne audeto placare donis iram deorum. ⁹Caute vota reddunto. ¹⁰Poena violati iuris <divini divina> esto.

¹¹Ne quis agrum consecrato. ¹²Auri argenti eboris sacrandi modus esto. ¹³Sacra privata perpetua manento. ¹⁴Deorum Manium iura sancta sunto. ¹⁵Suos leto datos divos habento. ¹⁶Sumptum in ollos luctumque minuunto.

23 [X] [Q.]   Conclusa quidem est a te, frater, magna lex sane quam brevi; sed ut mihi quidem videtur, non multum discrepat ista constitutio religionum a legibus Numae nostrisque moribus.

[M.]   An censes, cum in illis de republica libris persuadere videatur Africanus omnium rerum publicarum nostram veterem illam fuisse optimam, non necesse esse optimae reipublicae leges dare consentaneas?

---

1 optuma *scr. AH*   4 clepsit *Turn.*: cleperit *BAL*: deperit *Pε*: deserit *(?) Hˣ*: clepserit *Minut.*   5 -ve *Lamb.*: -que ω 6 esto *add. Lamb.*   incestum *P*: inceptum *rell.*   8 placare *P*: -ari *Aᵇ*: -eri *rell.*   donis *Aˣ*: dionis *rell.*   9 p(o)ena *BˣP*: -am *rell.*   violati *BˣAˣPH*: volatis *B¹A¹ε*: valatis *L*   divini divina *addidi*   quocirca ω, *del. Claud. Puteanus*   10 ne quis agrum consecrato ϛ: ne qui sacrum consecrati *BAε*: ne quis sacrum cum sacrati *P*: ne qui sacrum consecrari *HL*   13 suos *Dav.*: nos ω: sos *Goerenz*: bonos *Urlichs*: homines *Scheffer*   datos *Turn.*: dato ω   14 in ollos *BˣP*: in olles *B¹AS* (*ex mero errore potius quam ex* in olleis *ortum*): molles *ERH*   15–18 conclusa...moribus *et* immo... censeo *Quinto tribuit Vahlen, Attico priores qui* frater *non legebant*   a te, frater *Vahlen*: alt(er) *B¹(?A¹H¹)εL*: altera *Hˣ*: altera tam *P*: apte *BˣAˣ*: a te tam ϛ   16 brevi, sed *Gulielmius*: brevis et ω

[Q.] Immo prorsus ita censeo.

[M.] Ergo adeo exspectate leges quae genus illud optimum rei publicae contineant; et si quae forte a me hodie rogabuntur quae non sint in nostra re pub-
5 lica nec fuerint, tamen erunt fere <quae olim fuerunt> in more maiorum, qui tum ut lex valebat.

[A.] Suade igitur, si placet, istam ipsam legem, ut **24** ego 'Uti {tu} rogas' possim dicere.

[M.] Ain tandem, Attice? Non es dicturus aliter?
10 [A.] Prorsus maiorem quidem rem nullam sciscam aliter; in minoribus, si voles, remittam hoc tibi.

[Q.] Atque ea quidem <mea> sententia est.

[M.] At ne longum fiat videte.

[A.] Utinam quidem! Quid enim agere malu-
15 mus?

[M.] ^19.1^Caste iubet lex adire ad deos, animo videlicet, in quo sunt omnia; nec tollit castimoniam corporis, sed hoc oportet intellegi, cum multum animus corpori praestet, observeturque ut casto corpore
20 adeatur, multo esse in animis id servandum magis; nam illud vel aspersione aquae vel dierum numero tollitur, animi labes nec diuturnitate evanescere nec

16 sqq. *numeris superscriptis indicantur versiculi ipsarum legum de quibus agitur*

5 erunt: erant *Minut.* 5–6 quae olim fuerunt *supplevi* 8 uti *Paul. Man.*: ut et ω (ut *om. S*): utei *Gruter* tu *del. Turn.* dicere: edicere *BA^b* 9 non es dicturus aliter *i.e. 'non es "uti rogas" dicturus, nisi suasero', ut monuit Dyck* 11 in minoribus... tibi *cum prioribus coniunxit Moser, Attico tribuens; Marco perperam tribuit Turn.; hoc i.e. ut diserte suadeas; de locutione 'remittam hoc tibi' cf. Div. Caec. 4.* 12 atque ea quidem mea *Moser*: atque mea (in ea *P*) quidem ω: atque mea quidem eadem *Mdv.*: *Quinto tribuit Gruter, Attico Turn.* 19 corpori ς: -e ω casto corpore *B^xA^x*: casta corpora *PεH*: sasta corpora *B^lA^lL* 20 adeatur *B^xA^x*: adhibeatur *B^l(A^l?)εH^lL*: adhibeantur *PH^x(?)* 22 animi labes *P*: animal habes *B^lεHL*: animae labes *B^xA^a (A^l eras.)* euanescere ς: uan- ω

25 amnibus ullis elui potest. Quod autem pietatem adhiberi, opes amoveri iubet, significat probitatem gra-
tam esse deo, sumptum esse removendum. Quid
enim? Paupertatem cum divitiis etiam inter homines
esse aequalem velimus, cur eam sumptu ad sacra 5
addito deorum aditu arceamus?—praesertim cum
ipsi deo nihil minus gratum futurum sit, quam non
omnibus patere ad se placandum et colendum viam.
[19.2]Quod autem non iudex sed deus ipse vindex constituitur, praesentis poenae metu religio confirmari 10
videtur.
[19.3]Suosque deos aut novos aut alienigenas coli
confusionem habet religionum et ignotas caerimo-
26 nias nostris sacerdotibus. [19.4]Nam <a> patribus
acceptos deos ita placet coli, si huic legi paruerint 15
ipsi patres.
[19.5]Delubra esse in urbibus censeo, nec sequor
magos Persarum, quibus auctoribus Xerxes inflam-
masse templa Graeciae dicitur, quod parietibus
includerent deos quibus omnia deberent esse paten- 20
tia ac libera, quorumque hic mundus omnis templum
esset et domus. [XI] Melius Graii atque nostri, qui
ut augerent pietatem in deos, easdem illos urbes,
quas nos, incolere voluerunt. Adfert enim haec opinio religionem utilem civitatibus, si quidem et illud 25
bene dictum est a Pythagora, doctissimo viro, 'tunc
maxime et pietatem et religionem versari in animis
cum rebus divinis operam daremus', et quod Thales,
qui sapientissimus in septem fuit, 'homines existi-

---

1 amnibus *Turn.*: a manibus ω   quod B^x: quo *rell.*   autem (pietatem) *Ald.*: tamen ω   13 ignotas $A(?corr.)P$: ignoras *rell.*
14 nostris *Dav.*: nos $BA^1\epsilon HL$: non A^x: nosse P: esse *Ald.*: novis *Hoffmann*: *del. Goerenz*   a *add. Ald.*   16 patres *Wyttenbach*: -em
$B^1A^1\epsilon HL$: *del.* S^2: -um B^xA^xP *(dist. post* ipsi BA^xHP)   22 Graii
Vahlen: g(ra)ti $B^1A^1P\epsilon HL$: Graeci B^xA^x 26 tunc B: tum *rell.*

mare oportere omnia <quae> cernerent deorum esse
plena; fore enim omnes castiores, veluti cum in fanis
essent maxime religiosis.' Est enim quaedam
opinione species deorum in oculis, non solum in men-
5 tibus. Eandemque rationem luci habent in agris; **27**
neque ea quae a maioribus prodita est cum dominis
tum famulis, posita in fundi villaeque conspectu, religio Larum repudianda est.

^{19.6}Iam ritus familiae patrumque servare, id est,
10 quoniam antiquitas proxime accedit ad deos, a dis
quasi traditam religionem tueri, <decet>. ^{19.7}Quod
autem ex hominum genere consecratos, sicut Herculem et ceteros, coli lex iubet, indicat omnium quidem
animos immortales esse, sed fortium bonorumque
15 divinos. Bene vero quod Mens Pietas Virtus Fides **28**
consecratur {manu}, quarum omnium Romae dedi-
cata publice templa sunt, ut illa qui habeant (habent
autem omnes boni) deos ipsos in animis suis collocatos putent. Nam illud vitiosum Athenis, quod
20 Cylonio scelere expiato, Epimenide Crete suadente,
fecerunt Contumeliae fanum et Impudentiae;
virtutes enim, non vitia consecrari decet. Araque

---

22 *Cf. Lact. Inst. 1.20.14* Magnum Cicero audaxque consilium
suscepisse Graeciam dicit, quod Cupidinum et Amorum simulacra

---

1 quae *add. Carol. Steph.*   cernerent *Carol. Steph.*: -eret *BAES*:
-ent *R*: -ere *PHL*   2 cum (in fanis) *H*: quo *rell.*   2–3 in fanis
essent *Turn.*: infans esset ω   3 religiosis '*Lamb.*': -us *BA^xP* : -os
rell.   4 opinione *PH^x*: -es *B¹A¹εL*: -is *B^xA^x*   7 uill(a)eque
A^x(+ ras. 1 litt.)Pε: uill(a)e quem *BL*: uillae quę in *H^x (H¹*
obsc.)   8 Larum *Turn.*: parum *BA¹εHL*: patrum *A^xP*
9 seruare ς: -ari *APεHL*: conseruari *B*   11 decet *addidi*: iubeo
ante id *est coni. Winterbottom*   16 manu *BAεHL*: manum *P*: *del.*
Schütz: humana *Feldhügel*: iamdiuque harum *pro* manu quarum
Dav.   20 Cylonio *Minut.*: clyconio *vel sim.* ω   22 non
(vitia) *H^x, cf. Lact.*: et *rell.*   consecrari *Goerenz, cf. Lact.*: -are ω

vetusta in Palatio Febris, et altera Esquiliis Malae
Fortunae, detestanda, atque omnia eiusmodi
repudianda sunt. Quod si fingenda nomina, Vicae
Potae potius vincendi atque potiundi, Statae standi,
cognominaque Statoris et Invicti Iovis, rerumque   5
expetendarum nomina Salutis Honoris Opis Victor-
iae, quoniamque exspectatione rerum bonarum eri-
gitur animus, recte etiam Spes a Caiatino consecrata
est; Fortunaque sit, vel Huiusce Diei (nam valet in
omnes dies), vel Respiciens ad opem ferendam, vel   10
Fors in quo incerti casus significantur magis, vel
Primigenia a gignendo. †comestum $^{19.8}$<❋ ❋ ❋>

29 [XII]$^{19.9}$Feriarum festorumque dierum ratio in
liberis requietem habet litium et iurgiorum, in
servis operum et laborum. Quas compositor anni   15
conferre debet ad perfectionem operum rusticorum;
$^{19.10-20.1}$quod <ad> tempus ut sacrificiorum libamenta serventur fetusque pecorum (quae dicta in

---

in gymnasiis consecrasset. Adulatus est videlicet Attico et inrisit
hominem familiarem ... et ideo huic sententiae, tamquam Graecos
prudentia vinceret, adiecit: 'virtutes ... consecrari'. *Verba* magnum ... consecra[vi]t *(= nostrum fr. 5) in textum post* collocatos
putent (p. 209, 19) *recipere voluit Turn.*

---

1 vetusta in *Mdv.*: uetustin $B^1(A^1?)$: uetustina est *P*: uet ut in
H^1L: uetus est in B^2: uetus stat in A^xH^{rec}: uetu fari ϵ 2 detestanda atque *Halm* (detestandae, atque *Mdv.*): detestatque $B^1A\epsilon HL$:
detestaturque B^x: detestateque *P*   4 Pot(a)e BA^1H^1L: poet(a)e
$A^xH^xP\epsilon$ potius *Scheffer*: epocius *BP*: epotius ϵ: et potius *AHL*
(et A^a in ras.)   vincendi atque potiundi *del. Goerenz*   potiundi,
Statae standi *Scheffer*: potiundi statasandi *BAPH*:
potiundis tatasandi *L*: potiundis tharasandi ϵ
7 (quoniam)que *Rob. Steph.*: quem $B^1(H^1?)L\epsilon$: quom A^1: cum
B^xA^x: quidem PH^x 8 Caiatino *sic scribendum, cf. Fast.
Cap. 258* A.C.: calatino ω 12 Primigenia *Turn.*: -am ω
comestum $APES^1RH$: cōmestum *L*: cumestum *B*: cum est S^2 *(addita
notula 'desunt quaedam')*: comes tum <❋> *Rob. Steph.*: comes. Tum
Turn.   15 compositor ς: compositior $BA\epsilon$: conpositio
PHL   17 ad *add. Klotz*   17–18 libamenta ς: lib(er)amenta
$P\epsilon HL$: liberamente AB

lege sunt), diligenter habenda ratio intercalandi est;
quod institutum perite a Numa, posteriorum pontificum neglegentia dissolutum est. [20.2]Iam illud ex
institutis pontificum et haruspicum non mutandum
5 est, quibus hostiis immolandum cuique deo: cui
maioribus, cui lactentibus; cui maribus, cui feminis.
[20.3]Plures autem deorum omnium, singuli singulorum sacerdotes et respondendi iuris et conficiendarum religionum facultatem adferunt. Cumque
10 Vesta quasi focum urbis (ut Graeco nomine est
<Hestia> appellata, quod nos prope idem {Graecum
interpretatum} nomen tenemus) complexa sit, ei
colendae virgines praesint, ut advigiletur facilius ad
custodiam ignis, et sentiant mulieres {in} naturam
15 feminarum omnem castitatem pati.
[20.4]Quod sequitur vero non solum ad religionem **30**
pertinet, sed etiam ad civitatis statum, ut sine eis qui
sacris publice praesint, religioni privatae satis facere
non possint; continet enim rem publicam, consilio et
20 auctoritate optimatium semper populum indigere.
[20.5]Descriptioque sacerdotum nullum iustae religionis genus praetermittit; nam sunt ad placandos deos
alii constituti qui sacris praesint sollemnibus, ad
interpretanda alii praedicta vatium, neque multorum
25 (ne esset infinitum), neque ut ea ipsa quae suscepta
publice essent quisquam extra collegium nosset.
[20.6–21.6]Maximum autem et praestantissimum in re **31**
publica ius est augurum cum auctoritate coniunc-

---

7 singuli *Ald.*: -is ω   8–9 conficiendarum ς: confitendarum ω:
cum fide tuendarum *Lipsius*   11 <Hestia> *addidi monente
Dyck*   11–12 Graecum interpretatum *delendum monuit Dav.*:
Graecum non interpretatum ς   12 complexa *Turn.*: conspexa ω
13 <VI> virgines *nimis acute Wissowa*   14 naturam *Asc.*: in naturam $B^1A\epsilon HL$: in natura $B^x PF^2$ 19 continet *Ald.*: -ent ω (-ten-
L)   21 descriptioque (descriptio quae A^1H): disscr- B *cf. 3.12*
22 praetermittit *P*: p(ra)em- *rell.*   24 interpretanda alii *P*: interpretandam alii S^2: interpretandam alii praedicandam alii *rell.*

tum; neque vero hoc quia sum ipse augur ita sentio,
sed quia sic existimari nos est necesse. Quid enim
maius est, si de iure quaerimus, quam posse a summis imperiis et summis potestatibus comitiatus et
concilia vel instituta dimittere, vel habita rescindere? 5
Quid gravius quam rem susceptam dirimi, si unus
augur 'alio <die>' dixerit? Quid magnificentius
quam posse decernere ut magistratu se abdicent consules? Quid religiosius quam cum populo, cum plebe
agendi ius aut dare aut non dare? Quid legem, si non 10
iure rogata est, tollere, ut Titiam decreto collegi, ut
Livias consilio Philippi consulis et auguris; nihil
domi, nihil militiae per magistratus gestum sine
eorum auctoritate posse cuiquam probari?

32   [XIII] [A.]   Age iam, ista video fateorque esse 15
magna; sed est in collegio vestro inter Marcellum et
Appium, optimos augures, magna dissensio (nam
eorum ego in libros incidi), cum alteri placeat auspicia ista ad utilitatem esse rei publicae composita,
alteri disciplina vestra quasi divinari videatur posse. 20
Hac tu de re quaero quid sentias.

[M.]   Egone? Divinationem, quam Graeci manti-
cen appellant, esse sentio, et huius hanc ipsam partem quae est in avibus ceterisque signis {quid}

---

2 existimari: -are ς   nos *P*: non *rell.*   3 posse a *Minut.*:
postea ω   7 alio <die> *Turn.*: alio *BAHL*: alium e: aliter *P*
8 magistratu se abdicent *PF²*: magistratus ea dicent *BASHL*: magistratus ea diceret *ER*   10 legem si *P*: leges *rell.* (rogatas *pro* rogata
est *F²*)   11 ut Titiam *Turn.*: ut etiam *BAεHL*: etiam
P 12 Livias *Vict.*: leuias ω *cf. 2.14*   consulis et auguris *Rob.
Steph.*:-es et -es ω (aures *P*)   13 militiae *Rob. Steph.*: familiae
ω gestum *P*: -us *rell.*   sine *F²* *(?)*: sint *BAeHL*: sit *P¹*: set *P²*
20 uideatur *A¹P*: -antur *rell.*   24 *post* signis: quid *BE*: quod
HL: qd̄ *S*: quo *AᵃPR(A¹ eras.)*: *transp. post* nostrae *Minut.*: *del.
Crat.*: *ex compendio quod* dis- *significaret ortum esse posse docuit
Mdv.*: quod *tuetur Vahlen*

disciplinae nostrae. Si enim deos esse concedimus,
eorumque mente mundum regi, et eosdem hominum
consulere generi, et posse nobis signa rerum futur-
arum ostendere, non video cur esse divinationem
5 negem. Sunt autem ea quae posui; ex quibus id **33**
quod volumus efficitur et cogitur. Iam vero permul-
torum exemplorum et nostra est plena res publica et
omnia regna omnesque populi cunctaeque gentes,
<ex> augurum praedictis multa incredibiliter vera
10 cecidisse. Neque enim Polyidi neque Melampodis
neque Mopsi neque Amphiarai neque Calchantis
neque Heleni tantum nomen fuisset, neque tot
nationes id ad hoc tempus retinuissent, ut Phrygum
Lycaonum Cilicum maximeque Pisidarum, nisi
15 vetustas ea certa esse docuisset; nec vero Romulus
noster auspicato urbem condidisset, neque Atti Navi
nomen memoria floreret tam diu, nisi omnes hi multa
ad veritatem admirabilia dixissent. Sed dubium non
est quin haec disciplina et ars augurum evanuerit iam
20 et vetustate et neglegentia. Ita neque illi adsentior
qui hanc scientiam negat umquam in nostro collegio
fuisse, neque illi qui esse etiamnunc putat. Quae mihi
videtur apud maiores fuisse duplex, ut ad rei publicae tempus nonnumquam, ad agendi consilium
25 saepissime pertineret.

    [A.]   Credo hercle ita esse, istique rationi potis- **34**
simum adsentior. Sed redde cetera.

---

    1 si enim deos *Mdv. Opusc. 2.150*: summus B^1ϵHL: sumus A^1: sum-
mos B^2A^2P **2** mente PF^2: -em *rell.*   eosdem *Dav.*: eorundem ω
9 <ex> augurum praedictis *quidam in 'Misc. Obs. III. 1, p. 68' ap.*
Creuzer   **13** ut Phrygum *Vahlen*: adpary cum *B*: apparigum *A*:
ad parigum *P*ϵHL: Arabum Phrygum *Ald.*   **15** certa *Ald.*: -e ω
17 hi(i) *P*: si *rell., trans. ante* omnes F^2 **20** assentior *P*: -o *rell.*
24 ad (agendi) *Ald.*: et ω

[XIV] [M.]   [21.7]Reddam vero, et id si potero brevi.
Sequitur enim de iure belli, in quo et suscipiendo et
gerendo et deponendo ius ut plurimum valeret
et fides, eorumque ut publici interpretes essent lege
sanximus.   [21.8–10]Iam de haruspicum religione, de   5
expiationibus et procurationibus satis esse plane in
ipsa lege dictum puto.

[A.]   Adsentior; quoniam omnis hac in religione
versatur oratio <* * *>

[M.]   At vero quod sequitur, quomodo aut tu   10
adsentiare aut ego reprehendam sane quaero, Tite.

[A.]   Quid tandem id est?

35   [M.]   [21.11]De nocturnis sacrificiis mulierum.

[A.]   Ego vero adsentior, excepto praesertim in
ipsa lege sollemni sacrificio ac publico.   15

[M.]   Quid ergo aget Iacchus Eumolpidaeque
nostri et augusta illa mysteria, si quidem sacra nocturna tollimus? Non enim populo Romano, sed
omnibus bonis firmisque populis leges damus.

36   [A.]   Excipies, credo, illa quibus ipsi initiati   20
sumus.

[M.]   Ego vero excipiam. Nam mihi cum multa
eximia divinaque videntur Athenae tuae peperisse
atque in vitam hominum attulisse, tum nihil melius
illis mysteriis, quibus ex agresti immanique vita   25

---

1 id si H^a: ipsi $BL\epsilon(?A^lH^l)$: si A^x: ipsa si P 4 et (fides) H
$(?H^x)$: ut *rell.*   eorumque *Mdv.*: forumque ω: horumque *Ald.*
6 satis esse $H^x(H^l$ *eras.*): satisse *vel* satis se $BAP\epsilon L$: sat esse
Haupt   plane *Haupt*: illane ω (supraque *pro* -se illane A^b: se illane
exp. S^2)   8 omnis hac ω: omnis haec *Minut.*   9 oratio <tua,
quam omnes habemus in manibus, nihil amplius dicendum puto>
supplendum exempli gratia   11 assentiare P: adsentire (ass-) $BA\epsilon$:
aut sentire HL 14 excepto S^2: expecto PES^lR: expectato $BAHL$
17 nostri ω: vestri *Asc.*   mysteria si (mi-) $P\epsilon H^x$: mysteriasid H^l:
misteria sit L: mysteria id B, *et* A^x *una litt. erasa*   20 excipies
scripsi: -is ω 24 uitam (hominum) ς: uita $BAP\epsilon H$: tuta L

exculti ad humanitatem et mitigati sumus, initiaque,
ut appellantur, ita revera principia vitae cognovimus,
neque solum cum laetitia vivendi rationem accepimus, sed etiam cum spe meliore moriendi. Quid
5 autem mihi displiceat in nocturnis, poetae indicant
comici; qua licentia Romae data quidnam egisset ille
qui in sacrificium cogitatam libidinem intulit, quo ne
imprudentiam quidem oculorum adici fas fuit?
 [A.] Tu vero istam Romae legem rogato, nobis
10 nostras ne ademeris.
 [XV] [M.] 21.12Ad nostras igitur revertor; quibus **37**
profecto diligentissime sanciendum est ut mulierum
famam multorum oculis lux clara custodiat, initien-
turque eo ritu Cereri quo Romae initiantur. Quo
15 in genere severitatem maiorum senatus vetus auctoritas de Bacchanalibus et consulum exercitu adhibito
quaestio animadversio<que> declarat; atque omnia
nocturna (ne nos duriores forte videamur) in media
Graecia Diagondas Thebanus lege perpetua sustulit.
20 Novos vero deos et in his colendis nocturnas pervi-
gilationes sic Aristophanes facetissimus poeta veteris
comoediae vexat, ut apud eum Sabazius et quidam
alii di peregrini iudicati e civitate eiciantur.

4 quid (autem mihi displiceat) *P*: qui *rell.*   5 in nocturnis
Rob. Steph.: innocentes ω   8 adici fas ϛ: adicias *BAP*ε: adatias
HL   9 rogato *P*: rogatio *BA*ε: ragatio *HL*   11 nostras ϛ:
nostra ω   13 <in> oculis *Orelli (sed cf. Cael. 66)*   14 eo
ritu *BˣAˣ*: coritu *B¹A¹L*: quo ritu ε: quo ritum *H*: eo quo ritu *P*
15 uetus *P*: ueius (-ue ius) *rell.*   17 animadversio<que>
Minut.: -que *om.* ω   19 Diagondas *BA*ε*Hᵇ*L: dyagondas *P*:
digondas *H¹*: Pagondas *Meursius*: Daitondas *Knoepfler*   22 comoediae uexat *BˣAˣ*: *in rell. corrupta*   Sabazius *Vict.*: sabaeius *vel*
sabeius ω   23 dii peregrini *P*: de peregrini *BA¹*ε*H¹L*: de pere-
grinis *AˣHˣ*

^{22.1}Publicus autem sacerdos imprudentiam consi-
lio expiatam metu liberet, audaciam in committen-
is <sacris> religionibus<que> foedandis damnet
atque impiam iudicet.

38   ^{22.2}Iam ludi publici quoniam sunt cavea circoque ₅
divisi, sint corporum certationes cursu et pugillatu et
luctatione, curriculisque equorum usque ad certam
victoriam circo constitutis, cavea cantu vigeat ac
fidibus et tibiis, dummodo ea moderata sint ut lege
praescribitur. Adsentior enim Platoni, nihil tam fa- ₁₀
cile in animos teneros atque molles influere quam
varios canendi sonos, quorum dici vix potest quanta
sit vis in utramque partem; namque et incitat lan-
guentes et languefacit excitatos, et tum remittit
animos tum contrahit. Civitatumque hoc multarum ₁₅
in Graecia interfuit, antiquum vocum conservari
modum; quarum mores lapsi ad mollitias pariter
sunt immutati cum cantibus, aut hac dulcedine cor-
ruptelaque depravati, ut quidam putant, aut cum
severitas eorum ob alia vitia cecidisset, tum fuit in ₂₀
auribus animisque mutatis etiam huic mutationi
39 locus. Quamobrem ille quidem sapientissimus

11–12 in animos ... canendi sonos *Non. 347.9*

2–3 in committendis <sacris> religionibus<que> foeda<ndi>s
scripsi Dyckii consilium secutus: <sacris> *inseruerat Heydenreich, cf.*
22 'sacrum commissum': inetinmittendis religionibus foedas *B:* inet
i(n)mitendas religionibus foedas *A∈:* i net i(n)mitendas religionibus
fedis *P:* metimitendas religionibus f(o)edas *HL:* in admittendis religionibus foedis *F²:* <ad libid>ines inmittendas religionibus foedas
Vahlen, insolito ordine verborum   6–7 pugillatu et luctatione
Vahlen: pugillaue luctatione *B¹A¹∈H¹L:* vel *ins. Hᵃ:* pugila ne lucta-
cione *P:* pugillatione luctatione *BˣAᵇ*   8 <in> circo *Ernesti*
constitutis ω: -ae *Turn.*   vigeat ac *Büchner:* uigeat *Hᵃ:* uiceat *H¹:*
uice ad *B¹L∈:* uice ac *BˣAˣP (A¹ eras.):* voce ac *Crat.:* vacet ac
Mommsen, quem secutus Ziegler   16 conservari *Bake:* -are
BˣAᵇP: conserua *rell.*   17 mollitias *BˣAˣ (A¹ eras.)P:* mollitis
B¹HL: molli is *ER:* moli is *S*

Graeciae vir longeque doctissimus valde hanc labem
veretur; negat enim mutari posse musicas leges sine
mutatione legum publicarum; ego autem nec tam
valde id timendum nec plane contemnendum puto.
5 Illud quidem <video>: quae solebant quondam
compleri severitate iucunda Livianis et Naevianis
modis, nunc ut eadem exsultent, <et> cervices ocu-
losque pariter cum modorum flexionibus torqueant.
Graviter olim ista vindicabat vetus illa Graecia, longe
10 providens quam sensim pernicies illapsa civium
<in> animos malis studiis malisque doctrinis
repente totas civitates everteret, si quidem illa severa
Lacedaemo nervos iussit, quos plures quam septem
haberet, in Timothei fidibus incidi.
15 [XVI] 22.3 Deinceps in lege est ut de ritibus patriis **40**
colantur optima. De quo cum consulerent Athenienses
Apollinem Pythium, quas potissimum religiones tenerent, oraculum editum est: 'eas quae essent in more
maiorum'. Quo cum iterum venissent maiorumque
20 morem dixissent saepe esse mutatum, quaesissentque
quem morem potissimum sequerentur e variis, respondit 'optimum'. Et profecto ita est ut id habendum sit
antiquissimum et deo proximum quod sit optimum.

2–3 sine mutatione BA^x: sine immut- P: sen i(m)mut- ϵ: seni mut-
A^1HL 5 <video> *add. Vahlen*:   <videmus>   *Ziegler*
6 seueritate B: -em *rell.*   iucunda: -am B^xP n(a)euianis $BA^bP\epsilon$:
neuians A^1HL 7 ut eadem P: tuteadem AH: tute ad est L: tute
ad(h)esit ϵ: tute ademe B: *de F^2 non liquet*: theatra *excidisse putavit
Schütz*: caveae *pro* illa *et mox* eaedem *censor Halensis Wagneri ap.
Moser*; illa quidem cavea *Rath*: *an* caveae quae . . . eaedem?   exultent
Minut.: -et ω <et> *add. Halm*: *lacunam complurium verborum statuit
Ziegler*   11 <in> animos *coni. Goerenz* (<in> civium animos
Lamb.)   13 quos S: quo *BAERHL*: quod P 14 incidi.
Deinceps *Paul. Man.*: indide inceps *vel* indi deinceps BAH^1L: -e- *sup.
lin. ut faciat* inde H^a: inde deinceps ϵ: inde demi P^2 (P^1 *n. l.*)
16 optima B^2A^x: optumi (-im-) *rell.*   de quo cum A^xP: de quocum-
que *rell.*   23 deo *Minut.*: eo ω

[22.4]Stipem sustulimus, nisi eam quam ad paucos
dies propriam Idaeae Matris excepimus; implet enim
superstitione animos et exhaurit domos.
[22.5]Sacrilego poena est, neque ei soli qui sacrum
abstulerit, sed etiam ei qui sacro commendatum,   5
41 quod etiam nunc multis fit in fanis. Alexander in Cil-
icia deposuisse apud Solenses in delubro pecuniam
dicitur, et Atheniensis Clisthenes Iunoni Samiae,
civis egregius, cum rebus timeret suis, filiarum dotes
credidisse.   10
[22.6–7]Iam de periuriis, de incesto nihil sane hoc
quidem loco disputandum est. [22.8]Donis impii ne
placare audeant deos, Platonem audiant, qui vetat
dubitare qua sit mente futurus deus, cum vir nemo
bonus ab improbo se donari velit. [22.9]<De> diligentia 15
votorum satis in lege dictum; est autem votum spon-
sio qua obligamur deo.
[22.10]Poena vero violatae religionis iustam recusa-
tionem non habet. Quid ego hic sceleratorum utar
exemplis, quorum plenae tragoediae? Quae ante ocu- 20
los sunt, ea potius attingam, etsi haec commemoratio
vereor ne supra hominis fortunam esse videatur;
tamen, quoniam sermo mihi est apud vos, nihil

---

13 *Plato, Legg. 4, 716e*

---

1 ad ʒ: apud ω   2 propriam Id(a)eae B^aA^x: propria mee
rell.   5 sacro (commendatum) *P*: -um *rell.*   6 etiam *scripsi*:
et ω: <et> *add. post* fanis *Mdv.*   7 Solenses (-is) in H^x: solesit in
$BA\epsilon H^1L$: sole sythmi *P*   10 credidisse. Iam *Mdv.*: credidit. Sed
iam ω   15 de diligentia *scripsi*: diligentia *PF*: diligentiam
$BA\epsilon HL$: *ante* diligentiam *ras. 2 litt. habet A*   16 dictum; est
autem *scripsi*: dictum est ac ω: *lacunam post* est *Vahlen*   votum
scripsi: uoti $PH^xF^2S^2$: -is *rell.*   20 plenae tragoediae *Vict.*: sunt
plenae tragoediae *P*: placet racoedie BAH^1L: placet tragoediae H^a:
pletra (-ra *S*: -ria *R*: -ua *E*) cedie ϵ 23 (apud) uos ʒ *ap. Carol.*
Steph.: deos *P*: eos *rell.*

reticebo, volamque hoc quod loquar dis immortalibus gratum potius videri quam grave hominibus.

[XVII] Cum perditorum civium scelere, discessu **42**
meo, religionum iura polluta sunt, vexati nostri
5 Lares familiares, in eorum sedibus exaedificatum
templum Licentiae, pulsus a delubris is qui illa ser-
varat, circumspicite celeriter animo (nihil enim attinet
quemquam nominari) qui sint rerum exitus consecuti.
Nos qui illam custodem urbis, omnibus ereptis nostris
10 rebus ac perditis, violari ab impiis passi non sumus,
eamque ex nostra domo in ipsius patris domum
detulimus, iudicia senatus, Italiae, gentium denique
omnium conservatae patriae consecuti sumus; quo
quid accidere potuit homini praeclarius? Quorum
15 scelere religiones tum prostratae adflictaeque sunt,
partim ex illis distracti ac dissipati iacent; qui vero ex
eis et horum scelerum principes fuerant et praeter
ceteros in omni religione impii, non solum <nullo
in> vita cruciatu atque dedecore, verum etiam
20 sepultura et iustis exsequiarum caruerunt.

[Q.] Equidem ista agnosco, frater, et meritas dis **43**
gratias ago; sed nimis saepe secus aliquanto videmus
evadere.

[M.] Non enim, Quinte, recte existimamus quae
25 poena divina sit, sed opinionibus vulgi rapimur in
errorem nec vera cernimus. Morte aut dolore corporis aut luctu animi aut offensione iudicii hominum

---

2 grave hominibus. Cum *Mdv.*: graue. Omnia tum ω *(lacunam post*
grave *statuerat Vict.,* hominibus *iam Wyttenbach)*   11 eamque
(ex nostra domo) *P*: eam qui *rell.*   14 quorum *Rob. Steph.*: quos
BH¹L: quo *APHˣε*   16 distracti ac dissipati *Rob. Steph.*: -(a)e . . .
-(a)e ω   18–19 <nullo in> vita cruciati *Halm*: uita cruciati ω
20–21 caruerunt. Equidem *P*: caruere. equidem *BˣAᵃ (A¹ eras.)*: car-
unt. equidem *B¹*: carumtemquidem *H¹L*: carum. tunc quidem ε: carent
item quidem *Hᵃ*: carent item equidem *Hᵇ*   25 sed (opinionibus) ς
ap. Victorium: nec ω: et *Ald.*: num *Minut.*: nos *Asc.*: *an* nam?

miserias ponderamus, quae fateor humana esse et
multis bonis viris accidisse: sceleris est poena tristis,
et praeter eos eventus qui sequuntur per se ipsa
maxima est. Vidimus eos qui nisi odissent patriam
numquam inimici nobis fuissent, ardentes tum cupi- 5
ditate, tum metu; {tum} conscientia quid agerent
modo timentes, vicissim contemnentes religiones;
perrupta ab eis quidem iudicia hominum, non
44 deorum. Reprimam iam me, non insequar longius,
eoque minus quo plus poenarum habeo quam petivi. 10
Tantum ponam brevi: duplicem poenam esse divi-
nam, quod constet et ex vexandis vivorum animis, et
ea fama mortuorum ut eorum exitium et iudicio
vivorum et gaudio comprobetur.

45 [XVIII] ^{22.11–12}Agri autem ne consecrentur, Platoni 15
prorsus adsentior, qui (si modo interpretari potuero)
his fere verbis utitur:

Terra igitur, ut focus domiciliorum, sacra deorum
omnium est; quocirca ne quis iterum idem consecrato. Aurum autem et argentum in urbibus, et priva- 20
tim et in fanis, invidiosa res est; tum ebur, exanimi
corpore extractum, haud satis castum donum deo;

---

15 *Plato, Legg. 12, 955e*

---

2 (sceleris) est *del.* $B^x A^x$ 4 (maxima) est *del. Ziegler*
6 tum *delevi*   8 perrupta ab eis quidem iudicia *scripsi (cf.* uos-
dem *pro* vos quidem *3.38)*: iudicia perrupta ab (h)isdem corrupta ω:
corrupta *del. Halm*: corruptela *Turn. vix recte*   8–9 <at> non
deorum *Goerenz*   9 iam me, non *Mdv.*: iam et non ω: iam me,
nec *Rob. Steph.*   11 ponam brevi *Lamb.*: poenammerebi *B*: poenam erebi A^a *(A^1 eras., sed habebat* -ui*)*: p(o)ena merui εHL: penam
merui *P*   12 constet et ex ς: constaret et ex *F*: constaret ex *rell.*:
constet ex *Goerenz*   13 iudicio F^2: -um *R*: -orum *rell.*
18 domiciliorum, sacra *Turn.*: domiciliorum sacro A^1εHL: domicilium sacrum BA^b 21 exanimi *scripsi (= ἀπὸ λελοιπότος ψυχὴν*
σώματος, cf. Quint. Inst. 4.2.13 'exanime corpus'): ex inani ω: ex inan-
imi *vel* -o *Paul. Man.*

iam aes atque ferrum duelli instrumenta, non fani. Ligneum autem quod quis voluerit uno e ligno dicato, itemque lapideum, in delubris communibus, textile ne operosius quam mulieris opus menstruum.

5 Color autem albus praecipue decorus deo est, cum in cetero, tum maxime in textili; tincta vero absint nisi a bellicis insignibus. Divinissima autem dona aves et formae ab uno pictore uno absolutae die, itemque cetera huius exempli dona sunto.

10 Haec illi placent; sed ego cetera non tam restricte praefinio, vel hominum vitiis vel subsidiis temporum victus; terrae cultum segniorem suspicor fore si ad eam tuendam ferroque subigendam superstitionis aliquid accesserit.

15 [A.] ^{22.13–14}Habeo ista; nunc de sacris perpetuis et de Manium iure restat.

[M.] O miram memoriam, Pomponi, tuam! At mihi ista exciderant.

[A.] Ita credo! Sed tamen hoc magis eas res et **46**
20 memini et <ex>specto, quod ad pontificium ius et ad civile pertinent.

[M.] Vero: et a peritissimis sunt istis de rebus et responsa et scripta multa, et ego in hoc omni sermone nostro quod ad cumque legis genus me disputatio
25 nostra deduxerit, tractabo quoad potero eius ipsius generis ius civile nostrum; sed ita, locus ut ipse notus

---

2 ligneum *Ald.*: lignum ω   quod quis *Lamb.* (= ὅτι ἄν ἐθέλῃ τις): quodque ω   3 dicato *Halm*: dedicato *Vict.*: cauato *P*: cato *rell.*   6 cetero *BA*ˣ: -um *PeHL(A¹?)*: -is ς   7 aves *Vict.*: habens ω   9 sunto *Crat.*: sunt ω   10 illi *P*: illa *rell.*   11 subsidiis: insidiis *Mdv.*   13 subigendam *Paul. Man. ex cod.*: subiciendam ω   20 exspecto *Ald.*: specto ω   22 a peritissimis sunt *Mdv.*: apertissimi sunt *B¹A¹εHL*: apertissima sunt *BˣAᵃP*   24 legis ς: legi *P*: legimus *rell.*

sit ex quo ducatur quaeque pars iuris, ut non difficile
sit qui modo ingenio sit mediocri, quaecumque nova
causa consultatiove acciderit, eius tenere ius, cum
47 scias a quo sit capite repetendum. [XIX] Sed iuris
consulti, sive erroris obiciendi causa quo plura et ₅
difficiliora scire videantur, sive (quod similius veri
est) ignoratione docendi—nam non solum scire
aliquid artis est, sed <est> quaedam ars etiam
docendi—saepe quod positum est in una cognitione,
id in infinita dispertiuntur, velut in hoc ipso genere: ₁₀
quam magnum illud Scaevolae faciunt, pontifices
ambo et idem iuris peritissimi! 'Saepe,' inquit Publi
filius, 'ex patre audivi, pontificem bonum neminem
esse, nisi qui ius civile cognosset.'—Totumne? Quid
ita? Quid enim ad pontificem de iure parietum aut ₁₅
aquarum, aut ullo omnino nisi eo quod cum religione
coniunctum est? Id autem quantulum est! De sacris,
credo, de votis, de feriis et de sepulcris, et si quid
eiusmodi est. Cur igitur haec tanta facimus cum
cetera perparva sint, de sacris autem, qui locus ₂₀
patet latius, haec sit una sententia, ut conserventur
semper et deinceps familiis prodantur, et ut in lege

---

1 quaeque pars iuris *Ranconnet ap. Turn.*: quaeque ars iuris *BA*[x]
(una littera erasa sc. =ars *A)*: q(uae) querar siuris *H*[I]*L*: quae querar si
uestris *R*: quae querar si iuris *ESH*[a]: quae res et ars iuris
P 2 qui modo *Turn.*[2] *in adn.*: qui domo *B*[I]*A*[I]*εHL*: quid homo
B[x]*A*[b]*P*   ingenio sit mediocri *Dav.*: ingenio possit moueri *BA*: ingeni
possit moueri *ε*: ingenii moueri *P*: ingenio possit ueri *HL*   quaecumque *Poggius*: qua- ω   5 consulti *Rob. Steph.*: -us ω
7 ignoratione *Ald.*: -em ω   8 est *post* ars *add. Lamb., ego transposui (*est *pro* etiam *Minut.)*   10 in infinita *P*: infinita *rell.*
12 idem (iidem) *Minut.*: fidem ω *(ex* eidem *ortum)*   peritissimi.
Saepe *Turn.*: peritissimis (a)e *BεH*: peritissimis he *L*: peritissimi *A*[a]
(A[I] *obsc.)*: peritissimi. Ac *P*   15 parietum *PF*[2]: paratum *A*[I]:
paritum *A*[a]*SRHL*: pitum *E*: patriae tum *B*   16 nisi eo *Mdv.*: si
ego ω (si ergo *F*[2]): omnino ... religione *om. P*ε   22 semper et *P*:
semet *BAHL*: et ε

posui, perpetua sint sacra? Haec iura pontificum auc- **48**
toritate consecuta sunt, ut ne morte patris familias
sacrorum memoria occideret, eis essent ea adiuncta
ad quos eiusdem morte pecunia venerit. Hoc uno
5 posito, quod est ad cognitionem disciplinae satis,
innumerabilia nascuntur, quibus implentur iuris
consultorum libri.

Quaeruntur enim qui adstringantur sacris. Here-
dum causa iustissima est; nulla est enim persona quae
10 ad vicem eius qui e vita emigrarit propius accedat.
Deinde qui morte testamentove eius tantundem
capiat quantum omnes heredes: id quoque ordine;
est enim ad id quod propositum est accommodatum.
Tertio loco, si nemo sit heres, is qui de bonis quae
15 eius fuerint cum moritur usu ceperit plurimum pos-
sidendo; quarto, si nemo sit qui ullam rem ceperit,
qui de creditoribus eius plurimum servet. Extrema **49**
illa persona est, ut si quis ei qui mortuus sit pecuniam
debuerit, nemini eam solverit, proinde habeatur quasi
20 eam pecuniam ceperit. [XX] Haec nos a Scaevola
didicimus. Non ita discripta sunt ab antiquis; nam illi
quidem his verbis docebant, 'tribus modis sacris

---

1 perpetua sint sacra *BF²*: perpetua sint sacra h(a)ec posit(a)e
A∈HL: p– s– s– hec posita *P*: p– s– s–. His positis *Ald.*   3 essent
Rob. Steph.: esset *BA*: est *P∈HL*   8 quaeruntur: querentur *A*:
quaerunt *Crat.* *(sed* queruntur *v. l. in marg.)*: quaeritur *Dav.*
10 uicem *BˣAP*: iudicem *B¹∈HL*   11 qui *Minut.*: quod *P*: quo
rell.   15 moritur usu ceperit *Rob. Steph.*: moriturus ut
c(o)eperit *ω*   16 quarto si *S²*: quarto qui si *P*: quarto si qui
rell.   17 qui (de creditoribus) *ϛ*: qui *om.* *ω*: ante plurimum *reposuit Poggius: aliquid deesse indicat S²*: qui de creditoribus . . . pecuniam
ceperit *om. P*   18 si quis (ei qui mortuus sit) *ϛ*: si is qui *BA∈*: si
his qui *HL*: is, si qui *Vahlen*   19 nemini (eam solverit) *Halm*:
nemini qui *ω*: neminique *Ald.*   21 discripta sunt *scripsi*:
descriptas *∈HL*: descriptis *B¹*: descripta sunt *Bˣ*: descriptā̄ *A*:
descripta *PS²*

adstringi: hereditate, aut si maiorem partem pecuniae capiat, aut, si maior pars pecuniae legata est, si
inde quippiam ceperit'; sed Pontificem sequamur.
50 Videtis igitur omnia pendere ex uno illo, quod
pontifices cum pecunia sacra coniungi volunt, isdem-
que ferias et caerimonias adscribendas putant <ad
quos pecunia pervenerit>.

Atque etiam dant hoc Scaevolae, cum est partitio,
ut si in testamento deducta scripta non sit ipsique
minus ceperint quam omnibus heredibus relinquatur, sacris ne alligentur. (In donatione hoc idem
secus interpretantur, et quod pater familias in eius
donatione qui in ipsius potestate est approbavit,
ratum est; quod eo insciente factum est, si id is non
51 approbat, ratum non est.) His propositis, quaestiun-
culae multae nascuntur; quas qui intellegat, non, si
ad caput referat, per se ipse facile perspiciat?—veluti
si minus quis cepisset ne sacris alligaretur, ac post de
eius heredibus aliquis exegisset pro sua parte id quod
ab eo cui ipse heres esset praetermissum fuisset,
eaque pecunia non minor esset facta cum superiore
exactione quam heredibus omnibus esset relicta, qui
eam pecuniam exegisset, solum sine coheredibus
sacris alligari. Quin etiam cavent ut cui plus legatum

1 adstringi B^xA^xP: -it $B^l\epsilon HL$ (A^l ?): -itur *Halm*   5 pontifi-
<ces> cum *Mdv.*: pontificum ω (-ces *iam Rob. Steph.*) pecunia: -am
A^xP sacra A^l: -o *rell.*: -is *Rob. Steph.*   6–7 <ad quos pecunia
pervenerit> *supplevi exempli gratia*: hereditas *pro* ferias *Mommsen*   8 cum (quom) (est partitio) *Dav.*: quod ω   12 et
(quod pater familias) *del. Lamb.*   13 potestate PF^2: -tas *rell.*
est *Christ*: esset ω   approbauit *P*: adpropiauit (adpropriauit) *rell.*
16 quas qui intellegat *Minut.*: quas qui nascuntur intellegat *BAHL*,
quas qui *(et nimirum alterum illud* nascuntur*)* om. *P*ε: quas qui non
intellegat ς: quas si quis qui nascantur intellegat *Zumpt*   18 minus *S*: munus *rell.*   ac *Minut.*: ut ω: at *Ziegler*   20 cui (quoi)
Müller: quo B^lA^lHL: cuius B^xA^b: quod *P*ε   heres B^xA^a: heredis
$B^lP\epsilon HL$ (A^l *eras.*)   23 sine (coheredibus) *Rob. Steph.*: nisi ω

sit quam sine religione capere liceat, is per aes et
libram heredes testamenti solvat, propterea quod eo
loco res est, ita soluta hereditate, quasi ea pecunia
legata non esset.

5 [XXI] Hoc ego loco multisque aliis quaero a vobis, 52
Scaevolae, pontifices maximi et homines meo quidem
iudicio acutissimi, quid sit quod ad ius pontificium
civile appetatis; civilis enim iuris scientia pontificium
quodam modo tollitis. Nam sacra cum pecunia pon-
10 tificum auctoritate, nulla lege coniuncta sunt; itaque
si vos tantummodo pontifices essetis, pontificalis
maneret auctoritas, sed quod idem iuris civilis estis
peritissimi, hac scientia illam eluditis. Placuit P.
Scaevolae et Ti. Coruncanio pontificibus maximis,
15 itemque ceteris, eos qui tantundem caperent quantum omnes heredes, sacris alligari. Habeo ius pontificium: quid huc accessit ex iure civili? Partitionis 53
caput scriptum caute: ut centum nummi deduceren-
tur, inventa est ratio cur pecunia sacrorum molestia
20 liberaretur. Quid si hoc qui testamentum faciebat
cavere noluisset? Admonet iuris consultus hic quidem, ipse Mucius, pontifex idem, ut minus capiat
quam omnibus heredibus relinquatur (superiores

---

2 heredes 𝔰: -is ω   7 pontificium (civile appetatis) *Minut.*:
cum ω   10–11 itaque si vos *Rob. Steph.*: itaque usibus ω
12–13 estis peritissimi *Rob. Steph.*: est speritissimi *BAP*: est speretis-
simi ∊*HL*   13 illam eluditis *temptavit Turn.²*: illa eluditis *Aᵃ (*a in
ras.) ille luditis *B*: illa eludisti ∊*HL*: illa illud isti *P*   14 Ti.
Coruncanio *Orelli*: hii coruncario *B*: toruncario *PHL*: coruncario
A∊   15 itemque *Lamb.*: idemque ω   16 (omnes) heredes
Minut.: -ibus ω   17–20 Partitionis ... liberaretur *sic interpunxi;*
'*ut*' = '*si modo*'   19 cur: qua *Zumpt*   20–21 Quid si ... noluisset? *sic interpungendum; Attico tribuit Minut.*: quid si *APeHL*:
qui si *B*: quod si *Rob. Steph.*   22 Mucius *Ald. nepos*: munius *B(A?)PE*: munus *SRHL*: Mutius
Minut.   23 super<iores> *Turn.²* (*supra Turn.¹*): super (sup) ω:
veteres *Dav.*: semper *Watt*

dicebant, quidquid cepisset, astringi): rursus sacris
liberatur. Hoc vero nihil ad pontificium ius et e
medio est iure civili, ut per aes et libram heredem
testamenti solvant, et eodem loco res sit quasi ea
pecunia legata non esset. Si is cui legatum est stipu- 5
latus est id ipsum quod legatum est, ut ea pecunia ex
stipulatione debeatur, sitque ea non <* * *>

54   [M.] $^{22.14}$ <* * *> doctum hominem sane, cuius
fuit Accius perfamiliaris; sed mensem credo extremum anni, ut veteres Februarium, sic hic Decem- 10
brem sequebatur. Hostia autem maxima parentare
55 pietatis esse adiunctum putabat. [XXII] Iam tanta
religio est sepulcrorum, ut extra sacra et gentem
inferri fas negent esse, idque apud maiores nostros
A. Torquatus in gente Popillia iudicavit. Nec vero 15
tam denicales, quae a nece appellatae sunt quia resi-
dentur mortuis, quam ceterorum caelestium quieti
dies, 'feriae' nominarentur, nisi maiores $^{22.15}$eos qui
ex hac vita migrassent in deorum numero esse voluissent; eas in eos dies conferre ius, ut ne ipsius neve 20
publicae feriae sint. Totaque huius iuris compositio
pontificalis magnam religionem caerimoniamque
declarat. Neque necesse est edisseri a nobis, quae

8–11 *ad hunc locum explendum cf. Plut. Quaest. Rom. 34 ubi quaeritur*
διὰ τί, τῶν ἄλλων Ῥωμαίων ἐν τῷ Φεβρουαρίῳ μηνὶ ποιουμένων χοὰς καὶ
ἐναγισμοὺς τοῖς τεθνηκόσι, Δέκιμος Βροῦτος, ὡς Κικέρων ἱστόρηκεν, ἐν τῷ
Δεκεμβρίῳ τοῦτ' ἔπραττεν. *Supplementum autem quod profert Lamb. ex*
'codice perantiquo' non est quod repetam; cuiuscumque est, non est Ciceronis

---

1 sacris F^2: -i *rell.*   2 liberatur *De Plinval*: -antur ω   et (e
medio): sed *Halm*   5 <et> (si is cui legatum est) *add. Huschke*
6 quod legatum *ς*: quo legatus ω   9 Accius *H (P?)*: actius
BAεL   10 sic hic *Minut.*: si hic ω   10–11 Decembrem *P*: de-
cember *rell.*   16 tam denicales *Ranconnet ap. Turn.^{2}*: tam delicta
lex B^1: tam delfica lex B^x: tandelica lex *rell.*   17 mortuis *Salmasius*: -i ω *(montium L)*   20 ne … neve *scripsi*: ne … neque ω:
nec … neque *Asc.*

finis funestae familiae, quod genus sacrificii Lari
vervecibus fiat, quemadmodum os resectum terra
obtegatur quaeque in porca contracta iura sint, quo
tempore incipiat sepulcrum esse et religione teneatur.
5 Ac mihi quidem antiquissimum sepulturae genus **56**
illud fuisse videtur, quo apud Xenophontem Cyrus
utitur: redditur enim terrae corpus, et ita locatum ac
situm quasi operimento matris obducitur. Eodemque
ritu in eo sepulcro quod <haud> procul a Fontis ara
10 est, regem nostrum Numam conditum accepimus;
gentemque Corneliam usque ad memoriam nostram
hac sepultura scimus esse usam. Gai Mari sitas reliquias apud Anienem dissipari iussit Sulla victor acer-
biore odio incitatus quam si tam sapiens fuisset quam
15 fuit vehemens; quod haud scio an timens <ne> suo **57**
corpori posset accidere, primus e patriciis Corneliis
igni voluit cremari. Declarat enim Ennius de Africano, 'hic est ille situs', vere, nam 'siti' dicuntur ei
qui conditi sunt, nec tamen eorum ante sepulcrum
20 est quam iusta facta et porcus caesus est. Et quod
nunc communiter in omnibus sepultis venit usu,
<ut> humati dicantur, id erat proprium tum in eis
quos humus iniecta contexerat, eumque morem ius

6 *Xen. Cyrop. 8.7.25*   17 *Ennius, varia 19 V. cf. Rep. incert. fr. 1*

1 sacrificii Lari *Lamb.*: sacrificii lare *BAHL*: sacrificii e *P*: sacrifi-
care ε   2 resectum *Lamb.*: reiectum ω *(in ras. Aª)*   terra
Lamb.: -ae ω   5 Ac *Lamb.*: at *BAˣPε*: ad *AᴵHL*   8 operimento *P*: -um *rell.*   9 haud *add. Grotius*   Fontis: -i *coni.*
Wagner   9–10 ara est *Zumpt*: aras ω   10 accepimus *PHL*:
accipimus *BA*: acceperim ε   12 usam *P*: unam *BᴵεHL*: huma-
tam *BˣAᵇ*   14 si tam *P*: *om. rell.*   15 <ne> (suo corpori)
add. Lamb.   20 porcus *Mdv. et Lübbert*: corpus ω   21 venit
usu *Moser*: penitus ω   22 <ut> *add. Turn.*   23 contexerat
Feldhügel: conterat *BᴵAᴵHᵇL*: conteret *Hᴵε*: contegeret *P*: contegerat
BˣAˣ

227

pontificale confirmat; nam prius quam in os iniecta
gleba est, locus ille ubi crematum est corpus nihil
habet religionis: iniecta gleba, tum et iure 'humatus'
est et gleba <'humus'> vocatur, ac tum denique
multa religiosa iura complectitur. Itaque in eo qui 5
in nave necatus, deinde in mare proiectus esset,
decrevit P. Mucius familiam puram, quod os supra
terram non exstaret; porcam heredi esse contractam,
et habendas triduum ferias et porco femina piaculum
pati; si in mari mortuus esset, eadem praeter piacu- 10
lum et ferias.

58   [XXIII] [A.]   Video quae sint in pontificio iure,
sed quaero ecquidnam sit in legibus.

[M.]   Pauca sane, Tite, et ut arbitror non ignota
vobis; sed ea non tam ad religionem spectant quam 15
ad ius sepulcrorum. 'Hominem mortuum,' inquit
lex in XII, 'in urbe ne sepelito, neve urito;' credo
<vel * * *> vel propter ignis periculum; quod autem
addit 'neve urito', indicat non qui uratur sepeliri, sed
qui humetur.   20

---

1 in os *Rob. Steph. et Turn. 1538*: in eos ω   3 tum et iure
scripsi: tum et illis εH: tum et in illis *L*: tumulis et $B^a A$ *(B^1 eras.*:
ulis et *fort. eras. A)*: tum et illic *P*: tum et ille *Turn.*: illis *del.*
Heck   4 et gleba <humus> vocatur *scripsi cf. Varr. LL 5.23*: et
gleba uocatur ω: et sepulcrum vocatur *Rob. Steph.*: et gleba
<sepulcrum> vocatur *Boehm*: gleba *del. Heck*   6 necatus
Minut.: uocatus ω   mare *Minut.*: -i ω   esset *P*: esse *rell.*
7 quod os *Crat.*: quotos ω   8 exstaret *Lamb.*: exstare $BAP\epsilon L$:
exare H^1 -t *add.* H^b porcam *Ald.*: portam ω   esse contractam et
Mercier: esset contracet B^1(? A^1)*PERHL*: esset cum contracet *S*
*(*cum *del.* S^2): esset contra censet $B^x A^x$ 10 pati ω *(def. Dyck*
cf. TLL s.v. patior 730.44 sqq.): faciundum *Halm*: piandum *Dav.*:
piandum. <At> *Mdv.*   12–13 iure, sed ς: iuri set S^2: iuris et
rell.   13 ecquidnam *Ald. nepos*: et quidnam $BA^x SRHL$: quidnam $A^1 PE$ 17 ne sepelito neue urito A^a (ne sepelito ne- *in ras.*,
-ue *sup. lin.*): ne sepelito (sepilito *P*) ne urito *rell., fort. recte*
18 <vel ... > *supplevi: iam Davisio mutilus locus visus est*

[A.]   Quid qui post XII in urbe sepulti sunt clari viri?

[M.]   Credo, Tite, fuisse aut eos quibus hoc ante hanc legem virtutis causa tributum est, ut Publicolae,
5 ut Tuberto, quod eorum posteri iure tenuerunt, aut {eos} si qui hoc, ut C. Fabricius, virtutis causa soluti legibus consecuti sunt. Sed <ut> in urbe sepeliri lex vetat, sic decretum a pontificum collegio, non esse ius in loco publico fieri sepulcrum. Nostis extra por-
10 tam Collinam aedem Honoris: aram in eo loco fuisse memoriae proditum est; ad eam cum lamina esset inventa, et in ea scriptum lamina 'HONORIS', ea causa fuit <ut> aedis haec dedicaretur; sed cum multa in eo loco sepulcra fuissent, exarata sunt; sta-
15 tuit enim collegium locum publicum non potuisse privata religione obligari.

22.16 Iam cetera in XII minuendi sumptus sunt **59** lamentationisque funebris, translata de Solonis fere legibus. 'Hoc plus' inquit, 'ne facito; rogum ascea ne
20 polito' (nostis quae sequuntur; discebamus enim pueri XII ut carmen necessarium, quas iam nemo discit). Extenuato igitur sumptu tribus riciniis et tunicula purpurea et decem tibicinibus, tollit etiam

---

1 quid qui *BAεL*: qui *om*. *PH*: quid quod *F²*   6 eos *delevi*   soluti *PεH*: soliti *L*: solutis *BA*   7 consecuti *Minut*.: non secuti ω   <ut> (in urbe sepeliri) *add*. *Mdv*.   9 nostis *Minut*.: nostris ω   11 lamina² *Turn.² in adn*.: mina *B¹PERH (locum om. S)*: domina *BˣA*: MINA *tuetur Rob. Steph. tamquam partem inscriptionis*: numini *Dav*.: *del. Ziegler*   13 <ut> aedis haec ded-icaretur *Huschke*: (a)edis h(a)ec dedicare ω *(locum om. S)*: aedis huius dedicandae *Vict*.   18 lamentationisque *ς*: -nesque ω   funebris *Dav*.: funeris ω   22 riciniis: rec- *BˣAˣ*   22–23 et tunicula *Turn*.: et uimcla *B*: et uincla *rell*.   23 purpurea *Ursinus*: purpure *vel* -ę ω

229

lamentationem: 'mulieres genas ne radunto neve
lessum funeris ergo habento'. Hoc veteres interpretes, Sex. Aelius L. Acilius, non satis se intellegere
dixerunt, sed suspicari vestimenti aliquod genus
<esse> funebris; L. Aelius lessum quasi lugubrem   5
eiulationem, ut vox ipsa significat; quod eo magis
iudico verum esse, quia lex Solonis id ipsum vetat.

Haec laudabilia, et locupletibus fere cum plebe communia; quod quidem maxime e natura est, tolli fortu-
60 nae discrimen in morte. [XXIV] Cetera item funebria,   10
quibus luctus augetur, XII sustulerunt. 'Homini,'
inquit, 'mortuo ne ossa legito quo post funus faciat':
<credo quod erat factitatum ut uni plura fierent
lectique plures sternerentur, quod ne fieret lege sanctum est.> Excipit bellicam peregrinamque mortem.   15
Haec praeterea sunt in legibus: de unctura, quod 'servilis unctura' tollitur 'omnisque circumpotatio', quae
et recte tolluntur, neque tollerentur nisi fuissent; 'ne
sumptuosa respersio', 'ne longae coronae', 'ne acer-

---

1 genas B^xAP: cenas *(vel* cęnas*)* B^1ESHL: senas R *(*mulieres *om.)*
1–2 ne radunto neue lessum BAP: ne radunt oneueles sum ϵ: ne
tradunto ne uł essum HL *legitur etiam infra 59 et 64* lessum *sed in
Tusc.* 2.55 fletum   5 <esse> *addidi*   funebris *Ald.*: funeris ω
L. Aelius *Turn.*: l(a)elius $BAP\epsilon$: laelus HL lessum $BAP^1\epsilon$: lesus
HL: lassum P^2: *v. supra*, ll. 1–2   10 morte *Minut.*: -em ω *(om.
F)* 60. funebria S^2: funebris a BA^aPHL *(*A^1 *eras.)*: funebribus a
ES^1R 12 quo BA^x: quos $A^1P\epsilon HL$: quoi *Müller*   post funus
$B^xA^xP\epsilon H$: possimus H^1: pos funus B^1L 13–15 credo . . . sanctum est *huc transposuit Schoemann: post* impositam iubet *(p. 231, 4)* ω
13 credo P: credoque *rell.*   plura fierent ω: plura <funera> fierent
'multi' *ap. Dav.*: plura feretra *Lamb.*   14 sternerentur *Minut.*:
interrentur ω   quod *scripsi*: id quod A^1: id quodque $B^1H^1\epsilon$: id
quoque $B^xA^xH^xL$: idque *Schoemann*   16–17 in legibus: de unctura, qu[od] servilis unctura *sic interp. Minut.* *(*qu[od] servilis unctura
om. P: de unctura qu[od] *delere voluit Dav.)*   16 quod *coni.
Courtney*: qu(a)e ω: quibus *Scheffer*   17 tollitur $BAP\epsilon H$: tollit
L: tollitor *Paul. Man. (vox parum Latina)*   19 ne (acerrae) P:
nec *rell.*

rae': praetereantur illa; iam significatio est laudis orna-
menta ad mortuos pertinere, quod coronam virtute
partam et ei qui peperisset et eius parenti sine fraude
esse lex impositam iubet. Qua in lege cum esset 'neve
5 aurum addito', <videte> quam humane excipiat altera
lex: {praecipit altera lege ut} 'cui auro dentes vincti
esunt ast im cum illo sepeliet uretve, se fraude esto'. Et
simul illud videtote, aliud habitum esse sepelire et
urere. Duae sunt praeterea leges de sepulcris, quarum **61**
10 altera privatorum aedificiis, altera ipsis sepulcris cavet.
Nam quod rogum bustumve moliri vetat propius
sexaginta pedes {adici} aedes alienas invito domino,
incendium veretur aedium {vetat}; quod autem forum
(id est vestibulum sepulcri) bustumve usu capi vetat,
15 tuetur ius sepulcrorum.
　　Haec habemus in XII, sane secundum naturam,
quae norma legis est. Reliqua sunt in more: funus ut
indicatur si quid ludorum, dominusque funeris utatur accenso atque lictoribus, honoratorum virorum **62**

---

1 praetereantur: praeferantur *Paul. Man.*   illa; iam *sic interpunxi*
3 partam *PS²*: paratam *rell.*   ei qui *F²*: ei qu(a)e *rell.*   4 *post*
impositam iubet *verba* credo... sanctum est *habent codd.* (*v. supra
p. 230, 13*)   5 videte *add. Vahlen*   6 praecipit altera lege
ut *BAˣERᵇᶜHL* (*precepit A¹*): praecipit altera leget *SRᵃᶜ*: praecipit,
altera lex vetat, ut *PHᴺ*: *del. Rob. Steph.*: at *pro* ut *Asc.*   uincti
B¹(?)A(?)Lε: iuncti *P(?)H*: uncti *B²*   7 esunt (= erunt) *Raevardus*: essent ω: escunt *Lamb.*: essint *Coleman*   sepeliet uretve *Rob.
Steph.*: sepelleturetuae *B*: sepelleturetue *AεHL*: sepelirentur et ue *P*
(sepelirentur *Hᴾ*): sepeliat uratve *Coleman*   esto *Minut.*: isto ω
11 moliri *scripsi*: nouum ω   propius *PF²*: p(ro)prius *rell.*
12 adici *delevi*: adigi *Mdv.* (*Adv. Crit. ii. 252*)   13 veretur
aedium *Paul. Man.*: ueretura cebum *B¹*: ueretur acerbum *APEHL*:
ueretura cerbum *SR*: uidetur arcere *ς ap. Lamb.*: ut arceatur
Halm: videlicet acerbum (*et* vitat *pro* vetat) *Watt*   uetat *del. BˣAˣ*,
habent *rell.*   forum *Turn.²*: eorum ω (ἥρωον *Vict.*, nimis
acute)   18 dominusque *Paul. Man.*: domusque ω   19 uir-
orum *ς*: uiuorum ω

laudes in contione memorentur, easque etiam ut
cantus ad tibicinem prosequatur cui nomen neniae,
quo vocabulo etiam <apud> Graecos cantus lugu-
bres nominantur.

[A.] [XXV] Gaudeo nostra iura ad naturam 5
accommodari, maiorumque sapientia admodum
delector. Sed cedo ut ceteri sumptus sic etiam sepulcrorum modum.

[M.] Recte requiris; quos enim ad sumptus
progressa iam {ista} res sit, in C. Figuli sepulcro 10
vidisse <te> credo. Minimam olim istius rei fuisse
cupiditatem multa exstant exempla maiorum; nostrae quidem legis interpretes, quo capite iubentur
sumptus et luctum removere a deorum Manium
iure, hoc intellegant in primis, sepulcrorum magni- 15
63 ficentiam esse minuendam. Nec haec a sapientissimis
legum scriptoribus neglecta sunt, et Athenis iam
in more sunt: a Cecrope, ut aiunt, permansit hoc ius
terra humandi. Quod cum proximi fecerant obducta-
que terra erat, frugibus obserebatur, ut sinus et 20

1 contione *PF²*: -em *rell.* memorentur *Rob. Steph.*: -antur ω
ut *scripsi*: et ω: ad *P*: *del. Rob. Steph.*   3 apud *add. Wesenberg*
(Graeci...nominant *Vict.*)   Gr(a)ecos *HL*: graccus *B*: gra(c)chos
APER: gracos *S*   5–8 gaudeo...modum *Attico tribuit Vahlen,
sicut §58*   7 cedo *Leo ap. Ziegler*: recedoquiro *AL*: recedo q(ue)ro
P∈H: recedophyro *B*: requiro *Vahlen*   9 requiris *Turn.*: -i ω (sed
credo...recte requiri *F² Marco scilicet tribuens)*   quos *Minut.*: quis ω
10 progressa *Minut.*: processa ω   esta *BA∈H¹L*: ista *PHˣ*: *delevi*
11 te *add. Mdv.*   minimam olim *Minut.*: minima mollem ω: minimam ollem *S²*: minimam illis *F²*   12 exstant exempla *Mdv.*:
extarent ampla ω: extarent exempla *ς* (vides. Credo minimam olim...
cupiditatem; <alioquin> multa exstarent exempla *Ald.)*
14 sumptus ω: -um *Vahlen collata ipsa lege*   16 nec *BA¹P∈*: ne
AˣHL (et mox sint *HL)*   17 et *H¹*: nam et *rell.* et *Hᴾ*   18 in
more sunt *scripsi* (in more *Ziegler, qui* Atheniensium *pro* Athenis iam*)*:
illo mores *B¹∈HL*: ille mos *BˣAᵃP (A¹ eras.)*: mos ille *Hᴾ*: ab illo Iᵐᵒ
rege *nimis acute Müller: alii alia*   hoc ius (ocius *PE*): corpus *Rob.
Steph.*   19 quod (cum proximi fecerant) *coni. Turn.*: quam ω

gremium quasi matris mortuo tribueretur, solum
autem frugibus expiatum ut vivis redderetur. Sequebantur epulae, quas inibant propinqui coronati, apud
quos de mortui laude cum si quid veri erat praedica-
5 tum (nam mentiri nefas habebatur) iusta confecta
erant. Postea, cum (ut scribit Phalereus) sumptuosa **64**
fieri funera et lamentabilia coepissent, Solonis lege
sublata sunt. Quam legem eisdem prope verbis
nostri decemviri in decimam tabulam coniecerunt;
10 nam de tribus riciniis et pleraque illa Solonis sunt.
De lamentis vero expressa verbis sunt: 'mulieres
genas ne radunto, neve lessum funeris ergo habento'.
[XXVI] De sepulcris autem nihil est apud Solonem
amplius quam 'ne quis ea deleat neve alienum
15 inferat'; poenaque est 'si quis bustum' (nam id puto
appellari 'tymbon') 'aut monumentum aliquod aut
columnam violarit deiecerit fregerit'; sed post aliquanto, propter has amplitudines sepulcrorum quas
in Ceramico videmus, lege sanctum est 'ne quis
20 sepulcrum faceret operosius quam quod decem

---

3 inibant *P*: inirant *B¹εHL*: inirent *Bˣ A*   4 quos *Mdv.*: quas
BAPεL: quaque *H*   cum si quid *Goerenz*: quomniquid *BA*: cum
nisi quid *(abbrev.) P*: quomuiquid *HL*: cum inquit (-d) ε: cum quicquid *Mdv.*   5 iusta *Rob. Steph.*: ad iusta *EHL*: at iusta *PS*:
adiuxta *BA (-x- in ras. A)*   confecta *Paul. Man.*: coniecta ω *(-i-
in ras. A)*   6 postea *AᵃP*: poste *BH (?A¹)*: post εL   cum
(quom) *Paul. Man.*: quam ω   9 nostri decemviri (Xviri) *Rob.
Steph.*: nostris uiri *BAεHL*: nostri uiri *PF²*   11 <verba e> verbis *Courtney*   11–12 mulieres . . . habento *secl. Dav.*   12 ne
radunto neue lessum *ABˣ* (neuel- *Aˣ*): ne radunto honey flessum *B¹*:
ne radunt onei flessum ε: ne radunto ney (radunt oney *H*) flessum *PH*:
ne radunt honerum flessum *L*: ne radunto nec flessum ς *de voce* lessum
v. supra, §59   16 tymbon *Minut.*: tumbon *S*: tum bona *rell. (locum
om. P¹ usque ad* fregerit)   aliquod *Dav.*: inquit (-d) ω   17 uiolarit deiecerit *P² (om. P¹)*: uocaret acerit *B*: uolarit iacerit *A¹*: -i- *add.
A² ut fiat* uiolarit: uolari et acerit *H*: uolariciacerit *L*: uolari tiacerit
ES: uolari tiat *R (-erit add. sup. lin.)*: violarit vitiaverit *Vahlen²*

65 homines effecerint triduo'. Neque id opere tectorio
exornari nec hermas hos quos vocant licebat imponi,
nec de mortui laude nisi in publicis sepulturis, nec
ab alio nisi qui publice ad eam rem constitutus
esset dici licebat. Sublata etiam erat celebritas vir- 5
orum ac mulierum, quo lamentatio minueretur; auget

66 enim luctum concursus hominum; quocirca Pittacus
omnino accedere quemquam vetat in funus alienum.
Sed ait rursus idem Demetrius increbruisse eam
funerum sepulcrorumque magnificentiam, quae 10
nunc fere Romae est; quam consuetudinem lege minuit ipse—fuit enim hic vir, ut scitis, non solum eru-
ditissimus, sed etiam civis e re publica maxime
tuendaeque civitatis peritissimus—is igitur sumptum minuit non solum poena sed etiam tempore, 15
ante lucem enim iussit efferri; sepulcris autem novis
finivit modum, nam super terrae tumulum noluit
quidquam statui nisi columellam tribus cubitis ne
altiorem, aut mensam aut labellum, et huic procur-
ationi certum magistratum praefecerat. 20

67 [XXVII] Haec igitur Athenienses tui; sed videamus
Platonem, qui iusta funerum reicit ad interpretes
religionum (quem nos morem tenemus); de sepulcris

---

22 *Plato, Legg. 12, 958d*

---

1 opere tectorio F^2: opere textorio $AP\epsilon HL$: opera et extario B
2 exornari A^x: ex mari B: exnari $(?A^1)P\epsilon HL$ nec hermas hos *Rob.
Steph.*: nechermasos A^a $(A^1$ *eras.)*: ne cermas (h)os $BP\epsilon$: ne cernam
hos H: ne cernas hos L: nec hermas *Ald.*: nec hermas eos *Vict.*
6 auget *Ursinus ex cod.*: huic B: huc $A^1\epsilon HL$: hunc A^xP: habet *Minut.*
8 alienum ς: aliorum ω 9 idem (Demetrius): eidem ω: *del.* F^2
11 consuetudinem PRF^2: -ine *rell.*   13 ciuis e r(e) p(ublica) maxime ϵHL *(*ciuise H: ciui se L): ciuis ser. p. maximae B: ciuis rei p maxime
A^a *(*A^1 *eras.)*: ciuis 7 r. p. maxime P 14 peritissimus *Rob. Steph.*:
paratisumus B: paratissimus $APHL$: partissimus ES: pticimus R is
Mdv.: isti $B(A^1?)\epsilon HL$: iste A^xP 16 nouis F^2: nobis *rell.*
18 quidquam *Lamb.*: quod $BA\epsilon HL$: quidem P: *del.* F^2: quid *Minut.*

autem dicit haec: vetat ex agro culto eove qui coli
possit ullam partem sumi sepulcro, sed quae natura
agri tantummodo efficere possit ut mortuorum corpora sine detrimento vivorum recipiat, ea potissimum
5 ut compleatur; quae autem terra fruges ferre et ut
mater cibos suppeditare possit, eam ne quis nobis
minuat neve vivus neve mortuus. Extrui autem vetat **68**
sepulcrum altius quam quod <quinque homines>
quinque diebus absolverint, nec e lapide excitari plus
10 nec imponi quam quod capiat laudem mortui incisam
ne plus quattuor herois versibus (quos longos appellat
Ennius). Habemus igitur huius quoque auctoritatem
de sepulcris summi viri, a quo item funerum sumptus
praefinitur ex censibus a minis quinque usque ad
15 minam. Deinceps dicit eodem loco de immortalitate
animorum et reliqua post mortem tranquillitate
bonorum, poenis impiorum.

Habetis igitur explicatum omnem, ut arbitror, **69**
religionum locum.

20 [Q.] Nos vero, frater, et copiose quidem. Sed
perge ad cetera.

[M.] Pergo equidem; et quoniam libitum est
vobis me ad haec impellere, hodierno sermone conficiam, spero, hoc praesertim die. Video enim Plato-
25 nem idem fecisse, omnemque orationem eius de
legibus peroratam esse uno aestivo die; sic igitur

---

7 *Plato, Legg. 12, 959d*

---

8 <quinque homines> *Turn. (cf. Plat. Legg. 12, 958d* πέντε ἀνδρῶν
ἔργον ἐν πένθ' ἡμέραις) 9 (excitari) plus *Minut.*: prius ω
11 herois *PF²*: eroes *B¹A¹*: heroes *BˣAˣεHL* 13 item *Wagner*:
iterum ω 14 censibus *Minut.*: sensibus ω 15–17 deinceps
...impiorum *del. Wagner* 15 eodem loco *scripsi*: eadem illa ω
20 nos *Minut.*: non ω 21 ad (cetera) *Aᵇ*: ad *om. rell.*
26 (uno aestivo) die. Sic *P*: dies *BH¹LES¹R*: die/s *dist. S²*: die *AᵃHˣ*

faciam, et dicam de magistratibus; id enim est profecto quod constituta religione rem publicam contineat maxime.

[Q. *(vel A.?)*] Tu vero dic, et istam rationem quam
coepisti tene.   5

_____

5 c(o)episti S^2: accepisti *rell.*

LIBER TERTIVS

[I] [M.]   Sequar igitur, ut institui, divinum illum **1**
virum, quem quadam admiratione commotus saepius
fortasse laudo quam necesse est.

[A.]   Platonem videlicet dicis.

5   [M.]   Istum ipsum, Attice.

[A.]   Tu vero eum nec nimis valde umquam nec
nimis saepe laudaveris; nam hoc mihi etiam nostri
illi, qui neminem nisi suum laudari volunt, concedunt, ut eum arbitratu meo diligam.

10   [M.]   Bene hercle faciunt. Quid enim est elegantia
tua dignius? Cuius et vita et oratio consecuta mihi
videtur difficillimam illam societatem gravitatis cum
humanitate.

[A.]   Sane gaudeo quod te interpellavi, quoniam
15   quidem tam praeclarum mihi dedisti iudicii tui testimonium. Sed perge ut coeperas.

[M.]   Laudemus igitur prius legem ipsam, veris et
propriis generis sui laudibus?

[A.]   Sane quidem, sicut de religionum lege
20   fecisti.

[M.]   Videtis igitur magistratus hanc esse vim, ut **2**
praesit praescribatque recta et utilia et coniuncta
cum legibus. Ut enim magistratibus leges, ita populo
praesunt magistratus; vereque dici potest, magistra-
25   tum legem esse loquentem, legem autem mutum
magistratum. Nihil porro tam aptum est ad ius con- **3**
dicionemque naturae (quod cum dico, legem a me

---

4 dicis *Minut.*: diligis ω   17 ueris et *P*: ueri sed *BAEHL*:
ueris *pro* ueri *F²*: ueri *S*   23 ita *PH^N*: his *BeL*: & hi *Aª*: is *H¹*

dici intellegi volo) quam imperium, sine quo nec
domus ulla nec civitas nec gens nec hominum universum genus stare, nec rerum natura omnis nec ipse
mundus potest; nam et hic deo paret, et huic oboediunt maria terraeque, et hominum vita iussis supre- 5

4 mae legis obtemperat. [II] Atque ut ad haec citeriora
veniam et notiora nobis, omnes antiquae gentes
regibus quondam paruerunt; quod genus imperi
primum ad homines iustissimos et sapientissimos
deferebatur, id quod in re publica nostra maxime 10
valuit quoad ei regalis potestas praefuit; deinde
eorum deinceps posteris prodebatur, quod et in eis,
etiam qui nunc regnant, manet. Quibus autem regia
potestas non placuit, non ei nemini sed non semper
uni parere voluerunt. Nos autem, quoniam leges 15
damus liberis populis, quaeque de optima re publica
sentiremus in sex libris ante diximus, accommodabi-
mus hoc tempore leges ad illum quem probamus

5 civitatis statum. Magistratibus igitur opus est, sine
quorum prudentia ac diligentia esse civitas non pot- 20
est, quorumque descriptione omnis rei publicae
moderatio continetur. Neque solum eis praescriben-
dus est imperandi sed etiam civibus obtemperandi
modus; nam et qui bene imperat, paruerit aliquando

---

2 ulla PF^2H^N: illa *rell.*   4 deo paret A^xPSH^N: deo pet ER: de
opere $B^1A^1H^1L$: -et B^x 6 atque ut ad haec PH^N: atque ut h(a)ec
BH^1SL: at ut hec E: atque ut hoc R: atque ut ad $A^a(A^1$ *eras.)*
10 id quod *Bake*: idq; ut $BP\epsilon HL$: idque + *ras.* A^x: idque et
Dav.   11 quoad ei $BAPH^N$: quod et ad EH^1L: quo ad et ad S:
quo et ad R 12 eorum deinceps *scripsi*: etiam deinceps $BAHL$:
etiam qui nunc ES^1R: qui nunc *del.* S^2 12–13 quod et in eis,
etiam qui nunc regnant, manet *sic interpungenda*   et in eis (his, hiis)
etiam qui nunc $AP\epsilon HL$: et in ii sed etiam qui nunc B: et in eis qui
nunc ς: et in eis qui etiam nunc *Halm*   13 regnant AP: reginam
$BERL^1$: regi nam S: regina H: reginan L^2 17–18 accommoda-
bimus PH^N: -auimus *rell.*   21 descriptione ω: discr- *Buecheler*

necesse est, et qui modeste paret, videtur qui aliquando imperet dignus esse. Itaque oportet et eum
qui paret sperare se aliquo tempore imperaturum, et
illum qui imperat cogitare brevi tempore sibi esse
5 parendum. Nec vero solum ut obtemperent oboe-
diantque magistratibus, sed etiam ut eos colant
diligantque praescribimus, ut Charondas in suis facit
legibus. Noster vero Plato Titanum e genere statuit
eos qui ut illi caelestibus, sic hi adversentur magis-
10 tratibus. Quae cum ita sint, ad ipsas iam leges veniamus, si placet.

[A.]   Mihi vero et istud et ordo iste rerum placet.

[III] [M.]¹Iusta imperia sunto, eisque cives modeste **6**
ac sine recusatione parento. ²Magistratus nec oboe-
15 dientem et noxium civem multa vinclis verberi-
busve coerceto, ni par maiorve potestas populosve
prohibessit, ad quos provocatio esto. ³Cum magistratus iudicassit inrogassitve, per populum multae
poenaeve certatio esto. ⁴Militiae ab eo qui imper-
20 abit provocatio nec esto; quodque is qui bellum
geret imperassit, ius ratumque esto.

---

15 et noxium ς: et innoxium ω: *an* uti noxium? 15–16 uer-
beribusue *PSH^N*: uerberibus ne *rell*. 16 maiorve *Minut*.: maior
uero ω populosve (*i.e. 'populusve'*): populosue *BAHL*: paulo sue ε:
populo sine *P* (*populo sup. lin.*): populusue *H^N* 17 prohibessit
A^xP: prohibes sit *BεHL*: prohibesit *A¹* 18 inrogassitue per *HL*:
inroga situae per *B*: inrogasitue per *A*: in roga sit uesper *S*: inroga
uesper *R*: inroga sit semper *E*: interrogassit ue per *P* 19 poenaeve *scripsi*: poe ue *B(?A¹)*: p(o)ene *A^aPεHL* 20 provocatio
nec esto *Halm*: prouocatione cesto *A^a*: prouocatione certo *BA¹ε*:
prouocatione testo *H*: prouocationem testo *L*: prouocatione esto *P*:
provocatio ne esto *Minut*. quodque (is qui bellum geret) *H^N*: quoque *rell*.

239

[5]Minoris magistratus partiti iuris ploeres in
ploera sunto: militiae quibus iussi erunt imperanto
eorumque tribuni sunto; domi pecuniam publicam
custodiunto, vincla sontium servanto, capitalia
vindicanto, aes argentum aurumve publice sig- 5
nanto, lites contractas iudicanto, quodque senatus
creverit agunto.

7   [1]Suntoque aediles curatores urbis annonae
ludorumque sollemnium. [2]Ollisque ad honoris
amplioris gradum is primus ascensus esto.   10

[3]Censoris populi aevitatis suboles familias pecuniasque censento; urbis sarta tecta, vias aquas,
aerarium vectigalia tuento; populique partes in
tribus discribunto, exin pecunias aevitatis ordines
{partiunto} equitum peditumque; prolem descri- 15
bunto, caelibes esse prohibento, mores populi reg-
unto, probrum in senatu ne relinquonto; bini

---

1 minoris (*i.e.* '*minores*': *v. praef. p. xlix*) ω   *verba* partiti iuris *fort.
delenda ut ex* '*pluris*' *vel* '*ploeris*' *orta*: partitu iuris *L*: periti iuris *Minut.*   ploeres *Vahlen*: plures ω: *fort.* ploeris, *cf.* '*minoris*', '*censoris*'
1–2 in ploera *Bake*: imploera *BA^x*: implorra (?)*A^1*: in plera *S*: implera
R: in ꝑa *E*: imp(er)a *H^1L*: in prelia *PH^N*   2 erunt ς: erant ω
3 eorumque *PH^N*: eorum qui *rell.*   4 seruanto *PH^N*: speruanto
BA^1: speruando *L*: spernanto *A^aHS*: spernando *E*   6 quodque
scripsi: quodcumque *PEF^2H^N*: quod quodcumque *BASH^1L*: quodque
quodque *R^ac*: quod quodque *R^bc*   senatus *F^2*: natus *BAPε*: om.
HL   7 agunto *F^2*: acuncto (a cuncto) *BAεH^1L*: arguanto *P*:
arguanto *H^N*   10 primus *Minut.*: prius ω   11 censoris (*i.e.*
'*censores*') ω   aevitatis *scripsi, cf. infra, l. 14:* -es *BAPHL*: ciuitates ε:
civitatis *Minut.*   12 urbis sarta tecta *Hirschfeld*: urbistatem pla
BAH^1L: u- templa *PεF^2H^N*: u- tecta templa *Bake*: u- sarta tecta templa
Huschke   aquas *PF^2H^N*: quas *rell.*   14 discribunto: discribun-
tur to *B*   pecunias (a)euitatis *BAP*: pecunia seuitatis *ES^1HL*: pecunia
ciuitatis *R*   ordines *Minut.*: ordinis ω   15 partiunto *F^2*, *delevi*:
parti sunto *BASHL*: ptisumpto *R*: ptis sunto *E*: partiti
sunto *P*   15–16 describunto: discr- *PS*(?*L^1*): perscr- *coni.
Buecheler*   16 esse *PF^2H^N*: sed *rell.*   17 relinquonto: relin-
quot o *B*: relinquunto *rell.*   bini *Minut.*: -is ω

sunto, magistratum quinquennium habento,
reliqui magistratus annui sunto; eaque potestas
semper esto.

[1]Iuris disceptator, qui privata iudicet iudicarive **8**
5 iubeat, praetor esto; is iuris civilis custos esto; huic
potestate pari, quotcumque senatus creverit populusve iusserit, tot sunto.

[2]Regio imperio duo sunto, iique <a> praeeundo
iudicando consulendo praetores iudices consules
10 appellamino; militiae summum ius habento,
nemini parento; ollis salus populi suprema lex esto.

[1]Eundem magistratum ni interfuerint decem **9**
anni ne quis capito; aevitatem annali lege servanto.

[2]Ast quando duellum gravius discordiaeve
15 civium escunt, oenus ne amplius sex menses, si
senatus creverit, idem iuris quod duo consules
teneto, isque ave sinistra dictus populi magister
esto, equitatumque qui regat habeto pari iure
cum eo quicumque erit iuris disceptator.

20 [3]Ast quando consulis magisterve populi nec
erunt, reliqui magistratus ne sunto, auspicia

---

2 reliqui...sunto *del. Halm* 4 disceptator H^N: discert- *rell.*
6 potestate *Rob. Steph.*: -ati ω pari $BA\epsilon H^I L$: parento PH^N
quotcumque ς: quo- *P*: quod- *rell.* 8 a (praeeundo) *add. Dav.*
9 consulendo PH^N: consuendo $BA\epsilon$: consuetudo HL 11 ollis S^2: oius
$BS^I R$: =ius A^x: ius *vel* his *H*: ius *vel* uis *LE*: huius PH^N: *om.*
Minut. populi *Minut.*: -o ω 13 (annali) lege $PF^2 H^x$: -es
$BA\epsilon H^I L$ 14 ast *P*ϵHL: a si *B*: et *A* discordiaeue ς: ve *om.*
ω 15 escunt, oenus *aut Gifanius aut Lamb., teste Grutero*: escunt, unus
Lamb.: escunt ones $BAS^I RHL$: escunt oues *E*: escunt o/nes *dist.* S^2:
escunto *P* 17 teneto *Turn.*: tenunto $BA\epsilon HL$: renunto *P*
18 equitatumque qui *Orelli*: (a)equitatem cumque qui $BA\epsilon HL$: qui
del. H^x: equitatem quicumque *P*: equitemque qui *Turn.* 20 consulis *(i.e. 'consules')* HL: consulis ē BS: consulis est AER: consulis esse
P: consules *Feldhügel* magisterve *Feldhügel*: magistratusue $BA\epsilon HL$:
magistratus ut *P* 20–21 nec erunt *Halm*: nec r̄ BA: necrunt HL:
nec *ER*: ne *PS (vix* nec escunt*)*

patrum sunto, ollique ex se produnto qui comitiatu creare consules rite possint.

[4]Imperia potestates legationes, cum senatus creuerit populusue iusserit, ex urbe exeunto, duella iusta iuste gerunto, sociis parcunto, se et suos continento, populi sui gloriam augento, domum cum laude redeunto. [5]Rei suae ergo ne quis legatus esto.

[6]Plebes quos pro se contra vim auxili ergo decem creassit, ii tribuni eius sunto, quodque ii prohibessint quodque plebem rogassint, ratum esto; sanctique sunto; neve plebem orbam tribunis relinquunto.

10 [1]Omnes magistratus auspicium iudiciumque habento; [2]exque eis senatus esto. [3]Eius decreta rata sunto; ast potestas par maiorve prohibessit, perscripta servanto. [4]Is ordo vitio vacato; [5]ceteris specimen esto.

[6]Creatio magistratuum, iudicia populi, iussa vetita cum suffragio consciscentur, optimatibus nota, plebi libera sunto.

[IV] [7]Ast quid erit quod extra magistratus coerari oesus sit, qui coeret populus creato eique ius coerandi dato.

---

1 ex se *BPϵ*: exe *HL*: hẹc se *A*: ec se *Vahlen* comitiatu *Rob. Steph.*: comitatu *ω* 2 possint *A^xPH^N*: -im *rell.*: -it *Turn.* 4 creuerit *F^2PH^N*: creauerit *B*: creauit *AϵH^1L* 5 sociis *A^x*: socius *B(A^1?)ϵH^1L*: -u- *in* -ii- *mut.* *H* suos *'quidam' ap. Turn.*: seruos *ω* 6 sui *del. De Plinval, def. Watt* 9 ii (tribuni) *Vahlen*: si *B^1*: set *B^x*: et *rell.* (h)ii (prohibessint) *PH^N*: id *BAϵ*: id quod *HL* 15 prohibessit *Paul. Man. ex cod.*: prohibet se *ω* (se *del. F^2*): prohibet *S.C. Minut.* 16 vacato: careto *A^marg* 17 specimen *A^marg*: speciem *rell.* esto *PH^x*: mesto *BL*: inesto *H^1ϵ*: mestio *A* 19 co(n)sciscentur *Asc.*: eoscinscentur *P*: eos cincentur *BAϵL*: eos cingentur *H* 21 ast (quid erit) *Ald. nepos*: aut *ω*: at si *Minut* 21–22 coerari oesus sit *Jacobus Taurellius ap. Victorium*: coherario esus sit *BHL*: quo (h)(a)er(r)ario (h)esus sit *APϵ*: quo (a)erarium exhausit *ϛ (cf. infra* co(h)eret, co(h)erandi *ω et* oesus *BAPSRHL*: cesus *E)* 22 eique *F^2*: ei qui *rell.*

[8]Cum populo patribusque agendi ius esto consuli praetori magistro populi equitumque eique
quem patres produnt consulum rogandorum
ergo; tribunisque quos sibi plebes creassit ius esto
cum patribus agendi; idem ad plebem quod oesus
erit ferunto.

[9]Quae cum populo quaeque in patribus agentur,
modica sunto.

[1]Senatori qui nec aderit aut causa aut culpa esto; **11**
loco {senator} et modo orato; [2]causas populi
teneto.

[3]Vis in populo abesto; [4]par maiorve potestas
plus valeto. [5]Ast quid turbassitur in agendo, fraus
actoris esto. [6]Intercessor rei malae salutaris civis
esto. [7]Qui agent auspicia servanto, auguri publico
parento.

[8]Promulgata proposita in aerario <condunto,
neve in>cognita agunto, nec plus quam de singulis
rebus semel consulunto; rem populum docento,
doceri a magistratibus privatisque patiunto. [9]Pri-
vilegia ne inroganto. [10]De capite civis, nisi per
maximum comitiatum ollosque quos censores in
partibus populi locassint, ne ferunto.

[11]Donum ne capiunto neve danto neve petenda
neve gerenda neve gesta potestate. [12]Quod quis
earum rerum migrassit, noxiae poena par esto.

---

4 creassit *Bake*: rogassit ω   7 agentur *Minut*: agetur ω
9 qui nec aderit *BAε*: qui necauerit *P*: quin et aderit *H¹L*: qui
uetauerit *Hᴺ*   10 senator *delevi*   12 abesto *Minut.*: adesto
ω   maiorue *PHᴺ*: maiorq; *rell.*   14 actoris ς: auct- ω   17–
18 condunto, neve incognita *scripsi*: cognita ω: condita *Turn.*
18 agunto *BAPε*: agito *HL*: habento *Turn.*: sunto *Jordan*   19 semel *BAHL*: *om. Pε*: simul (semul) *Halm*   consulunto *Ald.*: -ento ω
docento *PHᴺ*: duc- *rell.*   22 comitiatum *Rob. Steph.*: cumitatum
vel cum itatum *vel* comitatum ω   23 locassint *BPεHL*: locarint *Aˣ*
ex locasint *A¹?*   26 poena *Ald.*: -ae ω

^{13}Censoris fidem legum custodiunto. ^{14}Privati
ad eos acta referunto, nec eo magis lege liberi sunto.

Lex recitata est: discedere et tabellam iubebo dari.

12 [V] [Q.] Quam brevi, frater, in conspectu posita
est a te omnium magistratuum descriptio! Sed ea ₅
paene nostrae civitatis, etsi a te paulum adlatum est
novi.

[M.] Rectissime, Quinte, animadvertis. Haec est
enim quam Scipio laudat in <sex> libris, et quam
maxime probat temperationem rei publicae, quae ₁₀
effici non potuisset nisi tali descriptione magistratuum; nam sic habetote, magistratibus eisque qui
praesint contineri rem publicam, et ex eorum compositione quod cuiusque rei publicae genus sit intellegi. Quae res cum sapientissime moderatissimeque ₁₅
constituta esset a maioribus nostris, nihil habui
<aut> sane non multum quod putarem novandum
in legibus.

13 [A.] Reddes igitur nobis, ut in religionis lege
fecisti admonitu et rogatu meo, sic de magistratibus, ₂₀
ut disputes quibus de causis maxime placeat ista
descriptio?

[M.] Faciam, Attice, ut vis: et locum istum totum
ut a doctissimis Graeciae quaesitum et disputatum est
explicabo, et ut institui nostra iura attingam. ₂₅

---

1 censoris (= 'censores') PH^N: c(a)esoris BAϵ: cesaris H^{I}L: cesoris *fortasse scribendum erat, sed cf. supra, 7*   legum *Mdv.*: -e H^N: -em *rell.*   4 quam PF^{2}H^x: quam cum (com, con) *rell.*   5 descrip-tio BAPϵH^{I}L: discr- *fort.* H^x 9 <sex> *addidi*: <illis> *Turn.*   11 potuisset PF^2: -isse *rell.*   descriptione B^{x}APS: discr- B^{I}ERHL   14 cuiusque *Minut.*: eiusque ω rei publicae *Turn.*: in re p. *BAHL*: in re Pϵ 16 nihil] *deficit* H   16–17 nihil habui, aut sane non multum *scripsi*: nihil habui sane non multum BAϵL: n– h– s– non modo multum P: n– h– s– aut non multum *Mdv.*   21 ut disputes A^{x}P: ut disputis BA$^I\epsilon$L: *del. Rath*   22 descriptio: discr- *Buecheler*

[A.]   Istud maxime exspecto disserendi genus.

[M.]   Atqui pleraque sunt dicta in illis libris,
quod faciendum fuit cum de optima re publica
quaereretur; sed huius loci de magistratibus sunt
5 propria quaedam, a Theophrasto primum, deinde a
Diogene Stoico quaesita subtilius.

[VI] [A.] Ain tandem? Etiam a Stoicis ista tractata **14**
sunt?

[M.]   Non sane nisi ab eo quem modo nominavi,
10 et postea a magno homine et in primis erudito,
Panaetio; nam veteres verbo tenus acute illi quidem,
sed non ad hunc usum popularem atque civilem, de
re publica disserebant. Ab hac familia magis ista
manarunt, Platone principe; post Aristoteles illustra-
15 vit omnem hunc civilem in disputando locum, Her-
aclidesque Ponticus profectus ab eodem Platone.
Theophrastus vero institutus ab Aristotele habitavit,
ut scitis, in eo genere rerum, ab eodemque Aristotele
doctus Dicaearchus huic rationi studioque non
20 defuit. Post a Theophrasto Phalereus ille Demetrius,
de quo feci supra mentionem, mirabiliter doctrinam
ex umbraculis eruditorum otioque non modo in
solem atque in pulverem, sed in ipsum discrimen
aciemque produxit. Nam et mediocriter doctos
25 magnos in re publica viros, et doctissimos homines
non nimis in re publica versatos multos commemorare possumus; qui vero utraque re excelleret, ut et

---

6 Diogene Stoico *Turn*.: dione stoico *BAEL*: dionastico *SR*: dyona
stoico *P*   7 ain *L*: an in *BA*ε: an *P*   13 ab hac familia
PERF²: ab hanc familia *BAS*: ad hanc familiam *L*: ab Academia
aliquis apud Gruterum, haud scio an recte   14 manarunt *AˣP*:
-erent *rell*.   22 eruditorum *P*: eruditorumque *vel* eruditorum
quae *rell*.   otioque (ocioque) *P*: odioque *rell*. (hodio q; *S*, odio *in*
hodie *mutavit Aᵇ*)   26 nimis *Ald*.: minus ω

doctrinae studiis et regenda civitate princeps esset,
quis facile praeter hunc inveniri potest?

[A.] Puto posse, et quidem aliquem de tribus
nobis. Sed perge ut coeperas.

15 [VII] [M.] Quaesitum igitur ab illis est, placeretne 5
unum in civitate esse magistratum cui reliqui parerent. Quod exactis regibus intellego placuisse nostris
maioribus; sed quoniam regale civitatis genus, probatum quondam, postea non tam regni quam regis
vitiis repudiatum est, nomen tantum videbitur regis 10
repudiatum, res manebit, si unus omnibus reliquis
16 magistratibus imperabit. Quare nec ephori Lacedae-
mone sine causa a Theopompo oppositi regibus, nec
apud nos consulibus tribuni; nam illud quidem
ipsum quod in iure positum est habet consul, ut ei 15
reliqui magistratus omnes pareant, excepto tribuno,
qui post exstitit ne id quod fuerat esset; hoc enim
primum minuit consulare ius, quod exstitit ipse qui
eo non teneretur; deinde quod attulit auxilium reliquis non modo magistratibus sed etiam privatis con- 20
suli non parentibus.

17 [Q.] Magnum dicis malum; nam ista potestate
nata gravitas optimatium cecidit convaluitque vis
multitudinis.

[M.] Non est, Quinte, ita. Non ius enim illud 25
solum superbius populo et violentius videri necesse
erat? Quo posteaquam modica et sapiens temperatio
accessit <* * *>

---

28 *Fr. 1 hoc loco inseruit Vahlen.*

---

4 ut (coeperas) $A^b P$: et *rell.*   5 placeretne P: ne *om. rell.*
6–7 parerent PF^2: placerent *rell.*   7 placuisse $A^x P$: placuissent
$B\epsilon L(?A^1)$ 9 regis (vitiis) P: regiis A^x (-ii- *in ras.*): regnis
$B\epsilon L$ 12 imperabit P: -auit *rell.*   17 fuerat *Ald.*: -it ω
25–27 non . . . erat? *notam interrogationis inseruit Vahlen*

[M.] <∗ ∗ ∗> autem lex in omnis est. [VIII] 9.4fin. **18**
'Domum cum laude redeunto': nihil enim praeter
laudem bonis atque innocentibus neque ex hostibus
neque a sociis reportandum.

5 9.5Iam illud apertum est profecto, nihil esse turpius quam {est} quemquam legari nisi rei publicae
causa. Omitto quemadmodum isti se gerant atque
gesserint, qui legatione hereditates aut syngraphas
suas persequuntur; in hominibus est hoc fortasse
10 vitium. Sed quaero quid reapse sit turpius quam
sine procuratione {senator} legatus, sine mandatis,
sine ullo rei publicae munere? Quod quidem genus
legationis ego consul, quamquam ad commodum
senatus pertinere videbatur, tamen approbante
15 senatu frequentissimo, nisi mihi levis tribunus plebis
tum intercessisset, sustulissem; minui tamen tempus, et quod erat infinitum annuum feci; ita turpitudo manet diuturnitate sublata.

Sed iam, si placet, de provinciis decedatur, in
20 urbemque redeatur.

[A.] Nobis vero placet; sed eis qui in provinciis
sunt minime placet.

---

1 *Locus fortasse inchoatus et relictus est a Cicerone, qui mox (sect. 19)*
de tribunis plebis aliud initium disputandi capit; et tamen hic deesse satis
multa apparet. Lacunam post lex in omnis est *posuerunt priores.* autem *scripsi*: conuertem *BAERL (sed E habet compendium* 9u'tem *quod*
ex autem *facillime oriri potuit)*: conuertere *S*: cum uersa *F²*: conuer-
tenda *P*: conversa *Minut.* 2 cum laude ϛ: cum laudem ω
redeunto *Vict.*: pede uno ω 6 est *del. Minut.* 9 hominibus *BAᵇ*: omnibus *A¹PεL* est *P*: et *rell.* 10 reapse sit *S²*: re
ab se sit *BES¹RL*: re hac sit *Aˣ (A¹ eras.)*: esse possit hac *P*
11 procuratione *Vict.*: procuratorem *BA¹L*: procuratore *AˣPE* senator *delevi* 14 uidebatur ϛ: uideatur ω 15 leuis *PESL*:
le uis *R*: leuis *vel* leius *B*: leius *Aᵃ (A¹ eras.)*: leuius *F*: levissimus
Ald. 17 annuum *S(?)*: annum *rell.*

19 [M.] At vero, Tite, si parebunt his legibus, nihil
erit eis urbe, nihil domo sua dulcius, nec laboriosius
molestiusque provincia.

$^{9.6}$Sed sequitur lex quae sancit eam tribunorum
plebis potestatem quae est in re publica nostra; de 5
qua disseri nihil necesse est.

[Q.] At mehercule ego, frater, quaero de ista
potestate quid sentias; nam mihi quidem pestifera
videtur, quippe quae in seditione et ad seditionem
nata sit. Cuius primum ortum si recordari volumus, 10
inter arma civium et occupatis et obsessis urbis locis
procreatum videmus; deinde cum esset cito necatus,
tamquam ex XII Tabulis insignis ad deformitatem
puer, brevi tempore nescioquo pacto recreatus multoque taetrior et foedior natus est. [IX] Quid enim 15
ille non edidit? Qui primum, ut impio dignum fuit,
patribus omnem honorem eripuit, omnia infima
summis paria fecit, turbavit, miscuit; cum adflixisset
principum gravitatem, numquam tamen conquievit.

20 Namque ut C. Flaminium atque ea quae iam prisca 20
videntur propter vetustatem relinquam, quid iuris
bonis viris Tiberi Gracchi tribunatus reliquit? Etsi
quinquennio ante, Decimum Brutum et Publium
Scipionem consules (quos et quantos viros!) homo
omnium infimus et sordidissimus tribunus plebis 25
C. Curiatius in vincla coniecit, quod ante factum

---

1 parebunt *P*: parebant *BA¹ϵL*: -b- *del. Aˣ*   5 est (in re publica
nostra) *ς*: *om.* ω   10 recordari *PF²*: -are *rell.*   12 uidemus *P*
(vix clare) ς: uidimus *rell.* necatus *Claud. Puteanus*: legatus
ω   15 quid (enim ille) *Mdv.*: quem ω: quae *ς*   20 Namque
Bake: an que ω: atque *Minut.* C. (Flaminium) *P*: cum *BϵL*: con *A¹*, -o-
in -u- *mutavit A^b* Flaminium *Minut.*: -us ω   22 Ti(beri) *Vict.*:
liberi *BAESL*: libera *R*: *om. P*   23 D(ecimum) *Vict.*: dum
BA¹ϵL: decium *A^b*: *om. P*   25 infimus *AˣP*: infirmus *BL(?A¹)*:
infirmos ϵ   26 Curiatius *Minut.*: curiatus ω

non erat. Gai vero Gracchi tribunatus, eis sicis quas
ipse se proiecisse in forum dixit quibus digladiaren-
tur inter se cives, nonne omnem rei publicae statum
permutavit? Quid iam de Saturnino, Sulpicio, reli-
5 quis dicam? quos ne depellere quidem a se sine ferro
potuit res publica.

Cur autem aut vetera aut aliena proferam potius **21**
quam et nostra et recentia? Quis umquam tam audax,
tam nobis inimicus fuisset ut cogitaret umquam de
10 statu nostro labefactando, nisi mucronem aliquem
tribunicium exacuisset in nos? Quem cum homines
scelerati ac perditi non modo ulla in domo sed nulla
in gente reperirent, gentes sibi in tenebris rei publicae perturbandas putaverunt; quod nobis quidem
15 egregium et ad immortalitatem memoriae gloriosum,
neminem in nos mercede ulla tribunum potuisse
reperiri, nisi cui ne esse quidem licuisset tribuno.
Sed ille quas strages edidit! Eas videlicet quas sine **22**
ratione ac sine ulla spe bona furor edere potuit
20 impurae beluae, multorum inflammatus furoribus.
Quamobrem in ista quidem re vehementer Sullam
probo, qui tribunis plebis sua lege iniuriae faciendae
potestatem ademerit, auxili ferendi reliquerit; Pom-
peiumque nostrum ceteris rebus omnibus semper
25 amplissimis summisque effero laudibus, de tribunicia potestate taceo; nec enim reprehendere libet, nec
laudare possum.

---

1 tribunatus *Halm*: ruinis ω   eis sicis *Turn.²*: iis siciis *B*: et (h)iis
siciis *(vel* sitiis*)* ∈*L*: & inscitiis *Aᵃ* (excidiis *A marg.*): et issiciis *P*
2 proiecisse *P*: -isset *rell.* permutavit: perturbauit ς   4 Saturnino, Sulpicio *Goerenz*: saturnini su(p)plicio *BAᵇPEL*: saturni supplicio *S*: saturnini supplico *A¹*   8 umquam (tam): inquam
Goerenz   17 ne esse *Rob. Steph.*: nec esse (necesse) ω
19 furor edere *S²*: futura reddere *BAES¹RL*: futura sedare *P*
23 auxili *sic scribendum*: -ium *BAˣ(A¹ obsc.)*: -ii *P∈L*

23   [X] [M.] Vitia quidem tribunatus praeclare, Quinte, perspicis; sed est iniqua in omni re accusanda praetermissis bonis malorum enumeratio vitiorumque selectio; nam isto quidem modo vel consulatus vituperari potest, si consulum (quos enumerare nolo) peccata collegeris. Ego enim fateor in ista ipsa potestate inesse quiddam mali, sed bonum quod est quaesitum in ea sine isto malo non haberemus.

Nimia potestas est tribunorum plebis: quis negat? Sed vis populi multo saevior multoque vehementior; quae ducem quod habet interdum lenior est quam si nullum haberet. Dux enim suo se periculo progredi cogitat, populi impetus periculi rationem sui non

24 habet. 'At aliquando incenditur.' Et quidem saepe sedatur. Quod enim est tam desperatum collegium in quo nemo e decem sana mente sit? Quin ipsum Ti. Gracchum non solum neglectus sed etiam sublatus intercessor evertit; quid enim illum aliud perculit, nisi quod potestatem intercedenti collegae abrogavit? Sed tu sapientiam maiorum in illo vide: concessa plebi a patribus ista potestate, arma ceciderunt, restincta seditio est, inventum est temperamentum quo tenuiores cum principibus aequari se putarent, in quo uno fuit civitatis salus. 'At duo Gracchi fuerunt.' Et praeter eos quamvis enumeres multos licet. Cum

---

5 vituperari potest *Feldhügel*: uitupetest *B*: uitupet est *SR*: uitupet ē *E*: uituperet *L*: uituperio est *P*: uitup&rabilis est A^a (A^l *eras.*)   12 nullum $A^x P\epsilon L$: -am BA^l suo se ς: suo ω *(om. E)* 14 aliquando *P (abbrev.)*: -to *rell.*   17 neglectus *Paul. Man.*: nectus *BAPS*: uectus *E*: nectis *L*: vetitus *Minut.*   18 evertit *Vahlen*: fuerat ω   illum F^2: -ud *rell.*   19 intercedenti *Mdv.*: -endi ω   20 maiorum in illo *Turn.*: maiori ni chillo *S*: maiori ni(c)hilo *rell.*   21 plebi a patribus ista potestate F^2: plebe ista potestas *B*: plebe ista patribus ista potestas *AεL*: plebi a patribus ita potestas *P*   23 putarent *Ernesti*: -rint ω

deni creentur, nonnullos in omni memoria reperies
perniciosos tribunos; leves etiam, non bonos, fortasse
plures. Invidia quidem summus ordo caret, plebes
de suo iure periculosas contentiones nullas facit.
5 Quamobrem aut exigendi reges non fuerunt, aut **25**
plebi re, non verbo, danda libertas; quae tamen sic
data est ut multis praeclaris <institutis> adduceretur
ut auctoritati principum cederet.

[XI] Nostra autem causa, quae, optime et dulcissime
10 frater, incidit in tribuniciam potestatem, nihil habuit
contentionis cum tribunatu; non enim plebes incitata
nostris rebus invidit, sed vincula soluta sunt et servitia
incitata, adiuncto terrore etiam militari. Neque
<solum> nobis cum illa tum peste certamen fuit,
15 sed cum gravissimo rei publicae tempore, cui nisi
cessissem, non diuturnum beneficii mei patria fructum tulisset. Atque haec rerum exitus indicavit. Quis
enim non modo liber, sed etiam servus libertate
dignus fuit, cui nostra salus cara non esset? Quodsi **26**
20 is casus fuisset rerum quas pro salute rei publicae ges-
simus ut non omnibus gratus esset, et si nos
multitudinis furentis inflammata invidia pepulisset,
tribuniciaque vis in me populum, sicut Gracchus in
Laenatem, Saturninus in Metellum incitasset, ferre-
25 mus, o Quinte frater; consolarenturque nos non tam

---

1 deni *Minut.*: dent $BA^xP\epsilon L$ *(? deni A^1)*   creentur *Turn. 1538*:
-antur ω   nonnullos *Turn. 1538*: nullos A^aP: nullus $B\epsilon L$ *(?A^1)*: multos
Scheffer   7 praeclaris institutis *Bake*: praeclarissimis $BAP\epsilon$:
p̄darissimis L adduceretur ς: addic- ω   10 incidit *Minut.*: ince-
dit A^x: incendit BA^1EL: incendi S: uincendi PR 13 terrore F^2:
errore BA^xPESL: erore A^1R neque *om.* B 14 solum *addidi*
tum peste: tempestate L^1P: tempeste $L^{corr.}$ 15–16 cui nisi cessissem *Halm*: cui si cessissem A^b: cui cessissem A^1: cui cessissem $B\epsilon L$: cui
concessi ne P: cui si non cessissem *Minut.*   18 sed etiam P: *om.*
rell.   23 tribuniciaque vis *Goerenz*: tribunicia quis $BA\epsilon$: triunitia
quis L: tribunicia qui si P: si tribunus aliquis *Paul. Man.*   24 Metellum PF^2: metallum *rell.*

philosophi qui Athenis fuerunt, qui hoc facere debebant, quam clarissimi viri qui illa urbe pulsi carere
ingrata civitate quam manere in improba maluerunt.

Pompeium vero quod una ista in re non ita valde
probas, vix satis mihi illud videris attendere: non   5
solum ei quid esset optimum videndum fuisse, sed
etiam quid necessarium. Sensit enim deberi non
posse huic civitati illam potestatem. Quippe, quam
tantopere populus noster ignotam expetisset, qui
posset carere cognita? Sapientis autem civis fuit cau-   10
sam nec perniciosam et ita popularem ut non posset
obsisti, perniciose populari civi non relinquere.

Scis solere, frater, in huiusmodi sermone, ut tran-
siri alio possit, dici 'Admodum', aut 'Prorsus ita est'.

[Q.]   Haud equidem assentior; tu tamen ad reli-   15
qua pergas velim.

[M.]   Perseveras tu quidem et in tua vetere sententia permanes?

[A.]   Nec mehercule ego sane a Quinto nostro
dissentio; sed ea quae restant audiamus.   20

27 [XII] [M.] $^{10.1}$Deinceps igitur omnibus magistratibus auspicia et iudicia dantur: iudicia ut <ea> esset
populi potestas ad quam provocaretur, auspicia ut
multos inutiles comitiatus probabiles impedirent
morae; saepe enim populi impetum iniustum auspi-   25
ciis di immortales represserunt.

1–2 debebant *Goerenz*: debent ω   3 in improba *P*: improbam
rell. (omisso in*)*   15 haud *Ald.*: aut ω   18 permanes? *notam
interrogationis addidi*   19 nec *Mdv. Opusc. 2.162*: nunc *BAεL*:
non *P*   15–20 *Hos versiculos, inter personas antea male distributos,
commode expedivit Mdv.*   22 ut <ea> esset *Du Mesnil*: aut esset
B(?A¹): ut esset *AˣPF²εL (*iudicia *om. E)*: ita ut esset *Ziegler*
24 comitiatus *Rob. Steph.*: com(m)itatus ω

[10.2]Ex eis autem qui magistratum ceperunt quod senatus efficitur, populare <est> sane neminem in summum locum nisi per populum venire, sublata cooptatione censoria; [10.3]sed praesto est huius viti
5 temperatio, quod senatus lege nostra confirmatur auctoritas; sequitur enim 'eius decreta rata sunto'. **28** Nam ita se res habet ut si senatus dominus sit publici consili, quodque is creverit defendant omnes, et si ordines reliqui principis ordinis consilio rem publi-
10 cam gubernari velint, possit ex temperatione iuris, cum potestas in populo, auctoritas in senatu sit, teneri ille moderatus et concors civitatis status, prae-sertim si proximae legi parebitur; [10.4]nam proximum est 'Is ordo vitio careto, ceteris specimen esto'.

15 [Q.] Praeclara vero, frater, ista lex; sed et late patet ut vitio careat ordo, et censorem quaerit inter-pretem.

[A.] Ille vero, etsi tuus est totus ordo gratissi- **29** mamque memoriam retinet consulatus tui, pace tua
20 dixerim, non modo censores sed etiam iudices omnes potest defatigare.

[XIII] [M.] Omitte ista, Attice: non enim de hoc senatu nec his de hominibus qui nunc sunt, sed de futuris, si qui forte his legibus parere voluerint, haec
25 habetur oratio. Nam cum omni vitio carere lex iubeat, ne veniet quidem in eum ordinem quisquam viti particeps; id autem difficile factu est nisi

---

2 populare   est   *Turn.*:   popularem   ω: populare   *Goerenz*
8 quodque *F²*: quoque *rell.*   defendant *F²*: -at *rell.*   9 princi-pis ordinis *Turn.*: -es -es ω   14 est *Aˣ*: et *rell.* careto: vacato *supra, 3.10*   15–16 sed et late patet ut *Turn. ex cod.*: sed et laterat et ut *BERL*: sed e laterat et ut *S¹*: e laterat *del. S²*: sed eclaterat & ut *A (ex quo* se declarat et ut *F*): sed et altera ut et *P*   16 quaerit *Turn.² in adn.*: -at *BAᵃPεL (A¹ eras.)*   19 retinet *Minut.*: -ent ω

educatione quadam et disciplina, de qua dicemus
aliquid fortasse, si quid fuerit loci aut temporis.

30   [A.]   Locus certe non deerit, quoniam tenes ordinem legum; tempus vero largitur longitudo diei. Ego
autem etiam si praeterieris, repetam a te istum de 5
educatione et de disciplina locum.

[M.]   Tu vero et istum, Attice, et si quem alium
praeteriero. <* * *> $^{10.5}$'Ceteris specimen esto':
quod si tenemus, omnia <tenemus>. Ut enim cupiditatibus principum et vitiis infici solet tota civitas, 10
sic emendari et corrigi continentia. Vir magnus et
nobis omnibus amicus L. Lucullus ferebatur quasi
commodissime respondisset, cum esset obiecta magnificentia villae Tusculanae, duo se habere vicinos,
superiorem equitem Romanum, inferiorem liberti- 15
num; quorum cum essent magnificae villae, concedi
sibi oportere quod eis qui inferioris ordinis essent
liceret. Non vides, Luculle, a te id ipsum natum, ut
illi cuperent quibus id, si tu non faceres, non liceret?

31 Quis enim ferret istos cum videret eorum villas signis 20
et tabulis refertas, partim publicis, partim etiam
sacris et religiosis? Quis non frangeret eorum libidines, nisi illi ipsi qui eas frangere deberent cupiditatibus eisdem tenerentur? [XIV] Nec enim tantum
mali est peccare principes, quamquam est magnum 25
hoc per se ipsum malum, quantum illud quod permulti imitatores principum exsistunt. Nam licet
videre, si velis replicare memoriam temporum: qua-

---

1 dicemus PF^2: diximus R: dicimus *rell.*   2 si quid F^2: est
quod $BA\epsilon L$: et quod P 8 praeteriero. Ceteris 'Lamb.': praeteris
$BA\epsilon L$: ceteris F: preterii P: *plura deesse suspicor*   9 <tenemus>
hoc   loco   addidi,   ante   omnia   *Bake*   15 inferiorem
ς: int- ω 17 inferioris ς: int- ω 21 refertas F^2: rep-
rell.   23–24 cupiditatibus eisdem ς: -tatis eiusdem ω *fort. recte*
25 quamquam F^2R: quamque $BASL$: tanque P: q$\overline{\text{m}}$ E

lescumque summi civitatis viri fuerint, talem civitatem fuisse; quaecumque mutatio morum in principibus exstiterit, eandem in populo secuturam. Idque 32
haud paulo est verius quam quod Platoni nostro pla-
5 cet, qui musicorum cantibus ait mutatis mutari civitatum status; ego autem nobilium vita victuque
mutato mores mutari civitatum puto; quo pernicio-
sius de re publica merentur vitiosi principes, quod
non solum vitia concipiunt ipsi sed ea infundunt in
10 civitatem; neque solum obsunt quod ipsi corrum-
puntur, sed etiam quod corrumpunt plusque exemplo quam peccato nocent. Atque haec lex, dilatata in
ordinem cunctum, coangustari etiam potest. Pauci
enim atque admodum pauci, honore et gloria ampli-
15 ficati, vel corrumpere mores civitatis vel corrigere
possunt. Sed haec et nunc satis, et in illis libris tractata sunt diligentius; quare ad reliqua veniamus.

[XV] [10.6]Proximum autem est de suffragiis, quae 33
iubeo nota esse optimatibus, populo libera.

20 [A.] Ita mehercule attendi, nec satis intellexi
quid sibi lex aut quid verba ista vellent.

[M.] Dicam, Tite, et versabor in re difficili ac
multum et saepe quaesita: suffragia in magistratu
mandando ac de reo iudicando atque in legum roga-
25 tione clam an palam ferri melius esset.

[Q.] An etiam id dubium est? Vereor ne a te
rursus dissentiam.

[M.] Non facies, Quinte; nam ego in ista sum
sententia qua te fuisse semper scio, nihil ut fuerit in

---

3 secuturam $AP\epsilon L$: securam B: secutam ς 4 haud (haut) P: a͡t
S: aut *rell.*   14 atque <adeo> admodum *Watt*   18 proxi-
mum ς: proximus ω de (suffragiis) PF^2: dein *vel* de in *rell.*
24 ac (de reo) *Feldhügel*: an ω: aut *Ald.*   atque *Mdv.*: qui ω: itemque
coni. Paul. Man.   24–25 in legum rogatione *Mdv.*: in lege aut
rogatione ω 25 clam an *Ald.*: clamant $BA\epsilon L$: clamat P ferri
Bake: -e ω

suffragiis voce melius. Sed obtineri an possit, videndum est.

34 [Q.] Atqui frater, bona tua venia dixerim, ista
sententia maxime et fallit imperitos et obest saepissime rei publicae, cum aliquid verum et rectum esse 5
dicitur, sed obtineri, id est obsisti posse populo,
negatur. Primum enim obsistitur cum agitur severe;
deinde vi opprimi in bona causa est melius quam
malae cedere. Quis autem non sentit omnem auctoritatem optimatium tabellariam legem abstulisse? 10
quam populus liber numquam desideravit, idem
oppressus dominatu ac potentia principum flagitavit.
Itaque graviora iudicia de potentissimis hominibus
exstant vocis quam tabellae. Quamobrem suffragandi
nimia libido in non bonis causis eripienda fuit poten- 15
tibus, non latebra danda populo in qua, bonis ignor-
antibus quid quisque sentiret, tabella vitiosum
occultaret suffragium. Itaque isti rationi neque lator
quisquam est inventus nec auctor umquam bonus.

35 [XVI] Sunt enim quattuor leges tabellariae, quarum 20
prima de magistratibus mandandis. Ea est Gabinia,
lata ab homine ignoto et sordido. Secuta biennio post
Cassia est de populi iudiciis, a nobili homine lata
Lucio Cassio, sed (pace familiae dixerim) dissidente
a bonis atque omnes rumusculos populari ratione 25
aucupante. Carbonis est tertia de iubendis legibus
ac vetandis, seditiosi atque improbi civis, cui ne redi-
tus quidem ad bonos salutem a bonis potuit adferre.

---

1 possit *Minut.*: -unt ω: -int ς   3 atqui *Feldhügel*: quia ω
4 et (obest) *P*: sed *rell. (locum om. R)*   6 obtineri *Minut.*: -re ω
9 quis *Lamb.*: qui ω   10 tabellariam *F²*: -a *rell.*   legem *F²*: -e
APεL: legio *B*   abstulisse *F²*: obtulisset *BAL*: obtulissent *Pε*
14 vocis *Turn.*: -es ω   18 rationi: -e *BR*   23 iudiciis
Bake: iudicio is (his, hiis) *BAεL*: iudicio. ea *P*

Uno in genere relinqui videbatur vocis suffragium, **36**
quod ipse Cassius exceperat, perduellionis; dedit
huic quoque iudicio C. Coelius tabellam, doluitque
quoad vixit se ut opprimeret Gaium Popillium
5 nocuisse rei publicae.

Et avus quidem noster singulari virtute in hoc
municipio quoad vixit restitit Marco Gratidio, cuius
in matrimonio sororem, aviam nostram, habebat,
ferenti legem tabellariam. Excitabat enim fluctus in
10 simpuio, ut dicitur, Gratidius, quos post filius eius
Marius in Aegaeo excitavit mari. Ac nostro quidem
⟨avo * * * M. Scaurus consul⟩ qui cum res esset ad
se delata, {M. Scaurus consul} 'Utinam,' inquit,
'M. Cicero, isto animo atque virtute in summa re pub-
15 lica nobiscum versari quam in municipali maluisses.'

Quamobrem, quoniam non recognoscimus nunc **37**
leges populi Romani sed aut repetimus ereptas aut
novas scribimus, non quid hoc populo obtineri
possit sed quid optimum sit tibi dicendum puto.
20 Nam Cassiae legis culpam Scipio tuus sustinet, quo
auctore lata esse dicitur; tu si tabellariam tuleris, ipse
praestabis. Nec enim mihi placet, nec Attico nostro,
quantum e vultu eius intellego.

[XVII] [A.] Mihi vero nihil umquam populare
25 placuit, eamque optimam rem publicam esse dico

---

1 uidebatur *F*: uideba *BL*: uide=ba *A¹*: a *in* u *mutavit A ˣ*: uidebat
Pε   4 se *Turn.*: sed ω   C. Popillium *Lamb.*: c. populum *(vel abbrev.)* ω   5 nocuisse *Dav.*: -issent *BASRL*: -isset *PE*
7 quoad uixit (restitit) *P²*: quod adduxit *BAεL*: quod ad uixit
P¹F²   8 habebat *PF²*: -ebant *BA*e: -eant *L*   9 fluctus
Hieronymus Ferrarius ap. P. Manutium: fletus *BAεL*: flatus *F²*
10 simpuio *potius quam* simpulo *scribendum* (sympulo *B*: simpulo
AεL: simplo *P*)   11 Marius *om. A (?corr.)*   12 *lacunam statuit Vahlen*: M. Scaurus consul *transposui*   avo *Claud. Puteanus et Lamb. pro* qui   13 se: senatum *Mdv.*   delata, M. *Bake*: delatam *BAεL*: delata *P*   utinam *E*: utinamque *rell.*

quam hic consul constituerat, quae sit in potestate optimorum.

38   [M.]   Vos quidem ut video legem antiquastis sine tabella. Sed ego, etsi satis dixit pro se in illis libris Scipio, tamen ita libertatem istam largior populo ut auctoritate et valeant et utantur boni. Sic enim a me recitata lex est de suffragiis: 'optimatibus nota, plebi libera sunto'; quae lex hanc sententiam continet ut omnes leges tollat quae postea latae sunt, quae tegunt omni ratione suffragium: 'ne quis inspiciat tabellam', 'ne roget', 'ne appellet'; pontes etiam lex Maria fecit

39   angustos. Quae si opposita sunt ambitiosis, ut sunt fere, non reprehendo. Si non valuerint tamen leges ut ne sit ambitus, habeat sane populus tabellam quasi vindicem libertatis, dummodo haec optimo cuique et gravissimo civi ostendatur ultroque offeratur, ut in eo sit ipso libertas in quo populo potestas honeste bonis gratificandi datur. Eoque nunc fit illud quod a te modo, Quinte, dictum est, ut minus multos tabella condemnet quam solebat vox, quia populo licere satis est. Hoc retento, reliqua voluntas auctoritati aut gratiae traditur. Itaque, ut omittam largitione corrupta suffragia, non vides, si quando ambitus sileat, quaeri in suffragiis quid optimi viri sentiant? Quamobrem lege nostra libertatis species datur, auctoritas bonorum retinetur, contentionis causa tollitur.⟨10.7⟩

---

3 vos quidem *Turn.*²: uos dem *B¹A¹ERL*: nos dem *S*: uos demum *BˣAᵇ*: uos item *P*   5 ita *Klotz*: ista *BL*: *ras. 3–4 litt. A*: istam ε: in istam *P*   6 boni *Odinus*: -is ω   9 tollat *P*: -et *BA¹εL*: -eret *Aᵇ*   13 si non *Ziegler*: sin ω: sin non *Vahlen*   14 ne sit *Turn.*³ *1557*: ne sim *BAᵃεL(A¹ eras.)*: ne sint *PF²*   15 uindicem *P(?A¹)*: uindicent *BAˣε*: uidicent *L*   16–17 ut in eo sit ipso *Turn.*: uti ne sit ipso *BAPESL*: uti ne sit in eo *R*: uti sit ipsa *F²*   26 retinetur *Aˣ (difficile lectu, confirmat F)*: retinet *BPε*: .t. retinet *L*

[XVIII] [10.8]Deinde sequitur, quibus ius sit cum **40** populo agendi aut cum senatu. [10.9]Gravis et, ut arbitror, praeclara lex: 'quaeque in patribus agentur modica sunto', id est modesta atque sedata. Actor
5 enim moderatur et fingit non modo mentes ac voluntates, sed paene vultus eorum apud quos agit. Quod si in senatu, non difficile. Est enim ipse senator is cuius non ab actore efferatur animus, sed qui per se ipse spectari velit.
10 [11.1]Huic iussa tria sunt: ut adsit, nam gravitatem res habet cum frequens ordo est; ut loco dicat, id est rogatus; ut modo, ne sit infinitus. Nam brevitas non modo senatoris sed etiam oratoris magna laus est in <dicenda> sententia, nec est umquam longa oratione
15 utendum, <quod fit ambitione saepissime>, nisi aut <cum> peccante senatu, nullo magistratu adiuvante, tolli diem utile est, aut cum tanta causa est ut opus sit oratoris copia vel ad hortandum vel ad docendum; quorum generum in utroque magnus noster Cato est.

2–9 Gravis...spectari velit *Hae sententiae, si singulas quidem respexeris, non sunt a contextu neque a Tulliano stilo alienae, sed alia cum alia vix videtur quadrare, nisi multa mutaveris; locus aut excerptus ab aliquo aut mutilus est* tum *add. Vahlen ante* gravis grauis et *BP*: grauis sed A^xEL: grauisset *SR*   3 praeclara PF^2: -e *rell. ante* quaeque in patribus: <quae cum populo> *add. 5, cf. 3.10*   agentur *Turn.*: -untur ω   4 atque sedata 5: atque adsedata $BP \epsilon F$ *(A hic difficilis lectu est: substituitur F)*: atq; at sedata *L*   actor *Asc.² 1528*: auctor ω   5 mentes *Ziegler*: -em ω   7 quod si in BA^xPL *(*d si i *in ras. A)*: quod sin ε: quod in *Asc.²*: etsi *Bake*: quod si <in populo est> in senatu non difficile *Philippson*   non: hoc *Bake*   difficile <est>. est *Minut.*   8 ab: ad F^2 actore *Görler*: auctorem ω: actorem *Ald. nepos*   efferatur *scripsi (cf. TLL 5.149.18 sqq.)*: referatur ω: reflectatur *Görler*   9 ipse spectari uelit $BP\epsilon$, *in ras. A*: ipse specri uelit *L*   14 <dicenda> sententia *Dyck (*sententia <dicenda> *Moser)*   15 quod fit ambitione saepissime *huc transposuit Bake, post* peccante senatu *codd.*   nisi aut *Ald.*: nisi ut ω   15–p.260, 24 saepissime, nullo...permanet *om. B*   16 cum *hic addidi (ante* nullo magistratu *Ursinus ex cod.)*   17 tanta PF^2: tante *rell.*

41 [11.2]Quodque addit 'causas populi teneto', est senatori
necessarium nosse rem publicam, idque late patet:
quid habeat militum, quid valeat aerario, quos socios
res publica habeat, quos amicos, quos stipendiarios,
qua quisque sit lege condicione foedere; tenere 5
consuetudinem decernendi, nosse exempla maiorum.
Videtis iam genus hoc omne scientiae diligentiae
memoriae, sine quo paratus esse senator nullo pacto
potest.

42   [11.3]Deinceps sunt cum populo actiones, in quibus 10
primum et maximum 'vis abesto'. Nihil est enim
exitiosius civitatibus, nihil tam contrarium iuri ac
legibus, nihil minus civile et immanius, quam composita et constituta re publica quicquam agi per vim.
[11.4]Parere iubet intercessori, quo nihil praestantius; 15
impediri enim bonam rem melius quam concedi
malae. [XIX] [11.5]Quod vero actoris iubeo esse fraudem, id totum dixi ex Crassi sapientissimi hominis
sententia, quem est senatus secutus cum decrevisset,
C. Claudio consule de Cn. Carbonis seditione refer- 20
ente, invito eo qui cum populo ageret seditionem non
posse fieri, quippe cui liceat concilium, simul atque
intercessum turbarique coeptum sit, dimittere. Quod
<si> qui permanet cum agi nihil potest, vim quaerit,

---

6 decernendi *P*: rec- *rell.*   7 omne *Minut.*: omnes *E*: ōīs *S*:
ōm̄s *APRL*   8 memoriae sine *Halm*: memoria est ne *(?A¹)*PϵL:
memoriam est de *Aˣ*: memoriam esse sine *F²*   13 civile et *Lamb.*:
ciuile est et *Aˣ*: ciuile est *A¹*: e ciuile est *EL*: se ciuile est *PSR*   immanius *scripsi*: humanus *A¹*PϵL: humanius *Aˣ*: inhumanius *vel* humanum ς   13–14 <in> composita *De Plinval*   15 praestantius
ς: prϵstius *APRL*: praescius *ES*: praestabilius *Ziegler*   17 actoris
Crat.: -es *Ae*: auctores *PL*   18 dixi *Ald.*: dici ω   20 de Cn.
Turn.² *in adn.*: de C. *iam Crat.*: dign. *A*: digii *L*: dignum *Pϵ*
24 si *add. Turn.*   permanet *Turn. 1538* : permovet *Aˣ*: permonet
*P(?A¹)*ϵ: p(er)p(ro)monet *L*: *alii alia* cum agi *rursus incipit B*

cuius impunitatem amittit hac lege. [11.6]Sequitur
illud: 'intercessor rei malae salutaris civis esto'. Quis **43**
non studiose rei publicae subvenerit, hac tam praeclara legis voce laudatus?

5   [11.7]Sunt deinde posita deinceps quae habemus
etiam in publicis institutis atque legibus: 'auspicia
servanto, auguri parento'. Est autem boni auguris
meminisse, <se> maximis rei publicae temporibus
praesto esse debere, Iovique Optimo Maximo se con-
10 siliarium atque administrum datum, ut sibi eos quos
in auspicio esse iusserit; caelique partes sibi definitas
esse traditas, e quibus saepe opem rei publicae ferre
possit.

[11.8]Deinde de promulgatione, de singulis rebus agen-
15 dis, de privatis magistratibusve audiendis. [11.9-10]Tum **44**
leges praeclarissimae de XII Tabulis tralatae duae,
quarum altera privilegia tollit, altera de capite civis
rogari nisi maximo comitiatu vetat. Et nondum
inventis seditiosis tribunis plebis, ne cogitatis qui-
20 dem, admirandum tantum maiores in posterum pro-
vidisse. In privatos homines leges ferri noluerunt: id
est enim privilegium, quo quid est iniustius, cum legis
haec vis sit, <ut sit> scitum et iussum in omnes? Ferri

---

1 amittit *L*: amitti *BAPE*: amicti *S*   sequitur *Crat.*: quitur *BA*: qui
uir *L*: qui tu *ε*: *om. P*   4 praeclara: -ae *malit Dyck*
6–14 institutis atque legibus . . . de singulis *om. L*   8 meminisse
se *Lamb.*: meminis se *ER*: meminisse *BAPS*   9–11
<a> Iove . . . datum ei qui sibi in auspicio esse iusserit *Hoff-
mann*   11 auspicio *Ald.*: -ia *BA*: hospicia *Pε*   12 saepe
opem rei publicae ferre *Paul. Man.*: saepe opem rep. ferre *Aˣ*: saepe
opem rep. ferret *B (?A¹)*: saepe opem referri *P*: sepe se referret opem *S*:
referret sepe opem *E*: sepe referret opem *R*   16 praeclarissim(a)e
AˣPε: praeclarissimas *B*: p(rae)clarisma *A¹?*: praeclaris mea *L*: *fort.*
praeclar(issim)ae sunt?   17 tollit *Ald.*: tolli *BAPε*: toli *L*
18 comitiatu *Rob. Steph.*: comitatu *ω*   19 inventis *Turn.*: initis
P: intis *rell., cf. 2.11*   ne cogitatis *Claud. Puteanus et Lamb.*: negotia
his *B*: negotia=is *A*: negotialis *(-ci-) PεL*   23 ut sit *add. Scheffer*

de singulis nisi centuriatis comitiis noluerunt: discriptus enim populus censu ordinibus aetatibus, plus adhibet ad suffragium consili quam fuse in
45 tribus convocatus. Quo verius in causa nostra vir magni ingeni summaque prudentia Lucius Cotta dicebat, nihil omnino actum esse de nobis; praeter enim quam quod irrita illa essent <cum essent> armis gesta servilibus, praeterea neque tributa capitis comitia rata esse posse neque ulla privilegi. Quocirca nihil nobis opus esse lege, de quibus omnino nihil actum esset legibus. Sed visum est et vobis et clarissimis viris melius, de quo servi et latrones scivisse se aliquid dicerent, de hoc eodem cunctam Italiam quid sentiret ostendere.
46 [XX] 11.11Sequuntur de captis pecuniis et de ambitu leges; quae cum magis iudiciis quam verbis sanciendae sint, 11.12adiungitur 'noxiae poena par esto', ut in suo vitio quisque plectatur: vis capite, avaritia multa, honoris cupiditas ignominia sanciatur.
11.13Extremae leges sunt nobis non usitatae, rei publicae necessariae. Legum custodiam nullam habemus, itaque eae leges sunt quas apparitores nostri volunt. A librariis petimus, publicis litteris consignatam memoriam publicam nullam habemus;

1 singulis nisi *Ald.*: singuli si *B*: singulis si *rell.*   2 discriptus *Buecheler*: descr- ω   3 consili(i) quam *P*: silii quam *B(?A¹)SR*: si inquam *EL*: auxilii quam *Aˣ*   7 irrita *scripsi*: amicitia *BAˣ*: amicta *ES(?A¹)*: amitta *R*: amicla *PL*: amissa *ς*: comitia *Ald.*: *del. Mdv.*: omnia *Halm*   cum essent *inserui*   9 posse *Turn.*: -ent ω   neque *AᵃP*: eque *(vel* equę*) BA¹εL*   12 latrones scivisse se *Turn. 1538*: patroni sciuisse *B*: patronis ciuis sese *P*: patronis ciuis se *APSRL*: patronis cuius se *E*   14 sentiret *PF²*: -em *rell.*   15 sequuntur *Crat.*: sequitur *BA*: sequit *SR*: se quid *EL*: sed quid *P* 15–p. 265, 3 et de ambitu leges...maiores nostros erat *om. L*   16 leges quae *A(?)*: legisque *B*: legis qu(a)e *Pε (dist. post* legis *P)*: legesque *Vahlen*   17 (sanciendae) sint *Ald.*: sunt *BAPε* ut *PF²*: et *BAε*

Graeci hoc diligentius, apud quos nomophylaces
creantur. <Hi olim> non solum litteras (nam id quidem etiam apud maiores nostros erat), sed etiam
facta hominum observabant ad legesque revocabant;
5 haec <igitur> detur cura censoribus, quandoquidem   **47**
eos in re publica semper volumus esse.

    [11.14]Apud eosdem, qui magistratu abierint, edant
et exponant quid in magistratu gesserint, deque eis
censores praeiudicent. Hoc in Graecia fit publice
10 constitutis accusatoribus, qui quidem graves esse
non possunt nisi sunt voluntarii; quocirca melius
rationes referri causamque exponi censoribus, inte-
gram tamen legi accusatori iudicioque servari. Sed
satis iam disputatum est de magistratibus, nisi forte
15 quid desideratis.

    [A.]   Quid si nos tacemus, locus ipse te non
admonet quid tibi sit deinde dicendum?

    [M.]   Mihine? De iudiciis arbitror, Pomponi; id
est enim iunctum magistratibus.

20   [A.]   Quid de iure populi Romani, quemadmo-   **48**
dum instituisti, dicendum nihil putas?

    [M.]   Quid tandem hoc loco est quod requiras?

    [A.]   Egone? Quod ignorari ab eis qui in re pub-
lica versantur turpissimum puto; nam ut modo a te
25 dictum est, leges a librariis peti, sic animadverto
plerosque in magistratibus, ignoratione iuris sui, tantum sapere quantum apparitores velint. Quamobrem

---

2 <Hi olim> non *scripsi exempli gratia*: nei *BASR*: nec *E*: nec (h)ii
PF²   5 igitur *addidi*   8–9 deque eis censores *F²*: deque in
censore *BPεL (AF¹ difficiles lectu sunt)*   14 iam *Minut.*: etiam ω
16 si nos *Rob. Steph.*: sin *B*: si ñ *AP*: si non εL   22 quod
(requiras) *Minut.*: quid ω   25 peti *Lamb.*: lego ω   25–26
animadverto plerosque *Rob. Steph.*: animaduerto rosque *BSRL*:
animaduertoresq; *E*: animaduerti quosque *Aˣ (A¹ eras.)*: animaduer-
tor hosque *P*

si de sacrorum alienatione dicendum putasti cum de
religione leges proposueras, faciendum tibi est ut
magistratibus lege constitutis de potestatum iure disputes.

49 [M.]   Faciam breviter si consequi potuero; nam 5
pluribus verbis scripsit ad patrem tuum M. Iunius
eo de iure, perite meo quidem iudicio et diligenter.
†Nos ac de iure nate cogitari per nos et que dicere
debemus† de iure populi Romani quae relicta sunt et
tradita.   10

[A.]   Sic prorsum censeo, et id ipsum quod dicis
exspecto.

---

1 cum *Ald.*: qm̄ ω   2 religione] *deficit B*   3 lege constitutis ς: lege ob constitutis *A^x(*-b- *in ras.)PεL*   potestatum ς: potestate tum *APSRL*: potestate cum *E*   5 nam ς: non ω   7 eo
de iure *scripsi*: sodalie *A*: sodalię *PεL*: sodalis *Minut. vix recte*   perite meo *Minut.*: peritum eo *PεL*: peritum *A*   diligenter *P*: diligent
AεL   8–9 nos . . . dicere debemus *locus fortasse insanabilis*:   nos
om. F²   ac *A¹?*: at *A^xPε*: ad *L*: autem *Bake*   nate *AEL*: nata *SR*:
natur(a)e *P*   cogitari ω: cogitare *Turn.*   *lacunam post* per nos *statuit Rob. Steph.*   et qu(a)e ω: atque *Turn.*   *fort.* cogitata per nos et
quae<sita>?   11 sic *PεL*: sit *A*   prorsum *Halm*: p(ro) cu(m)
AESL: pro con *R*: profecto *P*   quod ς: qu(a)e ω   12 exspecto
Minut.: specto ω

FRAGMENTA LIBRORVM DE
LEGIBVS

1. [= 4 Z.–G.] (*lib. III*) Qui poterit socios tueri, si
dilectum rerum utilium et inutilium non habebit?
2. [= 5 Z.–G.] (*lib. V*) Visne igitur, quoniam sol
paululum a meridie iam devexus videtur, neque-
5   dum satis ab his novellis arboribus omnis hic locus
opacatur, descendamus ad Lirem, eaque quae
restant in illis alnorum umbraculis persequamur?
3. [= 2 Z.–G.] (*incert.* 1) Sicut una eademque natura
mundus omnibus partibus inter se congruentibus
10 cohaeret ac nititur, sic omnes homines inter se natura coniuncti pravitate dissentiunt, neque se intellegunt esse consanguineos et subiectos omnes sub
unam eandemque tutelam; quod si teneretur,
deorum profecto vitam homines viverent.

1–2 *Macr. De differentiis et societatibus Graeci Latinique verbi (ed.
P. de Paolis, Urbino 1990) 17.6, et Auct. incert. De verbo, 5.6 Jahn =
p. 160 Endlicher: proprium Latinorum est ut modo indicativa pro
coniunctivis, modo coniunctiva pro indicativis ponant. Cicero de
legibus tertio: Qui poterit... non habebit? In lacuna ad 3.17 inseruit
Vahlen*   3–7 *Macr. Sat. 6.4.8* Sunt qui aestiment hoc verbum
'umbracula' Vergilio auctore compositum, cum Varro rerum divinarum libro decimo dixerit... et Cicero in quinto de legibus: 'Visne
igitur... persequamur?'   8–14 *Lact. Inst. 5.8.10* Nunc autem
mali sunt ignoratione recti ac boni. Quod quidem Cicero vidit; disputans enim de legibus, 'Sicut una' inquit 'eademque... homines
viverent'. *In lacuna ad 1.33 inserere voluit Ziegler*

---

6 descendamus *Halm*: -atur *codd. Macrobii*   8 *(codices Lactantii hic citantur secundum Brandt)*   eademque: eaque *B*: eadem *S*:
eaedemque   *V*   11 coniuncti *Ziegler*: confusi *codd. Lact.*
13 unam eandemque tutelam: una eademque tutela *B²HS²* (una *et*
tutela *etiam P*, eademque *R*)   14 deorum: adeo *B²*   vitam:
uitam beatam *B*: uita *HSP*

4. [= 1 Z.–G.] (*incert.* 2) Gratulemurque nobis, quoniam mors aut meliorem quam qui est in vita aut
certe non deteriorem adlatura est statum. nam
sine corpore animo vigente divina vita est, sensu
carente nihil profecto est mali.   5

5. [= 3 Z.–G.] (*dubium*) *Magnum Cicero audaxque*
consilium suscepisse Graeciam dicit, quod Cupidi-
num et Amorum simulacra in gymnasiis consecrasset.

1–5 *Lact. Inst. 3.19.2* At illi qui de mortis bono disputant, quia nihil
veri sciunt, sic argumentantur: Si nihil est post mortem, non est
malum mors, aufert enim sensum mali. Si autem supersunt animae,
etiam bonum est, quia immortalitas sequitur. Quam sententiam Cicero de legibus sic explicavit: 'Gratulemurque nobis...est mali'. *In*
lacuna ad 2.53 ponere voluit Vahlen.   6–8 *Lact. Inst. 1.20.14*
Magnum Cicero...consecrasset. *V. supra ad 2.28.*   8 *De frag-*
mentis v. etiam P. L. Schmidt, in: Miscellanea critica, ii (Lipsiae,
1965), 301–33.

M. TVLLI CICERONIS

CATO MAIOR
DE SENECTVTE

SIGLA

P	Parisinus lat. 6332, s. IX 2/3
H	Londiniensis Harleianus 2682, s. XI
M	Laurentianus 50.45, s. X/XI
V	Leidensis Vossianus lat. O. 79, s. IX ex.
R	Turicensis Rhenaugiensis 127, s. XI/XII
S	Monacensis 15964 (Salisburgensis), s. XII in.
Z	Marcianus lat. XIV, 222 (4007), s. XI/XII
B	Bruxellensis 9591, s. IX
L	Leidensis Vossianus F. 12b. s. IX med.
A	Parisinus n.a. lat. 454, s. IX 2/3
D	Vaticanus Reg. lat. 1587, s. IX
G	Londiniensis Egertonianus 654, s. XII in. (excerptum)
Hb	Londiniensis Harleianus 2716, fol. 74^v, s. X ex. (fragmentum)
Ra	Vaticanus Reg. lat. 1414, s. XI (ex P descriptus, substituitur pro eo §§78–85)
O	Oxoniensis, D'Orville 77, s. X/XI in. (descriptus ex A)
O^2	eius corrector
ω	codd. omnes
α	PHMVRSZ
β	BLAD
ς	e codicibus recentioribus unus vel plures

Raro citantur

Q	Turicensis Rhenaugiensis 126, s. XII
Sg	Parisinus lat. 13340 (Sangermanensis), s. XII
{}	delenda

CATO MAIOR
DE SENECTUTE

[I] O Tite, si quid ego adiuero, curamve levasso   **1**
quae nunc te coquit et versat in pectore fixa,
ecquid erit praemi?

licet enim mihi versibus eisdem adfari te, Attice,
5 quibus adfatur Flamininum

   ille vir haud magna cum re, sed plenus fidei;

quamquam certo scio non ut Flamininum

   sollicitari te Tite sic noctesque diesque,

novi enim moderationem animi tui et aequitatem,
10 teque non cognomen solum Athenis deportasse, sed
humanitatem et prudentiam intellego. Et tamen te
suspicor eisdem rebus quibus me ipsum interdum
gravius commoveri, quarum consolatio et maior est

Cato Maior de senectute *cf. Lael. 4*: Cato Maior *Off., 1.151, Att. 14.21.3, Lact. Inst. 6.20.4, schol. Juv. 11.78*: Cato *fortasse Div. 2.3*: de senectute *ibid., Val. Max. 8.13. ext.1, Non., Charis., Prisc., cf. Plut. Cato 17, Flamininus 18*: O Tite *vel* O Tite si quid *Att. 16.3.1, 16.11.3*   *1–8 Enn. ann. 335–9 V^2 = 335–9 Sk.*

Cato Maior de senectute *β*: Cato Maior vel de senectute *V*: Lib: Catonis de senectute *P*: De senectute *M*: Cato *S*: *HRZ inscriptionem libri non habent*   1 ego: te *PD²*   adiuero: adiuro *P²*: adiuuo te *H*: adiuto *M²V¹RSZ et codd. KR Donati ad Ter. Phorm. 34*   levasso: leuauero *BL*: leuasero *A¹D¹*: leuabo *H*   2 *post* fixa *add.* et qua deprimeris *V²A²SZ*   3 praemi: pretii *V¹HSZ*   4 licet enim mihi: licet enim *Hβ*   10 non cognomen *O²R*: cognomen non *rell.*

et in aliud tempus differenda; nunc autem mihi est
2 visum de senectute aliquid ad te conscribere. Hoc
enim onere, quod mihi commune tecum est, aut iam
urgentis aut certe adventantis senectutis, et te et me
etiam ipsum levari volo, etsi te quidem id modice ac ₅
sapienter, sicut omnia, et ferre et laturum esse certo
scio; sed mihi cum de senectute vellem aliquid scribere, tu occurrebas dignus eo munere quo uterque
nostrum communiter uteretur. Mihi quidem ita
iucunda huius libri confectio fuit ut non modo ₁₀
omnes absterserit senectutis molestias, sed effecerit
mollem etiam et iucundam senectutem. Numquam
igitur digne satis laudari philosophia poterit, cui qui
pareat omne tempus aetatis sine molestia possit
degere.   ₁₅
3   Sed de ceteris et diximus multa et saepe dicemus:
hunc librum ad te de senectute misimus. Omnem
autem sermonem tribuimus non Tithono, ut Aristo
Ceus—parum enim esset auctoritatis in fabula—sed
Marco Catoni seni, quo maiorem auctoritatem ₂₀
haberet oratio; apud quem Laelium et Scipionem
facimus admirantes quod is tam facile senectutem
ferat, eisque eum respondentem. Qui si eruditius
videbitur disputare quam consuevit ipse in suis
libris, attribuito litteris Graecis, quarum constat ₂₅
eum perstudiosum fuisse in senectute. Sed quid

5–7 etsi te...certo scio *Charis. GL i. 206.11 Keil = 267.18 B.*
'modice'   11–12 omnes absterserit...senectutem *Non. 347.11*
'molle' 23–25 qui si...libris *Charis. 198.28 K.=258.15 B.* 'eruditius'

---

2 conscribere: scribere *BHSZ*   3 enim: autem   *MZ*
4 et te et me etiam: et te et me *PHV²RSZ*: et temet *V¹* 6 certo
BLP²A²D²RZ et Charis.: certe *rell.*   18–19 ut Aristo Ceus *R*:
ut aristoteles *VSZ*: ut aristoles *M*: aut aristo *PHL²D²*: ut Aristo
Chius *β*: ut aristocheus *vel* ut aristoteus *vel* ut aristotiles *ς*
25 attribuito: id tribuito *L¹*: id tribulato *B*: id tribuitur *A¹D¹*

opus est plura? Iam enim ipsius Catonis sermo explicabit nostram omnem de senectute sententiam.

[II] SCIPIO. Saepenumero admirari soleo cum hoc 4
Gaio Laelio, cum ceterarum rerum tuam excellen-
5 tem, Marce Cato, perfectamque sapientiam, tum vel
maxime quod numquam tibi senectutem gravem esse
senserim; quae plerisque senibus sic odiosa est ut
onus se Aetna gravius dicant sustinere.

CATO. Rem haud sane difficilem, Scipio et Laeli,
10 admirari videmini; quibus enim nihil est in ipsis opis
ad bene beateque vivendum, eis omnis aetas gravis
est; qui autem omnia bona a se ipsi petunt, eis nihil
malum potest videri quod naturae necessitas adferat.
Quo in genere est in primis senectus; quam ut adi-
15 piscantur omnes optant, eandem accusant adeptam:
tanta est stultitiae inconstantia atque perversitas.
Obrepere aiunt eam citius quam putavissent. Primum quis coegit eos falsum putare? Qui enim citius
adulescentiae senectus, quam pueritiae adulescentia
20 obrepit? Deinde qui minus gravis esset eis senectus si
octingentesimum annum agerent, quam si octogesimum? Praeterita enim aetas quamvis longa, cum
effluxisset, nulla consolatione permulcere posset
stultam senectutem. Quocirca si sapientiam meam 5
25 admirari soletis (quae utinam digna esset opinione
vestra nostroque cognomine!), in hoc sumus
sapientes, quod naturam, optimam ducem, tamquam

6–7 quod numquam . . . senserim *Non. 315.1 'grave'*

---

4 C(aio) *om. VRSZβ*   5 sapientiam: patientiam *PHL²A²SZ*
9 difficilem *post* Laeli *PRSZ: om. H*   13 malum potest: potest
malum *PRSZ*   15 adeptam α: adepti β   16 stultitiae: stultitia *V¹R*   21 quam si β: quam α   23 consolatione *HS²*:
consolatio *rell.*

deum sequimur eique paremus; a qua non veri simile
est, cum ceterae partes aetatis bene descriptae sint,
extremum actum tamquam ab inerti poeta esse
neglectum. Sed tamen necesse fuit esse aliquid extremum, et tamquam in arborum bacis terraeque 5
fructibus, maturitate tempestiva quasi vietum et
caducum; quod ferundum est molliter sapienti.
Quid est enim aliud Gigantum modo bellare cum
dis, nisi naturae repugnare?

6   LAELIUS. Atqui, Cato, gratissimum nobis (ut 10
etiam pro Scipione pollicear) feceris, si quoniam
speramus—volumus quidem certe senes fieri, multo
ante a te didicerimus quibus facillime rationibus
ingravescentem aetatem ferre possimus.

CATO. Faciam vero, Laeli, praesertim si utrique 15
vestrum, ut dicis, gratum futurum est.

LAELIUS. Volumus sane nisi molestum est, Cato,
tamquam longam aliquam viam confeceris, quam
nobis quoque ingrediundum sit, istuc quo pervenisti
videre quale sit.   20

7   [III] CATO. Faciam ut potero, Laeli. Saepe enim
interfui querelis aequalium meorum; pares autem
vetere proverbio cum paribus facillime congregan-
tur. Quae Gaius Salinator, quae Spurius Albinus,
homines consulares nostri fere aequales, deplorare 25
solebant!—tum quod voluptatibus carerent, sine quibus vitam nullam putarent, tum quod spernerentur
ab eis a quibus essent coli soliti. Qui mihi non id

---

7 quod ferundum . . . sapienti *Non. 347.3* 'molle'   *imitatur Platonis
Rem Publ. 328d–330a*

---

2 descriptae: discr- *VL¹AD*   6 fructibus: frugibus *O²R*
vietum: uigetum *VL²SZ*: uetum *L¹AD*: uetiua *B*   7 ferundum
sic scr. PVS et codd. LGenG Nonii: -andum *B*   18 quam: qua
HS   19 ingrediundum *sic scr. P¹RSZβ*

videbantur accusare quod esset accusandum; nam si
id culpa senectutis accideret, eadem mihi usu venirent, reliquisque omnibus maioribus natu; quorum
ego multorum cognovi senectutem sine querela, qui
5 se et libidinum vinculis laxatos esse non moleste
ferrent, nec a suis despicerentur. Sed omnium istius-
modi querelarum in moribus est culpa, non in aetate;
moderati enim et nec difficiles nec inhumani senes
tolerabilem senectutem agunt, importunitas autem et
10 inhumanitas omni aetati molesta est.

    LAELIUS. Est ut dicis, Cato; sed fortasse dixerit **8**
quispiam, tibi propter opes et copias et dignitatem
tuam tolerabiliorem senectutem videri, id autem non
posse multis contingere.

15   CATO. Est istuc quidem, Laeli, aliquid, sed nequaquam in isto sunt omnia; ut Themistocles fertur
Seriphio cuidam in iurgio respondisse, cum ille dixisset non eum sua sed patriae gloria splendorem adse-
cutum, 'Nec hercule' inquit 'si ego Seriphius essem,
20 nec tu si Atheniensis esses clarus umquam fuisses.'
Quod eodem modo de senectute dici potest: nec enim
in summa inopia levis esse senectus potest ne sapienti
quidem, nec insipienti etiam in summa copia non
gravis.

25   Aptissima omnino sunt, Scipio et Laeli, arma **9**
senectutis artes exercitationesque virtutum; quae
in omni aetate cultae, cum diu multumque vixeris

---

15 *libere citat Charis. 208.17 K. = 270.8 B. 'nequaquam'*

2–3 usu venirent *recc. ap. Otto*: usu euenirent *ω*   10 aetati:
aetate *R*   13 tuam *om.* V^1L^1 15 istuc *PMRSZA*: istud
HVBLD et Charis.   16 sunt *om. PHMRSZ*   19 essem:
essem ignobilis $PHMRSZL^2O^2$ 20 esses *om. LAD*   22 ne
sapienti PMV^2RSZ^1: nec sapienti *rell.*

mirificos ecferunt fructus; non solum quia numquam
deserunt ne extremo quidem tempore aetatis (quamquam id quidem maximum est), verum etiam quia
conscientia bene actae vitae multorumque benefac-
10 torum recordatio iucundissima est. [IV] Ego Quin- 5
tum Maximum, eum qui Tarentum recepit, senem
adulescens ita dilexi ut aequalem; erat enim in illo
viro comitate condita gravitas, nec senectus mores
mutaverat; quamquam eum colere coepi non admodum grandem natu, sed tamen iam aetate provectum. 10
Anno enim post consul primum fuerat quam ego
natus sum; cumque eo quartum consule adulescen-
tulus miles ad Capuam profectus sum, quintoque
anno post ad Tarentum. Quaestor deinde quadriennio post factus sum, quem magistratum gessi consu- 15
libus Tuditano et Cethego, cum quidem ille
admodum senex suasor legis Cinciae de donis et
muneribus fuit. Hic et bella gerebat ut adulescens
cum plane grandis esset, et Hannibalem iuveniliter
exsultantem patientia sua molliebat; de quo praeclare 20
familiaris noster Ennius:

> unus homo nobis cunctando restituit rem,
> non enim rumores ponebat ante salutem:
> ergo postque magisque viri nunc gloria claret.

19–20 et Hannibalem...molliebat *Non. 301.2* 'exultare'; *347.16*
'molle'   21 *Enn. ann. 370–2 V²* = *363–5 Sk.*

---

1 ecferunt *MA²*: ecfecerunt *P¹*: haec ferunt *V*: eferunt *A¹*: efferunt
rell.   12 eo *HMVRSZB*: ego *PLAD*   quartum *P¹R²*: quarto
rell.   14–15 quaestor...quem *Pighius*: quaestor. deinde aedilis.
quadriennio post factus sum praetor. quem a: quaestor. quem *BA¹*:
quaestor. quō *A²*: quaestor. q̄m̄L¹D¹: quaestorque *Mommsen*
22 homo *P²L²D²S²*: homo qui *P¹MS¹*: qui *rell.*   23 non enim
ω: noenum *Lachmann*   ponebat: ponebant *P¹MV*

Tarentum vero qua vigilantia, quo consilio recepit! **11**
Cum quidem me audiente Salinatori (qui amisso
oppido fuerat in arce) glorianti atque ita dicenti,
'Mea opera, Quinte Fabi, Tarentum recepisti',
5 'Certe,' inquit ridens, 'nam nisi tu amisisses, numquam recepissem.' Nec vero in armis praestantior
quam in toga; qui consul iterum, Spurio Carvilio
collega quiescente, Gaio Flaminio tribuno plebis
quoad potuit restitit, agrum Picentem et Gallicum
10 viritim contra senatus auctoritatem dividenti, augur-
que cum esset, dicere ausus est, optimis auspiciis ea
geri quae pro rei publicae salute gererentur, quae
contra rem publicam ferrentur contra auspicia ferri.
Multa in eo viro praeclara cognovi, sed nihil admir- **12**
15 abilius quam quomodo ille mortem fili tulit, clari viri
et consularis; est in manibus laudatio, quam cum
legimus, quem philosophum non contemnimus?
Nec vero ille in luce modo atque in oculis civium
magnus, sed intus domique praestantior: qui sermo,
20 quae praecepta, quanta notitia antiquitatis, scientia
iuris augurii! Multae etiam ut in homine Romano
litterae; omnia memoria tenebat, non domestica
solum sed etiam externa {bella}. Cuius sermone ita
cupide fruebar, quasi iam divinarem, id quod evenit,
25 illo exstincto fore unde discerem neminem.

7–10 Spurio Carvilio C. Flaminio tribuno ... dividenti (collega
quiescente *om. Charis.*) *Charis. 224.10 = 289.3 B.* 'viritim'

---

3 fuerat: fugerat $PV^2L^2A^2D^2RSZ$ arce: arcem D^2S^2
4 Q(uinte) *om.* β   5 tu: tu hic L^1A^1: tu hoc *D*: tu non *M*: *om. B*
14 nihil β: nihil est α   15 fil(i)i H^1V: M(arci) filii *rell.*
23 {bella} *del. Meissner*   24 fruebar: fruebar tunc H^2O^2R: perfruebar *M*: perfruebar tunc *SZ*

13   [V] Quorsum igitur haec tam multa de Maximo?
Quia profecto videtis, nefas esse dictu miseram fuisse
talem senectutem. Nec tamen omnes possunt esse
Scipiones aut Maximi, ut urbium expugnationes, ut
pedestres navalesque pugnas, ut bella a se gesta, ut 5
triumphos recordentur; est etiam quiete et pure
atque eleganter actae aetatis placida ac lenis senectus,
qualem accepimus Platonis, qui uno et octogesimo
anno scribens est mortuus; qualem Isocratis, qui eum
librum qui Panathenaicus inscribitur quarto et non- 10
agesimo anno scripsisse se dicit, vixitque quinquennium postea; cuius magister Leontinus Gorgias
centum et septem complevit annos, neque umquam
in suo studio atque opere cessavit. Qui cum ex eo
quaereretur, cur tam diu vellet esse in vita, 'Nihil 15
habeo' inquit 'quod accusem senectutem.' Prae-
14 clarum responsum et docto homine dignum! Sua
enim vitia insipientes et suam culpam in senectutem
conferunt. Quod non faciebat is cuius modo mentionem feci Ennius: 20

> sicuti fortis equus, spatio qui saepe supremo
> vicit Olympia, nunc senio confectus quiescit.

Equi fortis et victoris senectuti comparat suam.
Quem quidem probe meminisse potestis; anno enim
undevicesimo post eius mortem hi consules, T. 25

---

20 *Enn. ann. 374–5 V² = 522–3 Sk.*

---

1 quorsum *BL²S²*: cursum *LAD*: quorsus *a*   5 navalesque:
naualesue *PHMRSZ*   9 Isocratis *Sweynheym–Pannartz*: socra-
tis ω   10–11 quarto et nonagesimo: quarto nonagesimo
PMRSZ: nonagesimo quarto *H*   11 se dicit *P²Mβ*: se dicitur
P¹A²: dicitur *VHRSZ*   20 feci   *MVRSZD²*: fecit
PHβ   Ennius *om. S¹Z*   24–25 anno enim undeuicesimo
L²D²: anno enim uigesimo *H*: annum enim ante uicesimum *S*:
annum enim undeuicesimum *rell.*

Flamininus et M'. Acilius, facti sunt; ille autem
Caepione et Philippo iterum consulibus mortuus
est, cum ego quinque et sexaginta annos natus legem
Voconiam magna voce et bonis lateribus suasi. Sed
5 annos septuaginta natus, tot enim vixit Ennius, ita
ferebat duo quae maxima putantur onera, paupertatem et senectutem, ut eis paene delectari videretur.

Etenim cum complector animo, quattuor reperio 15
causas cur senectus misera videatur: unam quod avo-
10 cet a rebus gerendis, alteram quod corpus faciat infir-
mius, tertiam quod privet fere omnibus voluptatibus,
quartam quod haud procul absit a morte. Earum, si
placet, causarum quanta quamque sit iusta unaquae-
que videamus.

15 [VI] A rebus gerendis senectus abstrahit. Quibus?
an eis quae iuventute geruntur et viribus? Nullaene
igitur res sunt seniles, quae vel infirmis corporibus,
animo tamen administrentur? Nihil ergo agebat
Quintus Maximus, nihil Lucius Paulus pater tuus,
20 socer optimi viri fili mei? Ceteri senes, Fabricii Curii
Coruncanii, cum rem publicam consilio et auctoritate defendebant, nihil agebant? Ad Appi Claudi 16
senectutem accedebat etiam ut caecus esset; tamen
is cum sententia senatus inclinaret ad pacem cum
25 Pyrrho foedusque faciendum, non dubitavit dicere
illa quae versibus persecutus est Ennius:

---

26 *Enn. ann. 202–3 V^2 = 199–200 Sk.*

---

1 M(anius) *om.* *VL^{1}D^1*   2 consulibus *H*: consule
rell.   4 suasi. Sed *Forchhammer*: suasisset *P^{1}H^1*: suassimsem
B: suasissem *rell.* (-si- *altera manu V*)   11 fere omnibus: omnibus fere *PMO^2*   16 iuventute: in iuuentute *VH*   19 Quintus: aut *LAD*: *om. B*   L(ucius) *PL^{2}A^{2}RSZ*: *om. rell.*

quo vobis mentes, rectae quae stare solebant
antehac, dementes sese flexere viai?...

ceteraque gravissime; notum enim vobis carmen
est, et tamen ipsius Appi exstat oratio. Atque haec
ille egit septimo decimo anno post alterum consula- 5
tum, cum inter duos consulatus anni decem inter-
fuissent, censorque ante superiorem consulatum
fuisset; ex quo intellegitur, Pyrrhi bello eum
grandem sane fuisse; et tamen sic a patribus accepi-
17 mus. Nihil igitur adferunt qui in re gerenda versari 10
senectutem negant, similesque sunt ut si qui guber-
natorem in navigando nihil agere dicant, cum alii
malos scandant, alii per foros cursent, alii sentinam
exhauriant, ille autem clavum tenens quietus sedeat
in puppi. Non facit ea quae iuvenes; at vero multo 15
maiora et meliora facit. Non viribus aut velocitate aut
celeritate corporum res magnae geruntur, sed consilio auctoritate sententia; quibus non modo non
18 orbari, sed etiam augeri senectus solet. Nisi forte
ego vobis, qui et miles et tribunus et legatus et consul 20
versatus sum in vario genere bellorum, cessare nunc
videor cum bella non gero: at senatui quae sint ger-

---

2 dementes: dementi O^2RS^2 sese flexere: se flexere V^2HS^2: ten-
dunt se flectere ϛ   viai *Lambinus*: uia ω: ruina *vel* uie *vel* uite ϛ: vietae
Scaliger   4 App(i)i *om.* BH^1 5 septimo decimo anno
HR^2S^2: septem decim (decem) annos *rell.*: septendecim annis *Erasmus*   8 bello eum *Simbeck*: bellum PHL^2A^2: bello *rell.*
9 grandem: grande $PHA^2(?M)$ 11 similesque sunt *om.*
SZ ut si qui: ut his qui LAD: in his qui B 12 dicant βRS:
dicunt $PHMVZ$ 15 non fac(it) Z: non faciat *rell.*   16 facit
S: faciat *rell.*   uelocitate $V\beta$: uelocitatibus $PHMRSZ$

enda praescribo et quomodo; Carthagini male iam diu
cogitanti bellum multo ante denuntio, de qua vereri
non ante desinam, quam illam exscissam esse cogno-
vero. Quam palmam utinam di immortales, Scipio, **19**
5 tibi reservent, ut avi reliquias persequare! cuius a
morte tertius hic et tricesimus annus est, sed memoriam illius viri omnes excipient anni consequentes;
anno ante me censorem mortuus est, novem annis
post meum consulatum cum consul iterum me consule
10 creatus esset. Num igitur si ad centesimum annum
vixisset, senectutis eum suae paeniteret? Nec enim
excursione nec saltu nec eminus hastis aut comminus
gladiis uteretur, sed consilio ratione sententia; quae
nisi essent in senibus, non summum consilium
15 maiores nostri appellassent senatum. Apud Lacedae- **20**
monios quidem ei qui amplissimum magistratum gerunt, ut sunt sic etiam nominantur senes. Quodsi legere
aut audire voletis externa, maximas res publicas ab
adulescentibus labefactatas, a senibus sustentatas et
20 restitutas reperietis.

      Cedo qui vestram rem publicam tantam
amisistis tam cito?—

21–22 & p. 280,3 *Naev. praetext. 7–8*

---

1 quomodo; Carthagini *dist. Gruterus*   1–2 quomodo . . . denuntio O^2: bellum *om. R*: bellum inferatur *H (ras. unius litt. post* Carthagini*)*: quomodo Carthagini cui male . . . denuntio *rell.*: cum *Anz pro*
cui   3 exscissam *Lambinus*: excissam *B*: exscisam *L*: excisam
rell.   6 tertius: quartus *Pighius*: quintus *Ursinus ex cod.*: sextus
Aldus nepos   9 consul *βR*: simul consul *PHMVSZ*   18 externa RS^2Z: externas *rell.*   19 labefactatas: labefactas HL^1S^2

sic enim percontantur, ut est in Naevi poetae Ludo:
respondentur et alia et hoc in primis,

    proveniebant oratores novi, stulti adulescentuli.

Temeritas est videlicet florentis aetatis, prudentia
senescentis.   5

21   [VII] At memoria minuitur.—Credo, nisi eam
exerceas, aut etiam si sis natura tardior. Themistocles
omnium civium perceperat nomina: num igitur cen-
setis eum, cum aetate processisset, qui Aristides esset
Lysimachum salutare solitum? Equidem non modo   10
eos novi qui sunt, sed eorum patres etiam et avos; nec
sepulcra legens vereor, quod aiunt, ne memoriam
perdam; eis enim ipsis legendis in memoriam redeo
mortuorum. Nec vero quemquam senem audivi obli-
tum quo loco thesaurum obruisset: omnia quae cur-   15
ant meminerunt, vadimonia constituta, qui sibi, cui
22 ipsi debeant. Quid iurisconsulti, quid pontifices, quid
augures, quid philosophi senes, quam multa meminerunt? Manent ingenia senibus, modo permaneat
studium et industria; neque ea solum in claris et hon-   20
oratis viris, sed in vita etiam privata et quieta. Sophocles ad summam senectutem tragoedias fecit; quod
propter studium cum rem neglegere familiarem
videretur, a filiis in iudicium vocatus est, ut quemadmodum nostro more male rem gerentibus patribus   25

22 *libere citat Charis.* 215.9 K. = 278.10 B. '*proxime*'

1 percontantur: percontanti *Minutianus*: percontantibus *Mommsen*
ut est *PHMRSZL²D²*: ut *Vβ*: *del. Mommsen*   poetae Ludo *βRSZ*:
posteriore libro *P¹VHM*: poetae Lupo *Ribbeck*   3 proveniebant:
prouentabant *L¹*: prouentabant *A¹D¹*: prouenientur *P¹* stulti: et stulti
PHD²   12 ne *om.* *M²VRB*   13 eis *scripsi*: is *B*: his
rell.   23 quod propter *PHMR*: propter quod *VSZβ*

bonis interdici solet, sic illum quasi desipientem a re familiari removerent iudices; tum senex dicitur eam fabulam quam in manibus habebat et proxime scripserat, Oedipum Coloneum, recitasse iudicibus, quae-
5 sisseque num illud carmen desipientis videretur; quo recitato sententiis iudicum est liberatus. Num igitur 23 hunc, num Homerum, num Hesiodum Simonidem Stesichorum, num quos ante dixi Isocratem Gorgian, num philosophorum principes Pythagoram Demo-
10 critum, num Platonem, num Xenocratem, num postea Zenonem Cleanthem aut eum quem vos etiam vidistis Romae, Diogenem Stoicum coegit in suis studiis obmutescere senectus? an in omnibus his studiorum agitatio vitae aequalis fuit?
15 Age ut ista divina studia omittamus, possum nomi- 24 nare ex agro Sabino rusticos Romanos, vicinos et familiares meos, quibus absentibus numquam fere ulla in agro maiora opera fiunt, non serendis, non percipiendis, non condendis fructibus; quamquam
20 in aliis minus hoc mirum est—nemo est enim tam senex qui se annum non putet posse vivere—sed idem in eis elaborant quae sciunt nihil ad se omnino pertinere:

serit arbores quae alteri saeculo prosient,

---

24 *Caecilius com. 210*

---

6 iudicum: iudicium $P^1BL^1A^1$ 7 num Homerum *hoc loco* β: *transp. post* Gorgian α   num Hesiodum: num *om. BA*   8 Isocratem *Sweynheym–Pannartz*: Isocraten $L^2P^{rec.}$: socratem *M*: socraten *rell.*   10 num Xenocratem: num *del. Seyffert* 13 omnibus his $VHRSZBO^2$: omnibus *PMLAD*: omnibus iis ς *ap. Otto*   20 aliis: his ς mirum est β: m- sit α   est enim $MSZβ$ (est *om.* L^1): enim est *PHVR*   24 saeculo ω *et codd.* K^1V^2 *Tusc. 1.31*: saeclo *codd.* RV^1G *Tusc.*   prosient P^2: prosint *rell.*

25 ut ait Statius noster in Synephebis; nec vero dubitat agricola, quamvis sit senex, quaerenti cui serat
respondere, 'dis immortalibus, qui me non accipere
modo haec a maioribus voluerunt, sed etiam posteris
prodere'.   5

[VIII] Et melius Caecilius de sene 'alteri saeculo'
prospiciente, quam illud idem,

> edepol Senectus, si nil quicquam aliud viti
> apportes tecum, cum advenis unum id sat est,
> quod diu vivendo multa quae non vult videt   10

et multa fortasse quae vult; atque in ea quae non vult
saepe etiam adulescentia incurrit. Illud vero idem
Caecilius vitiosius:

> tum equidem in senecta hoc deputo miserrimum,
> sentire ea aetate eumpse esse odiosum alteri.   15

26 Iucundum potius quam odiosum: ut enim adulescentibus bona indole praeditis sapientes senes delectantur, leviorque fit senectus eorum qui a iuventute
coluntur et diliguntur, sic adulescentes senum praeceptis gaudent, quibus ad virtutum studia ducuntur;   20
nec minus intellego me vobis quam mihi vos esse
iucundos.

    3–5 non accipere ... prodere *Non. 363.37* 'prodere'   8–10 *Cae-cilius com. 173–5* cf. *Non. 247.5–6* 'advenire ... Caecilius Plocio' 13 *libere citat Charis. 224.8 K. = 289.1 B.* 'vitiosius'   14–15 *Caecilius com. 28–9* cf. *Non. 1.4–5* 'senium ... Caecilius in Ephe-sione'   19–20 sic adulescentes ... ducuntur *Non. 283.13* 'ducere'

    7 idem $P^2HMVRSZ$: ennii idem $BLP^1A^2D^2$: enim idem A^1D^1 15 eumpse esse *Fleckeisen*: eum se esse $V\beta$: esse $PHMS^1Z$: esse se S^2: esse odiosum se R: eum ipsum esse *Non.*

Sed videtis ut senectus non modo languida atque
iners non sit, verum etiam sit operosa et semper
agens aliquid et moliens, tale scilicet quale cuiusque
studium in superiore vita fuit. Quid qui etiam addis-
5 cunt aliquid, ut et Solonem versibus gloriantem
videmus, qui se cotidie aliquid addiscentem dicit
senem fieri, et ego feci, qui litteras Graecas senex
didici? Quas quidem sic avide adripui, quasi diuturnam sitim explere cupiens, ut ea ipsa mihi nota essent
10 quibus me nunc exemplis uti videtis. Quod cum
fecisse Socratem in fidibus audirem, vellem equidem
etiam illud (discebant enim fidibus antiqui) sed in
litteris certe elaboravi.

[IX] Nec nunc quidem vires desidero adulescentis **27**
15 (is enim erat locus alter de vitiis senectutis), non plus
quam adulescens tauri aut elephanti desiderabam.
Quod est, eo decet uti, et quidquid agas agere pro
viribus. Quae enim vox potest esse contemptior
quam Milonis Crotoniatae? qui cum iam senex
20 esset, athletasque se exercentes in curriculo videret,
aspexisse lacertos suos dicitur, illacrimansque dixisse
'at hi quidem mortui iam sunt'. Non vero tam isti
quam tu ipse, nugator; neque enim ex te umquam es
nobilitatus, sed ex lateribus et lacertis tuis. Nihil
25 Sextus Aelius tale, nihil multis annis ante Tiberius
Coruncanius, nihil modo Publius Crassus, a quibus
iura civibus praescribebantur; quorum usque ad extremum spiritum est provecta prudentia. Orator **28**
metuo ne languescat senectute; est enim munus eius

2–3 iners non sit ... moliens *Non. 346.11* '*moliri*'

---

7 et (ego feci) *Madvig*: ut ω   11 audirem, vellem: audire uel-
lem P^1MV 14 nec: ne *MVSZ*   25 Ti(berius) *Moretus*:
Titus ω

non ingeni solum, sed laterum etiam et virium.
Omnino canorum illud in voce splendescit etiam
nescioquo pacto in senectute; quod equidem adhuc
non amisi, et videtis annos. Sed tamen est decorus
seni sermo quietus et remissus, facitque persaepe 5
ipsa sibi audientiam diserti senis compta et mitis
oratio. Quam si ipse exsequi nequeas, possis tamen
Scipioni praecipere et Laelio: quid enim est iucun-
29 dius senectute stipata studiis iuventutis? An ne tales
quidem vires senectuti relinquimus, ut adulescentes 10
doceat, instituat, ad omne offici munus instruat? Quo
quidem opere quid potest esse praeclarius? Mihi vero
et Gnaeus et Publius Scipiones et avi tui duo, Lucius
Aemilius et Publius Africanus, comitatu nobilium
iuvenum fortunati videbantur; nec ulli bonarum 15
artium magistri non beati putandi, quamvis conse-
nuerint vires atque defecerint; etsi ipsa ista defectio
virium adulescentiae vitiis efficitur saepius quam
senectutis: libidinosa enim et intemperans adules-
30 centia effetum corpus tradit senectuti. Cyrus quidem 20
apud Xenophontem, eo sermone quem moriens
habuit, cum admodum senex esset, negat se umquam
sensisse senectutem suam imbecilliorem factam

4–5 sed tamen ... remissus *Non. 383.27 'remittere'*   5–7 facitque ... oratio *Non. 343.25 'mitis'*

4–5 est decorus seni *Mdv.*: est decorus senis ω: est senis *Non.*
5–6 pers(a)epe ipsa αB *et codd.* LEA⁴G² Nonii: saepe ipsa *cod.* G¹
Nonii: per se ipsa *LAD*: per sepse *olim edidi*   6 senis: sermonis
M et codd. L¹E¹ *Nonii*: sermonibus *rell. codd. Nonii nisi quod* senis
Gen.²   compta α *et codd.* LGen.² Cant.² P *Nonii*: cocta *BAD (de L¹
n. l.: fort.* orta*) et cod.* E *Nonii*: coacta *codd. Gen.¹BH¹Cant.¹ Nonii*:
om. codd. H²G *Nonii*: composita ς   9 an ne tales *Schiche*: an ne
has O²R: an tales S¹: nonne tales S²: annales *rell.*: an ne eas *Sweynheym–Pannartz*   10 senectuti P²HMV²RSB: -is LA¹D: -e
P¹V¹A²Z   relinquimus α: -emus β   17 ipsa ista P¹ZLAD:
ista ipsa P²VRSO²: ista BM: ipsa H

quam adulescentia fuisset. Ego Lucium Metellum
memini puer, qui cum quadriennio post alterum
consulatum pontifex maximus factus esset, viginti
et duos annos ei sacerdotio praefuit, ita bonis esse
5 viribus extremo tempore aetatis, ut adulescentiam
non requireret. Nihil necesse est mihi de me ipso
dicere—quamquam est id quidem senile aetatique
nostrae conceditur. [X] Videtisne ut apud Homerum 31
saepissime Nestor de virtutibus suis praedicet? Iam
10 enim tertiam aetatem hominum videbat; nec erat ei
verendum ne vera praedicans de se nimis videretur
aut insolens aut loquax. Etenim, ut ait Homerus, 'ex
eius lingua melle dulcior fluebat oratio'; quam ad
suavitatem nullis egebat corporis viribus; et tamen
15 dux ille Graeciae nusquam optat ut Aiacis similes
habeat decem, sed ut Nestoris; quod si sibi acciderit,
non dubitat quin brevi sit Troia peritura. Sed redeo 32
ad me: quartum ago annum et octogesimum. Vellem
equidem idem possem gloriari quod Cyrus; sed
20 tamen hoc queo dicere, non me quidem eis esse viribus quibus aut miles bello Punico aut quaestor
eodem bello aut consul in Hispania fuerim, aut quadriennio post cum tribunus militaris depugnavi apud
Thermopylas Manio Acilio Glabrione consule; sed
25 tamen ut vos videtis, non plane me enervavit, non
adflixit senectus; non curia vires meas desiderat, non
rostra, non amici, non clientes, non hospites. Nec

10–12 nec erat...loquax *Non. 322.12* 'insolens' 12–13 *Hom. Il.*
1.249

9–10 iam enim tertiam: tertiam iam enim *PR* 10 uidebat
HVBL¹AD¹: uiuebat *PMRSZL²D²* 13 quam ad *βRSZ*: ad
quam *PHMV* 16 sed ut *Madvig*: at ut *P²L²D²H²O²R*: sed VI
vel sed sex *rell.* 19 possem *HMV¹BD²S¹Z*: possim *LAD*: posse
PV²RS² 23 cum *om. Vβ* 24 Acilio *om. P¹MV¹L²*: celio *V²*

enim umquam sum adsensus veteri illi laudatoque
proverbio, quod monet mature fieri senem si diu
velis senex esse; ego vero me minus diu senem
esse mallem, quam esse senem antequam essem. Itaque nemo adhuc convenire me voluit cui fuerim 5
occupatus.

33   At minus habeo virium quam vestrum utervis.—
Ne vos quidem Titi Ponti centurionis vires habetis;
num idcirco est ille praestantior? Moderatio modo
virium adsit, et tantum quantum potest quisque nita- 10
tur, ne ille non magno desiderio tenebitur virium.
Olympiae per stadium ingressus esse Milo dicitur,
cum umeris sustineret bovem: utrum igitur has corporis an Pythagorae tibi malis vires ingeni dari?
Denique isto bono utare dum adsit, cum absit ne 15
requiras; nisi forte adulescentes pueritiam, paulum
aetate progressi adulescentiam debent requirere.
Cursus est certus aetatis, et una via naturae eaque
simplex; suaque cuique parti aetatis tempestivitas est
data, ut et infirmitas puerorum, et ferocitas iuvenum, 20
et gravitas iam constantis aetatis, et senectutis maturitas, naturale quiddam habeat quod suo tempore

---

8–9 ne vos... praestantior *Non. 371.26* 'praestans'   18–20 cursus est... data *Non. 407.37* 'tempestas' (sic)   21–22 iam constantis... maturitas *Non. 349.9* 'maturum'

---

5 cui *R*: qui *PH¹MV¹*: cum *H²β*: quominus *V²SZ*   fuerim: fuerit
H²LAD   11 ne ille *PHMRO²*: ne ille quidem *VSZβ*
13 utrum *Aldus nepos*: uiuum *PVHMS*: uirum b: uiuum.utrum
D²H²O²RZ: uires *A²*   15 utare dum adsit: dum assit gaudeas
H¹   16 paulum: paululum *LAD*   19 parti aetatis *Q*: parci
etatis *β*: parcitatis *PH¹V*: particitatis *MZ*: parti *H²O²S²* (*S¹ eras.*):
parcitatis *vel* partis aetatis *vel* parcis etatis *codd. Nonii*
407.37   20 ut et: ut enim *H²O²R*   21 et (senectutis): ita
H²R: sic *S²*   22 habeat: habet *H²S²R*

percipi debeat. Audire te arbitror, Scipio, hospes 34
tuus avitus Masinissa quae faciat hodie nonaginta
natus annos: cum ingressus iter pedibus sit, in
equum omnino non ascendere, cum autem equo, ex
5 equo non descendere; nullo imbri, nullo frigore
adduci ut capite operto sit; summam esse in eo siccitatem corporis; itaque omnia exsequi regis officia et
munera. Potest igitur exercitatio et temperantia
etiam in senectute conservare aliquid pristini roboris.
10 [XI] Non sunt in senectute vires? Ne postulantur
quidem vires a senectute: ergo et legibus et institutis
vacat aetas nostra muneribus eis quae non possunt
sine viribus sustineri, itaque non modo quod non
possumus, sed ne quantum possumus quidem cogi-
15 mur.— At multi ita sunt imbecilli senes, ut nullum 35
offici aut omnino vitae munus exsequi possint.—At
id quidem non proprium senectutis vitium est, sed
commune valetudinis: quam fuit imbecillus Publius
Africani filius, is qui te adoptavit, quam tenui aut
20 nulla potius valetudine! Quod ni ita fuisset, alterum
illud exstitisset lumen civitatis; ad paternam enim
magnitudinem animi doctrina uberior accesserat.

3 ingressus iter pedibus *Charis. 215.24 K. = 279.4 B.* 'pedibus'   5 nullo imbri...operto sit *Non. 246.23* 'adduci';   nullo
imbri...corporis siccitatem *(sic) id. 395.7* 'siccum'

1 audire te: audisse *H²*: audis(s)etea *LAD*   2 avitus *Lamb.
post Cuiacium*: habitus *ω*   5 imbri: imbre *PRSZL²*
6–7 siccitatem corporis: corporis siccitatem *PR et Non.*   9 in
senectute: senectute *PMVS¹Z*: senectuti *H*   10 non sunt *SZβ*:
non desunt *V (*-un- *altera manu in ras.)*: ne desint *PHML²A²D²*: ne
sint *R*   12 q(uae) n(on) *AR*: q(uonia)m *PHMBDL²*: quo(niam)
SZ: q(ua)ndo *L¹*: q(uonia)m non *V*   16 possint *PRSZL²D²O²
(*-int *in ras. H)*: possunt *rell.*   19 Africani: Africanus *PMV*

Quid mirum igitur in senibus, si infirmi sint aliquando, cum id ne adulescentes quidem effugere
possint? Resistendum, Laeli et Scipio, senectuti
est, eiusque vitia diligentia compensanda sunt;
pugnandum, tamquam contra morbum, sic contra 5
36 senectutem; habenda ratio valetudinis; utendum
exercitationibus modicis, tantum cibi et potionis
adhibendum ut reficiantur vires, non opprimantur.
Nec vero corpori solum subveniendum est, sed menti
atque animo multo magis; nam haec quoque nisi 10
tamquam lumini oleum instilles, exstinguuntur
senectute; et corpora quidem exercitationum defeti-
gatione ingravescunt, animi autem se exercendo
levantur. Nam quos ait Caecilius 'comicos stultos
senes', hos significat credulos obliviosos dissolutos; 15
quae vitia sunt non senectutis, sed inertis ignavae
somniculosae senectutis. Ut petulantia, ut libido
magis est adulescentium quam senum, nec tamen
omnium adulescentium sed non proborum, sic ista
senilis stultitia quae deliratio appellari solet, senum 20
levium est, non omnium.

37 Quattuor robustos filios, quinque filias, tantam
domum, tantas clientelas, Appius regebat et caecus

14–15 *Caecilius incert. fr. 3 cf. Cic. Lael. 99* 16–17 quae
vitia ... somniculosae senectutis *Non. 33.24 'ignavum'*

---

1 sint: sunt A^1SZ 5 morbum: morborum uim L^2D^2: morborum L^1AD^1 13 se exercendo: exercitando $PHMSZD^2$
14 comicos Q^2 (? comici Q^1): comicus *rell.* 15 hos βRH^2S^2:
hoc PMV^2S^1Z: h. H^1: om. V^1 16 ignauae H^2R et *Non. (cf.
lemma)*: ignauiae $PVMSZL^2A^2D^2$: sed ... senectutis *om.* H^1: sunt
... ignavae *om.* β 22 filios, quinque A^2RS: filios tantum quinque $PVHMZ$: filios tanam quinque β

et senex; intentum enim animum tamquam arcum
habebat, nec languescens succumbebat senectuti.
Tenebat non modo auctoritatem, sed etiam imperium in suos; metuebant servi, verebantur liberi,
5 carum omnes habebant; vigebat in illa domo mos
patrius et disciplina. Ita enim senectus honesta est, **38**
si se ipsa defendit, si ius suum retinet, si nemini
emancipata est, si usque ad ultimum spiritum
dominatur in suos. Ut enim adulescentem in quo
10 est senile aliquid, sic senem in quo est aliquid adulescentis probo; quod qui sequitur corpore senex esse
poterit, animo numquam erit. Septimus mihi liber
Originum est in manibus; omnia antiquitatis monumenta colligo, causarum illustrium quascumque
15 defendi nunc cum maxime conficio orationes, ius
augurium pontificium civile tracto; multumque
etiam Graecis litteris utor, Pythagoreorumque
more, exercendae memoriae gratia, quid quoque die
dixerim audierim egerim commemoro vesperi. Hae

1–2 intentum...succumbebat senectuti *Non. 329.36* 'intendere'
6–9 ita enim...dominatur *Non. 105.16* 'emancipatum'
17–19 Pythagoreorumque...vesperi *Non. 91.10* 'commemorare'

5 vigebat: uiuebat *MRO²*: uigebant *V¹* illa domo mos *O²R*: illa
domos *B*: illa domus *L¹A¹*: illa domu *D¹*: illo domu *A²*: illo animus
α 6 patrius: patris *D¹A²*: patria *P²D²*: patri *A¹*: patridomus
L¹ et *MRSZH²O²*: *om. rell.* 7–8 si nemini emancipata *Sg et
codd. LF Nonii*: si nemini mancipata *MRH²S²O²* (*S¹ eras.*): si nemi-
nēmancipata *L¹A¹D¹*: mentesinemancipata *B*: simentipamantipata
H¹: si menti mancipata (*vel* mantipata) *PVZL²A²D²*: menti *pro*
nemini *codd.*. *H²PEG Nonii*: emancipata *codd. Nonii (cf. lemma)* 15 nunc cum *β*: nunc quam *PHMRSZV²L²A²D²*: nun-
quam *V¹*: nunc *O²* 16 augurium *RZ*: augurum *rell.* pontificium
PHMRSZV²L²A²D²: pontifici *V¹*: pontificum *βH²*

sunt exercitationes ingeni, haec curricula mentis; in
his desudans atque elaborans corporis vires non magnopere desidero. Adsum amicis, venio in senatum
frequens; utroque adfero res multum et diu cogitatas,
easque tueor animi, non corporis viribus. Quae si ₅
exsequi nequirem, tamen me lectulus meus oblec-
taret, ea ipsa cogitantem quae iam agere non possem.
Sed ut possim facit acta vita; semper enim in his
studiis laboribusque viventi, non intellegitur quando
obrepat senectus; ita sensim sine sensu aetas senescit, ₁₀
nec subito frangitur, sed diuturnitate exstinguitur.

39 [XII] Sequitur tertia vituperatio senectutis, quod
eam carere dicunt voluptatibus. O praeclarum
munus aetatis, siquidem id aufert a nobis quod est
in adulescentia vitiosissimum! Accipite enim, optimi ₁₅
adulescentes, veterem orationem Archytae Taren-
tini, magni in primis et praeclari viri, quae mihi
tradita est cum essem adulescens Tarenti cum
Quinto Maximo. Nullam capitaliorem pestem quam
voluptatem corporis hominibus dicebat a natura ₂₀
datam, cuius voluptatis avidae libidines temere
40 et ecfrenate ad potiundum incitarentur; hinc patriae
proditiones, hinc rerum publicarum eversiones, hinc
cum hostibus clandestina colloquia nasci; nullum
denique scelus, nullum malum facinus esse, ad ₂₅
quod suscipiendum non libido voluptatis impelleret;
stupra vero et adulteria et omne tale flagitium nullis
excitari aliis illecebris nisi voluptatis; cumque

21–22 avidae libidines...incitarentur *Charis. 198.30 K. = 258.17 B.*
'*effrenate*'   24–26 nullum denique...impelleret *Non. 309.34*
'*facinus*'   27–p.291,6 stupra vero...posse consistere *Lact. inst.*
6.20.4–5

---

4 utroque *Vβ*: ultroque *PHMRSZL²A²*   5 quae *βR*: quas
PHMVSZ   14 a *om. βR*   22 et ecfrenate *P¹V²*: &frenate
BL¹A¹: et effrenate *rell.*

homini sive natura sive quis deus nihil mente praestabilius dedisset, huic divino muneri ac dono nihil
tam esse inimicum quam voluptatem; nec enim libi- **41**
dine dominante temperantiae locum esse, neque
5 omnino in voluptatis regno virtutem posse consistere. Quod quo magis intellegi posset, fingere animo
iubebat tanta incitatum aliquem voluptate corporis
quanta percipi posset maxima: nemini censebat fore
dubium, quin tamdiu dum ita gauderet, nihil agitare
10 mente, nihil ratione, nihil cogitatione consequi posset. Quocirca nihil esse tam detestabile tamque pestiferum quam voluptatem, siquidem ea cum maior
esset atque longinquior, omne animi lumen exstin-
gueret. Haec cum Gaio Pontio Samnite, patre eius a
15 quo Caudino proelio Sp. Postumius T. Veturius consules superati sunt, locutum Archytam, Nearchus
Tarentinus hospes noster, qui in amicitia populi
Romani permanserat, se a maioribus natu accepisse
dicebat; cum quidem ei sermoni interfuisset Plato
20 Atheniensis, quem Tarentum venisse L. Camillo
Ap. Claudio consulibus reperio. Quorsus hoc? Ut **42**
intellegeretis, si voluptatem aspernari ratione et
sapientia non possumus, magnam habendam esse
senectuti gratiam, quae efficeret ut id non liberet
25 quod non oporteret. Impedit enim consilium voluptas, rationi inimica est, mentis ut ita dicam praestrin-
git oculos, nec habet ullum cum virtute commercium.
Invitus feci ut fortissimi viri Titi Flaminini

25–28 voluptas rationi...commercium *Non. 34.25* 'praestringere'

---

5 regno: regnum $V^1\beta$ 6 posset O^2R: possit *rell.*   11–12
tamque pestiferum quam MH^2O^2RSZ: tamquam $V^1\beta$: quam
$PH^1V^2A^2D^2$ 13 longinquior MO^2RSZ: longi BL^1: longior
rell.   21 Ap(pio): P. $VBAD$: pre L^1: *del.*L^2: ac P. HRS^2

fratrem Lucium Flamininum e senatu eicerem, septem annis postquam consul fuisset, sed notandam
putavi libidinem: ille enim cum esset eonsul in
Gallia, exoratus in convivio a scorto est, ut securi
feriret aliquem eorum qui in vinculis essent, damnati 5
rei capitalis. Hic Tito fratre suo censore (qui
proximus ante me fuerat) elapsus est, mihi vero et
Flacco neutiquam probari potuit tam flagitiosa et
tam perdita libido, quae cum probro privato coniun-
geret imperi dedecus.   10

43   [XIII] Saepe audivi a maioribus natu, qui se porro
pueros a senibus audisse dicebant, mirari solitum
Gaium Fabricium, quod cum apud regem Pyrrhum
legatus esset, audisset a Thessalo Cinea esse quendam Athenis qui se sapientem profiteretur, eumque 15
dicere omnia quae faceremus ad voluptatem esse referenda; quod ex eo audientes, Manium Curium et
Tiberium Coruncanium optare solitos ut id Samnitibus ipsique Pyrrho persuaderetur, quod facilius
vinci possent cum se voluptatibus dedissent. Vixerat 20
Manius Curius cum Publio Decio, qui quinquennio
ante eum consulem se pro re publica quarto consulatu devoverat; norat eundem Fabricius, norat Coruncanius; qui cum ex sua vita, tum ex eius quem dico
Deci facto, iudicabant esse profecto aliquid natura 25

7–9 mihi vero... libido *Charis. 208.14 = 270.4 B.* 'neutiquam'

---

1 L(ucium): C(aium) *PMA²D²SZ*   2 notandam: notandum
VB   9 tam (perdita) *PHMRSZ et Charis.*: om. *Vβ*   11 a
maioribus *M*: ea maioribus *V¹β*: ea a maioribus *PHSZV²L²A²D²*: e
maioribus *O²R*   12 a senibus: e senibus *BA¹*: ac senibus *L¹*: a
senatibus *P¹*   14 a Thessalo: e thessalo *BA¹R (?V¹)*: ae thessalo
L¹: ue thessalo *D¹*   Cinea *Rob. Steph.*: ciue *vel* ciui α: nice β
18 Ti(berium) *De Breda*: Titum ω (T. *R*)   19 quod facilius:
quo f- *PMRSZV²A²D²*

pulchrum atque praeclarum, quod sua sponte peter-
etur, quodque spreta et contempta voluptate optimus
quisque sequeretur. Quorsus igitur tam multa de **44**
voluptate? Quia non modo vituperatio nulla sed
5 etiam summa laus senectutis est, quod ea voluptates
nullas magnopere desiderat. Caret epulis exstructis-
que mensis et frequentibus poculis: caret ergo etiam
vinolentia et cruditate et insomniis. Sed si aliquid
dandum est voluptati (quoniam eius blanditiis non
10 facile resistimus; divine enim Plato escam malorum
appellat voluptatem, quod ea videlicet homines
capiantur ut pisces), quamquam immoderatis epulis
caret senectus, modicis tamen conviviis delectari potest. Gaium Duilium Marci filium, qui Poenos classe
15 primus devicerat, redeuntem a cena senem saepe
videbam puer; delectabatur cereo funali et tibicine,
quae sibi nullo exemplo privatus sumpserat; tantum
licentiae dabat gloria. Sed quid ego alios? ad me **45**
ipsum iam revertar. Primum habui semper sodales:
20 sodalitates autem me quaestore constitutae sunt
sacris Idaeis Magnae Matris acceptis. Epulabar igitur cum sodalibus, omnino modice, sed erat quidam
fervor aetatis, qua progrediente omnia fiunt in dies
mitiora; neque enim ipsorum conviviorum delecta-
25 tionem voluptatibus corporis magis quam coetu amicorum et sermonibus metiebar. Bene enim maiores
accubitionem epularem amicorum, quia vitae

26–27 bene enim...nominaverunt *Non. 42.9* 'convivium' bene
enim...haberet *id. 193.29* 'accubitionem'

---

3 quorsus β: quorsum α 13 caret (*post* immoderatis epulis)
PRSZ: careat *rell.* 15 deuicerat *PHMRZL²A²*: diuicerat *S*:
uicerat *Vβ* 16 cereo ς: credo *V¹βO²R (fort. recte)*: crebro
PHMSZV²A²D² funali et tibicine α: funali etibicine β: *fort.*
cereo, funali, tibicine 27 quia: qui *BA¹*: quia *vel* qui *vel* quo
vel quae *codd. Non. 42.9*: quia *vel* quasi *codd. Non. 193.29*

coniunctionem haberet, convivium nominaverunt,
melius quam Graeci, qui hoc idem tum compotatio-
nem tum concenationem vocant, ut quod in eo genere
46 minimum est, id maxime probare videantur. [XIV]
Ego vero propter sermonis delectationem tempesti- 5
vis quoque conviviis delector, nec cum aequalibus
solum, qui pauci iam admodum restant, sed cum
vestra etiam aetate atque vobiscum; habeoque senectuti magnam gratiam, quae mihi sermonis aviditatem
auxit, potionis et cibi sustulit. Quod si quem etiam 10
ista delectant (ne omnino bellum indixisse videar
voluptati, cuius est fortasse quidam naturalis
modus), non intellego ne in istis quidem ipsis voluptatibus carere sensu senectutem. me vero et magis-
teria delectant a maioribus instituta, et is sermo qui 15
more maiorum a summo {magistro} adhibetur in
poculo, et pocula sicut in Symposio Xenophontis
est, minuta atque rorantia, et refrigeratio aestate et
vicissim aut sol aut ignis hibernus. Quae quidem
etiam in Sabinis persequi soleo, conviviumque vici- 20
norum cotidie compleo, quod ad multam noctem
quam maxime possumus vario sermone producimus.
47 At non est voluptatum tanta quasi titillatio in senibus.—Credo, sed ne desideratur quidem: nihil autem
est molestum quod non desideres. Bene Sophocles 25
cum ex eo quidam iam adfecto aetate quaereret,
utereturne rebus veneriis, 'Di meliora!' inquit

4–8 ego vero...vestra etiam aetate *Non. 236.4* 'aequales'
5 *libere citat Charis. 221.17 K.* = *286.5 B.* 'tempestive' vel 'tempesti-
vius'　6–8 nec cum...aetate *Non. 378.29* 'restare'　20–22
conviviumque... producimus *Non. 372.29* 'producere'

---

7 iam *om. PVMD²* et codd. Non. 236.4, 378.29: qui pauci iam *om. H¹*
16 {magistro} *del. Turnebus*　24 ne: nec *Mβ*　desideratur *β*:
-atio *α*

'libenter vero istinc sicut ab domino agresti ac furioso
profugi.' Cupidis enim rerum talium odiosum fortasse et molestum est carere, satiatis vero et expletis
iucundius est carere quam frui; quamquam non caret
5 is qui non desiderat, ergo hoc non desiderare dico
esse iucundius. Quod si istis ipsis voluptatibus bona **48**
aetas fruitur libentius, primum parvulis fruitur rebus
ut diximus, deinde eis quibus senectus etiamsi non
abunde potitur, non omnino caret: ut Turpione
10 Ambivio magis delectatur qui in prima cavea spectat,
delectatur tamen etiam qui in ultima, sic adulescentia
voluptates propter intuens magis fortasse laetatur,
sed delectatur etiam senectus procul eas spectans
tantum quantum sat est. At illi quanti est, animum **49**
15 tamquam emeritis stipendiis libidinis, ambitionis,
contentionum, inimicitiarum, cupiditatum omnium,
secum esse secumque ut dicitur vivere! Si vero
habet aliquod tamquam pabulum studi atque
doctrinae, nihil est otiosa senectute iucundius. Mori
20 videbamus in studio dimetiendi paene caeli atque

6–7 quod si...fruitur rebus *Non. 2.9* 'bona aetas'   10–
11 magis delectatur...ultima *Non. 417.22* 'ultimum'   11–13 sic
adulescentia...senectus procul aspiciens *(sic) Non. 367.28* 'propter'

---

1 libenter vero: ego uero $PH^1L^2A^2$: ego uero libenter H^2: libenter
ego uero V^2 ab β: a α (*om. M*)   ac furioso PHS^2RZ: acurioso V^1B:
accurioso MS^1: accuriose *LAD*   5 ergo hoc non desiderare: ergo
non desiderare PH^1L^2: ergo hoc derare *B*: *om. A*   6 istis ipsis:
istis *post ras. V*: ipsis *Non.*   10–11 delectatur...ultima O^2R *et
Nonii 417.22 codd. plerique*: *locus in ceteris varie mutilus*   12 voluptates: uoluptatem VP^2 13 eas: eam *V*: *om. H*   spectans
$PHRD^2$: aspiciens *MSZ et Non. 367.28*: aspectans *rell.*   14 illi
β: illa α *(fort. recte)*   est *Brink*: sunt ω   19–20 mori uidebamus
in studio *MRSZ*: mori uidebamus BL^1A^1: mori uidebam D^1: uideamus in studio $PH^1VL^2A^2D^2$: uideamus (uidebamus O^2) studio in *O*:
uidebamus mori in studio H^2: uidebamus morari in studio *Va (*morari
fort. recte?): uidebamus in studio *Mdv.*: *alii alia*

49   M. TVLLI CICERONIS

terrae Gaium Galum, familiarem patris tui Scipio.
Quotiens illum lux, noctu aliquid describere ingres-
sum, quotiens nox oppressit cum mane coepisset!
Quam delectabat eum defectiones solis et lunae
50 multo ante nobis praedicere! Quid in levioribus stu- 5
diis, sed tamen acutis, quam gaudebat Bello suo
Punico Naevius, quam Truculento Plautus, quam
Pseudolo? Vidi etiam senem Livium, qui cum sex
annis antequam ego natus sum fabulam docuisset
Centone Tuditanoque consulibus, usque ad adules- 10
centiam meam processit aetate. Quid de Publi Licini
Crassi et pontificii et civilis iuris studio loquar, aut de
huius Publi Scipionis qui his paucis diebus pontifex
maximus factus est? Atque eos omnes quos com-
memoravi his studiis flagrantes senes vidimus; Mar- 15
cum vero Cethegum, quem recte 'Suadae medullam'
dixit Ennius, quanto studio exerceri in dicendo videbamus etiam senem! Quae sunt igitur epularum aut
ludorum aut scortorum voluptates cum his voluptatibus comparandae? Atque haec {quidem studia doc- 20
trinae quae} quidem prudentibus et bene institutis
pariter cum aetate crescunt, ut honestum illud Solonis sit, quod ait versiculo quodam ut ante dixi, senes-
cere se multa in dies addiscentem: qua voluptate
animi nulla certe potest esse maior. 25
51   [XV] Venio nunc ad voluptates agricolarum, quibus
ego incredibiliter delector; quae nec ulla impediun-

---

17 *Enn. ann. 308 V² = 308 Sk.*

---

1 C. Galum: galum *P¹*: gaium *H*: gallum *rell*.: C. Gallum *Minut.*
10 ad *om. Vβ*   11 P(ubli) *RSZ*: *om. rell.*   14 atque β: atqui
α   20 atque βR (adque *B)*: atqui α   20–21 quidem studia
doctrinae quae *delevi*: ide[st] studia doctrinae quae β: quidem studia
doctrinae quae α: quae quidem *omisit Aldus nepos*   25 potest esse
maior: maior potest esse *DR*: maior potest esse maior *BL¹A¹*

296

tur senectute, et mihi ad sapientis vitam proxime
videntur accedere. Habent enim rationem cum
terra, quae numquam recusat impendium, nec
umquam sine usura reddit quod accepit, sed alias
5 minore, plerumque maiore cum fenore. Quamquam
me quidem non fructus modo sed etiam ipsius terrae
vis ac natura delectat; quae cum gremio mollito
ac subacto sparsum semen excepit, primum id
occaecatum cohibet, ex quo occatio quae hoc efficit
10 nominata est, dein tepefactum vapore et compressu
suo diffundit et elicit herbescentem ex eo viriditatem;
quae nixa fibris stirpium sensim adulescit, culmoque
erecta geniculato vaginis iam quasi pubescens inclu-
ditur; ex quibus cum emersit, fundit frugem spici
15 ordine exstructam, et contra avium minorum morsus
munitur vallo aristarum. Quid ego vitium ortus satus **52**
incrementa commemorem? Satiari delectatione non
possum (ut meae senectutis requietem oblectamen-
tumque noscatis): omitto enim vim ipsam omnium
20 quae generantur e terra, quae e fici tantulo grano
aut ex acini vinaceo aut ex ceterarum frugum aut

1–2 et mihi...accedere *Charis. 215.13 K.* = *278.15 B.* 'proxime'
6–8 sed etiam...excepit *Non. 401.10* 'subigere'   8–10 sparsum...
nominata est *Non. 42.12* 'occatio'   12–15 culmoque...ordine
structas *(sic) Non. 225.30* 'spica'   16–17 quid...commemorem
Non. 227.6 'satio'   18–19 ut meae...noscatis *Prisc. GL ii. 242 K.*
'requietem'   20–21 quae ex...vinaceo *Non. 193.15* 'acinus'

---

3 impendium *Paul. Man. ap. Aldum nepotem*: imperium ω
7 mollito: molito $V^1\beta$ 9 occaecatum: occatum P^2HS^1Z: occe-
tatum *LAD*: ccc.catum *M*   11 diffundit: diffindit *Gulielmius ex
cod.*   elicit: eicit *Lamb.*   13 erecta VO^2H^2RZ *et codd. Non.*:
recta *rell.*   14 emersit: emerserit *BH*: mersit A^1D 15 ex
(s)tructam BA^1D^1: structam L^1HO^2R: structo $PVL^2A^2D^2$: exstructo
MSZ: fruges...structas *Non.*   18 requietem PMA^2KRS^1Z *et
Prisc.*: requiem *rell.*   20 e(x) fici P^2L^2MRSZ *et Non.*: effici
rell.   21 acini: acino $L^1H^2O^2RSZ$

stirpium minutissimis seminibus tantos truncos
ramosque procreet; malleoli plantae sarmenta viviradices propagines, nonne ea efficiunt ut quemvis
cum admiratione delectent? Vitis quidem, quae natura caduca est et nisi fulta est fertur ad terram, eadem 5
ut se erigat claviculis suis quidquid est nacta complectitur; quam serpentem multiplici lapsu et erra-
tico, ferro amputans coercet ars agricolarum, ne
silvescat sarmentis et in omnes partes nimia funda-
53 tur. Itaque ineunte vere in eis quae relicta est exsistit, 10
tamquam ad articulos sarmentorum, ea quae gemma
dicitur; ex qua oriens uva se ostendit, quae et suco
terrae et calore solis augescens, primo est peracerba
gustatu, dein maturata dulcescit, vestitaque pampi-
nis nec modico tepore caret et nimios solis defendit 15
ardores. Qua quid potest esse cum fructu laetius, tum
aspectu pulchrius? Cuius quidem non utilitas me
solum ut ante dixi, sed etiam cultura et natura ipsa
delectat—adminiculorum ordines, capitum iugatio,
religatio et propagatio vitium, sarmentorum ea 20
quam dixi aliorum amputatio, aliorum immissio.
Quid ego irrigationes, quid fossiones agri repastina-
tionesque proferam, quibus fit multo terra fecun-
54 dior? Quid de utilitate loquar stercorandi? Dixi in
eo libro quem de rebus rusticis scripsi; de qua doctus 25
Hesiodus ne verbum quidem fecit, cum de cultura
agri scriberet; at Homerus, qui multis ut mihi videtur
ante saeclis fuit, Laertam lenientem desiderium quod
capiebat e filio, colentem agrum et eum stercorantem
facit. Nec vero segetibus solum et pratis et vineis et 30
arbustis res rusticae laetae sunt, sed hortis etiam et

2–3 viviradices *Aldus nepos*: uites (*vel* uitis) radices ω   3 ea
om. LAD   15 tepore $P^2V^2A^2H^2SZ$: tempore *rell.*

pomariis; tum pecudum pastu, apium examinibus,
florum omnium varietate; nec consitiones modo
delectant, sed etiam insitiones, quibus nihil invenit
agricultura sollertius. [XVI] Possum persequi per- **55**
5 multa oblectamenta rerum rusticarum, sed ea ipsa
quae dixi sentio fuisse longiora; ignoscetis autem,
nam et studio rerum rusticarum provectus sum, et
senectus est natura loquacior—ne ab omnibus eam
vitiis videar vindicare. Ergo in hac vita Manius Cur-
10 ius, cum de Samnitibus, de Sabinis, de Pyrrho tri-
umphavisset, consumpsit extremum tempus aetatis;
cuius quidem ego villam contemplans—abest enim
non longe a me—admirari satis non possum vel
hominis ipsius continentiam vel temporum discipli-
15 nam. Curio ad focum sedenti magnum auri pondus **56**
Samnites cum attulissent, repudiati sunt; non enim
aurum habere praeclarum sibi videri dixit, sed eis qui
haberent aurum imperare. Poteratne tantus animus
efficere non iucundam senectutem? Sed venio ad
20 agricolas, ne a me ipso recedam: in agris erant tum
senatores, id est senes, siquidem aranti Lucio Quinctio Cincinnato nuntiatum est eum dictatorem esse
factum; cuius dictatoris iussu magister equitum
Gaius Servilius Ahala Spurium Maelium regnum

---

2 nec consitiones (constitiones L^2: constitions L^1: constitutiones
cett. codd. Nonii)... insitiones (institutiones *codd.*) *Non. 270.31* 'conser-
ere' (in codd. sub lemmate 'constituere' perperam positum) 7–9 et
senectus... vindicare *Non. 419.7* 'vindicare' 15 Curio...imper-
are *schol. Juv. 11.78*

---

1 apium L^2R: et apum HMS^2: et apium *rell.* 5 ea: haec
LAD 7 et (studio) MH^2O^2R: at *B*: ad *LAD*: a *rell.* 8 na-
tura *om.* P^1H^1V: ante est *M* 9 hac βRSZ: hanc α uita
M(anius) *RSZ*: uitam BD^1: uita L^1A^1: uitam m. (*vel* $\overline{m}$) α

{appetentem} occupantem interemit. A villa in senatum arcessebantur et Curius et ceteri senes, ex quo
qui eos arcessebant viatores nominati sunt. Num
igitur horum senectus miserabilis fuit, qui se agri
cultione oblectabant? Mea quidem sententia haud 5
scio an nulla beatior possit esse; neque solum officio,
quod hominum generi universo cultura agrorum est
salutaris, sed et delectatione qua dixi, et saturitate
copiaque rerum omnium quae ad victum hominum,
ad cultum etiam deorum pertinent; ut quoniam haec 10
quidam desiderant, in gratiam iam cum voluptate
redeamus. Semper enim boni assiduique domini
referta cella vinaria, olearia, etiam penaria est, villa-
que tota locuples est, abundat porco haedo agno gal-
lina lacte caseo melle. Iam hortum ipsi agricolae 15
succidiam alteram appellant; conditiora facit haec
supervacaneis etiam operis aucupium atque venatio.
57 Quid de pratorum viriditate aut arborum ordinibus
aut vinearum olivetorumve specie plura dicamus?
Brevi praecidam: agro bene culto nihil potest esse 20
nec usu uberius nec specie ornatius; ad quem fruendum non modo non retardat verum etiam invitat
atque allectat senectus. Ubi enim potest illa aetas
aut calescere vel apricatione melius vel igne, aut

3–5 num igitur ... oblectabant *Non. 488.25* 'cultio'   15–16 iam
hortum ... vocant *(sic) Non. 170.26* 'succidia'   21–23 ad quem
... allectat senectus *Non. 76.25* 'adlectat' *et 321.5* 'invitare'   23–
24 ubi enim ... vel igni *Non. 482.16* 'apricatio'

---

1 appetentem *delevi* occupantem β: -atum α (*fort. potius delen-*
dum)   2 arcessebantur β: -batur α   6 an nulla D^2: nulla
LAD¹: an ulla *rell.*   8 qua: quam ς   19 olivetorumve: oliuetor-
umque *BLA¹*: oliuarumque *D*   dicamus β: -am α   20 praecidam
βRS^2: praedicam *PHMVS¹Z*

vicissim umbris aquisve refrigerari salubrius? Sibi **58**
habeant igitur arma, sibi equos, sibi hastas, sibi cla-
vam et pilam, sibi venationes atque cursus; nobis
senibus ex lusionibus multis talos relinquant et
5 tesseras—id ipsum utrum libebit, quoniam sine eis
beata esse senectus potest.

[XVII] Multas ad res perutiles Xenophontis libri **59**
sunt, quos legite quaeso studiose, ut facitis. Quam
copiose ab eo agricultura laudatur in eo libro qui est
10 de tuenda re familiari, qui Oeconomicus inscribitur!
Atque ut intellegatis nihil ei tam regale videri quam
studium agri colendi, Socrates in eo libro loquitur
cum Critobulo, Cyrum minorem, Persarum regem
praestantem ingenio atque imperi gloria, cum Lysan-
15 der Lacedaemonius, vir summae virtutis, venisset ad
eum Sardis eique dona a sociis attulisset, et ceteris in
rebus comem erga Lysandrum atque humanum
fuisse, et ei quendam consaeptum agrum diligenter
consitum ostendisse; cum autem admiraretur Lysan-
20 der et proceritates arborum et derectos in quincun-
cem ordines et humum subactam atque puram et
suavitatem odorum qui adflarentur e floribus, tum
eum dixisse mirari se non modo diligentiam sed
etiam sollertiam eius a quo essent illa dimensa atque
25 descripta; et Cyrum respondisse, 'Atqui ego ista sum

---

1 vicissim...refrigerari *Charis. 224.6 K.* = *288.31 B.* '*vicissim*'   7 *Xen. Oecon. 4.20 sqq.*   19–20 cum autem...atque
puram *Non. 400.35* '*subigere*'

1–2 sibi habeant igitur: s- i- h- *H*: h- i- s- *PA²*: sibi *om. A¹*
3 uenationes *D*: (a)enationes *BL¹A¹*: nationes *P¹H*: natationes
VMP²L²A²RSZ (fort. recte?)   5 utrum   βO²*RSZ (?M)*:
unum *PVHL²D²*   8 ut β*RZ*: etiam ut *PVHMS*   12 loquitur *P¹VHO²RSZ*: quo loquitur β*P²*: colloquitur *Mommsen* (quam...
libro *om. M*)   17 comem β: communem α   20 derectos *B et*
Non.: di- *rell.*   25 descripta: discr- *P¹L¹*

omnia dimensus, mei sunt ordines, mea descriptio;
multae etiam istarum arborum mea manu sunt satae';
tum Lysandrum, intuentem purpuram eius et
nitorem corporis ornatumque Persicum multo auro
multisque gemmis, dixisse 'Rite vero te Cyre beatum 5
ferunt, quoniam virtuti tuae fortuna coniuncta est.'
60 Hac igitur fortuna frui licet senibus, nec aetas impedit quominus et ceterarum rerum et in primis agri
colendi studia teneamus usque ad ultimum tempus
senectutis; Marcum quidem Valerium Corvinum 10
accepimus ad centesimum annum perduxisse, cum
esset acta iam aetate in agris eosque coleret; cuius
inter primum et sextum consulatum sex et quadraginta anni interfuerunt; ita quantum spatium aetatis
maiores ad senectutis initium esse voluerunt, tantus 15
illi cursus honorum fuit; atque huius extrema aetas
hoc beatior quam media, quod auctoritatis habebat
plus, laboris minus. Apex est autem senectutis auc-
61 toritas. Quanta fuit in Lucio Caecilio Metello, quanta
in Aulo Atilio Caiatino! in quem illud elogium: 20

> Hunc unum plurimae consentiunt gentes
> populi primarium fuisse virum . . .

Notum est enim totum carmen incisum in sepulcro;
iure igitur gravis, cuius de laudibus omnium esset
fama consentiens. Quem virum nuper Publium Cras- 25
sum pontificem maximum, quem postea Marcum

---

1 descriptio *VHMRSZB*: discr- *PLAD*   3 intuentem:
induentem *P¹H*: intuendum *VM*   13–14 quadraginta (*vel* XL):
XXXL *B*: XXX *LAD*   16 illi β: ille α   20 A(ulo) *add.*
Fleckeisen   Caiatino *sic scribendum, cf. ad Leg. 2.28*: Calatino ω
21 hunc unum *Mdv.*: unicum ω: unum hunc *Orelli*   22 virum:
uirium *P¹V¹A²D²*   23 est enim totum *scripsi*: est itiotum *P¹β*:
estimotum *H¹*: est totum *VP²L²A²D²H²*: totum est *MRSZ*: est id
totum *Mommsen*   26 M(arcum) *om. PAHD²*

Lepidum eodem sacerdotio praeditum vidimus!
Quid de Paulo aut Africano loquar, aut ut iam ante
de Maximo? quorum non in sententia solum sed
etiam in nutu residebat auctoritas. Habet senectus
5 honorata praesertim tantam auctoritatem ut ea pluris
sit quam omnes adulescentiae voluptates; [XVIII] **62**
sed in omni oratione mementote eam me senectutem
laudare, quae fundamentis adulescentiae constituta
sit. Ex quo efficitur id quod ego magno quondam
10 cum adsensu omnium dixi, miseram esse senectutem
quae se oratione defenderet; non cani nec rugae
repente auctoritatem adripere possunt, sed honeste
acta superior aetas fructus capit auctoritatis extre-
mos. Haec enim ipsa sunt honorabilia quae videntur **63**
15 levia atque communia, salutari appeti decedi adsurgi
deduci reduci consuli; quae et apud nos et in aliis
civitatibus, ut quaeque optime morata est, ita diligentissime observantur. Lysandrum Lacedaemonium (cuius modo feci mentionem) dicere aiunt
20 solitum, Lacedaemonem esse honestissimum domicilium senectutis; nusquam enim tantum tribuitur
aetati, nusquam est senectus honoratior. Quin etiam
memoriae proditum est, cum Athenis ludis quidam
in theatrum grandis natu venisset magno consessu,
25 locum nusquam ei datum a suis civibus; cum autem
ad Lacedaemonios accessisset, qui legati cum essent
certo in loco consederant, consurrexisse omnes illi
dicuntur et senem sessum recepisse; quibus cum a **64**
cuncto consessu plausus esset multiplex datus, dix-
30 isse ex eis quendam, Athenienses scire quae recta

---

2 aut ut iam ante S^2 *(ut vid.)*: aut iam ante *rell.*   17 morata
est: morata sunt PHL^2A^2 24 consessu: consensu $PHMLAD$
29 consessu: consensu P^1BA^1: cum sensu D^1: *om.* L^1 30 recta:
facta $H^1\beta$

esset, sed facere nolle. Multa in vestro collegio praeclara, sed hoc de quo agimus in primis, quod ut
quisque aetate antecedit, ita sententiae principatum
tenet, neque solum honore antecedentibus sed eis
etiam qui cum imperio sunt, maiores natu augures 5
anteponuntur. Quae sunt igitur voluptates corporis
cum auctoritatis praemiis comparandae? Quibus qui
splendide usi sunt, ei mihi videntur fabulam aetatis
peregisse, nec tamquam inexercitati histriones in
extremo actu corruisse. 10

65   At sunt morosi et anxii et iracundi et difficiles
senes: si quaerimus, etiam avari.—Sed haec morum
vitia sunt, non senectutis; ac morositas tamen et ea
vitia quae dixi habent aliquid excusationis, non illius
quidem iustae sed quae probari posse videatur: 15
contemni se putant, despici, illudi; praeterea in fragili corpore odiosa omnis offensio est. Quae tamen
omnia dulciora fiunt et moribus bonis et artibus;
idque cum in vita, tum in scena intellegi potest ex
eis fratribus qui in Adelphis sunt: quanta in altero 20
duritas, in altero comitas! Sic se res habet: ut enim
non omne vinum, sic non omnis natura vetustate
coacescit. Severitatem in senectute probo, sed eam
66 sicut alia modicam: acerbitatem nullo modo. Avaritia
vero senilis quid sibi velit non intellego: potest enim 25

11–12 at sunt...senes *Non. 433.32 'morosa'*   16 contemni...illudi *Non. 436.31 'contemnere, despicere'*   19–21 intellegi
potest...comitas *Non. 30.20 'dirum'*   20–21 in altero diritas *(sic)*
Non. 100.22 'diritas'

1 vestro: nostro *S*   12–13 morum uitia H^2O^2RSZ: morosiui-
tia *B*: morisuitia *D*: moruitia L^1A^1: morbi uitia PH^1MV
21 duritas $ML^2H^2RS^2Z$: duritias P^1: diritas $P^2H^1VS^1BL^1AD$ *et*
Non. 30.20 et 100.22 et in lemmate   22 natura: aetas naturae
$PHML^2A^2$ 24 alia MO^2RSZ: aliam *rell.*

quidquam esse absurdius quam quo viae minus
restet, eo plus viatici quaerere?

[XIX] Quarta restat causa, quae maxime angere
atque sollicitam habere nostram aetatem videtur:
5 appropinquatio mortis, quae certe a senectute non
potest esse longe. O miserum senem, qui mortem
contemnendam esse in tam longa aetate non viderit!
Quae aut plane neglegenda est si omnino exstinguit
animum, aut etiam optanda si aliquo eum deducit ubi
10 sit futurus aeternus; atqui tertium certe nihil inveniri
potest. Quid igitur timeam, si aut non miser post **67**
mortem aut beatus etiam futurus sum? quamquam
quis est tam stultus, quamvis sit adulescens, cui sit
exploratum se ad vesperum esse victurum? Quin
15 etiam aetas illa multo plures quam nostra mortis
casus habet: facilius in morbos incidunt adulescentes, gravius aegrotant, tristius curantur. Itaque
pauci veniunt ad senectutem: quod ni ita accideret,
melius et prudentius viveretur; mens enim et ratio
20 et consilium in senibus est, qui si nulli fuissent,
nullae omnino civitates fuissent. Sed redeo ad
mortem impendentem: quod est istud crimen senectutis, cum id ei videatis cum adulescentia esse
commune? Sensi ego in optimo filio, tu in exspectatis **68**

13–14 quis est tam...esse victurum *Non. 294.13* 'explorare'
16–17 facilius...curantur *Non. 315.3* 'grave' *et 409.35* 'triste'

---

6 esse longe: longe abesse VMO^2RSZ 8 [Mors] aut plane
neglegenda est *accedit G*   13 est tam O^2H^2GR *et Non.*: est *M*:
est etiam tam *SZ*: etiam *rell.*   sit (*post* quamvis) *om. codd.*
Nonii   15–16 mortis casus βO^2GR: mortis *post ras. H*: casus
mortis *PMVSZ*   19 et (*ante* ratio) *om. PHA²*   22 istud
Wesenberg: illud O^2GR: istius *rell.* (*del. H²*)   23 ei *om.*
MH^2VGRSZ 24 tu in exspectatis *Mdv.*: tum in exspectatis
$P^2A^2MH^2OGRSZ$: tum inexspectati *D*: tum exspectatis
$P^1H^1VBLA^1$

ad amplissimam dignitatem fratribus, Scipio, mortem omni aetati esse communem.—At sperat adulescens diu se esse victurum, quod sperare idem senex non potest. Insipienter sperat: quid enim stultius quam incerta pro certis habere, falsa pro veris?—At 5
senex ne quod speret quidem habet.—At est eo meliore condicione quam adulescens, cum id quod ille sperat hic consecutus est: ille vult diu vivere, hic

69 diu vixit. Quamquam o di boni! quid est in hominis natura diu? Da enim supremum tempus, exspecte- 10
mus Tartessiorum regis aetatem (fuit enim, ut scriptum video, Arganthonius quidam Gadibus, qui octoginta regnaverit annos, centum viginti vixerit), sed mihi ne diuturnum quidem quidquam videtur in quo est aliquid extremum; cum enim id advenit, tum 15
illud quod praeteriit effluxit; tantum remanet quod virtute et recte factis consecutus sis. Horae quidem cedunt et dies et menses et anni; nec praeteritum tempus umquam revertitur, nec quid sequatur sciri potest; quod cuique temporis ad vivendum datur, eo 20

70 debet esse contentus. Neque enim histrioni ut placeat peragenda fabula est, modo in quocumque fuerit actu probetur, neque sapienti usque ad 'plaudite' veniendum est; breve enim tempus aetatis satis longum est ad bene honesteque vivendum. Sin processerit long- 25
ius, non magis dolendum est, quam agricolae dolent

---

1 ad *MH²O²GRSZ*: *om. rell.*   3 se esse *D²*: esse se *A²*: esse *P¹HBL¹A¹D¹*: se *P²VML²GRSZ*   10 natura: uita *A²MO² GRSZ* (natura uel uita *O¹*)   supremum: summum *vel* sommum *vel* somnum *LAD*   12 Gadibus *om. VM*   13 regnauerit *V²MSZ*: regnarit *RG*: regnauerat *PHL²A²*: regnauit *V¹β*   vixerit: uixerat *PHL²A²*: uixit *ϛ*   16 tantum: tantum enim *PHL²A²*
20 quod cuique *P²L²A²H²MGRSZ*: quodcumque *P¹H¹*: quod cuiquam *Vβ*   23 sapienti *V²MGRSZ*: sapientibus *PHV¹β*   ad *om. MR*   24 (*post* veniendum) est *om. HGRBLD* (*post* longum) est *om. P¹V¹H*

praeterita verni temporis suavitate aestatem autum-
numque venisse. Ver enim tamquam adulescentiam
significat, ostenditque fructus futuros; reliqua
autem tempora demetendis fructibus et percipiendis
5 accommodata sunt; fructus autem senectutis est, ut 71
saepe dixi, ante partorum bonorum memoria et
copia. Omnia autem quae secundum naturam fiunt
sunt habenda in bonis; quid est autem tam secundum
naturam quam senibus emori? Quod idem contingit
10 adulescentibus adversante et repugnante natura. Itaque adulescentes mihi mori sic videntur ut cum
aquae multitudine flammae vis opprimitur, senes
autem sic ut cum sua sponte nulla adhibita vi consumptus ignis exstinguitur; et quasi poma ex arbor-
15 ibus cruda si sunt vi evelluntur, si matura et cocta
decidunt, sic vitam adulescentibus vis aufert, senibus
maturitas; quae quidem mihi tam iucunda est, ut quo
propius ad mortem accedam, quasi terram videre
videar aliquandoque in portum ex longa navigatione
20 esse venturus. [XX] Senectutis autem nullus est certus 72
terminus, recteque in ea vivitur quoad munus offici
exsequi et tueri possis, et tamen mortem contemnere;
ex quo fit ut animosior etiam senectus sit quam adulescentia et fortior. Hoc illud est quod Pisistrato tyr-
25 anno a Solone responsum est, cum illi quaerenti,

4–5 ceterum et *(sic)* tempora ... accommodata sunt *Non. 244.35*
'accommodare'

---

4 fructibus: frugibus *H et codd. LEGen.G Nonii* 6 ante partorum *VMH²O²GRSZ*: ante pastorum *PL¹ (A¹?)*: ante pastorem *D¹*:
ante peractorum *A²O¹*: peractorum *PH¹L²D²* 15 si sunt
VMGRSZB: sunt *L¹*: om. *A¹D*: si sint *PHL²A²* ui *VMO²GRSZ*:
uix *PHβ* evelluntur: auelluntur *MRSZ* 22 possis et tamen
mortem *VMO²GRSZ*: possis et mortemque *H²*: possit mortemque
PH¹L²A²: posset tamen mortem *β*

qua tandem re fretus sibi tam audaciter obsisteret,
respondisse dicitur 'Senectute'. Sed vivendi est finis
optimus cum integra mente certisque sensibus opus
ipsa suum eadem quae coagmentavit natura dissolvit.
Ut navem, ut aedificium idem destruit facillime qui 5
construxit, sic hominem eadem optime quae conglu-
tinavit natura dissolvit; iam omnis conglutinatio
recens aegre, inveterata facile divellitur. Ita fit ut
illud breve vitae reliquum nec avide appetendum
73 senibus nec sine causa deserundum sit; vetatque 10
Pythagoras iniussu imperatoris, id est dei, de praesi-
dio et statione vitae decedere.

Solonis quidem sapientis elogium est quo se negat
velle suam mortem dolore amicorum et lamentis
vacare; vult, credo, se esse carum suis; sed haud 15
scio an melius Ennius:

> nemo me lacrimis decoret neque funera fletu
> faxit ...

Non censet lugendam esse mortem, quam immorta-
74 litas consequatur. Iam sensus moriendi aliquis esse 20
potest, isque ad exiguum tempus, praesertim seni;
post mortem quidem sensus aut optandus aut nullus
est. Sed hoc meditatum ab adulescentia debet
esse, mortem ut neglegamus; sine qua meditatione

2–4 vivendi est finis...dissolvit *Non. 42.16* 'coagmenta' *(sic)*
16 *Ennius, varia 17 V²*

---

1 audaciter: audacter *V²R*   2 respondisse dicitur *PHMSZ*:
respondisse *Vβ*: respondit *GR*   5 destruit: distra(h)it *β*
10 deserundum: adeserendum *P¹*: adserendum *vel* -undum *H¹β*:
-undum *scr. P²BSBLA*   11 iniussu: ni iussu *PHA²D²S²*: in
usu *β*   13 *(post* elogium) est *om. P¹HBLD*   15 credo: credere *HP²D²*   se esse carum: carum se esse *SZ*   16 scio
VMH²O²GRSZ: om. PH¹β   an melius: (h)(a)emilius *PL²A²D²*:
omelius *H¹*: aut melius *M*

tranquillo esse animo nemo potest. Moriendum enim
certe est, et incertum an hoc ipso die: mortem igitur
omnibus horis impendentem timens, qui poterit
animo consistere? De qua non ita longa disputatione 75
5 opus esse videtur, cum recorder non Lucium Brutum
qui in liberanda patria est interfectus, non duos Dec-
ios qui ad voluntariam mortem cursum equorum
incitaverunt, non Marcum Atilium qui ad supplicium est profectus ut fidem hosti datam conservaret,
10 non duos Scipiones qui iter Poenis vel corporibus
suis obstruere voluerunt, non avum tuum Lucium
Paulum qui morte luit collegae in Cannensi ignominia temeritatem, non Marcum Marcellum cuius
interitum ne crudelissimus quidem hostis honore
15 sepulturae carere passus est, sed legiones nostras,
quod scripsi in Originibus, in eum locum saepe profectas alacri animo et erecto, unde se redituras numquam arbitrarentur. Quod igitur adulescentes, et ei
quidem non solum indocti sed etiam rustici contem-
20 nunt, id docti senes extimescent?

Omnino ut mihi quidem videtur, studiorum 76
omnium satietas vitae facit satietatem. Sunt pueritiae
studia certa: num igitur ea desiderant adulescentes?
sunt ineuntis adulescentiae: num ea constans iam
25 requirit aetas quae media dicitur? sunt etiam eius

---

1 esse animo nemo potest: animo esse potest nemo P^1: animo esse
nemo potest P^2R: animo nemo esse potest H^2: animus esse potest
H^1 2 et incertum: et id incertum SZ hoc ipso PHL^2A^2: eo
ipso VMO^2GRSZ: ipso B: et ipso L^1: hac ipsa A^1D 3 qui (ante
poterit) $P^1H^1BL^1A^1$ (?D): quis $VMP^2L^2A^2H^2RSZ$ 16 locum
saepe O^2MGR: locum saepe esse SZ: sepe locum esse H^2: esse
locum esse H^1: locum esse $PVL^2A^2O^1$: se β (omisso locum)
17 erecto $VRSZ$: erectos M: erectas G: recto $PHβ$ 21 ut
$P^2H^2MVGRSZ$: om. $P^1H^1β$ 21 studiorum: rerum MO^2GR:
studiorum rerum Z 23 studia certa: certa studia V^2MG: studia
incerta B

aetatis: ne ea quidem quaeruntur in senectute; sunt
extrema quaedam studia senectutis: ergo ut super-
iorum aetatum studia occidunt, sic occidunt etiam
senectutis; quod cum evenit, satietas vitae tempus
maturum mortis adfert.   5

77   [XXI] Non enim video cur quid ipse sentiam de
morte non audeam vobis dicere, quod eo cernere
mihi melius videor, quo ab ea propius absum. Ego
vestros patres, Publi Scipio tuque Gai Laeli, viros
clarissimos mihique amicissimos, vivere arbitror, et 10
eam quidem vitam quae est sola vita numeranda;
nam dum sumus inclusi in his compagibus corporis,
munere quodam necessitatis et gravi opere perfungi-
mur. Est enim animus caelestis, ex altissimo domici-
lio depressus et quasi demersus in terram, locum 15
divinae naturae aeternitatique contrarium. Sed
credo deos immortales sparsisse animos in corpora
humana, ut essent qui terras tuerentur, quique caelestium ordinem contemplantes, imitarentur eum
vitae modo atque constantia. Nec me solum ratio et 20
disputatio impulit ut ita crederem, sed nobilitas
etiam summorum philosophorum et auctoritas.

78   Audiebam Pythagoram Pythagoreosque, incolas
paene nostros, qui essent Italici philosophi quondam
nominati, numquam dubitasse quin ex universa 25
mente divina delibatos animos haberemus; demon-
strabantur mihi praeterea quae Socrates supremo
vitae die de immortalitate animorum disseruisset, is

---

2 quaedam studia: quidam studia *LAD*: studia quaedam *MH²GR*:
studia quaedam studia *H¹*   6 non enim *β*: equidem non
H²O²GRSZ: equidem non enim *P¹MVA²O¹*: non omni *H¹*
8 quo *α*: quod *β*   9 P(ubli) *VMO²GRSZ*: tu *PHβ*   Gai (*vel*
C.) *om. P²DR*   11 numeranda *MR²*: nominanda *rell.* (dominantem *H¹*)   25 quin ex *deficit P: substituitur Ra*

qui esset omnium sapientissimus oraculo Apollinis
iudicatus. Quid multa? Sic persuasi mihi, sic sentio:
cum tanta celeritas animorum sit, tanta memoria
praeteritorum futurorumque prudentia, tot artes,
5 tantae scientiae, tot inventa, non posse eam naturam
quae res eas contineat esse mortalem; cumque semper agitetur animus, nec principium motus habeat
quia se ipse moveat, ne finem quidem habiturum
esse motus quia numquam se ipse sit relicturus; et
10 cum simplex animi natura esset, neque haberet in se
quidquam admixtum dispar sui atque dissimile, non
posse eum dividi: quod si non posset, non posse
interire; magnoque esse argumento homines scire
pleraque antequam nati sint, quod iam pueri cum
15 artes difficiles discant, ita celeriter res innumerabiles
adripiant, ut eas non tum primum accipere videantur
sed reminisci et recordari. Haec Platonis fere; [XXII] **79**
apud Xenophontem autem moriens Cyrus maior
haec dicit: 'Nolite arbitrari, o mihi carissimi filii,
20 me cum a vobis discessero nusquam aut nullum
fore. Nec enim dum eram vobiscum animum meum
videbatis, sed eum esse in hoc corpore ex eis rebus
quas gerebam intellegebatis: eundem igitur esse
creditote, etiamsi nullum videbitis. Nec vero clar- **80**
25 orum virorum post mortem honores permanerent,
si nihil eorum ipsorum animi efficerent quo diutius

2–4 quid   multa...prudentia   *Non.*   *41.31*   '*prudentia*'
18–p.312, 20 *Xen. Cyrop. 8.7.17–22*

2 persuasi mihi: mihi persuasi H^2O^2GR *et codd.* L^2FGPE *Nonii*
41.31   9 se ipse sit MH^2GRSZ: se ipse esset *rell.*   12 posset: possit RaH^1MV 14 sint: sunt HMR 17 Platonis
fere: Plato uester VSZ: Plato dicit uester M 20 nusquam
$RaMVL^2D^2H^2O^2RSZ$: numquam $H^1BL^1AD^1O^1G$ 26 quo
diutius GRS^2: quod iustius β: quo iustius $RaHMVS^1Z$

memoriam sui teneremus. Mihi quidem numquam
persuaderi potuit, animos dum in corporibus essent
mortalibus vivere, cum excessissent ex eis emori; nec
vero tunc animum esse insipientem cum ex insipienti
corpore evasisset, sed cum omni admixtione corporis 5
liberatus, purus et integer esse coepisset, tum esse
sapientem. Atque etiam cum hominis natura morte
dissolvitur, ceterarum rerum perspicuum est quo
quaeque discedat, abeunt enim illuc omnia unde
orta sunt: animus autem solus nec cum adest nec 10
cum discessit apparet. iam vero videtis nihil esse
81 morti tam simile quam somnum; atqui dormientium
animi maxime declarant divinitatem suam; multa
enim, cum remissi et liberi sunt, futura prospiciunt:
ex quo intellegitur quales futuri sint cum se plane 15
corporum vinculis relaxaverint. Quare si haec ita
sunt, sic me colitote' inquit 'ut deum: sin una est
interiturus animus cum corpore, vos tamen deos ver-
entes qui hanc omnem pulchritudinem tuentur et
regunt, memoriam nostri pie inviolateque servabitis.' 20
82 [XXIII] Cyrus quidem haec moriens; nos, si placet, nostra videamus. Nemo umquam mihi, Scipio,
persuadebit aut patrem tuum Paulum, aut duos avos
Paulum et Africanum, aut Africani patrem aut
patruum, aut multos praestantes viros quos enumer- 25
are non est necesse, tanta esse conatos quae ad posteritatis memoriam pertinerent, nisi animo cernerent

---

1 teneremus: tuerentur $Ra^1H^1L^2A^2$ 3 excessissent:
exissent DO^2GR: excessissent vel exissent M: exessissent H^1: exossis-
sent BL^1: exercissent Z 9 discedat: discedant DMH^2O^2GRSZ
11 discessit: discesserit DSZ: discedit MGR 12 atqui: atque
BL^1A^1 15 futuri sint: futuri sunt VD^1MSZ plane: plene
$RaHA^2S^1Z$ 17 sin: si $RaHL^2$ $(?D^2)$

posteritatem ad se ipsos pertinere. An censes (ut de
me ipse aliquid more senum glorier) me tantos
labores diurnos nocturnosque domi militiaeque suscepturum fuisse, si eisdem finibus gloriam meam
5 quibus vitam essem terminaturus? Nonne melius
multo fuisset otiosam aetatem et quietam sine ullo
labore et contentione traducere? Sed nescio quo
modo animus erigens se posteritatem ita semper
prospiciebat, quasi cum excessisset e vita, tum deni-
10 que victurus esset. Quod quidem ni ita se haberet ut
animi immortales essent, haud optimi cuiusque animus maxime ad immortalitatem et gloriam niteretur.
Quid quod sapientissimus quisque aequissimo animo **83**
moritur, stultissimus iniquissimo? Nonne vobis
15 videtur is animus qui plus cernat et longius videre
se ad meliora proficisci, ille autem cui obtusior sit
acies non videre? Equidem efferor studio patres vestros quos colui et dilexi videndi, neque vero eos solos
convenire aveo quos ipse cognovi, sed illos etiam de
20 quibus audivi et legi et ipse conscripsi. Quo quidem
me proficiscentem haud sane quis facile retraxerit

18–20 neque vero ... conscripsi *Non. 270. 42 et 276.1 'cognoscere'*

---

1 se ipsos *Opitz*: se *O²GR*: se posse *rell.*: *an* sepse?   an censes
VO²GRSZ: an cesses *M*: annecesses *B*: an necesse est *H*: anne
censes *RaLADO¹*   2 ipse: ipso *RaHL²D²R*   6 et quietam
VMHA²O²RSZ: om. *A¹DG*: *varie corrupta in RaBLO¹*   10 ni:
nisi *LAD*   12 immortalitatem et gloriam: immortalem gloriam
M: mortalem gloriam *GR*: immortalitatis gloriam *SZ*   16 cui:
cuius *LADGR*   18 uero *MGRSZ et codd. Nonii 270.42 et 276.1*:
enim *rell.*   solos: solum *MGR et codd.Nonii*   19 aveo *R.
Steph.*: abeo *H¹L et codd. EA^A Cant.G Nonii*: habeo *rell. et cod. H
Nonii*: ad eos *cod. L Nonii*

nec tamquam Peliam recoxerit; et si qui deus mihi
largiatur ut ex hac aetate repuerascam et in cunis
vagiam, valde recusem, nec vero velim quasi decurso
84 spatio ad carceres a calce revocari. Quid habet enim
vita commodi? Quid non potius laboris? Sed habeat ₅
sane, habet certe tamen aut satietatem aut modum.
Non libet enim mihi deplorare vitam, quod multi et ei
docti saepe fecerunt, neque me vixisse paenitet, quoniam ita vixi ut non frustra me natum existimem;
et ex vita ita discedo tamquam ex hospitio, non ₁₀
tamquam domo: commorandi enim natura deversor-
ium nobis, non habitandi dedit. O praeclarum diem,
cum ad illud divinum animorum concilium coetum-
que proficiscar, cumque ex hac turba et colluvione
discedam! Proficiscar enim non ad eos solum viros de ₁₅
quibus ante dixi, verum etiam ad Catonem meum,
quo nemo vir melior natus est, nemo pietate praestantior; cuius a me corpus est crematum, quod contra
decuit ab illo meum; animus vero non me deserens

1–3 et si quis deus...vagiam *Non. 165.28* 'repuerascere'
13–15 cum in illum...discedam *Non. 524.30* 'turba'; cum ex hac...
discedam *id. 82.7* 'conluvio'.

---

1 Peliam recoxerit V^1: pilam recoxerit $RaV^2L^2A^2O^1S^1Z$: recoxerit
pilam (*vel* pylam *vel* philam) MH^2O^2GR: retorserit pilam G^2: pilam
retorserit S^2: nec...recoxerit *om.* Hb   qui: quis MH^2O^2GRSZ *et
codd. Nonii*   2 repuerascam *sic scr.* H^1 *et codd.* LF^2HEG *Nonii*:
-escam *vel* -iscam *rell.*   5 Quid non potius laboris? *accedit* Hb
habeat $HbH^2O^2GRS^2$: habet *rell.*   6 certe tamen: certe O: tamen
certe Hb   7 multi et ei (ii) docti *De Breda*: multi etiam docti
V^2: multi et indocti $HbGR$: multi indocti SZ: multi et docti *rell.*
8 me vixisse: uixisse me Hb   11 tamquam domo: tamquam
e(x) domo $VMHbH^2O^2GRSZ$ 13 ad illud $VMBH^2A^2SZ$:
illud LA^1D: in illud Hb: in illum GR *et codd. Nonii*: ad illum
RaH^1 15 ad eos solum: ad eos solos RaA^2D^2Hb: solum ad eos
H 17 quo nemo vir melior natus est: quo uiro uir melior natus
est Ra: quo uiro nemo uir melior natus est L^2: quo uiro uir melior
natus nemo est H: q(uonia)m nemo uir melior natus est M

sed respectans, in ea profecto loca discessit quo
mihi ipse cernebat esse veniendum. Quem ego meum
casum fortiter ferre visus sum, non quo aequo animo
ferrem, sed me ipse consolabar existimans non long-
5 inquum inter nos digressum et discessum fore.

His mihi rebus, Scipio, id enim te cum Laelio **85**
admirari solere dixisti, levis est senectus; nec solum
non molesta, sed etiam iucunda. Quod si in hoc erro,
qui animos hominum immortales esse credam, liben-
10 ter erro, nec mihi hunc errorem quo delector, dum
vivo, extorqueri volo; sin mortuus ut quidam minuti
philosophi censent nihil sentiam, non vereor ne hunc
errorem meum philosophi mortui irrideant. Quod si
non sumus immortales futuri, tamen exstingui
15 homini suo tempore optabile est: nam habet natura,
ut aliarum omnium rerum, sic vivendi modum;
senectus autem aetatis est peractio tamquam fabulae,
cuius defetigationem fugere debemus praesertim
adiuncta satietate.
20 Haec habui de senectute quae dicerem: ad quam
utinam perveniatis, ut ea quae ex me audistis re
experti probare possitis.

---

2 ipse (*ante* cernebat): ipsi *LAD*: ille *M*   9 qui: quia *RaB-*
DL²A²   13 philosophi mortui: mortui philosophi *HbSZ*: mortui
G   14 sumus immortales futuri: sum immortalis futurus
RaHL²   18 defetigationem   (*vel*   defat-):   defectionem
RaHA³D²   22 possitis: possetis *A¹D²*: posistis *Ra*

M. TVLLI CICERONIS

LAELIVS
DE AMICITIA

SIGLA

P   Cracoviensis, Bibl. Jagielloniana, Berol. lat. Q. 404, olim Parisinus Didotianus, s. IX
A   Vaticanus lat. 5207, s. IX (fragmentum, §§1–28)
O   Oxoniensis, D'Orville 77, s. X/XI in.
K   Vaticanus Reg. lat. 1762 (excerpta Hadoardi), s. IX
M   Monacensis lat. 15514, s. IX/X (§§44–104)
F   Vossianus lat. F. 104, s. XII
R   Parisinus lat. 5752–II, s. XI
L   Laurentianus 50,45, s. X (= cod. M Catonis Maioris)
Q   Parisinus lat. 544–II, s. XI
G   Guelferbytanus Gudianus lat. 335, s. XI
H   Harleianus 2682, s. XI
V   Vindobonensis lat. 275, s. XI
S   Monacensis lat. 15964 (Salisburgensis), s. XII
B   Monacensis lat. 4611 (Benedictoburanus), s. XII

ω   consensus omnium codicum
ε   consensus HVSB
ϛ   e codicibus recentioribus unus vel plures

LAELIUS DE AMICITIA

[I] Quintus Mucius augur multa narrare de Gaio 1
Laelio socero suo memoriter et iucunde solebat, nec
dubitare illum in omni sermone appellare sapientem.
Ego autem a patre ita eram deductus ad Scaevolam
5 sumpta virili toga, ut quoad possem et liceret, a senis
latere numquam discederem. Itaque multa ab eo
prudenter disputata, multa etiam breviter et commode dicta memoriae mandabam, fierique studebam
eius prudentia doctior. Quo mortuo me ad pontifi-
10 cem Scaevolam contuli, quem unum nostrae civitatis
et ingenio et iustitia praestantissimum audeo dicere.
Sed de hoc alias; nunc redeo ad augurem. Cum saepe 2
multa, tum memini domi in hemicyclio sedentem, ut
solebat, cum et ego essem una et pauci admodum
15 familiares, in eum sermonem illum incidere, qui
tum fere multis erat in ore. Meministi enim profecto,
Attice, et eo magis quod Publio Sulpicio utebare
multum, cum is tribunus plebis capitali odio a

Laelius de amicitia cf. Off. *1.31*, Gell. *17.5.1*, Charis. *205.25* K.,
Hieron. in Mich. *2.7*: Laelius Charis. *114.25* K.: de amicitia Gell.
1.3.11, Charis. *234.24* K., Nonius passim   1–2 Quintus
Mucius ... solebat Charis. *114.25* K. *(146.22* B.); *205.25* K. *(267.33*
B.); *234.24* K. *(305.4* B.)

Laelius de amicitia $LGVS$: ... i(us) de amicitia P^{rec}: de amicitia
$AKOMFR$ (-cia B): inscr. om. $P^{1}QH$ 1 augur: augur sceuola
$L^{2}H^{2}S^{2}$ (a- ceuola H^{1})   6 multa ab eo: ab eo m-
$F\epsilon$ 7 prudenter disputata: d- p- ϵ 9–10 me ad pontificem
Scaevolam: ad p- S- me LQ   16 tum fere multis: tum forte
multis R^{1}: fere omnibus S^{2} (omisso tum)

Quinto Pompeio qui tum erat consul dissideret, quocum coniunctissime et amantissime vixerat, quanta
3 esset hominum vel admiratio vel querela. Itaque tum
Scaevola, cum in eam ipsam mentionem incidisset,
exposuit nobis sermonem Laeli de amicitia, habitum 5
ab illo secum et cum altero genero Gaio Fannio
Marci filio, paucis diebus post mortem Africani.
Eius disputationis sententias memoriae mandavi,
quas hoc libro exposui arbitratu meo; quasi enim
ipsos induxi loquentes, ne 'inquam' et 'inquit' sae- 10
pius interponeretur, atque ut tamquam a praesenti-
bus coram haberi sermo videretur.
4   Cum enim saepe mecum ageres, ut de amicitia
scriberem aliquid, digna mihi res cum omnium
cognitione tum nostra familiaritate visa est; itaque 15
feci non invitus, ut prodessem multis rogatu tuo.
Sed ut in Catone Maiore, qui est scriptus ad te de
senectute, Catonem induxi senem disputantem, quia
nulla videbatur aptior persona quae de illa aetate
loqueretur quam eius qui et diutissime senex fuerit, 20
et in ipsa senectute praeter ceteros floruisset; sic cum
accepissemus a patribus maxime memorabilem Gai
Laeli et Publi Scipionis familiaritatem fuisse, idonea
mihi Laeli persona visa est quae de amicitia ea ipsa
dissereret quae disputata ab eo meminisset Scaevola. 25
Genus autem hoc sermonum positum in hominum
veterum auctoritate et eorum illustrium, plus nescioquo pacto videtur habere gravitatis; itaque ipse mea
legens sic afficior interdum, ut Catonem, non me
5 loqui existimem. Sed ut tum ad senem senex de 30

---

15 cognitione: cognatione $PALG^1$: cogitatione (? *vel* cognatione)O^1 16 feci *post* Catone Maiore ω, *del.* H^2 17 scriptus:
inscr- LG^2 30 ad senem senex PAO^1FR^2V: te *vel* ego *vel* attice
add. rell. variis locis

senectute, sic hoc libro ad amicum amicissimus
scripsi de amicitia; tum est Cato locutus quo erat
nemo fere senior temporibus illis, nemo prudentior;
nunc Laelius et sapiens (sic enim est habitus) et
5 amicitiae gloria excellens de amicitia loquetur. Tu
velim a me animum parumper avertas, Laelium
loqui ipsum putes. Gaius Fannius et Quintus Mucius
ad socerum veniunt post mortem Africani; ab his
sermo oritur, respondet Laelius, cuius tota disputatio
10 est de amicitia; quam legens te ipse cognosces.

[II] FANNIVS. Sunt ista, Laeli; nec enim melior vir 6
fuit Africano quisquam nec clarior. Sed existimare
debes omnium oculos in te esse coniectos: unum te
sapientem et appellant et existimant. Tribuebatur
15 hoc modo M. Catoni, scimus L. Acilium apud patres
nostros appellatum esse sapientem, sed uterque alio
quodam modo: Acilius quia prudens esse in iure
civili putabatur, Cato quia multarum rerum usum
habebat. Multa eius et in senatu et in foro vel provisa
20 prudenter vel acta constanter vel responsa acute fer-
ebantur; propterea quasi cognomen iam habebat in
senectute sapientis. Te autem alio quodam modo, 7
non solum natura et moribus, verum etiam studio et
doctrina esse sapientem: nec sicut vulgus, sed ut

3 nemo fere: f- n- ε   6 a me animum: animum a me *RQH*:
animum *om. L*   10 te ipse: te ipsum *QGVSB*: tu te ipsum
H   11 Sunt ista L(a)eli *PAO¹FL(V¹?)BF*: sunt ita Laeli *Q*:
sicut dicis *add. G ante* Laeli, *post* Laeli *V²*, ut dicis *add. post* Laeli
HS: ita ut loqueris *add. O²*: *locus in R obscuratus*   13 esse coniectos. unum te *sic dist. codd. praeter L ubi dist. ante* coniectos, *et O in
quo distinctio post* coniectos *fort. erasa est*   14 existimant *post* esse
sapientem *add. G²Q²V², supra* esse sapientem *§6 O²*

eruditi solent appellare sapientem, qualem in reliqua
Graecia neminem (nam qui Septem appellantur, eos
qui ista subtilius quaerunt in numero sapientium non
habent), Athenis unum accepimus, et eum quidem
etiam Apollinis oraculo sapientissimum iudicatum: 5
hanc esse in te sapientiam existimant, ut omnia tua
in te posita esse ducas, humanosque casus virtute
inferiores putes. Itaque ex me quaerunt, credo ex
hoc item Scaevola, quonam pacto mortem Africani
feras; eoque magis, quod proximis Nonis, cum in 10
hortos D. Bruti auguris commentandi causa, ut adsolet, venissemus, tu non adfuisti, qui diligentissime
semper illum diem et illud munus solitus esses obire.

8   SCAEVOLA. Quaerunt quidem, Gai Laeli, multi, ut
est a Fannio dictum. Sed ego id respondeo quod 15
animum adverti, te dolorem quem acceperis cum
summi viri tum amicissimi morte, ferre moderate;
nec potuisse non commoveri, nec fuisse id humanitatis tuae. Quod autem Nonis in collegio nostro non
adfuisses, valetudinem respondeo causae, non maes- 20
titiam fuisse.

LAELIUS. Recte tu quidem, Scaevola, et vere. Nec
enim ab isto officio, quod semper usurpavi cum
valerem, abduci incommodo meo debui, nec ullo
casu arbitror hoc constanti homini posse contingere, 25
9 ut ulla intermissio fiat officii. Tu autem, Fanni,
quod mihi tantum tribui dicis quantum ego nec
agnosco nec postulo, facis amice, sed ut mihi videris,
non recte iudicas de Catone. Aut enim nemo, quod
quidem magis credo, aut si quisquam, ille sapiens 30

1–2 in reliqua Gr(a)ecia *PAOFLQ* (reliqua *sup.lin. O)*: in gr(a)ecia
reliqua *GH¹VS¹*: in graecia reliqui *H²S²B*: *de R¹ n. l.*: in tota reliqui
grecia *R²*   5 etiam *om. QVSB*   12 venissemus: conv-
FLQ   14 multi: -um *PRG¹*   15 id (respondeo): hoc ∊
20 causae *def. Freundlich: exp. H²*: -a *G¹ ut vid.*: -am ⸂

fuit. Quomodo, ut alia omittam, mortem fili tulit!
Memineram Paulum, videram Galum; sed hi in
pueris, Cato in perfecto et spectato viro. Quamobrem **10**
cave Catoni anteponas ne istum quidem ipsum quem
5 Apollo, ut ais, sapientissimum iudicavit: huius enim
facta, illius dicta laudantur. De me autem (ut iam
cum utroque vestrum loquar) sic habetote.

[III] Ego si Scipionis desiderio me moveri negem,
quam id recte faciam viderint sapientes, sed certe
10 mentiar. Moveor enim tali amico orbatus qualis, ut
arbitror, nemo umquam erit; ut confirmare possum,
nemo certe fuit. Sed non egeo medicina: me ipse
consolor, et maxime illo solacio, quod eo errore
careo quo amicorum decessu plerique angi solent.
15 Nihil mali accidisse Scipioni puto: mihi accidit, si
quid accidit. Suis autem incommodis graviter angi
non amicum, sed se ipsum amantis est. Cum illo vero **11**
quis neget actum esse praeclare? Nisi enim, quod ille
minime putabat, immortalitatem optare vellet, quid
20 non adeptus est quod homini fas esset optare? Qui
summam spem civium, quam de eo iam puero
habuerant, continuo adulescens incredibili virtute
superavit; qui consulatum petivit numquam, factus
consul est bis, primum ante tempus, iterum sibi
25 suo tempore, rei publicae paene sero; qui duabus
urbibus eversis, inimicissimis huic imperio, non

---

2 Galum A: C. R^1: gaium *rell.*: Gallum *edd.*   2–3 hi(i) in
pueris, Cato in perfecto O^1: hi impueris; Cato imperfecto F^1: hii
niueris Cato in perfecto PA: hi *(om. G^1)* nec *(ne L^1*, non L^2)* comparantur catoni perfecto O^2LQG: hi quidem nec catoni comparantur
perfecto $F^2\epsilon$: cave hos praeferas catoni maximo R 7 cum utroque uestrum $O^2LG\epsilon$: uestrum om. PAO^1FRQ 15 nihil: nihil
enim ϵ 19 minime putabat $FRGHVS^1B^1$: p- m- L: minimi
putabat $PAOS^2B^2$: putabat quam minimi Q quid: quid enim
V^1SB 23–24 factus consul est bis $PFG\epsilon$: f- e- c- b- $AOLQ$ *(de
R n.l.)*

modo praesentia verum etiam futura bella delevit.
Quid dicam de moribus facillimis, de pietate in
matrem, liberalitate in sorores, bonitate in suos, iustitia in omnes? Nota sunt vobis; quam autem civitati
carus fuerit, maerore funeris indicatum est. Quid   5
igitur hunc paucorum annorum accessio iuvare
potuisset? Senectus enim quamvis non sit gravis, ut
memini Catonem anno antequam est mortuus
mecum et cum Scipione disserere, tamen aufert
12 eam viriditatem in qua etiamnunc erat Scipio. Qua-   10
mobrem vita quidem talis fuit vel fortuna vel gloria,
ut nihil posset accedere; moriendi autem sensum
celeritas abstulit. Quo de genere mortis difficile
dictu est; quid homines suspicentur videtis; hoc
vere tamen licet dicere, Publio Scipioni, ex multis   15
diebus quos in vita celeberrimos laetissimosque
viderit, illum diem clarissimum fuisse, cum senatu
dimisso domum reductus ad vesperum est a patribus
conscriptis, populo Romano, sociis et Latinis, pridie
quam excessit e vita, ut ex tam alto dignitatis gradu   20
ad superos videatur deos potius quam ad inferos
pervenisse.
13   [IV] Neque enim assentior eis qui haec nuper disserere coeperunt, cum corporibus simul animos
interire atque omnia morte deleri. Plus apud me   25
antiquorum auctoritas valet: vel nostrorum maiorum
qui mortuis tam religiosa iura tribuerunt, quod non
fecissent profecto si nihil ad eos pertinere arbitrarentur; vel eorum qui in hac terra fuerunt, Magnam-
que Graeciam (quae nunc quidem deleta est, tum   30

---

5 indicatum *F*: iudic- *rell. (de R n. l.)*   8 est mortuus: m- est
LQ   14 dictu est *AO²GV²H²B*: dictum est *PO¹RLQH¹V¹*:
dictu *ante ras. 1 litt. F* (*omisso* est): dictu *om. S²*, *add. post* est *S²*
18 reductus ad uesperum *PAOFLQ*: ad v- r- *Gε*   23 haec
nuper: n- h- *Gε*: haec *om. L¹*

florebat) institutis et praeceptis suis erudiverunt; vel
eius qui Apollinis oraculo sapientissimus est iudicatus, qui non tum hoc tum illud, ut in plerisque, sed
idem semper, animos hominum esse divinos,
5 eisque cum ex corpore excessissent, reditum in
caelum patere, optimoque et iustissimo cuique expe-
ditissimum. Quod idem Scipioni videbatur; qui **14**
quidem quasi praesagiret, perpaucis ante mortem
diebus, cum et Philus et Manilius adessent et alii
10 plures, tuque etiam, Scaevola, mecum venisses, triduum disseruit de re publica, cuius disputationis fuit
extremum fere de immortalitate animorum, quae se
in quiete per visum ex Africano audisse dicebat. Id si
ita est, ut optimi cuiusque animus in morte facillime
15 evolet tamquam e custodia vinclisque corporis, cui
censemus cursum ad deos faciliorem fuisse quam
Scipioni? Quocirca maerere hoc eius eventu vereor
ne invidi magis quam amici sit. Sin autem illa
veriora, ut idem interitus sit animorum et corporum,
20 nec ullus sensus maneat, ut nihil boni est in morte,
sic certe nihil mali. Sensu enim amisso fit idem quasi
natus non esset omnino; quem tamen esse natum et
nos gaudemus, et haec civitas dum erit laetabitur.

Quamobrem cum illo quidem, ut supra dixi, actum **15**
25 optime est, mecum incommodius; quem fuerat
aequius, ut prius introieram, sic prius exire de vita.
Sed tamen recordatione nostrae amicitiae sic fruor ut
beate vixisse videar, quia cum Scipione vixerim;

2–3 est iudicatus: i- est *LQ*   6 optimoque et iustissimo cuique: o- et i- quique *P¹*: optimo et i- cuique *O*: optimo cuique et i- ε
7–8 qui quidem ς: quiq;idem ω   9 adessent: -et *POFG¹*
13 per visum: per *om. PAO¹R*   18 sin autem illa *RH, V post
corr.*: aut *vel* haud *vel* haut *add. post* autem *rell.*   19 veriora ut
Aldus nepos: uerioraut *P¹*: uereor aut *P²A*: uereor ne *R*: uereor ut *rell.*:
uerior ut ς

quocum mihi coniuncta cura de publica re et de
privata fuit, quocum et domus fuit et militia communis, et id in quo est omnis vis amicitiae, voluntatum
studiorum sententiarum summa consensio. Itaque
non tam ista me sapientiae, quam modo Fannius 5
commemoravit, fama delectat, falsa praesertim,
quam quod amicitiae nostrae memoriam spero sempiternam fore; idque eo mihi magis est cordi, quod ex
omnibus saeculis vix tria aut quattuor nominantur
paria amicorum; quo in genere sperare videor Sci- 10
pionis et Laeli amicitiam notam posteritati fore.

16   FANNIUS. Istuc quidem, Laeli, ita necesse est. Sed
quoniam amicitiae mentionem fecisti et sumus
otiosi, pergratum mihi feceris, spero item Scaevolae,
si quemadmodum soles de ceteris rebus quae ex te 15
quaeruntur, sic de amicitia disputaris quid sentias,
qualem existimes, quae praecepta des.

SCAEVOLA. Mihi vero erit gratum, atque id ipsum
cum tecum agere conarer, Fannius antevortit. Quamobrem utrique nostrum gratum admodum feceris. 20

17   [V] LAELIUS. Ego vero non gravarer, si mihi ipse
confiderem; nam et praeclara res est, et sumus, ut
dixit Fannius, otiosi. Sed quis ego sum, aut quae est
in me facultas? Doctorum est ista consuetudo eaque
Graecorum, ut eis ponatur de quo disputent quamvis 25
subito; magnum opus est egetque exercitatione non
parva. Quamobrem quae disputari de amicitia
possunt, ab eis censeo petatis qui ista profitentur:
ego vos hortari tantum possum ut amicitiam
omnibus rebus humanis anteponatis; nihil est enim 30

---

15 si quemadmodum: si quidem quemadmodum *VS¹B*   quae
AOLQ: quam *P*: cum *FRGε*: *an* quom *?*   16 quaeruntur: -itur
PF   25 (e)is *(vel* his*)* ponatur: his ponat *A*: disponatur *LGB*: his
imponatur *F post corr.* (his *add. m. 2)*   30 omnibus rebus: r- o-
HVB

tam naturae aptum, tam conveniens ad res vel secundas vel adversas.

Sed hoc primum sentio, nisi in bonis amicitiam **18**
esse non posse. Neque id ad vivum reseco, ut illi qui
5 haec subtilius disserunt, fortasse vere, sed ad communem utilitatem parum: negant enim quemquam
esse virum bonum nisi sapientem. Sit ita sane; sed
eam sapientiam interpretantur, quam adhuc mortalis
nemo est consecutus; nos autem ea quae sunt in
10 usu vitaque communi, non ea quae finguntur aut
optantur spectare debemus. Numquam ego dicam
C. Fabricium, M'. Curium, Ti. Coruncanium, quos
sapientes nostri maiores iudicabant, ad istorum normam fuisse sapientes. Quare sibi habeant sapientiae
15 nomen et invidiosum et obscurum: concedant ut
viri boni fuerint. Ne id quidem facient; negabunt
id nisi sapienti posse concedi. Agamus igitur pingui, **19**
ut aiunt, Minerva: qui ita se gerunt, ita vivunt, ut
eorum probetur fides integritas aequitas liberalitas,
20 nec sit in eis ulla cupiditas libido audacia, sintque
magna   constantia,   ut   ei   fuerunt   modo   quos
nominavi, hos viros bonos, ut habiti sunt, sic etiam
appellandos   putemus,   quia   sequantur   quantum
homines possunt naturam optimam bene vivendi
25 ducem.

Sic enim mihi perspicere videor, ita natos esse nos,
ut inter omnes esset societas quaedam, maior autem

---

1 vel *ante* secundas *om.* ε *(erasum in G)*   6 parum: *fort.* parum
<commode>   12 M(anium): M. ω   Ti(berium): T. ω
19 aequitas *Lambinus*: aequalitas ω   20 sintque ϛ: sitque ω
21 modo quos: quos *H*: quos modo ϛ   23 quia sequantur
PAO¹: qui sequantur *O²LQSB*: qui assequantur *G*: qui assequuntur
R: qui sequuntur *HV*: quia sequuntur *F*   26 natos esse nos: nos
esse natos *H*: nos natos esse *LQ*: esse nos natos *F*: nos *om.*
V¹S¹   27 omnes *PAO¹RG*: omnes homines *O²FLQ*ε

ut quisque proxime accederet; itaque cives potiores
quam peregrini, propinqui quam alieni; cum his
enim amicitiam natura ipsa peperit. Sed ea non satis
habet firmitatis; namque hoc praestat amicitia pro-
pinquitati, quod ex propinquitate benevolentia 5
tolli potest, ex amicitia non potest; sublata enim
benevolentia amicitiae nomen tollitur, propinquitatis
20 manet. Quanta autem vis amicitiae sit, ex hoc
intellegi maxime potest, quod ex infinita societate
generis humani, quam conciliavit ipsa natura, ita 10
contracta res est et adducta in angustum, ut omnis
caritas aut inter duos aut inter paucos iungeretur.
[VI] Est enim amicitia nihil aliud nisi omnium
divinarum humanarumque rerum cum benevolentia
et caritate consensio; qua quidem haud scio an 15
excepta sapientia nihil melius homini sit a dis immortalibus datum. Divitias alii praeponunt, bonam alii
valetudinem, alii potentiam, alii honores, multi etiam
voluptates: beluarum hoc quidem extremum; illa
autem superiora caduca et incerta, posita non tam 20
in consiliis nostris quam in fortunae temeritate. Qui
autem in virtute summum bonum ponunt, praeclare
illi quidem, sed haec ipsa virtus amicitiam et gignit et
continet, nec sine virtute amicitia esse ullo pacto
21 potest. Iam virtutem ex consuetudine vitae sermo- 25
nisque nostri interpretemur, nec eam, ut quidam
docti, verborum magnificentia metiamur, virosque
bonos eos qui habentur numeremus: Paulos,
Catones, Galos, Scipiones, Philos. His communis

9 intellegi maxime potest: m- i- p- ε   12 duos: duo P
16 nihil (melius) PAO¹KR: quicquam FLQGε: quicquid O²
25–26 uit(a)e sermonisq(ue) nostri AQF: uit(a)e n(ost)r(a)e sermonis-
q(ue) n(ost)ri RGε: uit(a)e et sermonis n(ost)ri POL   29 Galos
Mommsen: gaios ω

vita contenta est, eos autem omittamus qui omnino
nusquam reperiuntur.

    Tales igitur inter viros amicitia tantas opportuni- **22**
tates habet quantas vix queo dicere. Principio qui
5 potest esse vita vitalis, ut ait Ennius, quae non in
amici mutua benevolentia conquiescit? Quid dulcius
quam habere quicum omnia audeas sic loqui ut
tecum? Qui esset tantus fructus in prosperis rebus
nisi haberes qui illis aeque ac tu ipse gauderet?
10 Adversas vero ferre difficile esset sine eo qui illas
gravius etiam quam tu ferret. Denique ceterae res
quae expetuntur opportunae sunt singulae rebus
fere singulis: divitiae ut utare, opes ut colare, honores
ut laudere, voluptates ut gaudeas, valetudo ut dolore
15 careas et muneribus fungare corporis. Amicitia res
plurimas continet, quoquo te verteris praesto est,
nullo loco excluditur, numquam intempestiva, numquam molesta est. Itaque non aqua, non igni, ut
aiunt, locis pluribus utimur quam amicitia (neque
20 ego nunc de vulgari aut de mediocri, quae tamen
ipsa et delectat et prodest, sed de vera et perfecta
loquor, qualis eorum qui pauci nominantur fuit);
nam et secundas res splendidiores facit amicitia, et
adversas partiens communicansque leviores.

25   [VII] Cumque plurimas et maximas commoditates **23**
amicitia continet, tum illa nimirum praestat omnibus, quod bona spe praelucet in posterum, nec debil-
itari animos aut cadere patitur. Verum enim amicum
qui intuetur, tamquam exemplar aliquod intuetur
30 sui. Quocirca et absentes adsunt, et egentes abun-

---

7 quicum: quocum $O^{1}S^{2}$: cum quo F 11 denique: *fort.* deinde?   14 laudere: -are $PO^{1}KH^{1}S^{1}B^{1}$ 19 locis pluribus: p-
l- $G\epsilon$ neque: nec ϵ 27 bona spe $R^{2}QS^{2}F^{2}$: bonam spem *rell.*
(spe prae- *om.* R^{1})   28 uerum enim $PAO^{1}KF^{1}$: uerum etiam
$O^{2}F^{2}RLQG\epsilon$

dant, et imbecilli valent, et quod difficilius dictu est,
mortui vivunt: tantus eos honos, memoria, desiderium prosequitur amicorum, ex quo illorum beata
mors videtur, horum vita laudabilis. Quod si exe-
meris ex rerum natura benevolentiae iunctionem, 5
nec domus ulla nec urbs stare poterit, nec agri quidem cultus permanebit. Id si minus intellegitur,
quanta vis amicitiae concordiaeque sit, ex dissensio-
nibus atque discordiis percipi potest. Quae enim
domus tam stabilis, quae tam firma civitas est, quae 10
non odiis et discidiis funditus possit everti? Ex quo
24 quantum boni sit in amicitia iudicari potest. Agri-
gentinum quidem doctum quendam virum carmini-
bus Graecis vaticinatum ferunt, quae in rerum
natura totoque mundo constarent quaeque moveren- 15
tur, ea contrahere amicitiam, dissipare discordiam.

Atque hoc quidem omnes mortales et intellegunt et
re probant. Itaque si quando aliquod officium exstitit
amici in periculis aut adeundis aut communicandis,
quis est qui id non maximis efferat laudibus? Qui 20
clamores tota cavea nuper in hospitis et amici mei
Marci Pacuvi nova fabula! cum ignorante rege uter
Orestes esset, Pylades Orestem se esse diceret ut pro
illo necaretur, Orestes autem ita ut erat, Orestem se

25

22 *Pacuv. trag. 365 Ribbeck; cf. Cic. Fin. 2.79, 5.63*

5 iun(c)tionem *PAOKFG¹*: coniunctionem *R²LQG²HVS* (-e *B*):
beniuolentic̆iunctionem *R¹*   6 nec agri ω: ne agri *edd. fere omnes*
7 id si: quod si *F*   9 atque discordiis: id et ex discordiis *F*
(fort. recte): id et excordis *PAO¹K*   14 vaticinatum: u- esse *O²G*
18 re   probant   *H²S²*:   reprobant   *PAKFQGVS¹*:   rem probant
ORH¹B: probant *L*   22 noua *FGH*: -i *PAOLQVSB*: om. *R*
22–25 uter (uterq; *H*) Orestes esset (esset Orestes *S²*), Pylades (*vel* Pil-)
se Orestem esse (Orestem se esse *H*, Orestem esse se *R*) diceret ut pro
illo necaretur, Orestes autem ita ut esset, Orestem se esse perseueraret
F²R²H²S²: *locus in rell. varie mutilus*

esse perseveraret. Stantes plaudebant in re ficta: quid
arbitramur in vera facturos fuisse? Facile indicabat
ipsa natura vim suam, cum homines quod facere ipsi
non possent, id recte fieri in altero iudicarent.

5 Hactenus mihi videor de amicitia quid sentirem
potuisse dicere: si qua praeterea sunt (credo autem
esse multa) ab eis, si videbitur, qui ista disputant
quaeritote.

FANNIVS. Nos autem a te potius; quamquam etiam **25**
10 ab istis saepe quaesivi et audivi, non invitus equidem;
sed aliud quoddam filum orationis tuae.

SCAEVOLA. Tum magis id diceres, Fanni, si nuper
in hortis Scipionis, cum est de republica disputatum,
adfuisses: qualis tum patronus iustitiae fuit contra
15 accuratam orationem Phili!

FANNIVS. Facile id quidem fuit, iustitiam, iustissimo viro, defendere.

SCAEVOLA. Quid amicitiam? nonne facile ei qui ob
eam summa fide constantia iustitiaque servatam
20 maximam gloriam ceperit?

[VIII] LAELIVS. Vim hoc quidem est adferre! **26**
Quid enim refert qua me ratione cogatis? cogitis
certe; studiis enim generorum, praesertim in re
bona, cum difficile est, tum ne aequum quidem
25 obsistere.

Saepissime igitur mihi de amicitia cogitanti maxime illud considerandum videri solet, utrum propter
imbecillitatem atque inopiam desiderata sit amicitia,
ut dandis recipiendisque meritis, quod quis minus
30 per se ipse posset, id acciperet ab alio vicissimque

---

6 si qua: si quae *PAO¹*: si qua autem *G*   9 nos autem: nos
uero *O*   29 quod *R*: quo *rell.*   quis *PAOKF¹G¹*: quisque
*F²RLQG²*ε

redderet, an esset hoc quidem proprium amicitiae,
sed antiquior et pulchrior et magis a natura ipsa
profecta alia causa. Amor enim, ex quo amicitia
nominata est, princeps est ad benevolentiam
coniungendam; nam utilitates quidem etiam ab eis 5
percipiuntur saepe qui simulatione amicitiae coluntur et observantur temporis causa; in amicitia autem
nihil fictum est, nihil simulatum, et quidquid est, id
27 est verum et voluntarium. Quapropter a natura mihi
videtur potius quam ab indigentia orta amicitia, 10
applicatione magis animi cum quodam sensu amandi
quam cogitatione quantum illa res utilitatis esset
habitura.

Quod quidem quale sit etiam in bestiis quibusdam
animadverti potest, quae ex se natos ita amant ad 15
quoddam tempus et ab eis ita amantur, ut facile
earum sensus appareat; quod in homine multo est
evidentius, primum ex ea caritate quae est inter
natos et parentes, quae dirimi nisi detestabili scelere
non potest, deinde cum similis sensus exstitit amoris, 20
si aliquem nacti sumus cuius cum moribus et natura
congruamus, quod in eo quasi lumen aliquod probi-
28 tatis et virtutis perspicere videamur. Nihil est enim
virtute amabilius, nihil quod magis alliciat ad diligendum, quippe cum propter virtutem et probitatem 25
etiam eos quos numquam vidimus quodam modo
diligamus. Quis est qui C. Fabrici, M'. Curi non
cum caritate aliqua benevola memoriam usurpet,
quos numquam viderit? Quis autem est qui Tarqui-

1–3 hoc quidem proprium…profecta *Non. 426.7* 'anticus et antiquior'

---

5 coniungendam: -i *G*: iungendam *VSB*   22 aliquod: aliquid
PAO¹K

nium Superbum, qui Sp. Cassium, Sp. Maelium non
oderit? Cum duobus ducibus de imperio in Italia est
decertatum, Pyrrho et Hannibale: ab altero propter
probitatem eius non nimis alienos animos habemus,
5 alterum propter crudelitatem semper haec civitas
oderit. [IX] Quod si tanta vis probitatis est ut eam 29
vel in eis quos numquam vidimus, vel quod maius est
in hoste etiam diligamus, quid mirum est si animi
hominum moveantur, cum eorum quibuscum usu
10 coniuncti esse possunt, virtutem et bonitatem perspicere videantur?

   Quamquam confirmatur amor et beneficio accepto
et studio perspecto et consuetudine adiuncta; quibus
rebus ad illum primum motum animi et amoris adhi-
15 bitis, admirabilis quaedam exardescit benevolentiae
magnitudo. Quam si qui putant ab imbecillitate proficisci, ut sit per quem adsequatur quod quisque
desideret, humilem sane relinquunt et minime gen-
erosum, ut ita dicam, ortum amicitiae, quam ex ino-
20 pia atque indigentia natam volunt. Quod si ita esset,
ut quisque minimum esse in se arbitraretur, ita ad
amicitiam esset aptissimus; quod longe secus est; ut 30
enim quisque sibi plurimum confidit, et ut quisque
maxime virtute et sapientia sic munitus est ut nullo
25 egeat, suaque omnia in se ipso posita iudicet, ita in
amicitiis expetendis colendisque maxime excellit.

---

1 Sp. Cassium *Gruterus*: P. Cassium ω (Quis autem ... oderit *om.*
A)   3 Pyrrho *deficit A*   21 minimum esse in se: minimum
in se esse *OK*: in se minimum esse F^2 (ut ... arbitraretur *om.* F^1): esse
om. R   23 quisque sibi plurimum *POKFR*: s- q- p- *LQ*: q- p- s-
*G*ε

Quid enim? Africanus indigens mei? Minime hercule, ac ne ego quidem illius; sed ego admiratione
quadam virtutis eius, ille vicissim opinione fortasse
nonnulla quam de meis moribus habebat, me dilexit;
auxit benevolentiam consuetudo; sed quamquam uti- 5
litates multae et magnae consecutae sunt, non sunt
31 tamen ab earum spe causae diligendi profectae. Ut
enim benefici liberalesque sumus non ut exigamus
gratiam (neque enim beneficium feneramur, sed natura propensi ad liberalitatem sumus), sic amicitiam 10
non spe mercedis adducti, sed quod omnis eius fructus in ipso amore inest, expetendam putamus.
32   Ab his, qui pecudum ritu ad voluptatem omnia
referunt, longe dissentiunt; nec mirum; nihil enim
altum, nihil magnificum ac divinum suspicere pos- 15
sunt, qui suas omnes cogitationes abiecerunt in rem
tam humilem tamque contemptam. Quamobrem hos
quidem ab hoc sermone removeamus, ipsi autem
intellegamus natura gigni sensum diligendi et benevolentiae caritatem, facta significatione probitatis. 20
Quam qui appetiverunt, applicant se et propius
admovent, ut et usu eius quem diligere coeperunt
fruantur et moribus, sintque pares in amore et
aequales, propensioresque ad bene merendum
quam ad reposcendum, atque haec inter eos sit hon- 25
esta certatio. Sic et utilitates ex amicitia maximae
capientur, et erit ortus a natura quam ab imbecillitate

1–12 Quid enim?... expetendam putamus *Gell. 17.5.2–4 (omisso*
minime hercule ac)

---

10 liberalitatem: libertatem *PO¹FL*: liberalitem *G*   13 ab his:
ab his autem *O¹*   14 dissentiunt: -imus *QVSB*: dissentientes
H²: dissentes *R²*   16 abiecerunt: -erint *O¹*: abicerit *K*
21 se: sese *Gε*   26 certatio *POKFRG¹*: concertatio *LG²ε*: con-
tentio *Q*

gravior et verior. Nam si utilitas amicitias conglutinaret, eadem commutata dissolveret; sed quia natura
mutari non potest, idcirco verae amicitiae sempiter-
nae sunt. Ortum quidem amicitiae videtis, nisi quid
5 ad haec forte vultis.

FANNIVS. Tu vero perge, Laeli; pro hoc enim, qui
minor est natu, meo iure respondeo.

SCAEVOLA. Recte tu quidem; quamobrem audia- **33**
mus.

10 [X] LAELIVS. Audite vero, optimi viri, ea quae
saepissime inter me et Scipionem de amicitia disser-
ebantur. Quamquam ille quidem nihil difficilius
esse dicebat quam amicitiam usque ad extremum
vitae diem permanere; nam vel ut non idem expediret
15 incidere saepe, vel ut de re publica non idem sentir-
etur; mutari etiam mores hominum saepe dicebat,
alias adversis rebus, alias aetate ingravescente.
Atque earum rerum exemplum ex similitudine capiebat ineuntis aetatis, quod summi puerorum amores
20 saepe una cum praetexta toga ponerentur. Sin autem **34**
ad adulescentiam perduxissent, dirimi tamen interdum contentione, vel uxoriae condicionis vel commodi alicuius quod idem adipisci uterque non posset.
Quod si qui longius in amicitia provecti essent,
25 tamen saepe labefactari si in honoris contentionem
incidissent; pestem enim nullam maiorem esse amicitiis quam in plerisque pecuniae cupiditatem, in
optimis quibusque honoris certamen et gloriae, ex
quo inimicitias maximas saepe inter amicissimos

1–2 amicitias conglutinaret: c- a- *G*ε   14 uitae diem
POFRLQ: d- u- *G*ε   17 ingrauescente $O^2FR^2LQH^2VS^2$:
-entes $P^2O^1R^1GH^1S^1B$: ingrauestes P^1 20 ponerentur
$P^2O^1FR^1LQ$: -retur P^1: deponerentur O^2R^2Gε   21 ad *om.*
POQG   22 uxoriae *Turnebus*: luxoriae PF^1: luxuria *RS*: lux-
uri(a)e *rell.*

35 exstitisse. Magna etiam discidia et plerumque iusta
nasci, cum aliquid ab amicis quod rectum non esset
postularetur, ut aut libidinis ministri aut adiutores
essent ad iniuriam; quod qui recusarent, quamvis
honeste id facerent, ius tamen amicitiae deserere 5
arguerentur ab eis quibus obsequi nollent. Illos
autem, qui quidvis ab amico auderent postulare, pos-
tulatione ipsa profiteri omnia se amici causa esse
facturos; eorum querela non inveteratas modo famil-
iaritates exstingui solere, sed odia etiam gigni sempi- 10
terna. Haec ita multa quasi fata impendere amicitiis,
ut omnia subterfugere non modo sapientiae sed etiam
felicitatis diceret sibi videri.

36 [XI] Quamobrem id primum videamus, si placet,
quatenus amor in amicitia progredi debeat. Numne 15
si Coriolanus habuit amicos, ferre contra patriam
arma illi cum Coriolano debuerunt? Num Vecellinum amici, regnum appetentem, num Maelium
37 debuerunt iuvare? Tiberium quidem Gracchum
rem publicam vexantem a Q. Tuberone aequalibus- 20
que amicis derelictum videbamus; at C. Blossius
Cumanus, hospes familiae vestrae, Scaevola, cum
ad me (quod aderam Laenati et Rupilio consulibus
in consilio) deprecatum venisset, hanc ut sibi ignos-
cerem causam adferebat, quod tanti Tiberium Grac- 25
chum fecisset ut quidquid ille vellet sibi faciendum
putaret. Tum ego: 'Etiamne si te in Capitolium faces

---

9 non inveteratas modo *scripsi*: i- n- m- ϛ: inueterata non modo ω
10 odia etiam: e- o- *G*ε   17–18 num Vecellinum *Mommsen*: num
becillinum *PORLQH*: non becillinum *F*: num inbecilli. num *G* (num
alterum add. m. 2): num becilli. num *VSB*: num becellinum ϛ
18 M(a)elium *R*: A. melium *G*: a(m)mel(l)ium *rell.*   21 C. Blossius ϛ: c. (*vel* g. *vel* gaius) bis suis *QGH¹*: obituis *F¹ corr. in* obisuis: c.
bisius *R*: c(aius) bissius *rell.* (*P post corr.*)   23 quod: cum *R²L²*:
quam *P*: quo *S*   Laenati *Langius*: Laenate ω: cum laenate *vel* cum
laenati ϛ

ferre vellet?' 'Numquam,' inquit, 'voluisset id quidem; sed si voluisset, paruissem.' Videtis quam
nefaria vox! Et hercule ita fecit, vel plus etiam
quam dixit; non enim paruit ille Tiberii Gracchi
5 temeritati, sed praefuit, nec se comitem illius furoris
sed ducem praebuit. Itaque hac amentia, quaestione
nova perterritus, in Asiam profugit, ad hostes se
contulit, poenas rei publicae graves iustasque persolvit. Nulla est igitur excusatio peccati si amici causa
10 peccaveris; nam cum conciliatrix amicitiae virtutis
opinio fuerit, difficile est amicitiam manere si a virtute defeceris.

    Quod si rectum statuerimus vel concedere amicis **38**
quidquid velint, vel impetrare ab eis quidquid veli-
15 mus, perfecta quidem sapientia si simus, nihil habeat
res viti. Sed loquimur de eis amicis qui ante oculos
sunt, quos videmus aut de quibus memoria accepimus, quos novit vita communis; ex hoc numero nobis
exempla sumenda sunt, et eorum quidem maxime
20 qui ad sapientiam proxime accedunt. Videmus **39**
Papum Aemilium Luscino familiarem fuisse (sic a
patribus accepimus), bis una consules, collegas in
censura; tum et cum eis et inter se coniunctissimos
fuisse Manium Curium, Tiberium Coruncanium
25 memoriae proditum est. Igitur ne suspicari quidem
possumus quemquam horum ab amico quidpiam
contendisse quod contra fidem, contra ius iurandum,
contra rem publicam esset. Nam hoc quidem in talibus viris quid attinet dicere, si contendisset impet-
30 raturum non fuisse, cum illi sanctissimi viri fuerint,

---

15 si simus *Canter*: simus si *PO¹KFR*: sumus si *rell.*   17 memoria *PK*: -am *rell.*   20 accedunt *RQε*: -ent *POKFL*: -ant *G*
21 Papum *PO¹FL¹*: papium *L²*: palum *Q*: paulum *O²*: L. *G*: P. *Rε*
24 M(anium): M. *ω*   Ti(berium) *PO¹FLQ*: T(itum) *O²RGε*
25 memoriae *POFRHV²*: memoria *LQGV¹SB*

aeque autem nefas sit tale aliquid et facere rogatum et
rogare? At vero Tiberium Gracchum sequebantur C.
Carbo, C. Cato et minime tum quidem Gaius frater,
40 nunc idem acerrimus. [XII] Haec igitur lex in amicitia sanciatur, ut neque rogemus res turpes, nec ₅
faciamus rogati. Turpis enim excusatio est et minime
accipienda, cum in ceteris peccatis, tum si quis contra rem publicam se amici causa fecisse fateatur.

Etenim eo loco, Fanni et Scaevola, locati sumus, ut
nos longe prospicere oporteat futuros casus rei pub- ₁₀
licae. Deflexit iam aliquantum de spatio curriculoque
41 consuetudo maiorum. Tiberius Gracchus regnum
occupare conatus est, vel regnavit is quidem paucos
menses: numquid simile populus Romanus audierat
aut viderat? Hunc etiam post mortem secuti amici et ₁₅
propinqui quid in Publio Nasica effecerint, sine
lacrimis non queo dicere. Nam Carbonem, quoquo
modo potuimus, propter recentem poenam Ti. Gracchi sustinuimus; de Gai Gracchi autem tribunatu
quid exspectem, non libet augurari. Serpit diem e ₂₀
die res quae proclivis ad perniciem, cum semel
coepit, labitur. Videtis in tabella iam ante quanta
sit facta labes, primo Gabinia lege, biennio post Cassia. Videre iam videor populum a senatu disiunctum,
multitudinis arbitrio res maximas agi; plures enim ₂₅
discent quemadmodum haec fiant, quam quemadmodum his resistatur.

---

3 C. (*vel* g. *vel* gaius) frater *POFR¹GV²H¹*: carissimus frater
LV¹H²S²B (frater *om. S¹*): ferus *Q*: nobis carus frater *R²*   4 in
amicitia *POKFRLG*: amicitiae *(cf. § 44) Q*ε   16 P(ublio)
Nasica *scripsi*: P. Nasicam Scipionem *QG*ε: P(ublium) Scipionem
O²FRL: P(ublio) Scipione *PO¹*   effecerint: fec- ε   17–18 quo-
quo modo *F*: quoque modo *PO¹H²*: quoque quem modo *rell.*
18 potuimus   *PO¹FH²*:   possumus   *H¹*:   posuimus
O²RLQGVSB   20–21 diem e die *scripsi*: deinde ω *(*denique
K): de die in diem ς: in dies *Seyffert*   23 sit facta: f- s- ε

Quorsum haec? Quia sine sociis nemo quidquam **42**
tale conatur. Praecipiendum est igitur bonis, ut si in
eiusmodi amicitias ignari casu aliquo inciderint, ne
existiment ita se alligatos ut ab amicis in magna ali-
5 qua re peccantibus non discedant; improbis autem
poena statuenda est, nec vero minor eis qui secuti
erunt alterum quam eis qui ipsi fuerint impietatis
duces. Quis clarior in Graecia Themistocle, quis
potentior? qui cum imperator bello Persico servitute
10 Graeciam liberavisset, propterque invidiam in exsilium expulsus esset, ingratae patriae iniuriam non
tulit quam ferre debuit: fecit idem quod viginti
annis ante apud nos fecerat Coriolanus. His adiutor
contra patriam inventus est nemo; itaque mortem
15 sibi uterque conscivit. Quare talis improborum con- **43**
sensio non modo excusatione amicitiae tegenda non
est, sed potius supplicio omni vindicanda est, ut ne
quis concessum putet amicum vel bellum patriae
inferentem sequi; quod quidem, ut res ire coepit,
20 haud scio an aliquando futurum sit; mihi autem non
minori curae est qualis res publica post mortem
meam futura, quam qualis hodie sit.

[XIII] Haec igitur prima lex amicitiae sanciatur, ut **44**
ab amicis honesta petamus, amicorum causa honesta
25 faciamus; ne exspectemus quidem dum rogemur;
studium semper adsit, cunctatio absit; consilium

---

2 est igitur: i- e- ε   4 ita se: se ita ε   4–5 in magna aliqua re
Ernesti: in magna aliqua re p(ublica) PO^1F: in magnam aliquam rem
p(ublicam) $LQGHV^1SB$: in magnam aliquam rem O^2V^2: in magnam
rem p(ublicam) R 9–10 servitute Graeciam: g- s- ε
11 expulsus: missus HV^1SB 14–15 mortem sibi uterque: u- s-
m- ε   18 amicum uel bellum $POGV^1SB$: uel amicum bellum
LQ: amicum bellum FRV^2H 22 futura: futura sit $Gε$
23 Haec igitur *accedit* M 25 ne: nec FGB

vero dare audeamus libere; plurimum in amicitia
amicorum bene suadentium valeat auctoritas; eaque
et adhibeatur ad monendum, non modo aperte sed
etiam acriter, si res postulabit, et adhibitae pareatur.

45 Nam quibusdam, quos audio sapientes habitos in 5
Graecia, placuisse opinor mirabilia quaedam (sed
nihil est quod illi non persequantur argutiis): partim
fugiendas esse nimias amicitias, ne necesse sit unum
sollicitum esse pro pluribus; satis superque esse sibi
suarum cuique rerum, alienis nimis implicari moles- 10
tum esse; commodissimum esse quam laxissimas
habenas habere amicitiae, quas vel adducas cum
velis, vel remittas; caput enim esse ad beate vivendum securitatem, qua frui non possit animus si tam-

46 quam parturiat unus pro pluribus. Alios autem 15
dicere aiunt, multo etiam inhumanius (quem locum
breviter paulo ante perstrinxi), praesidi adiumen-
tique causa, non benevolentiae neque caritatis, amicitias esse expetendas; itaque ut quisque minimum
firmitatis haberet minimumque virium, ita amicitias 20
appetere maxime; ex eo fieri ut mulierculae magis
amicitiarum praesidia quaerant quam viri, et inopes
quam opulenti, et calamitosi quam ei qui putentur
beati.

47 O praeclaram sapientiam! Solem enim e mundo 25
tollere videntur qui amicitiam e vita tollunt, qua
nihil a dis immortalibus melius habemus, nihil

---

1 uero *L*: uere *Q* (dare *om. Q*): uerum *rell.* audeamus ϛ: gaudea-
mus ω 3 aperte: -a *PG¹VB* 7 argutiis *PO¹MF¹LG¹*:
argutius *RO²Qϵ*: argumentis *G²* 8 ne (necesse sit)
OF²Q²GHV²S²: *om. PMKF¹LQ¹V¹S¹B*: neque *R* 23 qui
putentur *P²ORLQ*: qui putetur *P¹*: qui putantur *Fϵ*: qua putentur
G: inꝗetentur *M* 26 qui *PKMFRLQ*: ei (*vel* ii *vel* hi) qui *Gϵ*:
quia *O* qua *POKFLGH²VB*: quia *MRQH¹S*

iucundius. Quae est enim ista securitas? Specie quidem blanda; sed reapse multis locis repudianda.
Neque enim est consentaneum ullam honestam rem
actionemve, ne sollicitus sis, aut non suscipere aut
5 susceptam deponere; quod si curam fugimus, virtus
fugienda est, quae necesse est cum aliqua cura res sibi
contrarias aspernetur atque oderit, ut bonitas malitiam, temperantia libidinem, ignaviam fortitudo; itaque videas rebus iniustis iustos maxime dolere,
10 imbellibus fortes, flagitiosis modestos; ergo hoc proprium est animi bene constituti, et laetari bonis rebus
et dolere contrariis. Quamobrem si cadit in sapien- **48**
tem animi dolor (qui profecto cadit, nisi ex eius
animo exstirpatam humanitatem arbitramur), quae
15 causa est cur amicitiam funditus tollamus e vita, ne
aliquas propter eam suscipiamus molestias? Quid
enim interest, motu animi sublato, non dico inter
pecudem et hominem, sed inter hominem et truncum
aut saxum aut quidvis generis eiusdem? Neque enim
20 sunt isti audiendi, qui virtutem duram et quasi fer-
ream esse quandam volunt; quae quidem est cum
multis in rebus, tum in amicitia, tenera atque tract-
abilis, ut et bonis amici quasi diffundatur, et incommodis contrahatur. Quamobrem angor iste qui pro
25 amico saepe capiendus est, non tantum valet ut tollat
e vita amicitiam, non plus quam ut virtutes quia
nonnullas curas et molestias adferunt repudientur.

[XIV] Cum autem contrahat amicitiam, ut supra
dixi, si qua significatio virtutis eluceat, ad quam

---

2 reapse ς: reabse *vel* re ab se *POKR[1]*: re a se *MF*: reipsa
LQGHVS[2]B (re *om. S[1]*): re ab ipsa *R[2]*   23 diffundatur *O[1]KF*
ut coni. Victorius: -antur *rell.*   24 contrahatur *O[1]KF*: -antur
rell.   29 qua *OKMFRV[2]*: quasi *PLQGV[1]HSB*

se similis animus applicet et adiungat, id cum
49 contigit, amor exoriatur necesse est. Quid enim tam
absurdum quam delectari multis inanibus rebus, ut
honore, ut gloria, ut aedificio, ut vestitu cultuque
corporis, animo autem virtute praedito, eo qui vel 5
amare vel (ut ita dicam) redamare possit, non admodum delectari? Nihil est enim remuneratione
benevolentiae, nihil vicissitudine studiorum officior-
50 umque iucundius.   Quid si illud etiam addimus,
quod recte addi potest, nihil esse quod ad se rem 10
ullam tam illiciat et tam trahat quam ad amicitiam
similitudo? Concedetur profecto verum esse, ut
bonos boni diligant adsciscantque sibi quasi propinquitate coniunctos atque natura; nihil est enim appe-
tentius similium sui nec rapacius quam natura. 15
Quamobrem hoc quidem, Fanni et Scaevola, constet,
ut opinor: bonis inter bonos quasi necessariam benevolentiam, qui est amicitiae fons a natura constitutus.
Sed eadem bonitas etiam ad multitudines pertinet;
non enim est inhumana virtus neque immanis neque 20
superba, quae etiam populos universos tueri eisque
optime consulere soleat, quod non faceret profecto si
a caritate vulgi abhorreret.
51   Atque etiam mihi quidem videntur qui utilitatum
causa fingunt amicitias, amabilissimum nodum ami- 25
citiae tollere. Non enim tam utilitas parta per amicum, quam amici amor ipse delectat; tumque illud fit
quod ab amico est profectum iucundum, si cum stu-

---

2 contigit *PMRL¹GH¹VSB*: contingit *OKFL²QH²*   7 nihil
est enim *POKMFRG*: nihil enim est ϵ: nihil est *LQ*   16 constet:
-at *FR²L²*   18 qui: qu(a)e *ML²H*: quid *L¹*   21 immanis
Fedeli: immunis ω (*de M n. l., cuius* a *et* u *non facile dinoscun-
tur*)   24 utilitatum *P²O¹KF²LQ²* (-um *in ras. P*): -tatis
*O²MRG*ϵ: -tatem *Q¹*: humilitatum *F¹*

dio est profectum; tantumque abest ut amicitiae
propter indigentiam colantur, ut ei qui opibus et
copiis, maximeque virtute (in qua plurimum est
praesidi), minime alterius indigeant, liberalissimi
5 sint et beneficentissimi. Atqui haud sciam an ne
opus sit quidem nihil umquam omnino deesse amicis; ubi enim studia nostra viguissent, si numquam
consilio, numquam opera nostra nec domi nec militiae Scipio eguisset? Non igitur utilitatem amicitia,
10 sed utilitas amicitiam secuta est.

[XV] Non ergo erunt homines deliciis diffluentes **52**
audiendi, si quando de amicitia, quam nec usu nec
ratione habent cognitam, disputabunt. Nam quis est,
pro deorum fidem atque hominum, qui velit, ut
15 neque diligat quemquam nec ipse ab ullo diligatur,
circumfluere omnibus copiis atque in omnium rerum
abundantia vivere? Haec enim est tyrannorum vita
nimirum, in qua nulla fides, nulla caritas, nulla stabilis benevolentiae potest esse fiducia: omnia semper
20 suspecta atque sollicita, nullus locus amicitiae; quis **53**
enim aut eum diligit quem metuat, aut eum a
quo se metui putet? Coluntur tamen simulatione
dumtaxat ad tempus; quod si forte, ut fit plerumque,
ceciderunt, tum intellegitur quam fuerint inopes
25 amicorum; quod Tarquinium dixisse ferunt exsulantem, tum se intellexisse quos fidos amicos habuisset,

---

5 atqui *Kleine*: atque ω   10 secuta: consecuta *R*ε: consecutata
G   11 diffluentes: affluentes *O²MFL (O¹ obsc.)*: fluentes *Q*:
defluentes *H*   17 haec enim est *POKGHVS*: haec est enim
MRLQB: haec est *F*   24 ceciderunt *PG¹*: -erit *QVS¹B*: -erint
OKMFRLG²HS²   25–26 exsulantem, tum se intellexisse ς:
exsulantem se intellexisse *H*: tum exulantem se intellexisse
MFLQG¹V¹S: tum *del. V²*: cum exulantem se intellexisset *G²*: cum
exultantem se intellexisse *P*: tum cum exulantem intellexisse *O (se
om.)*: vere *ante* tum *add. O²*: tum cum exulem esse se intellexisset *R*

quos infidos, cum iam neutris gratiam referre posset;
54 quamquam miror, illa superbia et importunitate, si
quemquam amicum habere potuit; atque ut huius
quem dixi mores veros amicos parare non potuerunt,
sic multorum opes praepotentium excludunt amici- 5
tias fideles. Non enim solum ipsa Fortuna caeca est,
sed eos etiam plerumque efficit caecos quos complexa est; itaque efferuntur fere fastidio et contumacia, nec quidquam insipiente fortunato intolerabilius
fieri potest. Atque hoc quidem videre licet, eos qui 10
antea commodis fuerint moribus, imperio potestate
prosperis rebus immutari, sperni ab eis veteres ami-
55 citias, indulgeri novis. Quid autem stultius quam
cum plurimum copiis facultatibus opibus possint,
cetera parare quae parantur pecunia—equos, famu- 15
los, vestem egregiam, vasa pretiosa—amicos non
parare, optimam et pulcherrimam vitae, ut ita
dicam, supellectilem? Etenim cetera cum parant,
cui parent nesciunt, nec cuius causa laborent; eius
enim est istorum quidque qui vicit viribus; amici- 20
tiarum sua cuique permanet stabilis et certa possessio, ut etiamsi illa maneant quae sunt quasi dona
fortunae, tamen vita inculta et deserta ab amicis
non possit esse iucunda.
56 Sed haec hactenus; [XVI] constituendi autem sunt 25
qui sint in amicitia fines et quasi termini deligendi.

---

1 neutris *S*: neutri *rell.*　　2 importunitate: inop(p)ortunitate
OMG　　13 indulgeri: -ere *FLQ* (sperni…novis *om. P*)
18 cum parant *POKMFRLH*: cum parantur *QGVSB*　　19 cui
parent *POKMFQH*: cui parentur *RG²VSB*: cui parant *L²*: *om.*
L¹G¹　　laborent *ς*: -ant *ω* (-antur *P¹*)　　25 autem sunt: sunt
autem *VSB*: sunt aut *G*　　26 deligendi *PS¹*: delegendi *GVᶜᵒʳʳ·*:
dilegendi *H¹*: diligendi *OKFRLQH²S²*: diliendi *B*: dirigendi *M*

De quibus tres video sententias ferri, quarum nullam
probo: unam ut eodem modo erga amicum adfecti
simus quo erga nosmet ipsos; alteram ut nostra in
amicos benevolentia illorum erga nos benevolentiae
5 pariter aequaliterque respondeat; tertiam ut quanti
quisque se ipse facit, tanti fiat ab amicis. Harum **57**
trium sententiarum nulli prorsus assentior. Nec
enim illa prima vera est, ut quemadmodum in se
quisque sit, sic in amicum sit animatus: quam multa
10 enim, quae nostra causa numquam faceremus, facimus causa amicorum: precari ab indigno, supplicare,
tum acerbius in aliquem invehi insectarique vehementius; quae in nostris rebus non satis honeste, in
amicorum fiunt honestissime. Multaeque res sunt in
15 quibus de suis commodis viri boni multa detrahunt
detrahique patiantur, ut eis amici potius quam ipsi
fruantur.

Altera sententia est quae definit amicitiam paribus **58**
officiis ac voluntatibus. Hoc quidem est nimis exigue
20 et exiliter ad calculos vocare amicitiam, ut par sit
ratio acceptorum et datorum. Divitior mihi et afflu-
entior videtur esse vera amicitia, nec observare
restricte ne plus reddat quam acceperit; neque enim
verendum est ne quid excidat, aut ne quid in terram
25 defluat, aut ne plus aequo quid in amicitiam conger-
atur.

Tertius vero ille finis deterrimus, ut quanti quis- **59**
que se ipse faciat, tanti fiat ab amicis. Saepe enim in
quibusdam aut animus abiectior est, aut spes ampli-
30 ficandae fortunae fractior. Non est igitur amici talem
esse in eum qualis ille in se est, sed potius eniti et

---

7 nec: neque ε   10 nostra causa *PKMFRLQ*: nostri causa
*OG*ε   23 restricte: stricte O^2G

efficere ut amici iacentem animum excitet, inducat-
que spem cogitationemque meliorem.

Alius igitur finis verae amicitiae constituendus est,
si prius quid maxime reprehendere Scipio solitus sit
edixero. Negabat ullam vocem inimiciorem amicitiae 5
potuisse reperiri, quam eius qui dixisset ita amare
oportere, ut si aliquando esset osurus; nec vero se
adduci posse ut hoc, quemadmodum putaretur, a
Biante esse dictum crederet, qui sapiens habitus
esset unus e Septem: impuri cuiusdam aut ambitiosi 10
aut omnia ad suam potentiam revocantis esse sententiam. Quonam enim modo quisquam amicus esse
poterit eius cui se putabit inimicum esse posse?
Quin etiam necesse erit cupere et optare ut quam
saepissime peccet amicus, quo plures det sibi tam- 15
quam ansas ad reprehendendum; rursum autem recte
factis commodisque amicorum necesse erit angi,

60 dolere, invidere. Quare hoc quidem praeceptum,
cuiuscumque est, ad tollendam amicitiam valet.
Illud potius praecipiendum fuit, ut eam diligentiam 20
adhiberemus in amicitiis comparandis, ut ne quando
amare inciperemus eum quem aliquando odisse possemus. Quin etiam si minus felices in deligendo
fuissemus, ferendum id Scipio potius quam inimicitiarum tempus cogitandum putabat. 25

61   [XVII] His igitur finibus utendum arbitror, ut cum
emendati mores amicorum sint, tum sit inter eos
omnium rerum, consiliorum, voluntatum sine ulla

26–p. 347, 6 His igitur . . . dari venia possit *Gell. 1.3.13*

---

   5 edixero: dixero *PO¹MF*: edicero *Q*   13 eius cui: ei cui
PO¹K   15 det sibi *PRGε*: sibi det *O¹KMFLQ*   23 in deligendo *Rob. Steph.*: ut in deligendo *P*: ut in diligendo *L¹*: intellegendo
F¹: in diligendo *rell.*   24 Scipio potius: p- S- ε   26 utendum ω: utendum esse *Gellius*   27 sint: sunt *Gellius*

exceptione communitas; ut etiam si qua fortuna acciderit ut minus iustae amicorum voluntates adiuvandae
sint, in quibus eorum aut caput agatur aut fama,
declinandum de via sit, modo ne summa turpitudo
5 sequatur. Est enim quatenus amicitiae dari venia
possit. Nec vero neglegenda est fama, nec mediocre
telum ad res gerendas existimare oportet benevolentiam civium; quam blanditiis et assentando colligere
turpe est: virtus, quam sequitur caritas, minime
10 repudianda est.

Sed—saepe enim redeo ad Scipionem, cuius **62**
omnis sermo erat de amicitia—querebatur quod
omnibus in rebus homines diligentiores essent:
capras et oves quot quisque haberet dicere posse,
15 amicos quot haberet non posse dicere; et in illis quidem parandis adhibere curam, in amicis eligendis
neglegentes esse, nec habere quasi signa quaedam et
notas, quibus eos qui ad amicitias essent idonei iudicarent.

20 Sunt igitur firmi et stabiles et constantes eligendi,
cuius generis est magna penuria. Et iudicare difficile
est sane nisi expertum; experiendum autem est in
ipsa amicitia. Ita praecurrit amicitia iudicium, tollit-
que experiendi potestatem. Est igitur prudentis sus- **63**
25 tinere ut currum, sic impetum benevolentiae, quo

---

2 amicorum voluntates: v- a- *Gellius*   3 caput $POMFR^1G^1$:
capitis causa *Gellius*: de capite $R^2LQG^2\epsilon$ 4 de uia sit S^2B *et
Gellius*: est de uia R: diuia est G^1: de via est *rell.*   5 dari venia:
u- d- S *et Gellius*   11 Sed *om.* PQ: *fort.* Sed Scipio?   12 *fort.*
omnis <hic> sermo?   14–15 posse ... posse R^2: possit ... posse
R^1: posset ... posset *rell.*   16 eligendis POM^2FR^2L: delig-
M^1R^1Q: dilig- $G\epsilon$ 18 ad amicitias: ad -am ϵ 22 autem
est: est autem QH: est *om.* G 25 currum $OKMFR^2LQ$: cursum
$PG\epsilon$ *(currum ... temptatis om.* R^1)

utamur quasi equis temptatis, sic amicitia aliqua
parte periclitatis moribus amicorum. Quidam saepe
in parva pecunia perspiciuntur quam sint leves; quidam autem, quos parva movere non potuit, cognos-
cuntur in magna. Sin vero erunt aliqui reperti qui 5
pecuniam praeferre amicitiae sordidum existiment,
ubi eos inveniemus qui honores, magistratus,
imperia, potestates, opes, amicitiae non anteponant,
ut cum ex altera parte proposita haec sint, ex altera
ius amicitiae, non multo illa malint? Imbecilla enim 10
est natura ad contemnendam potentiam; quam
etiamsi neglecta amicitia consecuti sint, obscuratum
iri arbitrantur, quia non sine magna causa sit
64 neglecta amicitia. Itaque verae amicitiae difficillime
reperiuntur in eis qui in honoribus reque publica 15
versantur; ubi enim istum invenias, qui honorem
amici anteponat suo? Quid, haec ut omittam, quam
graves, quam difficiles plerisque videntur calamita-
tum societates? Ad quas non est facile inventu qui
descendant. Quamquam Ennius recte 'Amicus certus 20
in re incerta cernitur', tamen haec duo levitatis et
infirmitatis plerosque convincunt, aut si in bonis
rebus contemnunt, aut in malis deserunt. Qui igitur
utraque in re gravem, constantem, stabilem se in
amicitia praestiterit, hunc ex maxime raro genere 25
hominum iudicare debemus et paene divino.

---

20 *Enn. scaen. 210 V. = 185 Jocelyn*

---

1 equis: aequis *PV*   temptatis *F*: tempestatis *PO¹KML¹G*: tem-
peratis *O²R²Q²ε*: temperantis *Q¹*   amicitia *RO²V²H²S²*: -is *F*: -as
PO¹KMLQGH¹V¹S¹B   <ex> aliqua *Seyffert*   2 periclitatis:
probatis *ς*   5 sin vero erunt: si uero erunt *M*: sinuerunt *P*: sin
erunt   *OQ*   12 (consecuti)   sint   *POMFV²H*:   sunt
RLQGV¹SB   15 reperiuntur: inueniuntur *M¹L¹*

[XVIII] Firmamentum autem stabilitatis constan- **65**
tiaeque est, eius quam in amicitia quaerimus, fides:
nihil est enim stabile quod infidum est. Simplicem
praeterea et communem et consentientem, id est qui
5 rebus eisdem moveatur, eligi par est; quae omnia
pertinent ad fidelitatem. Neque enim fidum potest
esse multiplex ingenium et tortuosum, neque vero
qui non eisdem rebus movetur naturaque consentit
aut fidus aut stabilis potest esse. Addendum eodem
10 est ut ne criminibus aut inferendis delectetur aut
credat oblatis; quae pertinent omnia ad eam quam
iamdudum tracto constantiam. Ita fit verum illud
quod initio dixi: amicitiam nisi inter bonos esse non
posse. Est enim boni viri, quem eundem sapientem
15 licet dicere, haec duo tenere in amicitia: primum ne
quid fictum sit neve simulatum (aperte enim vel
odisse magis ingenui est quam fronte occultare sententiam); deinde non solum ab aliquo allatas crimi-
nationes repellere, sed ne ipsum quidem esse
20 suspiciosum, semper aliquid existimantem ab amico
esse violatum. Accedat huc suavitas quaedam oportet **66**
sermonum atque morum, haudquaquam mediocre
condimentum amicitiae; tristitia autem et in omni
re severitas habet illa quidem gravitatem, sed amici-
25 tia remissior esse debet et liberior et dulcior et ad
omnem comitatem facilitatemque proclivior.

[XIX] Exsistit autem hoc loco quaedam quaestio **67**
subdifficilis: num quando amici novi digni amicitia
veteribus sint anteponendi, ut equis vetulis teneros
30 anteponere solemus. Indigna homine dubitatio: non

---

3 nihil est enim *POKMFG*: nihil enim est *LQ*ε: nulli enim *R^1*: nihil
enim *R^2*   7 multiplex ingenium et tortuosum: i- m- et t- *LQ*: m-
et t- i- ε: tamen *pro* et *K^{a.c.}*   15 licet dicere: d- l- ε   17 ingenui *PO^2KFGL^2H^2*: ingenii *O^1ML^1Q*: ingenuum *VS*: ingenium
RH^1B

enim debent esse amicitiarum, sicut aliarum rerum,
satietates; veterrima quaeque, ut ea vina quae vetustatem ferunt, esse debent suavissima, verumque illud
est quod dicitur, multos modios salis simul edendos
68 esse ut amicitiae munus expletum sit. Novitates ₅
autem, si spem adferunt ut tamquam in herbis non
fallacibus fructus appareat, non sunt illae quidem
repudiandae, vetustas tamen loco suo conservanda;
maxima est enim vis vetustatis et consuetudinis.
Quin in ipso equo cuius modo feci mentionem, si ₁₀
nulla res impediat, nemo est quin eo quo consuevit
libentius utatur quam intractato et novo. Nec vero in
hoc, quod est animal, sed in eis etiam quae sunt
inanima consuetudo valet, cum locis ipsis delecte-
mur, montuosis etiam et silvestribus, in quibus diu- ₁₅
tius commorati sumus.
69   Sed maximum est in amicitia parem esse inferiori.
Saepe enim excellentiae quaedam sunt, qualis erat
Scipionis in nostro (ut ita dicam) grege. Numquam
se ille Philo, numquam Rupilio, numquam Mummio ₂₀
anteposuit, numquam inferioris ordinis amicis;
Quintum vero Maximum fratrem, egregium virum
omnino, sibi nequaquam parem, quod is anteibat
aetate, tamquam superiorem colebat; suosque
70 omnes per se ipsos esse ampliores volebat. Quod ₂₅

1–2 debent esse ... satietates: debet esse ... satietas H^2VSB (societas H^1)   2 veterrima: -ae *Erasmus*   3 esse debent: esse
debent esse QB: esse debet *Beier*   6 si spem adferunt
<fore> *Meissner*   8 conservanda: c-est H 9 est enim
$POKMFR^2G$: enim est ε: est R^1LQ 10 quin in O^1K: quin
F^2HV: qui in PF^1: quae in M: quin et in GV^1SB: atque in R: atqui
in O^2L^2: atqui LQ 11 est quin $POKMR^1L^1Q$: est qui non
FR^2Gε   14 cum ς: qui *recc. alii*: quia R: qui in OK: quin *rell.*,
ex qum *scilicet ortum*   20 se ille: ille se LS Rupilio S^1: rutulio
H: rutilio *rell.* (numquam ... anteposuit *om.* Q)   25 per se ipsos
scripsi: per se posse ω: per se *Rob. Steph.*: *an* per sepse?

faciendum imitandumque est omnibus, ut si quam
praestantiam virtutis ingeni fortunae consecuti sint,
impertiant ea suis communicentque cum proximis;
ut si parentibus nati sint humilibus, si propinquos
5 habeant imbecilliore vel animo vel fortuna, eorum
augeant opes eisque honori sint et dignitati; ut in
fabulis, qui aliquamdiu propter ignorationem stirpis
et generis in famulatu fuerint, cum cogniti sunt et aut
deorum aut regum filii inventi, retinent tamen cari-
10 tatem in pastores quos patres multos annos esse
duxerunt. Quod est multo profecto magis in veris
patribus certisque faciendum; fructus enim ingeni
et virtutis omnisque praestantiae tum maximus capi-
tur, cum in proximum quemque confertur. [XX] Ut **71**
15 igitur ei qui sunt in amicitiae coniunctionisque
necessitudine superiores exaequare se cum inferior-
ibus debent, sic inferiores non dolere se a suis aut
ingenio aut fortuna aut dignitate superari. Quorum
plerique aut queruntur semper aliquid aut etiam
20 exprobrant, eoque magis si habere se putant quod
officiose et amice et cum labore aliquo suo factum
queant dicere: odiosum sane genus hominum, officia
exprobrantium, quae meminisse debet is in quem
collata sunt, non commemorare qui contulit. Qua- **72**
25 mobrem ut ei qui superiores sunt submittere se
debent in amicitia, sic quodammodo inferiores extol-
lere. Sunt enim quidam qui molestas amicitias

6–9 aut (*sic*) in fabulis... inventi *Non. 206.35* 'famulatio'

---

2 consecuti   sint   *PFVSB*: consecuti   sunt   *OKMRLQGH*
5 imbecilliore *PO¹KFG¹*: -es *O²MRLQG²*ε   11 duxerunt
O²RLQ: dix- *O¹F²G*ε: duxerint *PMF¹*   18–p. 355, 14 dignitate...fit *desunt in V duobus foliis deperditis*   27 enim: etiam
HSB   quidam *om. O¹HSB*

faciunt cum ipsi se contemni putant; quod non fere
contingit nisi eis qui etiam contemnendos se arbitrantur; qui hac opinione non modo verbis sed
73 etiam opere levandi sunt. Tantum autem cuique tribuendum, primum quantum ipse efficere possis, 5
deinde etiam quantum ille, quem diligas atque
adiuves, sustinere. Non enim tu possis, quamvis
excellas, omnes tuos ad honores amplissimos perdu-
cere; ut Scipio P. Rupilium potuit consulem efficere,
fratrem eius Lucium non potuit. Quod si etiam pos- 10
sis quidvis deferre ad alterum, videndum est tamen
quid ille possit sustinere.
74 Omnino amicitiae corroboratis iam confirmatisque
et ingeniis et aetatibus iudicandae sunt; nec si qui
ineunte aetate venandi aut pilae studiosi fuerunt, 15
eos habere necessarios quos tum eodem studio prae-
ditos dilexerunt. Isto enim modo nutrices et paeda-
gogi iure vetustatis plurimum benevolentiae
postulabunt; qui neglegendi quidem non sunt, sed
alio quodam modo est <* * *> Aliter amicitiae sta- 20
biles permanere non possunt; dispares enim mores
disparia studia sequuntur, quorum dissimilitudo dis-
sociat amicitias; nec ob aliam causam ullam boni
improbis, improbi bonis amici esse non possunt,
nisi quod tanta est inter eos quanta maxima potest 25
esse morum studiorumque distantia.
75 Recte etiam praecipi potest in amicitiis, ne intem-
perata quaedam benevolentia, quod persaepe fit,

---

2 contingit *KF*: contigit *rell.*   4 opere: opera *M*   7 tu
QSB: neque tu *rell.*   quamvis: quantumuis *OM*   9 Rupilium
Halm: rutilium ω   16 eos habere necessarios ω: <oportet> *add.*
H²: <putant> *L²*   20 *post* est *lacunam statui*: est *om. R² et add.* s.
diligendi sunt *sup. lin.*: sunt *H*: *S obsc.*: et *B*: amandi *vel* amandi sunt *ς*:
aestimandi *Mommsen*: est <illis referenda gratia> *Watt*

impediat magnas utilitates amicorum. Nec enim, ut
ad fabulas redeam, Troiam Neoptolemus capere
potuisset, si Lycomedem, apud quem erat educatus,
multis cum lacrimis iter suum impedientem
5 audire voluisset. Et saepe incidunt magnae res, ut
discedendum sit ab amicis; quas qui impedire vult
eo quod desiderium non facile ferat, is et infirmus
est mollisque natura, et ob eam ipsam causam in
amicitia parum iustus. Atque in omni re consideran- 76
10 dum est et quid postules ab amico, et quid patiare a te
impetrari.

[XXI] Est etiam quaedam calamitas in amicitiis
dimittendis nonnumquam necessaria (iam enim a
sapientium familiaritatibus ad vulgares amicitias ora-
15 tio nostra delabitur). Erumpunt saepe vitia amicorum, tum in ipsos amicos, tum in alienos,
quorum tamen ad amicos redundet infamia. Tales
igitur amicitiae sunt remissione usus eluendae, et ut
Catonem dicere audivi, dissuendae magis quam dis-
20 cindendae, nisi quaedam admodum intolerabilis
iniuria exarserit, ut neque rectum neque honestum
sit nec fieri possit ut non statim alienatio disiunctio-
que facienda sit. Sin autem aut morum aut stu- 77
diorum commutatio quaedam, ut fieri solet, facta
25 erit, aut in rei publicae partibus dissensio interces-
serit (loquor enim iam, ut paulo ante dixi, non
de sapientium, sed de communibus amicitiis),
cavendum erit ne non solum amicitiae depositae,
sed etiam inimicitiae susceptae videantur. Nihil

1–p. 354, 10 magnas utilitates... graves inimicitias *desunt in P uno
folio deperdito*   7 eo quod *RLQGHSB*: quod *OKMF*   9 atque *OKMFQGH*: atqui *RLSB*   15 delabitur *LQ*: dilabatur *B¹*:
dilabitur *rell.*

enim est turpius quam cum eo bellum gerere quocum
familiariter vixeris. Ab amicitia Q. Pompei meo
nomine se removerat, ut scitis, Scipio; propter dis-
sensionem autem quae erat in re publica, alienatus
est a collega nostro Metello; utrumque egit graviter 5
78 ac moderate et offensione animi non acerba. Quamobrem primum danda opera est ne qua amicorum
discidia fiant; sin tale aliquid evenerit, ut exstinctae
potius amicitiae quam oppressae esse videantur.
Cavendum vero ne etiam in graves inimicitias con- 10
vertant se amicitiae, ex quibus iurgia maledicta contumeliae gignuntur. Quae tamen si tolerabiles erunt,
ferendae sunt, et hic honos veteri amicitiae tribuen-
dus, ut is in culpa sit qui faciat, non is qui patiatur
iniuriam. Omnino omnium horum vitiorum atque 15
incommodorum una cautio est atque una provisio,
ut ne nimis cito diligere incipiant, neve non dignos.
79 Digni autem sunt amicitia quibus in ipsis est causa
cur diligantur: rarum genus, et quidem omnia praeclara rara, nec quidquam difficilius quam reperire 20
quod sit omni ex parte in suo genere perfectum.

Sed plerique neque in rebus humanis quidquam
bonum norunt, nisi quod fructuosum sit, et amicos,
tamquam pecudes, eos potissimum diligunt ex qui-
80 bus sperant se maximum fructum esse capturos. Ita 25
pulcherrima illa et maxime naturali carent amicitia,

6–9 Quam ob rem...videantur *Non. 440.27* 'extinguere et obpri-
mere'

---

1 enim est: est enim *MF*   quocum *MFGHSB*: quicum *OKRLQ*
5–6 graviter ac moderate *Reid*: graui auctoritate *H²*: grauiter auctoritate *rell.*: auctoritate *secl. Mdv.*: graviter ac temperate *Lahmeyer*   17 neue non dignos *POKMFRL* (non *sup. lin. O*):
neue non digno *Q*: neue indignos *GHS²B*: neue dignos *S¹*
18 amicitia: -ae *LH¹*   26 naturali *O²FR²HB*: naturalia *S¹*: nat-
urabili *rell.*

per se et propter se expetita, nec ipsi sibi exemplo
sunt, haec vis amicitiae et qualis et quanta sit. Ipse
enim se quisque diligit, non ut aliquam a se ipse
mercedem exigat caritatis suae, sed quod per se sibi
5 quisque carus est; quod nisi idem in amicitiam
transferetur, verus amicus numquam reperietur; est
enim is qui est tamquam alter idem. Quod si hoc 81
apparet in bestiis, volucribus nantibus agrestibus,
cicuribus feris, primum ut se ipsae diligant (id enim
10 pariter cum omni animante nascitur), deinde ut
requirant atque appetant ad quas se applicent eiusdem generis animantes, idque faciunt cum desiderio
et cum quadam similitudine amoris humani, quanto
id magis in homine fit natura, qui et se ipse diligit,
15 et alterum anquirit cuius animum ita cum suo mis-
ceat ut efficiat paene unum ex duobus.

[XXII] Sed plerique perverse, ne dicam impuden- 82
ter, habere talem amicum volunt quales ipsi esse non
possunt, quaeque ipsi non tribuunt amicis, haec ab
20 eis desiderant. Par est autem primum ipsum esse
virum bonum, tum alterum similem sui quaerere.
In talibus, ea quam iamdudum tractamus stabilitas
amicitiae confirmari potest, cum homines benevolentia coniuncti primum cupiditatibus eis quibus
25 ceteri serviunt imperabunt, deinde aequitate iustitiaque gaudebunt, omniaque alter pro altero suscipiet,

---

2 et qualis ς: est et qualis O^1KMLQ: est qualis PFR^1GSB: qualis
O^2R^2H 6 transferetur: -ferretur MHB: -feratur FR^2 reperietur: -iretur M 9 se ipsae diligant PO^1KM: se ipse diligant F:
diligant se ipsae O^2 *ut vid*.: se diligant $RLQGHSB$: *an* sepse *(vel* sese *)*
diligant?   14 fit FLQ: sit $POKMRGHS$: est B natura *rursus*
incipit V 15 anquirit PO^1KV^2S: anquirat L^1QG: adquirit
F^2HV^1B: F^1 *eras*.: adquirat L^2: inquirit MR^1: requirit R^2: anxie
qu(a)erit O^2 17–18 impudenter: imprud- MH 18 habere
talem amicum: t- a- h- $Gε$: t- h- a- O^2

neque quidquam umquam nisi honestum et rectum
alter ab altero postulabit; neque solum colent inter se
et diligent, sed etiam verebuntur; nam maximum
ornamentum amicitiae tollit qui ex ea tollit verecun-
83 diam. Itaque in eis perniciosus est error, qui existi- 5
mant libidinum peccatorumque omnium patere in
amicitia licentiam. Virtutum amicitia adiutrix a natura data est, non vitiorum comes; ut quoniam soli-
taria non posset virtus ad ea quae summa sunt
pervenire, coniuncta et consociata cum altera perve- 10
niret. Quae si quos inter societas aut est aut fuit aut
futura est, eorum est habendus ad summum naturae
84 bonum optimus beatissimusque comitatus; haec est,
inquam, societas, in qua omnia insunt quae putant
homines expetenda—honestas, gloria, tranquillitas 15
animi atque iucunditas—ut et cum haec adsint,
beata vita sit, et sine his esse non possit. Quod cum
optimum maximumque sit, si id volumus adipisci,
virtuti opera danda est, sine qua nec amicitiam neque
ullam rem expetendam consequi possumus. Ea vero 20
neglecta qui se amicos habere arbitrantur, tum se
denique errasse sentiunt, cum eos gravis aliquis
85 casus experiri cogit. Quocirca (dicendum est enim
saepius) cum iudicaris diligere oportet, non cum
dilexeris iudicare. Sed cum multis in rebus neglegen- 25
tia plectimur, tum maxime in amicis et deligendis et
colendis; praeposteris enim utimur consiliis, et acta
agimus, quod vetamur vetere proverbio; nam impli-
cati ultro et citro vel usu diuturno vel etiam officiis,

1 honestum et rectum: r- et h- ε   10 consociata: sociata
$P^1O^1G^1$ 23 experiri cogit: c- e- ε   est enim: enim est Q: est VSB
25 iudicaris: -aueris $G\epsilon$ 26 deligendis *Lamb.* (*eligendis Pithoeus
ap. Verburgium*): di- ω   29 diuturno: diurno *MF et* $K^{a.c.}$

repente in medio cursu amicitias, exorta aliqua offensione, dirumpimus.

[XXIII] Quo etiam magis vituperanda est rei max- **86**
ime necessariae tanta incuria: una est enim amicitia
5 in rebus humanis de cuius utilitate omnes uno ore
consentiunt; quamquam a multis virtus ipsa contem-
nitur, et venditatio quaedam atque ostentatio esse
dicitur; multi divitias despiciunt, quos parvo conten-
tos tenuis victus cultusque delectat; honores vero,
10 quorum cupiditate quidam inflammantur, quam
multi ita contemnunt ut nihil inanius, nihil esse
levius existiment! Itemque cetera quae quibusdam
admirabilia videntur, permulti sunt qui pro nihilo
putent; de amicitia omnes ad unum idem sentiunt,
15 et ei qui ad rem publicam se contulerunt, et ei qui
rerum cognitione doctrinaque delectantur, et ei qui
suum negotium gerunt otiosi, postremo ei qui se
totos tradiderunt voluptatibus: sine amicitia vitam
esse nullam, si modo velint aliqua ex parte liberaliter
20 vivere. Serpit enim nescioquo modo per omnium **87**
vitas amicitia, nec ullam aetatis degendae rationem
patitur esse expertem sui.

Quin etiam si quis asperitate ea est et immanitate
naturae, congressus ut hominum fugiat atque oderit,
25 qualem fuisse Athenis Timonem nescioquem accepimus, tamen is pati non possit ut non anquirat aliquem apud quem evomat virus acerbitatis suae.
Atque hoc maxime iudicaretur si quid tale posset
contingere, ut aliquis nos deus ex hac hominum fre-
30 quentia tolleret et in solitudine uspiam collocaret,

---

15 contulerunt OR^2QGB: -int $PMFR^1LVS$ 18 tradiderunt:
-int $PMRLQ$ 19 esse nullam PO^1KM: esse nullam sentiunt
$O^2FRLQGHVS^2B$: esse sentiunt S^1 28 posset (contingere)
Minutianus: possit ω   29 aliquis: aliqui PO^1KM

atque ibi suppeditans omnium rerum quas natura
desiderat abundantiam et copiam, hominis omnino
aspiciendi potestatem eriperet. Quis tam esset fer-
reus, qui eam vitam ferre posset, cuique non auferret
88 fructum voluptatum omnium solitudo? Verum ergo 5
illud est, quod a Tarentino Archyta, ut opinor, dici
solitum nostros senes commemorare audivi, ab aliis
senibus auditum: si quis in caelum ascendisset, naturamque mundi et pulchritudinem siderum perspex-
isset, insuavem illam admirationem ei fore, quae 10
iucundissima fuisset si aliquem cui narraret habuisset. Sic natura solitarium nihil amat, semperque ad
aliquod tamquam adminiculum adnititur, quod in
amicissimo quoque dulcissimum est.

[XXIV] Sed cum tot signis eadem natura declaret 15
quid velit, anquirat, desideret, tamen obsurdescimus
nescioquo modo, nec ea quae ab ea monemur audi-
mus. Est enim varius et multiplex usus amicitiae,
multaeque causae suspicionum offensionumque dantur; quas tum evitare, tum elevare, tum ferre sapien- 20
tis est. Una illa sublevanda offensio est, ut et utilitas
in amicitia et fides retineatur; nam et monendi amici
saepe sunt et obiurgandi, et haec accipienda amice
89 cum benevole fiunt; sed nescioquo modo verum est
quod in Andria familiaris meus dicit, 'Obsequium 25
amicos, veritas odium parit.' Molesta veritas, siquidem ex ea nascitur odium, quod est venenum amicitiae; sed obsequium multo molestius, quod peccatis

---

25–26 *Ter. Andr.* 68

11–12 habuisset: non h- $O^1F^1L^2G^2HS$ 20 tum (*ante* evitare)
POKMFLS: cum $RQGH^2VB$: om. H^1 21 subleuanda
$POMFRL^2V^2H$: in subleuanda $L^1G^1(V^1?)$: subleuando K: in subleuando QG^2SB offensio est: est o- $G\epsilon$ 22–23 amici saepe
sunt: saepe amici sunt $K^{a.c.}$: amici sunt saepe G: sunt saepe amici ϵ

indulgens praecipitem amicum ferri sinit; maxima
autem culpa in eo qui et veritatem aspernatur et in
fraudem obsequio impellitur. Omni igitur hac in re
habenda ratio diligentia est, primum ut monitio acer-
5 bitate, deinde ut obiurgatio contumelia careat; in
obsequio autem (quoniam Terentiano verbo libenter
utimur) comitas adsit, assentatio vitiorum adiutrix
procul amoveatur, quae non modo amico sed ne libero quidem digna est; aliter enim cum tyranno,
10 aliter cum amico vivitur. Cuius autem aures clausae 90
veritati sunt, ut ab amico verum audire nequeat,
huius salus desperanda est. Scitum est enim illud
Catonis, ut multa: melius de quibusdam acerbos
inimicos mereri quam eos amicos qui dulces videan-
15 tur; illos verum saepe dicere, hos numquam. Atque
illud absurdum, quod ei qui monentur eam molestiam quam debent capere non capiunt, eam capiunt
qua debent vacare; peccasse enim se non anguntur,
obiurgari moleste ferunt; quod contra oportebat
20 delicto dolere, correctione gaudere.

[XXV] Ut igitur et monere et moneri proprium est 91
verae amicitiae, et alterum libere facere, non aspere,
alterum patienter accipere, non repugnanter, sic
habendum est nullam in amicitiis pestem esse
25 maiorem quam adulationem, blanditiam, assentatio-
nem; quamvis enim multis nominibus est hoc vitium
notandum, levium hominum atque fallacium, ad
voluptatem loquentium omnia, nihil ad veritatem.
Cum autem omnium rerum simulatio vitiosa est— 92
30 tollit enim iudicium veri idque adulterat—tum

---

4 ratio diligentia R^1 *ut conieceram (sc. 'omni diligentia est habenda*
ratio'): ratio et diligentia *rell.*   16 monentur FR^2L^2GHVB:
mouentur OMR^1L^1QS 18–p. 360, 27 peccasse enim . . . de Scipione *desunt in P uno folio deperdito*   24–25 esse maiorem: m- e- ε
25 blanditiam: -as VH^2

amicitiae repugnat maxime; delet enim veritatem,
sine qua nomen amicitiae valere non potest. Nam
cum amicitiae vis sit in eo ut unus quasi animus fiat
ex pluribus, qui id fieri poterit si ne in uno quidem
quoque unus animus erit idemque semper, sed varius 5
93 commutabilis multiplex? Quid enim potest esse tam
flexibile, tam devium, quam animus eius qui ad alterius non modo sensum ac voluntatem, sed etiam vul-
tum atque nutum convertitur?

> Negat quis, nego; ait, aio; postremo imperavi 10
> egomet mihi
> Omnia assentari,

ut ait idem Terentius, sed ille in Gnathonis persona.
Quod amici genus adhibere omnino levitatis est;
94 multi autem Gnathonum similes cum sint loco for- 15
tuna fama superiores, horum est assentatio molesta
cum ad vanitatem accessit auctoritas.
95   Secerni autem blandus amicus a vero et internosci,
tam potest adhibita diligentia quam omnia fucata et
simulata a sinceris atque veris. Contio, quae ex 20
imperitissimis constat, tamen iudicare solet quid
intersit inter popularem, id est assentatorem et
levem civem, et inter constantem severum gravem.
96 Quibus blanditiis C. Papirius nuper influebat in
aures contionis, cum ferret legem de tribunis plebis 25
reficiendis! Dissuasimus nos, sed nihil de me;
de Scipione dicam libentius; quanta illa, di immortales, fuit gravitas, quanta in oratione maiestas, ut

---

10–12 *Ter. Eun. 252–3*

---

4 qui id O^2: qui L^2QSB: quid $MFRL^1GV$: quod H 20 a
sinceris atque veris: a u- atque s- ϵ 23 seuerum QF: seuerum
et $OMRLG$: et seuerum et ϵ 27 illa $POMFRL^1GV^1$: illius H:
illi L^2V^2SB: *om. Q*

facile ducem populi Romani, non comitem diceres!
Sed adfuistis et est in manibus oratio. Itaque lex
popularis suffragiis populi repudiata est. Atque ut
ad me redeam, meministis, Q. Maximo fratre Scipio-
5 nis et L. Mancino consulibus, quam popularis lex de
sacerdotiis C. Licini Crassi videbatur; cooptatio
enim collegiorum ad populi beneficium transfereba-
tur; atque is primus instituit in forum versus agere
cum populo; tamen illius vendibilem orationem reli-
10 gio deorum immortalium, nobis defendentibus, facile vincebat. Atque id actum est praetore me,
quinquennio antequam consul sum factus; ita re
magis quam summa auctoritate causa illa defensa
est. [XXVI] Quod si in scaena, id est in contione, in **97**
15 qua rebus fictis et adumbratis loci plurimum est,
tamen verum valet, si modo id patefactum et illus-
tratum est, quid in amicitia fieri oportet, quae tota
veritate perpenditur? in qua nisi, ut dicitur, apertum
pectus videas tuumque ostendas, nihil fidum, nihil
20 exploratum habeas, ne amare quidem aut amari, cum
id quam vere fiat ignores.

Quamquam ista assentatio, quamvis perniciosa sit,
nocere tamen nemini potest nisi ei qui eam recipit
atque ea delectatur. Ita fit ut is assentatoribus pate-
25 faciat aures suas maxime, qui ipse sibi assentetur et se
maxime ipse delectet. Omnino est amans sui virtus, **98**
optime enim se ipsa novit, quamque amabilis sit
intellegit; ego autem non de virtute nunc loquor,
sed de virtutis opinione. Virtute enim ipsa non tam
30 multi praediti esse quam videri volunt; hos delectat

---

1 non comitem *secl. Gernhard*   6 C(ai) *om. RLQG²V¹ (G¹*
obsc.)   videbatur: iubebatur *QSB*   11 pr(aetore) me *PL² et F*
manu recenti: me praetore *R²*: per me *O²R¹Q*e: p.r. me *O¹MG¹*: p.r.
per me *F¹L¹G²*   14 sc(a)ena *L² et F manu recenti*: scana *L¹*:
scamnis *F¹*: scamna vel scāna *rell.*

assentatio, his fictus ad ipsorum voluntatem sermo cum adhibetur, orationem illam vanam testimonium esse laudum suarum putant. Nulla est igitur haec amicitia, cum alter verum audire non vult, alter ad mentiendum paratus est. Nec parasitorum in comoe- 5 diis assentatio faceta nobis videretur, nisi essent milites gloriosi. 'Magnas vero agere gratias Thais mihi?': satis erat respondere 'Magnas'; 'Ingentes,' inquit. Semper auget assentator id quod is cuius ad **99** voluntatem dicitur vult esse magnum. Quamobrem 10 quamquam blanda ista vanitas apud eos valet qui ipsi illam allectant et invitant, tamen etiam graviores constantioresque admonendi sunt ut animadvertant, ne callida assentatione capiantur. Aperte enim adulantem nemo non videt nisi qui admodum est excors; 15 callidus ille et occultus ne se insinuet studiose cavendum est; nec enim facillime agnoscitur, quippe qui etiam adversando saepe assentetur, et litigare se simulans blandiatur atque ad extremum det manus vincique se patiatur, ut is qui illusus sit plus vidisse 20 videatur. Quid autem turpius quam illudi? quod ut ne accidat magis cavendum est.

Ut me hodie ante omnes comicos stultos senes
Versaris atque illuseris lautissime—

100 Haec enim etiam in fabulis stultissima persona est, 25
improvidorum et credulorum senum.

7–8 *Ter. Eun. 391–2*   23–24 *Caecil. incert. 3 Ribbeck; cf. Cato M. 36*

---

14 aperte enim $OKF^2G\epsilon$: aperte enim et PMF^1RL^1: aperte autem L^2: apertum enim et Q: aperte enim <assentantem> et *Fedeli*   17 facillime: facile ϵ 21–22 ut ne: ne QF 23 comicos O^1M^2: amicos R: coamicos *rell.*   24 illuseris LR^2: iusseris G: ut iusseris *rell.*

Sed nescioquo pacto ab amicitiis perfectorum
hominum, id est sapientium (de hac dico sapientia,
quae videtur in hominem cadere posse), ad leves
amicitias defluxit oratio; quamobrem ad illa prima
5 redeamus eaque ipsa concludamus aliquando.

[XXVII] Virtus, virtus inquam, Gai Fanni et tu
Quinte Muci, et conciliat amicitias et conservat. In ea
est enim convenientia rerum, in ea stabilitas, in ea
constantia. Quae cum se extulit et ostendit suum
10 lumen, et idem aspexit agnovitque in alio, ad id se
admovet vicissimque accipit illud quod in altero est;
ex quo exardescit sive amor sive amicitia (utrumque
enim ductum est ab amando); amare autem nihil est
aliud nisi eum ipsum diligere quem ames nulla indi-
15 gentia, nulla utilitate quaesita, quae tamen ipsa
efflorescit ex amicitia etiamsi tu eam minus secutus
sis. Hac nos adulescentes benevolentia senes illos, L.   **101**
Paulum, M. Catonem, C. Galum, P. Nasicam, Ti.
Gracchum, Scipionis nostri socerum, dileximus;
20 haec etiam magis elucet inter aequales, ut inter me
et Scipionem, L. Furium, P. Rupilium, Sp. Mummium. Vicissim autem senes in adulescentium caritate acquiescimus, ut in vestra, ut in Q. Tuberonis;
equidem etiam admodum adulescentis P. Rutili, A.
25 Vergini familiaritate delector. Quoniamque ita ratio
comparata est vitae naturaeque nostrae, ut alia ex alia
aetas oriatur, maxime quidem optandum est ut cum
aequalibus possis, quibuscum tamquam e carceribus
emissus sis, cum eisdem ad calcem, ut dicitur,

---

4 defluxit *ω*: deflexit *Combès*   6 Virtus *semel KMGS* (vir-
tus² ... Muci *om. K*)   13 ductum *POKR¹L*: dictum *MF²R²QG*ε
(locum om. F¹)   18 Galum *Mommsen*: gallium *OL*: gallum
rell.   Ti(berium) *G*: t(itum) *rell.*   24 A(uli) *PORGH*: *om.*
FMLQVSB   26 alia <ex alia> *coni. Orelli*: ut alia aetas oriatur
ex alia *Minut.*

102 pervenire; sed quoniam res humanae fragiles cadu-
caeque sunt, semper aliqui anquirendi sunt quos
diligamus et a quibus diligamur. Caritate enim
benevolentiaque sublata omnis est e vita sublata
iucunditas. 5

Mihi quidem Scipio, quamquam est subito erep-
tus, vivit tamen semperque vivet. Virtutem enim
amavi illius viri, quae exstincta non est, nec mihi
soli versatur ante oculos, qui illam semper in manibus habui, sed etiam posteris erit clara et insignis. 10
Nemo umquam animo aut spe maiora suscipiet, qui
sibi non illius memoriam atque imaginem proponen-
103 dam putet. Equidem ex omnibus rebus quas mihi aut
fortuna aut natura tribuit, nihil habeo quod cum
amicitia Scipionis possim comparare; in hac mihi de 15
republica consensus, in hac rerum privatarum consilium, in eadem requies plena oblectationis fuit.
Numquam illum ne minima quidem re offendi,
quod quidem senserim; nihil audivi ex eo ipse quod
nollem. Una domus erat, idem victus isque commu- 20
nis, neque solum militia, sed etiam peregrinationes
104 rusticationesque communes. Nam quid ego de studiis dicam cognoscendi semper aliquid atque discendi, in quibus remoti ab oculis populi omne
otiosum tempus contrivimus? Quarum rerum recor- 25
datio et memoria si una cum illo occidisset, desiderium coniunctissimi atque amantissimi viri ferre nullo
modo possem; sed nec illa exstincta sunt, alunturque
potius et augentur cogitatione et memoria mea. Et si
illis plane orbatus essem, magnum tamen adfert mihi 30

2 semper $O^2R^2V^2H$: semperque $PO^1KMFR^1LQGV^1SB$ anquirendi O^2KRL^1VB: adquirendi L^2G: acquirendi HS: requirendi
MF: anrequirendi PO^1 quos $POKMG$: uere quos $FRLQSB$ (fort.
recte): fere quos V^1H 4 omnis est: est omnis P^1M: est post
sublata S

aetas ipsa solacium; diutius enim iam in hoc desiderio esse non possum; omnia autem brevia tolerabilia esse debent, etiamsi magna sunt.

Haec habui de amicitia quae dicerem; vos autem
5 hortor ut ita virtutem locetis, sine qua amicitia esse non potest, ut ea excepta nihil amicitia praestabilius putetis.

---

1 solacium: solamen OML^2

TESTIMONIA

QVAE AD SEX LIBROS DE RE PVBLICA GENERATIM PERTINENT

Apud Ciceronem antequam libri de re publica editi sunt

1. *Q. fr. 2.13 (12).1 (mense Maio 54 a. C.)* scribebam illa quae dixeram πολιτικά, spissum sane opus et operosum; sed si ex sententia successerit, bene erit opera posita, sin minus in illud ipsum mare deiciemus, quod spectantes scribimus. *Cf. etiam Att. 4.14.1 (mense eodem), et fort. Q. fr. 3.1.11 (mense Sept. eodem anno).*

2. *Att. 4.16.2 (mense Iunio vel Quintili eodem anno)* Varro, de quo ad me scribis, includetur in aliquem locum, si modo erit locus. Sed nosti genus dialogorum meorum. Ut in oratoriis, quos tu ad caelum fers, non potuit mentio fieri cuiusquam ab eis qui disputabant nisi eius qui illis notus aut auditus esset, hanc ego de re publica quam institui disputationem in Africani personam et Phili et Laeli et Manili contuli; adiunxi adulescentes Q. Tuberonem, P. Rutilium, duo Laeli generos Scaevolam et Fannium. Itaque cogitabam, quoniam in singulis libris utor prooemiis ut Aristoteles in eis quos ἐξωτερικούς vocat, aliquid efficere ut non sine causa istum appellarem, id quod intellego tibi placere; utinam modo conata efficere possim. Rem enim, quod te non fugit, magnam complexus sum et gravem et plurimi oti, quo ego maxime egeo. *Cf. etiam Att. 13.18.2, 13.19.3.*

3. *Q. fr. 3.5.1 (mense Oct. vel Nov. eodem anno)* Quod quaeris quid de illis libris egerim, quos cum essem in Cumano scribere institui, non cessavi neque cesso, sed saepe iam scribendi totum consilium rationemque mutavi. Nam iam duobus factis libris, in quibus,

novendialibus feriis quae fuerunt Tuditano et Aquillio consulibus, sermo est a me institutus Africani paulo ante mortem et Laeli, Phili, Manili, Q. Tuberonis et Laeli generorum Fanni et Scaevola, sermo autem in novem et dies et libros distributus de optimo statu civitatis et de optimo cive (sane texebatur opus luculente, hominumque dignitas aliquantum orationi ponderis afferebat), hi libri cum in Tusculano mihi legerentur audiente Sallustio, admonitus sum ab illo, multo maiore auctoritate illis de rebus dici posse, si ipse loquerer de re publica, praesertim cum essem non Heraclides Ponticus, sed consularis, et is qui in maximis versatus in re publica rebus essem; quae tam antiquis hominibus attribuerem, ea visum iri ficta esse; oratorum sermonem in illis nostris libris, quod esset de ratione dicendi, belle a me removisse, ad eos tamen rettulisse quos ipse vidissem; Aristotelem denique, quae de re publica et praestante viro scribat, ipsum loqui. Commovit me, et eo magis quod maximos motus nostrae civitatis attingere non poteram, quod erant inferiores quam illorum aetas qui loquebantur. Ego autem id ipsum tum eram secutus, ne in nostra tempora incurrens offenderem quempiam. Nunc et id vitabo, et loquar ipse tecum, et tamen illa quae institueram ad te, si Romam venero, mittam. Puto enim te existimaturum a me illos libros non sine aliquo meo stomacho esse relictos.

Apud Ciceronem iam editis libris de re publica

4. *Cael. ap. Cic. fam. 8.1.4 (mense Maio 51 a. C.)* Tui politici libri omnibus vigent. *Cf. Att. 5.12.2 (mense Quint. anno 51 a.C.)* quoniam meos . . . pervolutas libros.

5. *Att.* 6.1.8 itaque irascatur qui volet; τὸ γὰρ εὖ μετ᾽ ἐμοῦ, praesertim cum sex libris tamquam praedibus me ipsum obstrinxerim; quos tibi

tam valde probari gaudeo. E quibus unum ἱστορικόν requiris de Cn. Flavio Anni filio. Ille vero ante decemviros non fuit, quippe qui aedilis curulis fuerit, qui magistratus multis annis post decemviros institutus est. Quid ergo profecit qui protulit fastos? Occultatam putant quodam tempore istam tabulam, ut dies agendi peterentur a paucis. Nec vero pauci sunt auctores Cn. Flavium scribam fastos actionesque composuisse, ne me (vel potius Africanum; is enim loquitur) commentum putes. *Cf. Att. 6.1.18, Liv. 9.46.1, V. Max. 2.5.2. Ad 2.63 rettulit Ferrero, ad 2.52 Heck, ad lib. 5 Mai.*

6. *Att. 6.2.3 v. ad 2.8.*

7. *Att. 6.2.9* et ego audebo legere umquam aut attingere eos libros quos tu dilaudas, si tale quid fecero?

8. *Att. 6.3.3* reliqua plena adhuc et laudis et gratiae, digna eis libris quos dilaudas . . .

9. *Att. 7.2.4* [3.39 Z.] filiola tua te delectari laetor et probari tibi φυσικήν esse τὴν πρὸς τὰ τέκνα <*>. Etenim si hoc non est, nulla potest homini esse ad hominem naturae adiunctio, qua sublata vitae societas tollitur. Bene eveniat! inquit Carneades; spurce, sed tamen prudentius quam Lucius noster et Patron, qui cum omnia ad se referant, numquam quicquam alterius causa fieri putent, et cum ea re bonum virum esse oportere dicant ne malum habeat, non quo id natura rectum sit, non intellegant se de callido homine loqui, non de bono viro. Sed haec, opinor, sunt in eis libris, quos tu laudando animos mihi attulisti.

10. *Att. 7.3.2 v. ad lib. 6.1; Att. 8.11.1 v. ad lib. 5. 2.*

11. *Att. 10.4.4* [3.38 Z.] in illis libris diximus nihil esse bonum nisi quod honestum, nihil malum nisi quod turpe sit. *Ad Laeli orationem lib. 3 rettulit Mai.*

12. *Leg. 1.15, 1.20, 1.26, 2.23, 3.4, 3.12–13, 3.30–32, 3.37–8.*

13. *Brut. 19* nam ut illos de re publica libros edidisti, nihil a te sane postea accepimus.

14. *Tusc. 4.1* nec vero hic locus est ut de moribus institutisque maiorum et disciplina ac temperatione civitatis loquamur; aliis haec locis satis accurate a nobis dicta

sunt, maximeque in eis sex libris quos de re publica
scripsimus.

15. *Div. 2.3* atque his libris adnumerandi sunt sex de re
publica, quos tum scripsimus cum gubernacula rei
publicae tenebamus: magnus locus philosophiaeque
proprius a Platone Aristotele Theophrasto totaque
Peripateticorum familia tractatus uberrime.

16. *Off. 2.60* theatra, porticus, nova templa verecundius
reprehendo propter Pompeium, sed doctissimi non
probant; ut et hic ipse Panaetius, quem multum in
his libris (*i.e. De Officiis*) secutus sum (non interpre-
tatus), et Phalereus Demetrius, qui Periclem, principem Graeciae, vituperat, quod tantam pecuniam in
praeclara illa propylaea coniecerit. Sed de hoc genere
toto in eis libris quos de re publica scripsi diligenter est
disputatum. *Cf. Att. 6.6.2* etsi non impediebant mei
certe libri, non enim ista largitio fuit in cives sed in
hospites liberalitas. *Ad lib. 5 referebat Sigonius, ad lib. 4
Büchner.*

Apud alios auctores

17. *Plin. NH praef. 22* [1.1b Z.] non Tulliana simplicitate,
qui de re publica Platonis se comitem profitetur *Ad
prooemium lib. 1 rettulit Pohlenz. De Plin. NH praef. 7
v. fr. dub. 1.*

18. *Amm. Marc. 22.16.16* Chalcenterus ... Didymus, mul-
tiplicis scientiae copia memorabilis, ... in illis sex libris
ubi nonnumquam imperfecte Tullium reprehendit *cf.
Suda 4.581.18 A4* Τραγκύλλος ὁ Σουητόνιος ... ἔγραφε
περὶ τῆς Κικέρωνος πολιτείας, ἀντιλέγει δὲ τῷ Διδύμῳ.

19. *Hist. Aug. Alex. Sev. 30.1–2* Latina cum legeret, non
alia magis legebat quam de officiis Ciceronis et de re
publica.

20. *Macrob. SS 1.1.1* Inter Platonis et Ciceronis libros,
quos de re publica uterque constituit, ... hoc interesse
prima fronte perspeximus, quod ille rem publicam

ordinavit, hic rettulit; alter qualis esse deberet, alter qualis esset a maioribus instituta disseruit.

21. *Aug. Epist. 91.1–3* fervere animum tuum patriae caritate nec miror et laudo; teque non tantum tenere memoriter, verum etiam vita et moribus demonstrare, quod nullus sit patriae consulendi modus aut finis bonis, non invitus, immo etiam libens accipio ... intuere paululum ipsos de re publica libros, unde illum affectum amantissimi civis ebibisti, quod nullus sit patriae consulendi modus aut finis bonis. (*cf. fr. dub. 11*) Intuere, obsecro te, et cerne quantis ibi laudibus frugalitas et continentia praedicetur, et erga coniugale vinculum fides, castique honesti ac probi mores. *Ad 4.7 rettulit Mai. Cf. etiam quae scripsit Nectarius ad Augustinum ep. 90.1* quanta sit caritas patriae, quoniam nosti, praetereo; sola est enim quae parentum iure vincat affectum [*cf. 1 prooem. fr. 1 = Non. 426.8*]. Cui si ullus esset consulendi modus aut finis bonis, digne iam ab eius muneribus meruimus excusari. Sed quoniam crescit in dies singulos dilectus et gratia civitatis, quantumque aetas fini proxima est, tantum incolumem ac florentem relinquere patriam cupit. Idcirco gaudeo primum, quod apud instructum disciplinis omnibus virum mihi hic sermo est institutus.

INDEX TESTIMONIORVM AD
LIBROS DE RE PVBLICA

INDEX NOMINUM

INDEX NOMINUM

Solenses *Leg.* 2.41
Solo(n) Atheniensis
  Rep. 2.2, 59, *Leg.* 1.57,
  2.59, 64, *Cato* 26, 50, 72,
  73
Sophocles *Cato* 22, 47
Sparta *Rep.* 2.15, 43, 58, 4.3;
  v. etiam Lacedaemo
Spes (*numen*) *Leg.* 2.28
Speusippus *Leg.* 1.38
Stata (*numen*) *Leg.* 2.28
Statius, *v.* Caecilius Statius
Stesichorus *Rep.* 2.20, *Cato*
  23
Stoici *Leg.* 3.14
Suada *Cato* 50
Suessa Pometia *Rep.* 2.44
Sulla, L. Cornelius
  Leg. 2.56, 3.22
Sulpicius, P. *Leg.* 3.20,
  Lael. 2
Sulpicius Galus, *v.* Galus
Sybaris *Rep.* 2.28
Symposium (*Xenophontis*)
  Cato 46
Synephebi (*fabula Caecilii*)
  Cato 24
Syracusae *Rep.* 1.21, 3.35
Syria *Rep.* 6.15

Tarentum *Cato* 10, 11, 39
Tarpeius, Sp. *Rep.* 2.60
Tarquinii (-ienses)
  Rep. 2.34, 37
Tarquiniorum gens
  Rep. 2.46, 53
Tarquinius, Sextus
  Leg. 2.10

Tarquinius Collatinus,
  v. Collatinus
Tarquinius Priscus,
  L. *Rep.* 2.35, 38, *Leg.* 1.4
Tarquinius Superbus,
  L. *Rep.* 1.62, 2.28, 46, 51,
  52, *Leg.* 2.10, *Lael.* 28
Tartessus (-ii) *Cato* 69
Tatius, Titus *Rep.* 2.13–14
Tauri *Rep.* 3.9
Tellus *Rep.* 6.21
Terentius Afer, P. *Lael.* 93;
  Terentianum verbum
  Lael. 89; *citatur sine
  nomine Lael.* 98
Thais *Lael.* 98
Thales Milesius *Rep.* 1.22,
  25, *Leg.* 2.26
Thebani *Rep.* 4.2
Themistocles *Rep.* 1.5,
  Cato 8, 21, *Lael.* 42
Theophrastus *Leg.* 1.38,
  2.15, 3.13, 14
Theopompus (*historicus*)
  Leg. 1.5
Theopompus (*rex Spartae*)
  Rep. 2.58, *Leg.* 3.16
Thermopylae *Cato* 32
Theseus *Rep.* 2.2, *Leg.* 2.5
Thraca *Rep.* 2.9
Thyamis *Leg.* 2.7
Tiberis (-inus) *Rep.* 2.4, 5,
  33
Timaeus (*historicus
  Tauromenitanus*)
  Rep. 3.35, *Leg.* 2.15
Timaeus Locrus *Rep.* 1.16
Timon Atheniensis *Lael.* 87

389